Le Livre Complet de

COURS DE CUISINE

étape par étape

Louis Weber, C.E.O.
Publications International, Ltd.
7373 N. Cicero Ave.
Lincolnwood, IL 60646

Photographie: Sacco Productions Limited, Chicago
Image sur la couverture avant:Poulet Filice quarante clous de girofle (page 164) et Carottes Allumettes (page 102).
Image sur la couverture arrière: Crevettes en Ragoût de Pâtes Cheveux d'Ange (page 80).

ISBN: 1-55185-037-0

Numéro de Carte du Catalogue de la Bibliothèque du Congrès : 94-66564.

Fabriqué au Canada.

8 7 6 5 4 3 2 1

Cuisson au four à micro-ondes: la puissance des fours à micro-ondes varie. Les temps de cuisson donnés pour les fours à micro-ondes dans cette publication sont approximatifs. Utiliser les temps de cuisson donnés comme guide et vérifier la cuisson avant d'augmenter la durée. Consulter les instructions du fabricant en ce qui concerne les plats qui conviennent à ce genre de four.

L'éditeur tient à remercier les sociétés et les organisations suivantes pour l'utilisation de leurs recettes dans cette publication: American Egg Board, American Spice Trade Association, Arkansas State Fair, Black Walnut Festival, Borden, Inc.,Borden Kitchens, California Olive Industry, Castroville Artichoke Festival, Christopher Ranch of Gilroy, Circleville Pumpkin Festival, Delmarva Poultry Industry, Inc., Dole Food Company, Inc., Florida Tomato Committee, The HVR Company, Illinois State Fair, Kansas Department of Agriculture, Thomas J. Lipton Co., National Broiler Council, National Pasta Association, National Peanut Festival, National Sunflower Association, Nebraska State Fair, New Jersey Department of Agriculture, New Mexico State Fair, North Dakota Beef Commission, North Dakota Wheat Commission, Pace Foods, Inc., Pollio Dairy Products, The Procter & Gamble Company, The Quaker Oats Company, Southeast United Dairy Industry Association, Inc., Uncle Ben's Rice and Wisconsin Milk Marketing Board.

Le Livre Complet de

COURS DE CUISINE

étape par étape

PUBLICATIONS INTERNATIONAL, LTD.

TABLE DES MATIÈRES

*Pois mange-tout et
graines de sésame*

Flautas fourrées au Poulet

Oursons en pain d'épice

INTRODUCTION

La série *Cours de Cuisine* a été conçue pour apprendre à la fois aux cuisiniers débutants et expérimentés, à préparer des recettes fabuleuses et attrayantes en utilisant des ingrédients frais. Cette collection *Cours de Cuisine* comprenant douze livres, couvre une grande variété de techniques et de termes culinaires. Depuis les amuse-gueule jusqu'aux desserts, les *Cours de Cuisine* présentent une infinité d'idées délicieuses, avec diverses façons créatives de garnir les plats au dernier stade de leur préparation, pour qu'ils soient plus alléchants. En préparant les recettes, vous vous rendrez compte que vous êtes en train de suivre un cours culinaire dans votre propre cuisine!

Chaque recette succulente a été créée pour garantir les meilleurs résultats possibles. Pour vous guider dans la préparation et la cuisson, les instructions sont données de façon précise, étape par étape. Tandis que vous lisez les recettes, des photographies vous permettront de maîtriser les techniques en question, comme battre les oeufs en neige ou couper des légumes en julienne. Pour stimuler encore plus votre créativité, chaque recette est illustrée par une photographie pleine page qui vous mettra l'eau à la bouche.

En plus de ces merveilleuses recettes, chaque section comprend un chapitre de Notes de cours qui est rempli de conseils, d'informations et de directives pour préparer les recettes de cette section. Les Notes de cours sont particulièrement utiles comme guide de référence rapide. Par exemple, il y a des instructions sur la façon de découper les rôtis de boeuf, de porc et de mouton dans les «Recettes de Fêtes» ainsi qu'un tableau de cuisson des légumes dans la section des Légumes et un glossaire des ingrédients orientaux dans la section chinoise. C'est maintenant à vous de découvrir cette abondance d'informations culinaires.

Fusilli Pizzailo

Les «Amuse-gueule» débutent votre voyage au pays des créations délicieuses. Depuis les goûters pour les petits-creux de minuit jusqu'aux entrées appétissantes, ces recettes sont conçues pour réveiller n'importe quel appétit. Cette section donne des conseils sur l'organisation des fêtes ainsi que des directives sur le nombre et la variété d'amuse-gueule à prévoir pour diverses occasions.

«Les Pâtes» vous tenteront avec des sauces savoureuses, des manicotti et des coquilles fourrées, des ragoûts délicieux et des salades extraordinaires. Nourrissantes, délicieuses et économiques, il n'est pas étonnant que les pâtes soient devenues aussi populaires.

«Les Légumes» vous montrent de nouvelles façons de préparer vos anciens plats préférés ainsi que de nouveaux qui le deviendront rapidement. Depuis les asperges jusqu'aux courgettes, vous apprendrez à préparer, acheter et conserver toutes sortes de produits fraîchement récoltés.

«Le Poulet» propose des recettes qui soulignent ses multiples possibilités. Garnissez-le ou gardez-le tout simple. Cuisez-le rapidement ou faites-le cuire à feu doux. Le poulet convient à toutes sortes de repas - dîners légers, soupers en semaine ou grandes occasions. Vous trouvez des conseils sur l'achat et la conservation, ainsi que des techniques de découpage du poulet entier.

Les cuisines chinoises, italiennes et mexicaines, toujours très populaires, sont illustrées dans leurs propres sections. Ces amuse-gueule, entrées et plats d'accompagnement débordent d'authenticité. Chaque cuisine comprend un glossaire qui décrit les ingrédients ethniques et donne des conseils d'achat et de conservation.

Chow Mein au Poulet

«Les biscuits au chocolat et les brownies» font étalage de délicieuses sucreries - toutes contenant une certaine quantité de chocolat. Vous pouvez choisir entre les biscuits parfumés au chocolat, ceux trempés dans le chocolat, enrobés de chocolat ou fourrés au chocolat. Les effets spéciaux, tels que les 'pinwheels', les 'spritz' à deux tons et les damiers se font en un tour de main grâce aux illustrations.

«Les Gâteaux» proposent des régals passant du gâteau des anges, léger et délicat, au chocolat riche et décadent. Vous découvrirez vite comme il est simple de préparer et de cuire des gâteaux succulents, même à l'improviste. Nous introduisons des principes de base de cuisson de gâteaux pour vous aider à abandonner avec confiance les préparations pour gâteaux.

«Les Desserts» prennent la relève après «Les Gâteaux» et «Les Biscuits au chocolat et les brownies». Impressionnez votre famille et vos amis avec des tartes infaillibles et des desserts succulents, tels que des mousses, des poudings et des gâteaux au fromage. C'est une joie de terminer un repas avec l'un de ces desserts.

«Les Recettes de Fêtes» contiennent tout ce qu'il faut pour que les repas de fêtes soient un plaisir à prévoir, une joie à cuisiner et un délice à manger. Les recettes vont des amuse-gueule délicieux aux desserts paradisiaques. Que vous désiriez servir un festin ou simplement apporter un plat délicieux chez quelqu'un, ces recettes de fête vont certainement être un grand succès.

«Les Garnitures» terminent votre voyage culinaire avec les dernières touches qui rendront un plat véritablement unique. Elles sont faciles à faire et utilisent généralement des fruits, des légumes et d'autres ingrédients que vous avez déjà sous la main.

Alors, choisissez des recettes qui correspondent à votre dextérité, puis essayez-en d'autres qui sont un peu plus avancées. Après avoir suivi ce *Cours de Cuisine*, vous cuisinerez comme un(e) vrai(e) professionnel(le)!

Gâteau de Noix de Pacane au Beurre et au Caramel

COURS DE CUISINE
LES AMUSE-GUEULE

Langoustines (page 16)

NOTES DE COURS

Amuse-gueule, hors d'oeuvres, canapés—quel que soit le terme que vous utilisez—ces bouchées savoureuses ont un rôle bien plus important que de faire patienter les invités jusqu'au repas. En fait, le mot *hors d'oeuvre* signifie «en-dehors du repas principal»—ils préparent la scène pour le repas qui va suivre. Ces ouvreurs d'appétit délicieux sont, à eux seuls, suffisamment variés pour constituer l'alimentation d'une fête, satisfaire les petits creux de minuit ou juste éveiller l'appétit en un premier plat rafraîchissant. Quelle que soit la façon dont vous décidez de les servir, les amuse-gueule sont là pour le plaisir des invités et du cuisinier. La préparation de ces accompagnements au menu ne doit pas être accablante. Une simple planification, en plus des descriptions étape par étape données dans cette section, permettra au chef d'être maître de la situation et de créer une atmosphère détendue de fête.

Lorsque vous servez des amuse-gueule avant un repas, souvenez-vous qu'ils sont là pour exciter l'appétit en non pour le satisfaire. Un ou deux choix devraient suffire, avec cinq àsept portions par personne. Préparez des recettes dont la texture, la température et le goût font contraste avec le repas qui va suivre. Par exemple, un hors d'oeuvre froid de fruits de mer est une ouverture rafraîchissante avant un rôti de boeuf ou un steak en plat principal. Cependant, si vous avez prévu un repas ethnique, votre entrée sera mémorable si vous servez des amuses-gueule du même pays. De nombreuses personnes préfèrent servir les amuse-gueule avant que les invités ne soient assis à table, car cela permet au cuisinier de faire les derniers préparatifs du repas. Les entrées, telles que les soupes et les salades marinées, doivent cependant toujours être servies à table.

Pour un cocktail ou une soirée 'table ouverte' où les amuse-gueule sont servis en plats principaux, prévoyez une variété d'amuse-gueule et de canapés, y compris certains qui soient bien nourrissants. Souvenez-vous aussi que plus la fête est longue, plus vos invités vont manger. Prévoyez au minimum dix à douze portions par personne. Les amuse-gueule froids, tels que les trempettes et les légumes marinés, doivent être préparés plusieurs heures ou même une journée à l'avance, car leur goût s'améliore avec le temps. Certains amuse-gueule chauds peuvent être cuits à l'avance et simplement réchauffés juste avant de les servir, tandis que d'autres doivent être préparés au dernier moment. N'hésitez pas à demander de l'aide dans la cuisine si nécessaire, pour donner à ces derniers détails toute l'attention qu'ils méritent. Si vous prévoyez que certains amuse-gueule resteront longtemps sur votre table, il est important, pour des raisons d'hygiène, de les maintenir aux températures requises. Les amuse-gueule qui doivent rester au frais, tels que les cocktails de crevettes, doivent être servis sur un plateau reposant sur de la glace concassée. Transférez les amuse-gueule chauds, tels que les boulettes de viande, du four ou du dessus de la cuisinière jusqu'à un dispositif chauffant, tel qu'un poêlon de table ou caquelon à fondue pour les servir. Préparez un assortiment d'amuse-gueule chauds et froids qui apportent une diversité de parfums et de textures, depuis les plats épicés et riches aux mets légers et rafraîchissants. Et souvenez-vous aussi, que lors d'une réception où les places assises sont limitées, vos invités apprécieront les canapés et les bouchées avec des sauces qui ne coulent pas trop.

Une grande part du plaisir que l'on éprouve à préparer des hors-d'oeuvre, réside dans leur présentation. Les magnifiques photographies en couleur illustrant chaque recette vous donneront des idées attrayantes pour la finition. Un simple bouquet de fleurs ou une poignée de fines herbes suffit àgarnir un simple panier en osier rustique ou encore un plat en argent. Vous pouvez aussi choisir de prendre l'un des ingrédients de la recette, par exemple un oignon rouge, et d'en garder quelques jolies rondelles comme décoration spéciale pour le dessus du plat.

Créez vos propres menus d'amuse-gueule à l'aide des délicieuses recettes de ce livre. Profitez d'une fête àl'occasion d'une joute de football ou d'une 'table ouverte' pendant vos vacances. Selon le nombre d'invités et la durée de la fête, vous voudriez peut-être compléter votre menu par un dessert léger.

Dans le sens des aiguilles d'une montre, en commençant en haut à droite: Ailes de Poulet Piquantes au Miel *(page 40),* Pétoncles à la Schaller *(page 44),* Triangles aux Épinards et au Fromage *(page 22)* et Lasagnes Froides aux Fruits de Mer avec Fromages aux Herbes *(page 18).*

Soupe aux Tomates Dorée

8 tomates moyennes
4 c. à café de margarine à faible
teneur en calories
250 g d'oignons hachés
(technique page 22)
2 gousses d'ail, grossièrement
hachées
75 g de carottes hachées
40 g de céleri haché
1,5 l de bouillon de poulet
50 g de riz cru
2 c. à soupe de purée de tomates
1 c. à soupe de sauce
Worcestershire
1/2 c. à café de thym séché et
broyé
1/4 à 1/2 c. à café de poivre noir
5 gouttes de sauce piquante au
piment
Des brins de thym frais pour la
décoration

1. Pour enlever facilement la peau des tomates, coupez un "X" dans la peau à chaque extrémité et placez les tomates, une à la fois, dans une casserole d'eau frémissante pendant 10 secondes. (Laissez un autre 30 secondes environ si la tomate n'est pas tout à fait mûre). Retirez-les de l'eau avec une cuillère à égoutter; plongez-les immédiatement dans un bol d'eau froide pendant 10 secondes. (N'ajoutez pas plus d'une tomate à la fois dans l'eau chaude sinon la température baisserait rapidement et ferait cuire les tomates avant d'avoir pu enlever la peau).

2. Enlevez la peau des tomates avec un couteau d'office. Pour égrener les tomates, coupez chaque tomate en deux, horizontalement. Tenez chaque moitié au-dessus d'un bol et pressez pour enlever les graines. Coupez les tomates. Mettez-les de côté.

3. Faites fondre la margarine dans un large fait-tout à feu moyen. Ajoutez l'oignon et l'ail; faites cuire en brassant pendant 1 à 2 minutes jusqu'à ce que l'oignon soit tendre. Ajoutez les carottes et le céleri; faites cuire en brassant pendant 7 à 9 minutes jusqu'à ce que tout soit tendre.

4. Incorporez les tomates, le bouillon, le riz, la purée de tomates, la sauce Worcestershire, le thym séché, le poivre noir et la sauce piquante au piment. Portez à ébullition. Baissez le feu et faites cuire à feu doux pendant environ 30 minutes, en mélangeant souvent.

5. Retirez du feu. Laissez refroidir à la température de la pièce pendant 10 minutes. Mélangez la soupe en petites quantités dans un robot culinaire ou un mélangeur jusqu'à ce qu'elle soit homogène.

6. Remettez la soupe dans le fait-tout. Amenez à ébullition sur un feu moyen-vif. Baissez le feu et laissez mijoter pendant 3 à 5 minutes jusqu'à ce qu'elle soit chaude. Garnissez au goût.

Sert 8 personnes

Etape 2. Égrenage d'une moitié de tomate.

Etape 5. Mélange de la soupe dans le robot culinaire jusqu'à ce qu'elle soit homogène.

Soupe aux Concombres froide

4 gros concombres
2 cuillères à soupe de beurre ou
    de margarine
2 c. à soupe de farine tout usage
50 g de persil frais finement
    haché (technique page 22)
50 g de feuilles de céleri finement
    hachées
1 sachet de soupe à l'oignon en
    poudre (Lipton® Recipe
    Secrets™ Golden Onion
    Soup Mix)
1/2 l d'eau
450 g de crème légère ou d'un
    mélange de mi-crème, mi-
    lait.
Rondelles de concombre, feuilles
    de céleri et zeste de citron
    pour la décoration

1. Pelez les concombres avec un couteau d'office ou un éplucheur. Pour égrener les concombres, coupez-les en deux dans le sens de la longueur et enlevez les graines avec une petite cuillère. Hachez finement assez de concombres pour obtenir 775 g Mettez de côté.

2. Faites fondre le beurre dans une grande casserole à feu moyen. Incorporez la farine et faites cuire pendant 3 minutes en mélangeant constamment.

3. Ajoutez les concombres hachés, le persil et les feuilles de céleri hachées. Baissez le feu. Faites cuire en remuant jusqu'à ce que les concombres soient tendres quand vous les piquez avec une fourchette, environ 8 minutes.

4. Préparez la soupe en poudre avec de l'eau dans un petit bol; ajoutez-la au mélange de concombres. Portez à ébullition sur un feu moyen-vif. Baissez le feu. Faites mijoter, à couvert, pendant 15 minutes. Enlevez du feu. Laissez refroidir à la température de la pièce.

5. Mélangez la soupe en petites quantités dans un mélangeur ou robot culinaire jusqu'à ce qu'elle soit homogène.

6. Mettez la soupe dans un grand bol; incorporez la crème. Couvrez et réfrigérez. Servez la soupe froide. Garnissez au goût.

Donne environ 6 portions

Etape 1. Égrenage des concombres.

Etape 3. Comment contrôler si les concombres sont tendres.

Etape 5. Mélange de la soupe dans un mélangeur jusqu'à ce qu'elle soit homogène.

Langoustines

675g de grosses crevettes crues
  (environ 16)
6 c. à soupe de beurre
4 c. à soupe d'ail haché
6 oignons verts émincés
6 cl de vin blanc sec
Le jus d'un citron (environ 2 c. à
  soupe)
8 grands brins de persils frais,
  hachés finement (technique
  page 22)
Sel et poivre noir
Rondelles de citron et brins de
  persil frais pour la
  décoration

1. Pour décortiquer les crevettes, utilisez vos doigts pour enlever le côté avec les pattes. Soulevez et retournez puis revenez du côté des pattes. Jetez les peaux.

2. Pour enlever la veine des crevettes, utilisez un couteau d'office pour faire une petite entaille le long des crevettes; enlevez la veine noire avec la pointe du couteau (ceci sera sans doute plus facile à faire sous de l'eau courante froide). Mettez les crevettes de côté.

3. Pour clarifier le beurre, faites-le fondre dans une petite casserole à feu doux. Ne mélangez pas. Ecumez la mousse blanche qui se forme à la surface. Passez le beurre clarifié à travers une mousseline à fromage dans une tasse à mesurer pour obtenir 1/3 de tasse. Jetez le résidu laiteux qui est resté au fond de la casserole.

4. Faites chauffer le beurre clarifié dans un gros poêlon àfeu moyen. Ajoutez l'ail; faites cuire et mélangez pendant 1 à 2 minutes jusqu'à ce qu'il soit ramolli. Ne pas laisser brunir.

5. Ajoutez les crevettes, les oignons verts, le vin et le jus de citron; faites cuire en brassant, jusqu'à ce que les crevettes deviennent roses, fermes et opaques, 1 à 2 minutes de chaque côté. Ne pas faire trop cuire.

6. Au moment de servir, ajoutez le persil haché et assaisonnez avec du sel et du poivre. Servez dans des plats individuels en forme de coquille ou à gratin. Garnissez au goût.

Donne environ 8 portions

Etape 1. Décorticage des crevettes.

Etape 2. Comment enlever la veine des crevettes.

Etape 3. Comment filtrer le beurre clarifié.

Lasagne Froide aux Fruits de Mer avec Fromages aux Herbes

8 feuilles de lasagne non cuites (2 po ou 5 cm de large)

450 g de fromage ricotta Wisconsin

375 g tasses de fromage mascarpone Wisconsin

2 c. à soupe de jus de citron

1 c. à soupe de basilic frais, haché

1 c. à soupe de fenouil haché

1 c. à soupe d'estragon frais haché

$1/4$ cuillère àcafé de poivre blanc

450 g de saumon fumé, mesuré séparément

120 g de caviar Whitefish, rincé avec soin

Des brins d'estragon frais et du saumon fumé pour la décoration

1. Faites cuire les feuilles de lasagne selon les instructions du paquet jusqu'à ce qu'elles soient tendres mais encore fermes. Égouttez-les et mettez-les de côté.

2. Mélangez le ricotta, le mascarpone, le jus de citron, le basilic, le fenouil, l'estragon et le poivre dans un robot de cuisine ou un mélangeur jusqu'à ce que le tout soit bien homogène.

3. Recouvrir* le moule à terrine avec un film alimentaire transparent, en le laissant dépasser de 12,5 cm sur les côtés.

4. Mettez 1 feuille de lasagne au fond de la terrine. Etalez 125 grammes de mélange de fromages sur la feuille. Couvrez le mélange de fromages avec 60 grammes de saumon fumé; étalez 2 cuillères à soupe combles de caviar sur le saumon fumé. Répétez les couches avec les ingrédients restants, en terminant par une feuille de lasagne. Mettez de côté, en gardant 60 grammes de saumon fumé pour la décoration.

5. Couvrez et mettez au réfrigérateur pendant plusieurs heures ou jusqu'à ce que le tout soit ferme. Démoulez soigneusement la lasagne de la terrine et retirez le film alimentaire transparent.

6. Garnissez avec le reste du saumon fumé en forme de roses et avec les brins d'estragon frais si vous le désirez. Coupez avec un couteau chaud.

Donne 24 entrées ou 8 plats principaux.

* Peut être préparé sans terrine. Disposez les lasagnes sur le film alimentaire transparent. Couvrez et enveloppez avec du papier aluminium.

Etape 3. Comment doubler la terrine.

Etape 4. Comment couvrir la couche de mélange de fromages avec du saumon fumé.

Etape 6. Comment rouler le saumon fumé pour en faire des roses pour la décoration.

Champignons aux oeufs

6 oeufs
35 g de miettes de pain sec
30g de fromage bleu émietté
2 c. à soupe d'oignons verts
    émincés (avec les tiges)
2 c. à soupe de vin blanc sec
2 c. à soupe de beurre, fondu
1 cuillère à soupe de persil frais
    haché (technique page 22)
    ou ½ c. à soupe de persil
    en flocons
½ c. à soupe de sel d'ail
24 grosses têtes de champignons
    frais (environ 4 cm de
    diamètre)
Paprika (au choix)
Oignons verts et rondelles de
    tomate pour la garniture

1. Pour faire des oeufs durs, mettez les 6 oeufs sur une seule épaisseur dans une casserole. Ajoutez assez d'eau pour recouvrir les oeufs avec au moins 2 centimètres d'eau. Couvrez et portez rapidement à ébullition à feu élevé. Éteignez le feu. Si nécessaire, enlevez la casserole du feu pour empêcher de continuer à bouillir. Laisser les oeufs dans l'eau chaude, à couvert, pendant 15 à 17 minutes. Faites immédiatement couler de l'eau froide sur les oeufs ou mettez-les dans de l'eau glacée jusqu'à ce qu'ils soient complètement froids.

2. Écalez les oeufs en tapant sur la coquille avec un couteau de table pour les fêler. Enlevez la coquille sous l'eau froide courante. Coupez les oeufs finement.

3. Préchauffez le four à 230°C. Huilez légèrement une plaque allant au four. Mélangez les oeufs, les miettes de pain, le fromage bleu, les 2 c. à soupe d'oignon vert, le vin, le beurre, le persil et le sel d'ail dans un bol de taille moyenne.

4. Remplissez chaque tête de champignon avec 1 c. à soupe comble de mélange d'oeufs. Placez les têtes de champignons sur la plaque de cuisson préparée.

5. Faites cuire pendant 8 à 10 minutes. Saupoudrez de paprika. Garnissez au goût.
Donne environ 8 portions

Etape 1. Cuisson des oeufs durs.

Etape 2. Comment écaler les oeufs.

Etape 4. Comment remplir les têtes de champignons.

Triangles au Fromage et aux Épinards

1 petit oignon
 Du persil frais
3 paquets (350g chacun)
 d'épinards hachés congelés,
 dégelés
6 cl d'huile d'olive
2 oeufs
450 g de fromage féta, égoutté et
 émietté
1 c. à café d'origan séché, écrasé
 ou 2 c. à soupe d'origan
 frais haché
 Noix de muscade fraîchement
 rapée au goût
 Sel et poivre noir au goût
1 paquet (450 g) de pâte feuilletée
 congelée, dégelée à la
 température de la pièce
450 g de margarine fondue

1. Pour hacher l'oignon dans le robot culinaire, pelez et coupez l'oignon en quatre, mettez-le dans un bol. Appuyez 4 à 7 fois sur le bouton jusqu'à ce que l'oignon soit finement haché. Raclez le bol une fois durant le hachage. Hachez assez d'oignons pour obtenir 75 g. Égouttez les oignons si nécessaire. Mettez-les de côté.*

2. Pour couper finement le persil, mettez-le dans 25 cl. Coupez suffisamment de persil avec des ciseaux de cuisine pour obtenir 50 g. Mettez-le de côté.

3. Pour égoutter les épinards, placez-les, 1 paquet à la fois, dans une assiette à tarte. Mettez une autre assiette à tarte par-dessus; serrez les deux assiettes ensemble au-dessus de l'évier et penchez-les légèrement pour faire couler le surplus de liquide des épinards. Mettez les épinards de côté.

4. Préchauffez le four à 190°C.

5. Faites chauffer l'huile sur un feu moyen-vif dans un petit poêlon. Ajoutez les oignons; faites cuire en brassant jusqu'à ce qu'ils soient translucides et dorés.

* Pour hacher l'oignon avec un couteau, enlevez la peau de l'oignon. Coupez-le en deux à travers la racine. Placez-le sur une planche à découper avec le côté coupé vers le bas. Pour couper grossièrement l'oignon, tenez le couteau horizontalement. Coupez parallèlement à la planche, près de l'extrémité de la racine. Coupez de façon verticale dans le sens de la longueur à la largeur désirée. Puis coupez dans l'autre sens jusqu'à l'extrémité avec la racine. (Plus la coupe est serrée, plus l'oignon sera coupé fin). Mettez-le de côté.

suite page 24

Etape 1. Comment hacher l'oignon dans le robot culinaire.

Etape 2. Comment couper le persil.

Etape 3. Comment égoutter les épinards.

Triangles au Fromage et aux Epinards, suite

6. Battez les oeufs dans un grand bol avec un batteur électrique, vitesse moyenne à élevée, jusqu'à ce qu'ils soient légers et de couleur jaune citron.

7. Incorporez les oignons ainsi que l'huile, le fromage féta, le persil, l'origan et les épinards. Assaisonnez avec la noix de muscade, le sel et le poivre.

8. Enlevez la pâte feuilletée de son emballage; déroulez-la et mettez-la sur une grande feuille de papier ciré. Pliez la pâte en travers en trois. Utilisez des ciseaux pour couper le long des plis en trois.

9. Couvrez la pâte avec une grande feuille plastique et un torchon propre et humide. (La pâte sèche rapidement si elle n'est pas couverte).

10. Posez une lanière de pâte à la fois sur une surface plane et enduisez-la immédiatement de beurre fondu. Pliez la lanière en deux dans le sens de la longueur; enduisez de beurre ànouveau. Placez une c. à café comble de mélange d'épinards àune extrémité de la lanière; pliez le coin pour faire un triangle.

11. Continuez à plier d'un bout à l'autre, comme on plie un drapeau, en gardant les bords droits.

12. Enduisez le dessus avec du beurre. Répétez ce processus jusqu'à ce que toute la farce soit utilisée.

13. Placez les triangles sur une seule épaisseur, côté joint vers le bas dans un plat pour gâteau roulé, non graissé. Faites cuire pendant 20 minutes ou jusqu'à ce que les triangles soient légèrement dorés. Servez chaud.
Donne 5 douzaines de triangles.

Etape 1. Comment couper la pâte en trois.

Etape 2. Comment plier un coin de la pâte par dessus la farce.

Etape 3. Comment continuer à plier la longueur de la lanière de pâte.

Focaccia à l'oignon et au Fromage

1 gros oignon rouge
100 g plus 3 c. à soupe de miel,
**   mesuré séparément**
58 cl d'eau chaude (55° à 60°C),
**   mesurée séparément**
1¹/₂ paquets de levure sèche active
6 c. à soupe d'huile d'olive,
**   mesurée séparément**
50 g de farine de maïs
420 g de farine complète
1¹/₂ c. à soupe de gros sel
450 ou 500 g de farine tout usage,
**   mesurée séparément**
25 cl de vinaigre de vin rouge
** Farine de maïs supplémentaire**
90 g de Parmesan râpé
¹/₂ c. à café de sel d'oignon
** Poivre noir au goût**

1. Pour couper l'oignon, enlevez la peau et coupez-le en deux à travers la racine. Placez-le sur une planche à découper avec le côté coupé vers le bas. Coupez des tranches fines, verticales dans le sens de la longueur. Mettez-le de côté.

2. Pour préparer la levure, mettez 3 c. à soupe de miel dans un grand bol. Versez 8 cl d'eau sur le miel. Ne mélangez pas. Saupoudrez la levure dans l'eau. Laissez reposer à température ambiante pendant environ 15 minutes ou jusqu'à ce qu'il y ait des bulles.*

3. Ajoutez les 50 cl restants d'eau, 3 c. à soupe d'huile d'olive, 50 g de farine de maïs et la farine complète au mélange de levure; mélangez bien.

4. Ajoutez le sel et les 2 tasses de farine tout usage. Incorporez petit à petit le reste de la farine jusqu'à ce que le mélange colle aux parois du bol.

* Si la levure ne fait pas de bulles, elle n'est plus active. Jetez le mélange de levure et recommencez. Vérifiez toujours la date de validité sur le paquet de levure. De plus, l'eau trop chaude peut rendre la levure inactive; il est conseillé d'utiliser un thermomètre.

suite page 26

Etape 1. Comment couper l'oignon.

Etape 2. Comment préparer la levure.

Etape 4. La pâte colle aux parois du bol.

Focaccia à l'oignon et au Fromage, suite

5. Tournez la pâte sur une surface légèrement enfarinée. Pour pétrir le reste de la farine dans la pâte, pliez la pâte en deux vers vous et écrasez la pâte avec les paumes de vos mains. Tournez la pâte d'un quart de tour et continuez à la plier, la pousser et la tourner jusqu'à ce qu'elle soit lisse et satinée, pendant environ 10 minutes.

6. Divisez la pâte en deux. Placez chaque moitié dans un grand bol, légèrement graissé; retournez chaque moitié pour en graisser la surface. Couvrez chaque bol avec un torchon propre et laissez la pâte monter dans un endroit chaud (40°C) jusqu'à ce qu'elle ait doublée de volume. (Enfoncez deux doigts dans la pâte à environ 1,5 cm de profondeur. La pâte est prête si les marques de doigts restent lorsque vous enlevez vos doigts).

7. Pendant ce temps, mélangez l'oignon, le vinaigre et le reste de 100 g de miel dans un bol de taille moyenne. Faites mariner à température ambiante pendant au moins une heure.

8. Graissez 2 plaques à pizza (30 cm) et saupoudrez avec la farine de maïs supplémentaire. Étirez la pâte et placez-la sur les plaques; faites des puits avec le bout de vos doigts.

9. Couvrez la pâte avec un plastique graissé; laissez-la gonfler pendant une heure. La pâte va doubler de volume.

10. Préchauffez le four à 200°C.

11. Égouttez les oignons et dispersez-les sur la pâte. Saupoudrez le Parmesan, le sel d'oignon et le reste des 3 c. à soupe d'huile d'olive; assaisonnez avec du poivre.

12. Faites cuire pendant 25 à 30 minutes jusqu'à ce que la pâte soit croustillante et dorée. Coupez en triangles pour servir. Servez chaud.
Donne 2 focaccias (6 à 8 portions chacun).

Etape 5. Comment pétrir la pâte.

Etape 6. Comment tester si la pâte a doublé de volume.

Etape 8. Comment étirer et placer la pâte dans le plat.

Pâtés Impériaux
Chinois aux Légumes

6 cl de vin rouge
2 c. à soupe de sauce teriyaki
2 c. à soupe de sauce
    Worcestershire
220 g de courgettes coupées en
    dés
220 g de courges jaunes coupées
    en dés
220 g de bouquets de brocoli
220 g de bouquets de chou-fleur
55 g de carottes coupées en dés
55 g d'oignon rouge haché
    (technique page 22)
50 g de persil frais haché
    (technique page 22)
1/4 c. à café de poivre blanc
1/4 c. à café de sel d'ail
1/8 c. à café de poivre rouge
    moulu
1/8 c. à café de poivre noir
1 paquet de feuilles de pâtés
    impériaux (450 g)
1 oeuf, battu
  De l'huile de maïs ou d'arachide
    pour frire
  De la sauce aigre-douce, de la
    sauce à la moutarde
    piquante ou de la sauce au
    soja pour tremper

1. Mélangez le vin, la sauce teriyaki et la sauce Worcestershire dans une grande casserole à feu moyen. Ajoutez les courgettes, les courges, les brocolis, le chou-fleur, les carottes, l'oignon rouge, le persil, le poivre blanc, le sel d'ail, le poivre rouge moulu et le poivre noir. Faites cuire en brassant pendant 5 à 6 minutes jusqu'à ce que les parfums se mélangent et les légumes soient croquants. Ne faites pas trop cuire.

2. Retirez du feu. Transférez immédiatement le mélange de légumes dans un bol pour éviter toute cuisson supplémentaire. Laisser refroidir à température ambiante.

3. Mettez environ 2 c. à soupe de mélange de légumes sur la moitié inférieure d'une feuille de pâté impérial.

4. Humidifiez les bords droit et gauche de la feuille avec l'oeuf. Pliez le bord inférieur vers le haut pour couvrir uniquement le mélange.

5. Pliez les bords droit et gauche sur 1,5 cm; roulez comme un gâteau roulé.

6. Humidifiez le bord supérieur avec de l'oeuf pour fermer. Répétez avec les autres feuilles de pâtés impériaux et le mélange.

7. Faites chauffer 1,5 cm d'huile dans une grande casserole lourde, sur un feu moyen-vif, jusqu'à ce que l'huile atteigne 185°C ; réglez la chaleur pour maintenir la température. Faites frire les pâtés impériaux, quelques-uns à la fois, dans de l'huile chaude pendant 2 minutes ou jusqu'à ce qu'ils soient dorés, en les tournant une fois. Enlevez-les avec une cuillère à égoutter; déposez-les sur du papier absorbant.

8. Servez chaud avec des trempettes.
Donne environ 15 pâtés impériaux.

Etape 4. Comment plier le bord inférieur de la feuille du pâté impérial.

Etape 5. Comment rouler la feuille du pâté impérial, comme un gâteau roulé.

Trempette pour Tacos

360 g de fromage à la crème,
    ramolli
115 g de crème sure
2 c. à café d'assaisonnement au
    chili
1 1/2 c. à café de cumin moulu
1/8 de c. à café de poivre rouge
    moulu
100 g de salsa
De la salade verte croustillante
120 g de fromage Cheddar
    Wisconsin râpé
120 g de fromage Wisconsin
    Monterey Jack râpé
110 g de tomates italiennes
    coupées en dés
50 g d'oignons verts émincés
50 g d'olives noires, dénoyautées
    et coupées
50 g d'olives vertes fourrées au
    piment et coupées
  Des tortillas et des croustilles au
    maïs bleu pour servir

1. Mélangez le fromage à la crème, la crème fraîche, la poudre de chili, le cumin et le poivre rouge moulu dans un grand bol jusqu'à ce que le mélange soit bien homogène. Incorporez la salsa.

2. Etalez la trempette sur un plat de 30 cm recouvert d'un lit de salade.

3. Recouvrez de fromage Cheddar, de fromage Monterey Jack, d'oignons verts, d'olives noires et vertes.

4. Servez avec des tortillas et des croustilles au maïs bleu.
Donne environ 10 portions.

Etape 1. Mélange de la salsa et du mélange de fromage à la crème.

Etape 2. Comment étaler la trempette sur le lit de salade.

Etape 3. Comment terminer la trempette avec les autres ingrédients.

Carrés du Sud-ouest

175 g de farine tout usage
150 g d'oignons verts émincés
105 g de farine de maïs enrichie Quaker®
1 cuillère à soupe fermement tassée de cassonade
2 c. à café de levure chimique
1 c. à café d'origan écrasé
1/2 c. à café de cumin moulu
1/4 de c. à café de sel (facultatif)
25 cl de lait
6,5 cl d'huile végétale
1 oeuf
120 g de fromage Cheddar rapé
1 boîte (120 g) de chili vert haché, bien égoutté
1/4 tasse de poivron rouge finement coupé
2 tranches de bacon cuit, émietté

1. Préchauffez le four à 200°C. Graissez un plat à four de 27,5 cm sur 17,5 cm. Mélangez la farine, les oignons verts, la farine de maïs, la cassonade, la levure chimique, l'origan, le cumin et le sel dans un grand bol; mélangez bien.

2. Mélangez le lait, l'huile et l'oeuf dans un petit bol. Ajoutez au mélange de farine de maïs; mélangez jusqu'à ce que tout soit juste humide.

3. Etalez uniformément dans le plat préparé.

4. Mélangez le fromage, le chili, le poivron et le bacon dans un bol moyen. Saupoudrez uniformément sur le mélange de farine de maïs.

5. Faites cuire pendant 25 à 30 minutes jusqu'à ce qu'un cure-dents en bois enfoncé au centre ressorte propre. Laisser refroidir à température ambiante pendant 10 minutes avant de couper.
Donne environ 15 morceaux.

Note: peut aussi accompagner le poisson, le poulet ou le porc—ne couper qu'en 8 morceaux.

Etape 1. Mélange des ingrédients secs.

Etape 2. Mélange des ingrédients liquides avec les ingrédients secs.

Etape 4. Comment saupoudrer le mélange de fromage sur le mélange de farine de maïs.

Croustilles Ensoleillées au Fromage

225 g de fromage Cheddar râpé
45 g de Parmesan rapé
115 g de margarine d'huile de
tournesol, fondue
3 c. à soupe d'eau
140 g de farine tout usage
1/4 de c. à thé de sel (facultatif)
160 g de flocons d'avoine à
cuisson rapide, non cuits
140 g de graines de tournesol
salées et grillées

1. Battez le Cheddar, le Parmesan, la margarine et l'eau dans un grand bol avec un batteur électrique à vitesse moyenne jusqu'à ce que le tout soit bien mélangé. Ajoutez de la farine et du sel; mélangez bien.

2. Incorporez les flocons d'avoine et les graines de tournesols; mélangez bien.

3. Faites un rouleau de 30 cm de long avec la pâte; bien envelopper dans un plastique.

4. Réfrigérez pendant au moins 4 heures. (La pâte peut être conservée au réfrigérateur pendant 1 semaine.)

5. Préchauffez le four à 200°C. Graissez légèrement des plaques à biscuits. Coupez le rouleau en tranches de 3 à 6 mm; aplatissez légèrement chaque tranche.

6. Déposez-les sur les plaques préparées. Faites cuire pendant 8 à 10 minutes jusqu'à ce que les bords soient légèrement dorés. Retirez immédiatement des grilles. Laissez reposer à température ambiante jusqu'à ce que ce soit froid.

Donne environ 4 à 5 douzaines de craquelins

Etape 2. Mélange des flocons d'avoine et des graines de tournesols dans le mélange de fromage.

Etape 3. Formation du rouleau de 30 cm de pâte.

Etape 5. Comment couper le rouleau en tranches de 3 à 6 mm.

Maïs Soufflé d'Automne

2 c. à soupe d'huile végétale
220 g de grains de maïs
2 boîtes (225 g chacune de
    pommes de terre effilées)
115 g de noix mélangées ou
    d'arachides
60 g de margarine fondue
1 c. à thé de fenouil
1 c. à thé de sauce Worcestershire
1/2 c. à thé de poivre au citron
1/4 c. à thé de poudre d'ail
1/4 c. à thé de sel d'oignon

1. Faites chauffer l'huile dans une casserole de 4 l à feu vif . Ajoutez les grains de maïs soufflé. Couvrez la casserole; secouez continuellement sur le feu jusqu'à ce que le maïs soufflé arrête de sauter. Il doit y avoir 2 l de maïs soufflé. N'ajoutez ni beurre ni sel.

2. Préchauffez le four à 160°C. Mélangez le maïs soufflé, les pommes de terre et les noix dans une grande plaque à rôtir. Mettez de côté.

3. Mélangez la margarine, le fenouil, la sauce Worcestershire, le poivre au citron, la poudre d'ail et le sel d'oignon dans un petit bol.

4. Versez uniformément sur le mélange de maïs soufflé jusqu'à ce que le tout soit bien enrobé.

5. Faites cuire pendant 8 à 10 minutes, en mélangeant une fois. Laissez refroidir à température ambiante. Conservez dans des récipients hermétiques.

Donne 2 1/2 l.

Etape 2. Comment ajouter les noix au mélange de maïs soufflé.

Etape 4. Comment verser uniformément le mélange de margarine sur le mélange de maïs soufflé.

Surprises au Fromage et à la Dinde

450 g de dinde hachée
60 g de préparation pour farce
200 g de pommes à cuire finement hachées
45 g plus 2 c. à soupe de Parmesan rapé, mesuré séparément
15 g d'assaisonnement pour volaille
 Sel d'ail au goût
 Poivre noir selon goût
15 g de beurre ou de margarine
75 g d'oignon finement haché (technique page 22)
2 oeufs
25 g de fromage ricotta
120 g de mozzarella, coupée en cubes de 2,5 cm
160 g de miettes de pain sec
 Huile végétale pour frire
 Sauce aux canneberges pour servir
 Tortillons d'orange*, zeste d'orange et brins de sauge frais pour la décoration

* Pour faire les tortillons d'orange, coupez l'orange en tranches fines. Coupez une fente à travers les tranches jusqu'aux centres. Tournez les 2 parties depuis la fente en sens opposé.

1. Mélangez la dinde, la préparation pour farce, la pomme, les 2 c. de parmesan et l'assaisonnement pour volailles dans un grand bol; assaisonnez avec du sel d'ail et du poivre.

2. Faites chauffer le beurre dans un petit poêlon sur un feu moyen-vif. Ajoutez l'oignon; faites cuire et tournez jusqu'à ce que l'oignon soit tendre mais pas brun. Ajoutez l'oignon avec le beurre, les oeufs et le ricotta au mélange de dinde; mélangez bien. Si la préparation paraît trop sèche, ajoutez un peu de lait.

3. Pour chaque boule de viande, enrobez un petit cube de mozzarella avec une petite quantité de mélange à la dinde.

4. Mélangez les miettes de pain et les 45 g restants de parmesan dans un grand plat peu profond. Roulez les boulettes de viande remplies de fromage dans ce mélange pour bien les enrober.

5. Faites chauffer $1/2$ cm d'huile dans une grande casserole lourde sur un feu moyen-vif. Faites cuire les boulettes de viande, quelques-unes à la fois, jusqu'à ce qu'elles soient grillées de tous les côtés, pendant 4 à 5 minutes. Enlevez avec une cuillère à égoutter et déposez sur du papier absorbant.

6. Servez avec de la sauce aux canneberges. Garnissez au goût.
 Donne environ 2 douzaines de boulettes de viande.

Etape 2. Mélange de la dinde.

Etape 3. Comment former le mélange de dinde autour d'un cube de mozzarella.

* Garniture: comment faire les tortillons d'orange..

Ailes de Poulet Piquantes au Miel

1 petit morceau de racine de gingembre frais
1 orange
1 350 g d'ailes de poulet
37 cl de sauce piquante
150 g de miel
7 cl de sauce de soja
60 g de moutarde de Dijon
3 c. à soupe d'huile végétale
  Sauce piquante supplémentaire
  Brins de persil italien pour la
    décoration

1. Pour râper la racine de gingembre, enlevez la peau dure extérieure avec un couteau bien aiguisé ou un éplucheur. Râpez la racine de gingembre avec une râpe à gingembre ou le côté le plus fin d'une râpe. Râpez assez de racine de gingembre pour obtenir 2 c. à soupe. Mettez de côté.

2. Pour râper l'écorce de l'orange, rincez l'orange sous l'eau courante. Râpez l'écorce d'orange avec le côté fin d'une râpe, en faisant attention de n'enlever que la couche externe de l'écorce et non la peau blanche et amère. Râpez assez de zest pour obtenir 1/2 c. à thé. Mettez de côté.

3. Coupez et jetez les extrémités des ailes de poulet. Coupez chaque aile en deux au niveau de l'articulation.

4. Mettez les ailes de poulet dans un plat allant au four de 32,5 cm sur 22,5 cm. Mélangez 37 cl de sauce piquante, le miel, la sauce de soja, la moutarde, l'huile, le gingembre et le zest d'orange dans un petit bol; mélangez bien. Versez sur les ailes de poulet.

5. Faites mariner, à couvert, au réfrigérateur pendant au moins 6 heures ou pendant la nuit.

6. Préchauffez le four à 200°C. Égouttez la marinade et conservez-la. Mettez les ailes de poulet sur une seule épaisseur dans un plat à gâteau roulé de 37,5 cm sur 25 cm doublé de papier aluminium. Versez régulièrement la marinade mise de côté sur les ailes de poulet. Faites cuire pendant 40 à 50 minutes jusqu'à ce que les ailes soient grillées. Servez chaud avec la sauce piquante supplémentaire. Décorez si vous le désirez.

Donne environ 34 portions.

Etape 1. Comment râper la racine de gingembre.

Etape 2. Comment râper le zest d'orange.

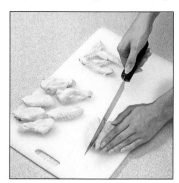

Etape 3. Comment couper les ailes de poulet en deux au niveau de l'articulation.

Crevettes en Gelée

1 boîte (225 g) de crabe
3 sachets de gélatine non
    parfumée
17 cl d'eau
1 boîte (300g) de soupe de crème
    de crevettes
1 paquet (225g) de fromage à la
    crème, coupé en dés
2 boîtes (75g chacune) de
    crevettes, égouttées
540 g de riz cuit
1 oignon moyen émincé
    (technique page 22)
1 poivron rouge émincé
200 g de mayonnaise
5 cl de jus de citron
2 c. à soupe de sauce
    Worcestershire
1 c. à soupe de poudre d'ail
1 c. à thé de poivre noir
  De la salade verte fraîche
  Des craquelins pour servir
  Des rondelles de citron et de
    lime et des brins de
    menthe fraîche pour
    décorer

1. Egouttez et jetez le liquide du crabe. Placez le crabe dans un petit bol; défaire en morceaux à l'aide d'une fourchette. Enlevez les morceaux de coquille ou de cartilage s'il y en a. Mettez de côté.

2. Pour faire fondre la gélatine, saupoudrez-la dans de l'eau dans un petit bol. Laissez reposer pendant 1 minute.

3. Faites chauffer la soupe à feu moyen dans une grande casserole; ajoutez le mélange de gélatine et tournez pour le dissoudre.

4. Ajoutez le fromage et mélangez jusqu'à ce qu'il soit fondu. Enlevez du feu.

5. Ajoutez le crabe, les crevettes, le riz, l'oignon, le poivron, la mayonnaise, le jus de citron, la sauce Worcestershire, la poudre d'ail et le poivre noir et mélangez bien.

6. Huilez légèrement un moule de 1,5 l avec un vaporisateur d'huile végétale. Versez le mélange de gélatine dans le moule préparé et mettez au réfrigérateur jusqu'à ce que le tout soit ferme.

7. Pour démouler, écartez le mélange de gélatine du bord du moule avec vos doigts humides ou passez une petite spatule en métal ou un couteau pointu trempé dans l'eau chaude le long du bord du mélange de gélatine. (On peut aussi tremper le moule jusqu'au bord dans de l'eau chaude pendant 10 secondes.) Renversez soigneusement le moule sur une assiette garnie de salade verte. Secouez le moule et l'assiette pour libérer la gélatine. Enlevez doucement le moule. Servez avec vos craquelins préférés. Garnissez si désiré.

Donne 1 moule de gelée

Etape 2. Comment ramollir la gélatine.

Etape 6. Comment verser le mélange de gélatine dans le moule préparé.

Etape 7. Comment écarter le mélange de gélatine de la paroi du moule.

Pétoncles à la Shaller

Persil frais
**450 g de bacon, coupé en deux
dans le sens de la longueur**
900 g de petits pétoncles
10 cl d'huile d'olive
10 cl de vermouth sec
1 c. à thé de poudre d'ail
1 c. à thé de poivre noir
1/2 c. à thé de poudre d'oignon
Une pincée d'origan séché
De la salade verte fraîche
Des lamelles d'écorce de citron
pour la décoration

1. Pour couper finement le persil, mettez-le dans une mesure d'une tasse. Coupez suffisamment de persil avec des ciseaux de cuisine pour obtenir 2 c. à soupe. Mettez-le de côté. (Photo page 22).

2. Enveloppez un morceau de bacon autour de chaque pétoncle; attachez avec des cure-dents en bois, si nécessaire. Mettez les pétoncles enveloppés dans un plat allant au four de 32,5 cm sur 22,5 cm.

3. Mélangez l'huile d'olive, le vermouth, le persil, la poudre d'ail, le poivre, la poudre d'oignon et l'origan dans un petit bol. Versez sur les pétoncles enveloppés.

4. Faites mariner pendant au moins 4 heures au réfrigérateur.

5. Enlevez les pétoncles enveloppés de la marinade. Placez-les sur la grille d'une poêle à griller. Faites cuire au gril, à 10 cm de la source de chaleur, pendant 7 à 10 minutes jusqu'à ce que le bacon soit grillé. Retournez; faites griller l'autre côté pendant 5 minutes ou jusqu'à ce que les pétoncles soient opaques.

6. Enlevez les cure-dents en bois. Disposez sur un lit de feuilles de salade. Garnissez au goût.

Donne 8 portions

Etape 2. Comment envelopper le bacon autour des pétoncles.

Etape 3. Comment verser le mélange d'huile d'olive sur les pétoncles enveloppés.

Etape 5. Comment disposer les pétoncles enveloppés sur la grille d'une poêle à griller.

COURS DE CUISINE
LES PÂTES

48 NOTES DE COURS

50 SALADES ET SOUPES

62 SAUCES

74 PLATS PRINCIPAUX

Pâtes Cheveux d'Ange avec
Sauce au Chili Rouge *(page 65)*

NOTES DE COURS

Les recettes dans cette section vous montrent comment faire de délicieux plats satisfaisants avec les pâtes qui sont variées, économiques et nutritives. Il existe plus de 150 variétés de pâtes mais nous n'avons décrit que les formes les plus populaires telles que les nouilles larges (fettucine), les coquilles, les languettes (linguine) et les lasagnes. Grâce au mode d'emploi point par point et aux photographies explicatives, vous allez découvrir que les pâtes accompagnent très bien les soupes, les salades, les ragoûts et les plats en poêlon. Les pâtes sont aussi un plat principal extraordinaire lorsqu'elles sont servies avec des sauces savoureuses.

CUISSON DES PÂTES

Pâtes sèches: Pour chaque lb (450 g) de pâtes sèches, faites bouillir de 4 à 6 litres d'eau. Ajoutez 2 c. à thé de sel, si vous le désirez. Ajoutez les pâtes au fur et à mesure que l'eau se remet à bouillir. L'eau permet de faire circuler les pâtes pour qu'elles cuisent uniformément. Tournez souvent pour éviter que les pâtes ne collent entre elles. Vérifiez si elles sont cuites selon la durée de cuisson recommandée sur le paquet. Les pâtes doivent être cuites al dente—tendres mais fermes et non collantes. Egouttez les pâtes immédiatement pour les empêcher de continuer à cuire. Pour de meilleurs résultats, versez la sauce sur les pâtes immédiatement après les avoir égouttées ou de l'huile pour les empêcher de coller. Conserver les pâtes sèches non cuites dans un endroit sec et frais.

Pâtes Fraîches: Les pâtes faites à la maison mettent moins de temps à cuire que les pâtes sèches. Faites cuire les pâtes fraîches de la même manière que celles qui sont sèches sauf qu'il faut commencer à surveiller si elles sont cuites après 2 minutes. Les pâtes fraîches se conserveront plusieurs semaines dans un réfrigérateur ou elles peuvent être congelées pendant 1 mois. Deux techniques de base pour préparer des pâtes fraîches sont expliquées dans la section des recettes.

ÉQUIPEMENT

Machine à fabriquer les pâtes: les machines à fabriquer les pâtes avec des rouleaux manuels sont très utiles pour pétrir et rouler la pâte des pâtes alimentaires. Les accessoires de coupe (ceux pour les nouilles larges(fettucine) et les cheveux d'ange sont généralement inclus) permettent de couper les pâtes régulièrement. Les appareils électriques mélangent aussi la pâte, mais les pâtes alimentaires ne sont pas aussi souples que celles faites à la main et les appareils coûtent plus cher.

Couteau d'office: un couteau aiguisé avec une lame fine et longue de 7,5 cm à 10 cm utilisé pour peler et couper les fruits et les légumes et couper et hacher les herbes aromatiques.

Couteau tout usage: un couteau aiguisé avec une lame fine et longue de 15 cm à 20 cm. Il est utilisé pour les mêmes opérations que le couteau d'office mais sa lame plus longue permet un meilleur bras de levier.

Couteau de Chef: un couteau aiguisé avec une lame large et longue de 15 cm à 25 cm. Il est utilisé pour couper et tailler de grands morceaux épais.

CONSEILS POUR GAGNER DU TEMPS

• Prévoyez une quantité supplémentaire de votre soupe aux pâtes ou de votre sauce préférée. Versez-la dans des récipients pour congélateurs et congelez. Dégelez-la et réchauffez-la pour un souper au dernier moment ou un dîner rapide.

• Les lasagnes, les manicotti et les coquilles fourrées sont des plats parfaits à préparer et à congeler pour manger à d'autres occasions. Essayez de congeler les ragoûts en portions pour une personne pour les jours où vous devez manger rapidement. Faites chauffer à la température nécessaire au micro-ondes ou dans un four conventionnel.

• Lors de la cuisson, ajoutez des pâtes supplémentaires dans l'eau bouillante pour qu'il en reste. Si vous le désirez, vous pouvez verser un peu d'huile d'olive sur les pâtes qui restent pour les empêcher de coller. Utilisez les restes des pâtes vierges comme aliment de base ou pour rallonger des salades, des soupes, des plats d'accompagnement et des ragoûts. Conservez tout simplement les pâtes restantes dans un sac en plastique dans le réfrigérateur pendant trois jours au maximum. Rafraîchissez les pâtes en les rinçant à l'eau chaude ou froide suivant l'utilisation. Les pâtes peuvent aussi être congelées, puis réchauffées dans l'eau bouillante ou au four à micro-ondes pour leur rendre leur texture et leur goût.

• Mélangez vos viandes, volailles, poissons et légumes avec votre forme préférée de pâtes et une sauce simple pour faire un nouveau repas rapide.

• Une tasse de pâtes telles que des macaroni non cuits produira 2 tasses de pâtes cuites.

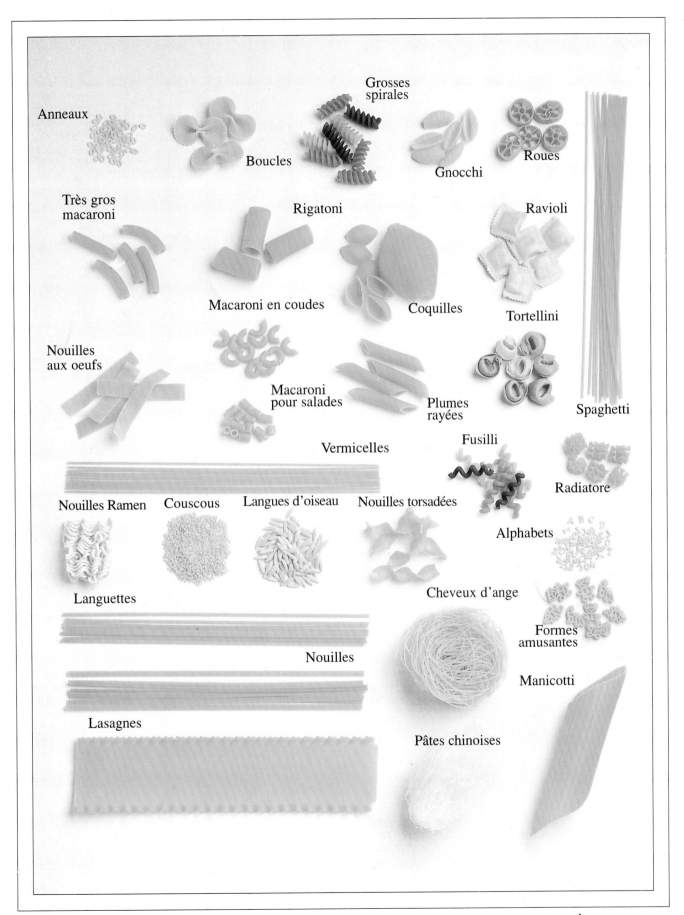

Anneaux

Grosses
spirales

Boucles

Gnocchi

Roues

Très gros
macaroni

Rigatoni

Ravioli

Macaroni en coudes

Coquilles

Tortellini

Nouilles
aux oeufs

Macaroni
pour salades

Plumes
rayées

Spaghetti

Vermicelles

Fusilli

Radiatore

Nouilles Ramen

Couscous

Langues d'oiseau

Nouilles torsadées

Alphabets

Languettes

Cheveux d'ange

Formes
amusantes

Nouilles

Manicotti

Lasagnes

Pâtes chinoises

Salade Thaïlandaise de nouilles (Fettucine) au Poulet

3 poitrines de poulet sans peau
(environ 420g)
170 g de nouilles
25 cl de Sauce Piquante
60 g de beurre d'arachide
croquant
2 c. à soupe de miel
2 c. à soupe de jus d'orange
1 c. à thé de sauce au soja
1/2 c. à thé de gingembre moulu
2 c. à soupe d'huile végétale
Feuilles de laitue ou de chou de
Milan (facultatif)
40 g de cilantro grossièrement
haché (voir la technique
pour hacher le persil, page
68)
40 g de moitiés d'arachides
115 g de fines lamelles de
poivrons rouges, coupées
en deux
Sauce Piquante supplémentaire
(facultatif)

1. Coupez le poulet en morceaux de 2,5 cm; mettez-les de côté.

2. Faites cuire les pâtes selon les instructions sur le paquet. Egouttez-les dans une passoire.

3. Tandis que les pâtes cuisent, mélangez 25 cl de sauce piquante, le beurre d'arachide, le miel, le jus d'orange, la sauce de soja et le gingembre dans une petite casserole. Faites cuire et mélangez à feu doux jusqu'à ce que tout soit bien mélangé et lisse. Gardez 6 cl du mélange à la sauce piquante.

4. Mettez les pâtes dans un grand bol. Versez le reste de la sauce piquante sur les pâtes; secouez doucement pour les recouvrir.

5. Faites chauffer l'huile dans un grand poêlon sur feu moyen-vif. Faites cuire et retournez le poulet dans l'huile chaude pendant environ 5 minutes jusqu'à ce que le poulet soit grillé à l'extérieur et ne soit plus rose au centre.

6. Ajoutez le reste de la sauce piquante mise de côté; mélangez bien.

7. Disposez les pâtes sur un plat recouvert d'un lit de salade. Mettez le mélange de poulet sur les pâtes. Recouvrez de cilantro, de moitiés d'arachides et de lamelles de poivrons.

8. Réfrigérez jusqu'à ce que le mélange ait atteint la température de la pièce. Servez avec la sauce piquante supplémentaire. Garnissez au goût.

Donne 4 portions

Etape 1. Comment couper les poitrines de poulet en morceaux de 2,5 cm.

Etape 3. Comment cuire, tout en remuant, le mélange de sauce piquante.

Etape 5. Comment vérifier la cuisson du poulet.

Salade de Languettes (Linguine) et de Fruits de Mer Frais

1 1/2 à 3 douzaines de myes
Sel
1,8 kg de moules
675 g de petits calmars
225 g de languettes
Huile d'olive
5 cl de jus de citron fraîchement
    pressé
2 gousses d'ail haché (technique
    page 58)
1/4 c. à thé de poivre
1 oignon rouge, émincé et séparé
    en rondelles pour la
    décoration
50 g de persil italien finement
    coupé pour la décoration
    (technique page 68)

1. Jetez les myes qui restent ouvertes lorsque vous les tapez avec les doigts. Pour nettoyer les myes, brossez-les avec une brosse dure sous de l'eau froide courante. Faites tremper les myes dans 4 litres d'eau froide et 70 g de sel pendant 20 minutes. Videz l'eau et répétez deux fois.

2. Jetez les moules qui restent ouvertes lorsque vous les tapez avec les doigts. Pour nettoyer les moules, brossez-les avec une brosse dure sous de l'eau froide courante. Pour les ébarber, tirez les filaments des coquilles avec les doigts. Faites tremper les myes dans 4 litres d'eau froide et 70 g de sel pendant 20 minutes. Videz l'eau et répétez deux fois.

3. Pour nettoyer chaque calmar, tenez fermement le corps du calmar dans une main. Tenez la tête fermement dans l'autre main; tirez la tête en tournant doucement d'un côté à l'autre. (La tête et le contenu du corps devraient sortir en un seul morceau). Mettez de côté le sac tubulaire du corps. Coupez les tentacules de la tête; mettez-les de côté. Jetez la tête et le contenu du corps.

4. En tenant l'extrémité du cartilage pointu, fin et transparent qui sort du corps, rincez le calmar sous de l'eau froide courante. Pelez et jetez la membrane extérieure tachetée qui recouvre le sac du corps et les nageoires. Enlevez les nageoires en les tirant; mettez-les de côté. Rincez bien l'intérieur du calmar sous de l'eau courante. Répétez avec les autres calmars.

Etape 2. Comment ébarber les moules.

Etape 3. Comment enlever la tête du calmar.

Etape 5. Comment peler la membrane extérieure du calmar.

Suite page 54

Salade de Languettes (Linguine) et de Fruits de Mer Frais
suite

5. Coupez le calmar en travers en rondelles de 6 mm d'épaisseur; hachez finement les tentacules et les nageoires. (Les rondelles, les nageoires et les tentacules mises de côté sont tous des morceaux qui se mangent.) Essuyez les morceaux avec du papier absorbant.

6. Pour faire cuire à la vapeur les myes et les moules, mettez 22 cl d'eau dans une marmite. Amenez à ébullition sur feu vif. Ajoutez les myes et les moules. Couvrez la marmite; réduisez le feu. Faites cuire à la vapeur pendant 5 à 7 minutes jusqu'à ce que les myes et les moules soient ouvertes. Enlevez-les de la marmite avec une cuillère fendue. Jetez les praires et les moules qui ne se sont pas ouvertes.

7. Pendant ce temps, faites cuire les pâtes selon les instructions du paquet. Egouttez-les dans une passoire. Mettez-les dans un grand bol et assaisonnez avec 2 c. à soupe d'huile.

8. Ajoutez juste assez d'huile dans un grand poêlon pour en couvrir le fond. Faites chauffer à feu moyen; ajoutez les calmars. Faites cuire et mélangez pendant 2 minutes jusqu'à ce que les calmars soient opaques. Mettez les calmars dans un grand saladier en verre. Ajoutez les pâtes, les moules et les praires.

9. Mélangez 10 cl d'huile, le jus de citron, l'ail, 1/2 c. à thé de sel et le poivre dans un petit bol; mélangez bien. Versez sur la salade; tournez-la doucement.

10. Couvrez; mettez au réfrigérateur pendant au moins 3 heures. Assaisonnez avec le reste du jus de citron, du sel et du poivre, si nécessaire. Garnissez si vous le désirez.

Donne 6 portions

Etape 5. Comment couper le calmar en rondelles.

Etape 8. Comment enlever le calmar cuit du poêlon.

Salade de Pâtes en Corolles d'Artichauts

5 gousses d'ail (technique page 64)

10 cl de vin blanc

6 artichauts moyens (pour les corolles)

1 citron, coupé en deux

1,5 l de bouillon de poulet

1 c. à soupe plus 1 c. à soupe d'huile d'olive, mesurée séparément

1 paquet (60 g) de coeurs d'Artichauts

225 g de pâtes tire-bouchons ou de pâtes torsadées

1/2 c. à thé de basilic séché, écrasé

Vinaigrette au basilic (page 56)

1. Mettez l'ail et le vin dans une casserole d'un litre. Amenez à ébullition sur un feu vif; baissez le feu. Faites mijoter pendant 10 minutes.

2. Pendant ce temps, préparez les artichauts. Coupez la base des artichauts avec un couteau tout usage pour que les artichauts restent debout. Enlevez les feuilles extérieures.

3. Coupez 2,5 cm du haut des artichauts. Coupez l'extrémité des autres feuilles avec des ciseaux. Pour empêcher la décoloration, frottez les extrémités avec du citron.

4. Mettez le bouillon de poulet dans un grand fait-tout de 6 l. Amenez à ébullition sur un feu vif. Ajoutez les artichauts, le mélange de vin et 1 c. à soupe d'huile. Baissez le feu. Couvrez et faites mijoter de 25 à 30 minutes ou jusqu'à ce que les feuilles s'enlèvent facilement de la base. Égouttez.

5. Faites cuire les coeurs d'Artichauts selon les instructions du paquet. Égouttez-les bien. Coupez-les en tranches pour en obtenir 450 g. Mettez de côté.

Suite page 56

Etape 2. Comment couper la base de l'artichaut.

Etape 3. Comment couper les extrémités des feuilles d'artichaut.

Etape 4. Comment vérifier si les artichauts sont cuits.

**Salade de Pâtes en Corolles
d'Artichauts
suite**

6. Faites cuire les pâtes selon les instructions du paquet. Egouttez-les dans une passoire. Mettez les pâtes dans un grand bol. Versez la c. à thé d'huile et le basilic.

7. Préparez la vinaigrette au basilic.

8. Ajoutez les coeurs d'Artichauts et 22 cl de vinaigrette dans les pâtes; tournez doucement pour mélanger.

9. Ecartez soigneusement les feuilles extérieures des artichauts. Enlevez les petites feuilles du coeur en les prenant avec vos doigts, puis en les tirant et les tordant. Enlevez la partie filamenteuse de l'artichaut.

10. Remplissez avec le mélange de pâtes. Couvrez. Réfrigérez jusqu'au moment de servir. Servez avec le reste de la vinaigrette. Garnissez au goût.

Vinaigrette au Basilic

**7 cl de vinaigre de vin blanc
2 c. à soupe de moutarde de Dijon
3 gousses d'ail, pelées (technique page 64)
120 g de basilic frais grossièrement haché
225 g d'huile d'olive
Sel et poivre au goût**

1. Mettez le vinaigre, la moutarde et l'ail dans un mélangeur ou un robot culinaire. Couvrez; mélangez en utilisant le bouton de commande intermittente jusqu'à ce que le tout soit bien homogène. Ajoutez le basilic; continuez à appuyez sur le bouton jusqu'à ce que tout soit bien mélangé.

2. Tout en laissant tourner le moteur, incorporez lentement l'huile. Assaisonnez à votre goût avec du sel et du poivre.

Donne environ 37 cl.

Etape 9. Comment enlever les filaments d'Artichauts avec une cuillère.

Etape 10. Comment remplir l'artichaut avec le mélange de pâtes.

Sauce Vinaigrette au Basilic Etape 2. Comment verser lentement l'huile dans le robot culinaire.

Soupe au Boeuf Rapide

1 gros oignon
2 gousses d'ail
(675 g de steak haché maigre
1 boîte (840 g) de tomates entières
    pelées, non égouttées
1,5 l d'eau
6 cubes de bouillon de boeuf
1/4 c. à thé de poivre
80 g de pâtes 'langues d'oiseau'
    non cuites
300 g de mélange de petits pois,
    de carottes et de maïs
    congelés
Baguette (facultatif)

1. Pour hacher l'oignon, enlevez la peau. Coupez-le en deux àtravers la racine avec un couteau tout usage. Placez-le sur une planche à découper avec le côté coupé vers le bas. En tenant le couteau horizontalement, coupez parallèlement à la planche, presque jusqu'à l'extrémité avec la racine. Puis, coupez de façon verticale en tenant l'oignon avec les doigts pour qu'il garde sa forme. Tournez l'oignon et coupez dans l'autre sens jusqu'à l'extrémité avec la racine. (Plus la coupe est serrée, plus l'oignon sera coupé fin). Répétez avec l'autre moitié.

2. Pour hacher l'ail, coupez les extrémités des gousses d'ail. Ecrasez légèrement la tête avec le côté plat de la lame d'un couteau de chef; enlevez la peau. Hachez la gousse d'ail en petits morceaux uniformes. Mettez de côté.

3. Faites cuire le steak haché, l'oignon et l'ail dans une grande casserole sur un feu moyen à élevé jusqu'à ce que le steak soit grillé, en tournant pour séparer la viande; enlevez le gras fondu.

4. Mettez les tomates avec le jus dans un mélangeur ou un robot culinairecouvert. Mélangez jusqu'à ce que le mélange soit homogène.

5. Ajoutez les tomates, l'eau, les cubes de bouillon et le poivre au mélange de viande. Portez à ébullition sur un feu vif. Baissez le feu. Faites mijoter sans couvrir pendant 20 minutes.

6. Ajoutez les pâtes "langues d'oiseau" et les légumes. Faites mijoter pendant 15 minutes de plus. Servez avec de la baguette.

Donne environ 6 portions.

Etape 1. Comment couper l'oignon.

Etape 2. Comment écraser l'ail pour enlever la peau.

Etape 5. Comment mélanger la préparation à base de viande.

Soupe Nouilles-Courgettes-Tomates

1,35 kg de courgettes
17 cl d'eau
115 g de beurre
460 g d'oignons émincés
    (technique page 58)
920 g de tomates, coupées en huit
1 boîte (1,5 l) de bouillon de
    poulet
3 gousses d'ail coupées
1 c. à thé d'assaisonnement Beau
    Monde
1 c. à thé de sel
1 c. à thé de poivre
450 g de nouilles de blé dur 100 %
Pain à l'ail (facultatif)

1. Brossez les courgettes avec une brosse à légumes sous l'eau froide courante. Coupez-les en deux dans le sens de la longueur avec un couteau tout usage. (Si les courgettes sont grosses, coupez-les en 4 ou 6 morceaux dans le sens de la longueur.) En tenant les lamelles ensemble avec les doigts, coupez en travers en dés.

2. Mélangez les courgettes et l'eau dans une marmite. Faites cuire sur feu moyen à élevé pendant 10 minutes jusqu'à ce qu'elles soient partiellement cuites, en mélangeant deux fois.

3. Faites chauffer le beurre dans un poêlon à feu moyen. Ajoutez les oignons; faites cuire et tournez dans le beurre chaud jusqu'à ce qu'ils soient tendres.

4. Ajoutez le mélange d'oignons, les tomates, le bouillon, l'ail, l'assaisonnement, le sel et le poivre au mélange de courgettes; couvrez. Faites mijoter pendant 20 à 25 minutes.

5. Pendant ce temps, faites cuire les pâtes selon les instructions du paquet. Egouttez bien.

6. Ajoutez les pâtes à la soupe; chauffez et servez avec du pain à l'ail.
Donne environ 8 portions.

Etape 1. Comment couper les courgettes en dés.

Etape 2. Comment ajouter l'eau dans la marmite.

Etape 6. Comment ajouter les pâtes à la soupe.

Nouilles aux Epinards et à l'Ail avec une Sauce aux Oignons et à l'Ail

225 g d'épinards frais
6 oeufs, mesurés séparément
210 g de farine générale, à
    partager
1 c. à soupe d'huile d'olive
6 grosses gousses d'ail frais,
    hachées (technique page 58)
1/2 c. à thé de sel
Sauce aux Oignons et à l'Ail (page
    64)
Parmesan rapé (facultatif)

1. Séparer chaque feuille d'épinards. Mettez-les à tremper dans de l'eau froide et agitez. Répétez plusieurs fois avec de l'eau propre pour enlever le sable et les gravillons. Essuyez avec du papier absorbant.

2. Pour enlever les tiges des feuilles d'épinards, pliez chaque feuille en deux, puis avec votre main, tirez la tige vers le haut de la feuille, puis la jeter.

3. Pour blanchir les épinards, faites bouillir 1 l d'eau dans une casserole de 2 l sur un feu vif. Ajoutez immédiatement les épinards. Portez à ébullition; faites bouillir 2 à 3 minutes jusqu'à ce qu'ils soient tendres. Egouttez les épinards puis plongez-les immédiatement dans de l'eau froide pour arrêter la cuisson. Mettez-les à égoutter dans une passoire. Laissez-les jusqu'à ce qu'ils soient assez froids pour les prendre dans les mains. Ecrasez-les entre vos mains pour enlever l'eau en excès. Puis hachez avec un couteau de chef.

4. Pour séparer les jaunes des blancs d'oeufs, tapez doucement le centre de l'oeuf contre une surface dure, telle que la paroi du bol. En tenant une moitié d'oeuf dans chaque main, faites passer le jaune d'une moitié à l'autre. Laissez le blanc couler entre les deux moitiés dans le bol.

5. Lorsque tout le blanc a coulé dans le bol, mettez le jaune dans un autre bol. Mettez le blanc dans un autre bol. Répétez avec les 3 autres oeufs. Conservez les blancs d'oeufs dans un récipient hermétique pour une autre utilisation. Réfrigérer pendant environ 1 semaine.

6. Mettez 140 g de farine sur la planche à découper. Faites un puits au centre. Battez 2 oeufs entiers, les jaunes et l'huile dans un petit bol jusqu'à ce qu'ils soient bien mélangés. Versez progressivement dans le mélange de farine tout en mélangeant avec les doigts ou une fourchette pour faire une boule de pâte.

suite page 64.

Etape 1. Comment laver les épinards.

Etape 2. Comment enlever les tiges des épinards.

Etape 4. Comment séparer les jaunes des blancs d'oeufs.

Nouilles aux Épinards et à l'Ail avec une Sauce aux Oignons et à l'Ail suite

7. Ajoutez les épinards, l'ail et le sel. Mélangez en incorporant plus de farine si nécessaire.

8. Mettez la pâte sur une surface légèrement enfarinée; aplatissez-la légèrement. Pour la pétrir, pliez-la en deux vers vous et éloignez la pâte de vous avec les paumes de vos mains. Tournez la pâte d'un quart de tour et continuez à plier, pousser et tourner. Continuer à pétrir la pâte pendant 5 minutes ou jusqu'à ce qu'elle soit lisse et élastique, en ajoutant de la farine pour éviter qu'elle ne colle, si nécessaire. Couvrez avec une feuille de plastique. Laissez la pâte reposer pendant 15 minutes.

9. Enlever le plastique de la pâte et pétrissez-la brièvement ainsi que décrit à l'étape 8 sur une surface légèrement enfarinée. Roulez la pâte en un cercle de 3 mm d'épaisseur à l'aide d'un rouleau à pâtisserie légèrement enfariné. Soulevez doucement la pâte avec les mains. Élevez-la à la lumière pour vérifier si elle est trop épaisse à certains endroits. Remettez-la sur la planche; aplatissez les endroits trop épais. Laissez reposer jusqu'à ce que la pâte soit légèrement sèche mais pour qu'elle puisse encore être manipulée sans casser.

10. Enfarinez légèrement le cercle de pâte; roulez lâchement sur le rouleau. Enlevez le rouleau; appuyez doucement sur la pâte avec la main et coupez des bandes de 6 mm d'épaisseur avec un couteau bien aiguisé. Dépliez soigneusement les lamelles.*

11. Préparez la Sauce aux Oignons et à l'Ail.

12. Faites cuire les pâtes dans une grande marmite d'eau bouillante salée jusqu'à ce qu'elles soient tendres, à peine 2 minutes. Égouttez dans une passoire, versez dans un grand bol.

13. Versez la sauce sur les pâtes. Servez avec du fromage si vous le désirez.

Donne 2 à 4 portions

* Les nouilles peuvent être séchées et conservées à ce moment-là. Placez les nouilles sur des rayons à pâtes ou un manche à balai propre recouvert d'une feuille de plastique et posé entre 2 chaises. Faites sécher pendant au moins 3 heures; conservez dans un récipient hermétique à température ambiante pendant 4 jours au maximum. Pour servir, faites cuire les nouilles dans une grande marmite d'eau bouillante salée pendant 3 à 4 minutes jusqu'à ce qu'elles soient tendres. Égouttez dans une passoire.

Sauce aux Oignons et à l'Ail

12 grosses gousses d'ail frais
115 g de beurre
1 c. à soupe d'huile d'olive
450 g d'oignons doux Vidalia, émincés
1 c. à soupe de miel (facultatif)
5 cl de Marsala

1. Pour peler rapidement les gousses d'ail, coupez les extrémités. Mettez-les dans l'eau bouillante. Faites bouillir pendant 5 à 10 secondes. Enlevez-les avec une cuillère à égoutter et plongez-les dans de l'eau froide. Égouttez-les. Les peaux glisseront des gousses d'ail. Avec un couteau de chef, hachez l'ail pour obtenir 7 cl.

2. Faites chauffer le beurre et l'huile dans un gros poêlon à feu moyen. Ajoutez les oignons et l'ail; couvrez et faites cuire jusqu'à ce qu'ils soient tendres. Ajoutez le miel; baissez le feu. Faites cuire, sans couvrir, pendant 30 minutes en tournant occasionnellement. Ajoutez le vin; faites cuire pendant 5 à 10 minutes.

Donne environ 55 cl

Etape 8. Comment pétrir la pâte.

Etape 9. Comment vérifier l'épaisseur de la pâte.

* Comment faire sécher les nouilles sur les rayons à pâtes.

Pâtes Cheveux d'Ange avec une Sauce aux Piments Rouges

280 g de farine tout usage
1/4 c. à café de sel
3 oeufs
1 c. à soupe de lait
1 c. à café d'huile d'olive
   Sauce aux Piments Rouges (page 66)
45 g de parmesan râpé

1. Mettez la farine, le sel, les oeufs, le lait et l'huile dans un robot culinaire; mélangez jusqu'à ce que la pâte soit formée. Faites-en une boule.

2. Mettez la pâte sur une surface légèrement enfarinée; aplatissez-la légèrement. Coupez la pâte en 4 morceaux. Enveloppez 3 morceaux de pâte dans une film alimentaire transparent; mettez-les de côté.

3. Pour pétrir la pâte avec la machine à faire les pâtes, ajustez les rouleaux de la machines sur la position la plus écartée (position 1).* Faites passer la pâte non enveloppée à travers les rouleaux plats en tournant la manivelle. (La pâte s'émiettera sans doute un peu au début mais sera plus consistante après 2 à 3 passages à travers les rouleaux.)

4. Enfarinez légèrement une lanière de pâte; pliez-la en trois et faites-la passer ànouveau à travers les rouleaux. Répétez 7 à 10 fois jusqu'à ce que la pâte soit lisse et élastique.

5. Pour finir la pâte, réglez la machine sur la position 3. Faites passer la pâte àtravers les rouleaux. Sans plier la pâte en trois, répétez l'opération sur les positions 5 et 6. Laissez la pâte reposer pendant 5 à 10 minutes jusqu'à ce qu'elle soit légèrement sèche.

*Suivez le mode d'emploi du fabricant pour rouler la pâte de façon appropriée si les réglages de position sont différents. Pour faire des pâtes à la main, vous référer à la recette des Pâtes aux Épinards et à l'Ail avec une Sauce aux Oignons et à l'Ail (page 62).

Suite à la page 66

Étape 1. Préparation de la pâte des pâtes alimentaires dans un robot culinaire.

Étape 3. Comment pétrir la pâte des pâtes alimentaires dans une machine à pâtes.

Étape 4. Comment plier la pâte en trois.

 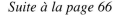

Pâtes Cheveux d'Ange avec une Sauce aux Piments Rouges suite

6. Fixez la poignée au rouleau des pâtes cheveux d'ange et faites passer la pâte àtravers ce rouleau.** Répétez le processus complet avec les autres morceaux de pâte mis de côté.

7. Faites cuire les pâtes dans une grande marmite d'eau bouillante salée pendant 1 à 2 minutes jusqu'à ce qu'elles soient tendres; retirez du feu. Égouttez dans une passoire.

8. Préparez la Sauce aux Piments Rouges.

9. Versez la sauce sur les pâtes. Ajoutez le fromage; mélangez bien.
Donne 4 à 6 portions.

** A ce stade, les pâtes cheveux d'ange peuvent être séchées et conservées. Suspendez les pâtes sur des rayons à pâtes ou sur un manche de balai propre recouvert de plastique et posé entre 2 chaises. (Technique page 64). Ou bien, roulez les pâtes en nids et mettez-les dans un torchon propre. Laissez sécher pendant au moins 3 heures; conservez à la température ambiante dans un récipient hermétique pendant 4 jours tout au plus. Faites cuire les pâtes dans une grande marmite d'eau bouillante salée pendant 3 à 4 minutes jusqu'à ce qu'elles soient 'al dente'. Égouttez-les dans une passoire.

Sauce aux Piments Rouges

2 petits piments rouges
6 c. à soupe de beurre ou de margarine
4 oignons verts, finement coupés
1/2 poivron rouge, haché
3 gousses d'ail, hachées (technique page 58)
3 c. à soupe de persil frais haché (technique à la page 68)
1/2 c. à café de sel
1/8 c. à café de poivre noir

1. Rincez les piments rouges; essuyez-les avec du papier absorbant. Coupez les piments en deux avec un couteau tout usage. *** Enlevez les graines. Puis coupez-les avec un couteau de chef jusqu'à ce qu'ils soient uniformément hachés.

2. Faites chauffer le beurre dans un grand poêlon à feu moyen-vif. Ajoutez les piments rouges, les oignons, le poivron et l'ail. Faites cuire en remuant pendant 2 minutes ou jusqu'à ce que les oignons soient tendres.

3. Enlevez du feu. Incorporez le persil, le sel et le poivre noir.
Donne environ 3/4 tasse

*** Les piments rouges peuvent brûler et irriter la peau; mettez des gants en caoutchouc lorsque vous les manipulez et ne touchez pas vos yeux. Lavez vos mains après avoir touché des piments rouges.

Étape 6. Comment couper les pâtes avec la machine à pâtes.

Sauce aux Piments Rouges.
Étape 1. Comment égrener les piments rouges.

Pâtes au Crabe et aux Fines Herbes

1 gousse d'ail
Du persil frais
180 g de crabe
1/2 paquet (225g) de vermicelles
120 g d'huile d'olive
3 c. à soupe de beurre ou de
    margarine
1 petit oignon, haché
1 carotte, râpée
40 g de basilic frais haché ou 2 c.
    à café de basilic séché,
    broyé
1 c. à soupe de jus de citron
60 g de pignons grossièrement
    hachés (facultatif)
1/2 c. à café de sel

1. Pour hacher l'ail, coupez les extrémités de la gousse d'ail. Écrasez légèrement la gousse sous le côté plat de la lame d'un couteau de chef; enlevez la peau. Hachez l'ail avec le couteau de chef jusqu'à ce qu'il soit finement haché. Mettez de côté.

2. Pour hacher le persil; mettez-le dans un verre gradué. Coupez le persil avec des ciseaux de cuisine pour en obtenir 2 c. à soupe. Mettez de côté.

3. Enlevez tout morceau de carapace ou de cartilage qui se trouverait dans le crabe. Séparez avec une fourchette. Mettez de côté.

4. Faites cuire les pâtes selon le mode d'emploi indiqué sur le paquet. Égouttez dans une passoire.

5. Faites chauffer l'huile et le beurre dans un grand poêlon à feu moyen-vif. Faites cuire en remuant l'ail, l'oignon et la carotte dans le mélange d'huile chaud jusqu'à ce que les légumes soient tendres, mais non brunis .

6. Baissez le feu à moyen. Incorporez le persil, le crabe, le basilic et le jus de citron. Faites cuire pendant 4 minutes en mélangeant constamment. Ajoutez le oignons et le sel.

7. Versez la sauce sur les vermicelles dans un grand bol; mélangez doucement. Garnissez au goût.

Donne 4 portions

Étape 1. Comment écraser l'ail pour enlever la peau.

Étape 2. Comment couper le persil avec des ciseaux.

Étape 3. Comment enlever les morceaux de carapace ou de cartilage du crabe.

Pâtes et Brocoli

1 brocoli
1 paquet (450 g) de très gros
    macaroni (ziti)
2 c. à soupe d'huile d'olive
1 gousse d'ail, hachée (technique
    à la page 58)
90 g de mozzarella râpé
90 g de Parmesan râpé
45 g de beurre
50 g de bouillon de poulet
3 c. à soupe de vin blanc

1. Enlevez les feuilles des tiges de brocoli. Coupez les extrémités des tiges. Séparez le brocoli en bouquets en laissant un petit bout de tige. Pelez les tiges puis coupez-les en morceaux de 2,5 cm.

2. Pour faire cuire le brocoli à la vapeur, portez à ébullition 5 cm d'eau dans une grande casserole à feu vif. Mettez le brocoli dans le chaudron supérieur d'une marmite à vapeur. L'eau ne doit pas toucher le brocoli. Couvrir et faites cuire à la vapeur pendant 10 minutes jusqu'à ce que le brocoli soit tendre. Ajoutez de l'eau au besoin pour éviter que la casserole ne cuise sans eau.

3. Faites cuire les pâtes selon le mode d'emploi indiqué sur le paquet. Égouttez dans une passoire.

4. Faites chauffer l'huile dans un grand poêlon à feu moyen-vif. Faites cuire l'ail dans l'huile chaude, en brassant jusqu'à ce qu'il soit doré.

5. Ajoutez le brocoli et faites cuire en remuant pendant 3 à 4 minutes. Ajoutez le mozzarella, le parmesan, le beurre, le bouillon et le vin et mélangez. Faites cuire à feu doux jusqu'à ce que les fromages soient fondus.

6. Versez la sauce sur les macaroni dans un grand bol; mélangez doucement en ayant soin de bien enrober. Garnissez au goût.

Donne 6 à 8 portions

Étape 1. Comment couper la tige de brocoli en morceaux de 2,5 cm.

Étape 2. Comment cuire le brocoli à la vapeur.

Étape 5. Comment brasser le mélange de brocoli.

Spirales (fusilli) Pizzaiolo

225 g de champignons
1 gros poivron rouge
1 gros poivron vert
1 gros poivron jaune
3 grosses échalotes
1 paquet (450 g) de fusilli ou de spaghetti
60 g d'huile d'olive
10 oignons verts émincés
1 gros oignon, coupé en dés
8 gousses d'ail, grossièrement coupées
60 g de basilic frais, haché ou 2 c. à café de basilic séché, broyé
2 c. à soupe d'origan frais haché ou 1 c. à café d'origan sec, broyé
Un soupçon de flocons de piment rouge broyé
460 g de tomates fraîches ou en boîte, coupées (technique page 82)
Sel et poivre selon le goût
Brins de basilic frais et tomates miniatures pour la décoration

1. Nettoyez les champignons avec du papier absorbant humide. Coupez le bout du pied et jetez. Coupez les champignons en lamelles avec un couteau d'office. Mettez-les de côté.

2. Rincez les poivrons à l'eau froide courante. Pour égrener les poivrons, mettez-les debout sur une planche à découper. Coupez les côtés en 3 ou 4 tranches dans le sens de la longueur avec un couteau tout usage. (Coupez près de la queue plutôt qu'au travers). Jetez la queue et les pépins. Enlevez le reste des pépins en grattant. Rincez l'intérieur du poivron à l'eau froide puis coupez en morceaux de 6 mm. Mettez de côté.

3. Enlevez la peau extérieure des échalotes. Coupez l'extrémité de la racine. Hachez avec un couteau de chef. Mettez de côté.

4. Faites cuire les pâtes selon le mode d'emploi indiqué sur le paquet. Égouttez dans une passoire.

5. Faites chauffer l'huile dans un grand poêlon à feu moyen-vif. Faites cuire dans l'huile chaude, en remuant, les champignons, les poivrons, les échalotes, les oignons, l'ail, le basilic haché, l'origan et le piment rouge broyé jusqu'à ce qu'ils soient légèrement dorés.

6. Ajoutez les tomates avec leur jus; amenez à ébullition. Remettre sur feu doux et faites mijoter, à découvert, pendant 20 minutes. Assaisonnez au goût avec du sel et du poivre noir.

7. Mettez les fusilli dans les assiettes. Versez la sauce sur les fusilli. Garnissez au goût.

Donne 6 à 8 portions

Étape 1. Comment couper les champignons en lamelles.

Étape 2. Comment couper les extrémités des poivrons.

Étape 5. Comment enlever la peau extérieure des échalotes.

Boeuf à l'Orientale

3 tasses de pâtes tire-bouchons
7 oignons verts
2 à 3 côtes de céleri
8 champignons (facultatif)
1 paquet (600 g) de pois mange-
tout congelés
450 g de boeuf haché
3 c. à soupe de sauce au soja
1/4 c. à café de gingembre moulu
1 boîte (225 g) de sauce tomate
3 tomates fraîches, coupées en
quartiers
120 g de fromage cheddar râpé,
mesuré séparément
1 poivron vert, coupé en fines
lamelles

1. Faites cuire les pâtes selon le mode d'emploi indiqué sur le paquet. Égouttez-les dans une passoire.

2. Enlevez les racines des oignons verts. Coupez les oignons verts en diagonale en morceaux de 5 cm.

3. Mettez le céleri à plat sur la planche à découper. Coupez le céleri en diagonale, en morceaux de 2,5 cm.

4. Nettoyez les champignons avec du papier absorbant humide. Coupez l'extrémité du pied. Coupez les champignons en lamelles avec un couteau d'office. (Technique à la page 72).

5. Pour dégeler rapidement les pois mange-tout, mettez-les dans une passoire. Rincez -les à l'eau chaude jusqu'à ce que les haricots se séparent facilement. Égouttez-les bien et essuyez légèrement avec un essuie-tout.

6. Faites cuire le boeuf, les oignons, la sauce au soja et le gingembre dans un wok à feu moyen-vif jusqu'à ce que la viande brunisse, tout en remuant pour séparer la viande.

7. Poussez le mélange sur les côtés du wok. Ajoutez le céleri et les champignons; faites-les revenir pendant 2 minutes. Poussez le mélange sur le côté. Ajoutez les pois mange-tout et la sauce tomate; faites cuire pendant 4 à 5 minutes, en remuant à chaque minute.

8. Ajoutez les pâtes, les tomates et 70 g de fromage. Brassez doucement pour mélanger tous les ingrédients. Faites cuire pendant 1 minute. Ajoutez le poivron vert; saupoudrez le reste du fromage sur le dessus. Mettre à feu doux; servez quand le tout est bien chaud.

Donne 4 portions

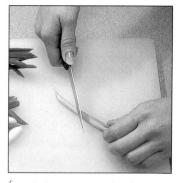

Étape 2. Comment couper les oignons verts en diagonale en morceaux de 5 cm.

Étape 3. Comment couper le céleri en diagonale en morceaux de 2,5 cm.

Étape 7. Comment faire revenir les légumes.

Coquilles Farcies du Dimanche

1 paquet (360 g) de pâtes grosses
    coquilles
1 paquet (285 g) d'épinards
    hachés congelés
2 c. à soupe d'huile d'olive
3 gousses d'ail fraîchess, pelées
    (Technique à la page 64)
340 g de veau haché
340 g de porc haché
130 g de persil, finement haché
    (technique à la page 68)
130 g de miettes de pain
2 oeufs battus
3 gousses d'ail fraîches, hachées
    (Technique à la page 58)
3 c. à soupe de parmesan râpé
Sel au goût
75 cl de sauce spaghetti
Rondelles de courgettes sautées
    (facultatif)

1. Faites cuire les pâtes selon le mode d'emploi indiqué sur le paquet. Égouttez-les dans une passoire et rincez-les à l'eau tiède courante. Égouttez-les bien.

2. Faites cuire les épinards selon le mode d'emploi indiqué sur le paquet. Mettez-les à égoutter dans une passoire. Laissez-les jusqu'à ce qu'ils soient assez refroidis pour les prendre dans les mains. Serrez les épinards avec les mains pour enlever le surplus d'eau. Mettez-les de côté.

3. Faites chauffer de l'huile dans un grand poêlon à feu moyen. Faites cuire en remuant les gousses d'ail entières jusqu'à ce qu'elles soient légèrement dorées. Jetez l'ail.

4. Ajoutez le veau et le porc dans le poêlon. Faites cuire jusqu'à ce que la viande soit légèrement dorée, en remuant pour la séparer; enlevez le gras fondu. Faites un peu refroidir.

5. Préchauffez le four à 190°C. Graissez un plat à four de 30 cm sur 20 cm.

6. Mélangez les épinards, le persil, les miettes de pain, les oeufs, l'ail haché et le fromage dans un grand bol; mélangez bien. Assaisonnez au goût avec du sel. Ajoutez le mélange refroidi de viande; mélangez bien. Remplissez les coquilles de farce à la viande à l'aide d'une cuillère.

7. Etalez environ 25 cl de sauce à spaghettis sur le fond du plat préparé. Disposez les coquilles dans le plat. Versez le reste de la sauce sur les coquilles. Couvrez avec du papier aluminium.

Donne 8 à 9 portions

Étape 2. Comment écraser les épinards pour enlever le surplus de liquide.

Étape 4. Comment mélanger la viande hachée pour séparer les morceaux.

Étape 6. Comment remplir les coquilles avec le mélange de viande.

Pâtes au Poulet à l'Ail Doux

570 g de poitrines de poulet sans
    peau
120 g de tomates italiennes
1 paquet (450 g) de pâtes en
    boucles
225 g d'ail
5 1/2 c. à soupe d'huile d'olive
675 g de champignons shiitake
    coupés en lamelles
115 g d'oignons verts hachés
1 cuillère à soupe de flocons de
    piment rouge broyés
45 cl de bouillon de poulet
120 g de cilantro, haché et mesuré
    séparément (voir la
    technique pour couper le
    persil à la page 68)

1. Pour faire griller le poulet, faites chauffer une seule couche de charbon sur le gril à feu moyen. Huilez la grille chaude pour éviter que le poulet ne colle. Faites griller les morceaux de poulet, sur le gril couvert, pendant 6 à 8 minutes, en tournant une fois pendant la cuisson, jusqu'à ce qu'ils ne soient plus roses au centre.

2. Réfrigérez le poulet grillé jusqu'à ce que vous puissiez le tenir avec les mains. Coupez-le en cubes de 2 cm. Mettez-le de côté.

3. Coupez les tomates en deux. Enlevez les tiges. Égrenez-les avec une cuillère. Coupez-les en petits morceaux pour en obtenir 50 cl. Mettez de côté. (Technique à la page 82).

4. Faites cuire les pâtes selon le mode d'emploi indiqué sur le paquet. Égouttez-les dans une passoire.

5. Pour peler les gousses d'ail, coupez les extrémités. Mettez-les dans de l'eau bouillante. Faites bouillir pendant 5 à 10 secondes. Enlevez-les avec une cuillère àégoutter et plongez-les dans de l'eau froide. Égouttez-les. Les peaux glisseront des gousses d'ail. Avec un couteau de chef, hachez finement l'ail.

6. Faites chauffer l'huile dans un gros poêlon à feu moyen-vif. Faites cuire l'ail en le remuant dans l'huile chaude jusqu'à ce qu'il soit légèrement bruni. Ajoutez les tomates, les champignons, les oignons verts et le piment rouge broyé. Faites cuire en remuant pendant 2 minutes.

7. Ajoutez le bouillon; faites mijoter pour que le mélange réduise légèrement. Ajoutez le poulet, les pâtes et la moitié du cilantro; faites chauffer. Garnissez avec le reste du cilantro.

Donne 6 à 8 portions

Étape 1. Comment faire griller le poulet.

Étape 2. Comment couper le poulet en morceaux de 2 cm.

Étape 6. Comment ajouter les légumes dans le poêlon.

Ragoût de Pâtes Cheveux d'Ange avec des crevettes

450 g de crevettes moyennes crues
Du persil frais
2 oeufs
1 tasse de mélange mi-crème mi-lait
1 tasse de yaourt nature
120 g de fromage suisse râpé
30 g de fromage féta émietté
40 g de basilic frais, haché ou 2 c. à café de basilic séché, broyé
1 c. à café d'origan sec, broyé
1 paquet (240 g) de pâtes fraîches cheveux d'ange
1 pot (450 g) de salsa douce et épaisse
120 g de fromage râpé Monterey Jack
Des pois mange-tout et des tomates farcies au fromage cottage pour la décoration

1. Pour peler les crevettes, enlevez les pattes en les tirant de la carapace . Ecartez la carapace avec les doigts puis faites glisser.

2. Pour enlever la veine d'une crevette, coupez une fente peu profonde avec un couteau d'office. Enlevez la veine. (Cette opération est sans doute plus facile à faire sous l'eau froide courante). Cette étape n'est pas obligatoire.

3. Pour hacher le persil, mettez-le dans un verre gradué. Coupez le persil avec des ciseaux de cuisine pour en obtenir 7 cl. Mettez-le de côté. (Technique page 68).

4. Préchauffez le four à 180°C. Beurrez un plat à four de 30 cm sur 20 cm avec une c. à soupe de beurre.

5. Mélangez le persil, les oeufs, la crème, le yaourt, le fromage suisse, le fromage féta, le basilic et l'origan dans un bol moyen; mélangez bien.

6. Étalez la moitié des pâtes au fond du plat préparé. Couvrez de salsa. Ajoutez la moitié des crevettes. Couvrez avec le reste des pâtes. Étalez le mélange d'oeufs sur les pâtes et recouvrez avec le reste des crevettes. Garnissez de fromage râpé Monterey Jack.

7. Faites cuire au four pendant 30 minutes ou jusqu'à ce que le mélange bouillonne. Laissez reposer 10 minutes. Garnissez au goût.

Donne 6 portions

Étape 1. Comment décortiquer les crevettes.

Étape 2. Comment enlever la veine d'une crevette.

Étape 6. Comment étaler le mélange d'oeufs sur les pâtes.

Omelette Méditerranéenne à la Sauce

Sauce Tomate (recette ci-après)
1 tomate moyenne
1 c. à soupe d'huile d'olive
1 petit oignon, émincé (technique page 58)
1 c. à café de basilic séché, broyé
1/4 c. à café d'origan sec, broyé
20 g de pâtes 'langue d'oiseau' (Orzo) cuites
20 g d'olives noires dénoyautées, coupées
8 oeufs
1/2 c. à café de sel
1/8 de c. à café de poivre
2 c. à soupe de beurre
60 g de mozzarella râpé

1. Préparez la Sauce Tomate.

2. Coupez les tomates en deux. Enlevez la queue. Égrenez-les avec une cuillère. Coupez-les en petits morceaux. Mettez-les de côté.

3. Faites chauffer l'huile dans un poêlon de 25 cm, allant au four, à feu moyen-vif. Faites cuire l'oignon, en remuant, dans l'huile chaude jusqu'à ce qu'il soit tendre. Ajoutez la tomate, le basilic et l'origan et faites cuire en remuant pendant 3 minutes. Incorporez les pâtes 'langues d'oiseau' et les olives; enlevez du poêlon et mettez de côté.

4. Battez les oeufs, le sel et le poivre dans un bol moyen avec un batteur électrique à petite vitesse. Incorporez le mélange de tomates; mettez de côté.

5. Faites fondre le beurre dans le même poêlon à feu moyen. Ajoutez le mélange d'oeufs; recouvrez de fromage. Faites cuire sur feu lent pendant 8 à 10 minutes ou jusqu'à ce que le fond et presque tout le centre ait pris.

6. Mettez le poêlon au gril à 10 cm de la source de chaleur et faites griller pendant 1 à 2 minutes jusqu'à ce que le dessus soit brun. Coupez en triangles; servez avec la Sauce Tomate. Garnissez au goût. Coupez en triangles pour servir.

Donne 4 à 6 portions

Étape 2. Comment égrener les tomates.

Étape 5. Comment faire cuire l'omelette jusqu'à ce que le fond ait presque pris.

SAUCE AU TOMATES

1 boîte (225 g) de sauce tomate
1 c. à café d'oignon séché, haché
1/4 c. à café de basilic séché, broyé
1/4 c. à café d'origan séché, broyé
1/8 c. à café d'ail séché, haché
1/8 c. à café de poivre

Mélangez tous les ingrédients de la sauce dans une petite casserole. Portez àébullition à feu vif. Réduisez le feu et laissez mijoter, sans couvrir, sur un feu moyen pendant 5 minutes, en brassant souvent. Mettez de côté; gardez au chaud.

Donne environ 22 cl.

Spetzque

9 feuilles de lasagne
1 petit oignon
900 g de boeuf haché
1 boîte (135 g) d'olives noires
   coupées, égouttées
1 boîte (120 g) de têtes et pieds de
   champignons, égouttés
1 pot de sauce à spaghetti (450 g)
  Une pincée de poivre
  Une pincée d'origan sec broyé
  Une pincée d'assaisonnement à
    l'italienne
130 g de maïs congelé, dégelé
130 g de petits pois congelés,
   dégelés
225 g de mozzarella râpé.

1. Faites cuire les feuilles de lasagne selon le mode d'emploi indiqué sur le paquet. Égouttez-les dans une passoire.

2. Pour hacher l'oignon, enlevez la peau. Coupez-le en deux à travers la racine avec un couteau tout usage. Placez-le sur une planche à découper avec le côté coupé vers le bas. En tenant le couteau horizontalement, coupez parallèlement à la planche, presque jusqu'à la racine. Puis, coupez de façon verticale en tenant l'oignon avec les doigts pour qu'il garde sa forme. Tournez l'oignon et coupez dans l'autre sens jusqu'à la racine. (Plus la coupe est serrée, plus l'oignon sera coupé fin). Répétez avec l'autre moitié.

3. Faites revenir le boeuf dans un grand poêlon à feu moyen-vif jusqu'à ce que la viande soit brunie, en brassant pour séparer la viande; enlevez le gras fondu.

4. Ajoutez les olives, les champignons et l'oignon. Faites cuire en remuant de temps en temps jusqu'à ce que les légumes soient tendres. Ajoutez la sauce àspaghetti, le poivre, l'origan et l'assaisonnement à l'italienne. Faites chauffer, en remuant de temps à autre; mettez de côté.

5. Préchauffez le four à 180°C.

6. Mettez 3 feuilles de lasagnes au fond d'un plat allant au four de 32,5 cm sur 22,5 cm. Étalez la moitié du mélange de boeuf sur les lasagnes, puis la moitié du maïs et des petits pois.

7. Répétez les couches en terminant avec les feuilles de lasagne.

8. Faites cuire la lasagne pendant 25 minutes. Saupoudrez de fromage. Faites cuire encore 5 minutes jusqu'à ce qu'elle fasse des bulles. Laissez reposer pendant 10 minutes avant de couper. Garnissez au goût.

Donne 6 portions

Étape 2. Comment couper l'oignon.

Étape 4. Comment mélanger la sauce à spaghetti dans la viande.

Étape 6. Comment disposer les lasagnes.

COURS DE CUISINE
LES LÉGUMES

Choux-Raves farcis à la Reuben (page 112).

NOTES DE COURS

Le rayon des produits frais dans les supermarchés d'aujourd'hui comporte une variété de plus en plus grande de légumes - et ce, pour une bonne raison. Les légumes sont non seulement nourrissants mais ils peuvent aussi être la partie la plus savoureuse d'un repas. La section Légumes du Cours de Cuisine vous fera connaître une variété de légumes et vous apprendra à les préparer. Chaque section sur les légumes contient de précieuses informations sur leur disponibilité, l'achat et leur conservation.

Pendant longtemps, les légumes n'ont fait qu'accompagner d'autres mets. On mangeait des légumes non pas parce qu'ils avaient bon goût mais parce qu'ils étaient «bons pour la santé». Aujourd'hui, grâce à la production mondiale et au transport aérien, il est possible d'acheter une grande variété de légumes toute l'année. Lorsque les légumes frais sont préparés de façon délicieuse et imaginative, ils ne font plus partie des mets secondaires, mais font plutôt partie intégrante d'un repas agréable.

LA PRÉPARATION DES LÉGUMES

La réussite d'un plat de légumes réside dans sa préparation. C'est pourquoi il est important de savoir comment la cuisson affecte la qualité d'un légume en changeant sa texture, son goût, sa couleur et son contenu nutritif.

LA TEXTURE

La plupart des légumes crus sont durs et fibreux, ce qui les rend particulièrement appropriés aux trempettes et aux salades. Mais s'ils doivent accompagner une entrée, il faut qu'ils soient ramollis pour les rendre agréables au goût.

La cuisson amollit les fibres de légumes, les rendant plus tendres et plus faciles àmanger. Le degré d'attendrissement est déterminé par la façon dont le légume est coupé et par la longueur de la cuisson. La plupart des légumes sont plus savoureux lorsqu'ils sont encore un peu croquants.

LA SAVEUR

Une partie de la saveur des légumes se perd durant la cuisson, car les composants qui forment leur saveur se répandent dans l'eau et s'évaporent dans la vapeur. La meilleure façon d'éviter de perdre la saveur des légumes, c'est de les cuire dans aussi peu d'eau que possible.

Pour les légumes à saveur forte, tels que ceux appartenant à la famille des choux, il est désirable de perdre une partie de ce goût dans l'eau ou la vapeur de cuisson.

Lorsqu'ils viennent d'être récoltés, certains légumes, tels le maïs, les pois et les carottes, contiennent beaucoup de sucre et c'est pourquoi ils ont un goût sucré. Au moment du mûrissement ou de la conservation, le sucre se transforme en amidon, ce qui leur fait perdre leur goût sucré. Il est donc important d'utiliser des légumes frais, de saison.

LA COULEUR

La cuisson rehausse la couleur de certains légumes. Une cuisson trop longue peut transformer des couleurs vibrantes en des tons grisâtres ou verts kakis. Parce que certains pigments se dissolvent dans l'eau, comme pour la betterave et le chou rouge, et que d'autres se transforment avec la chaleur, comme pour les petits pois et le brocoli, il faut cuire les légumes aussi rapidement que possible pour conserver leurs couleurs.

APPORT NUTRITIF

Les légumes sont importants car ils apportent un grande diversité d'éléments nutritifs. Ils sont les sources principales de vitamines C et A et contiennent des vitamines et de minéraux essentiels. (Voir le Tableau des Vitamines des Légumes àla page 94.) Plus il y a d'eau, plus la température est élevée, et plus la cuisson est longue, plus les légumes perdent leurs éléments nutritifs.

UTILISATION DU TABLEAU DES LÉGUMES

Nous vous fournissons ce tableau pratique des légumes pour que vous n'ayez plus à deviner comment cuire les légumes. Lorsque vous utilisez ce tableau, souvenez-vous des points suivants:

1. Les durées de cuisson indiquées sont pour 450 g de légumes, sauf mention du contraire.

2. Les durées de cuisson sont indiquées en minutes.

3. Il y a des écarts dans la durée de cuisson, car ceux-ci varient selon l'âge et la taille des légumes. Les légumes sont cuits lorsqu'ils sont tendres mais encore croquants.

4. Les durées de cuisson à la vapeur commencent lorsque l'eau bout et émet de la vapeur.

5. Lorsque vous utilisez le four à micro-ondes, les légumes n'ont pas besoin d'eau sauf celle qui les enrobe lorsqu'ils viennent d'être rincés. Si une quantité d'eau supplémentaire est nécessaire, le tableau l'indique par une note.

6 On blanchit les légumes pour la congélation. La durée commence lorsque les légumes sont mis dans l'eau bouillante. Plongez les légumes immédiatement dans de l'eau glacée, puis égouttez-les et séchez-les avec un essuie-tout avant de les congeler.

7. Pour faire bouillir les légumes, il faut couvrir le fond d'une casserole avec 1,5 à 2,5 cm d'eau. Il faut plus d'eau pour cuire les légumes plus denses et entiers, tels que les betteraves, les navets et les choux-raves.

8. Si certaines méthodes de cuisson ne sont pas recommandées pour certains légumes, elles sont indiquées par l'abréviation "NR".

Tableau de Cuisson des Légumes

LÉGUMES	VAPEUR	MICRO-ONDES	BLANCHIS	BOUILLIS	AUTRE
ARTICHAUT entiers	30 à 60	4 à 5 chaque	NR	25 à 40	NR
ARTICHAUT Coeurs	10 à 15	6 à 7	8 à 12	10 à 15	Faire revenir 10
ASPERGES	8 à 10	4 à 6[1]	2 à 3	5 à 12	Faire revenir morceaux 5
HARICOTS VERTS	5 à 15	6 à 12[3]	4 à 5	10 à 20	Faire revenir 3 à 4
HARICOTS DE LIMA	10 à 20	8 à 12[3]	5 à 10	20 à 30	NR
BETTERAVES (entières)	40 à 60	14 à 18[3]	NR	30 à 60	Au four 60 à 180°C
BROCOLI cuire tiges	8 à 15	6 à 7[1]	3 à 4	5 à 10	Blanchir puis en sauce
BROCOLI bouquets	5 à 6	4 à 5[1]	2 à 3	4 à 5	Faire revenir 3 à 4
CHOUX DE BRUXELLES	6 à 12	7 à 8[2]	4 à 5	5 à 10	Couper en 2; faire revenir 3 à 4
CHOUX morceaux	6 à 9	10 à 12[2]	NR	10 à 15	Blanchir les feuilles, farcir et four
CHOUX haché	5 à 8	8 à 10[2]	NR	5 à 10	Faire revenir 3 à 4
CAROTTES entières	10 à 15	8 à 10[2]	4 à 5	15 à 20	Four 30 à 40 à 180°C
CAROTTES coupées	4 à 5	4 à 7[2]	3 à 4	5 à 10	Faire revenir 3 à 4
CHOU-FLEUR entier	5 à 20	6 à 7	4 à 5	10 à 15	Blanchir, puis cuire 20 à 180°C

[1] Ajoutez 2 c. à soupe d'eau par lb (450 grammes).
[2] Ajoutez 1/4 de tasse d'eau par lb (450 grammes).
[3] Ajoutez 1/2 tasse d'eau par lb (450 grammes).

à suivre

LÉGUMES	VAPEUR	MICRO-ONDES	BLANCHIS	BOUILLIS	AUTRE
CHOU-FLEUR Bouquets	6 à 10	3 à 4	3 à 4	5 à 8	Faire revenir 3 à 4
BLÉ-D'INDE en épi	6 à 10	3 à 4 chacun	3 à 4	4 à 7	Tremper 10; Four 190ºC ou griller 20 à 30
BLÉ-D'INDE EN GRAINS	4 à 6	2 par tasse	2 à 4	3 à 4	Faire revenir 3 à 4
AUBERGINE Entière	15 à 30	7 à 10	10 à 15	10 à 15	Four 30 à 200ºC
AUBERGINE En dés ou tranches	5 à 6	5 à 6[2]	3 à 4	5 à 10	Four 10 à 15 à 220ºC
LÉGUMES VERTS Chou frisé, betterave	4 à 6	8 à 10[2]	4 à 5	5 à 8	Faire revenir 2 à 3
CHOU-RAVE Entier	30 à 35	8 à 12	NR	15 à 30	Four 50 à 60 à 180ºC
CHAMPIGNONS bouquets	4 à 5	3 à 4	NR[4]	3 à 4 dans bouillon ou vin	Faire revenir ou griller 4 à 5
OIGNONS Entiers	20 à 25	6 à 10	NR	20 à 30	Four 60 à 200ºC
OIGNONS Perlés	15 à 20	5 à 7[2]	2 à 3	10 à 20	Braiser dans bouillon 15 à 25
PANAIS coupés	8 à 10	4 à 6[2]	3 à 4	5 à 10	Four 30 à 160ºC
Petits pois anglais	3 à 5	5 à 7	1 à 2	8 à 12	Faire revenir 2 à 3

[2]Ajoutez 450 grammes.
[3]Ajoutez 450 grammes.
[4]Cuire entièrement avant de congeler.

à suivre

LEGUMES	VAPEUR	MICRO-ONDES	BLANCHIR	BOUILLIR	AUTRE
POIS MANGE-TOUT	2 à 3	2 à 3	1 à 2	2 à 3	Faire revenir 2 à 3
POIVRONS Coupés	2 à 4	2 à 4	2 à 3 (entier 2 chacun)	4 à 5	Faire revenir 2 à 3
PATATES entières	2 à 30	6 à 8	NR[4]	20 à 30	Four 40 à 60 à 200ºC
POMMES DE TERRE coupées	10 à 12	8 à 10	NR[4]	15 à 20	Four 25 à 30 à 200ºC
ÉPINARDS	5 à 6	3 à 4	2 à 3	2 à 5	Faire revenir 3
COURGES d'été, coupées en 2	5 à 10	3 à 6	2 à 3	5 à 10	Griller moitiés 5
POTIRONS	15 à 40	6 à 10	NR[4]	5 à 10	Four 40 à 60 à 190ºC
COURGES , SPAGETTI entières	NR	5 à 6 percées	NR[4]	20 à 30	Four 40 à 90 à 180ºC
TOMATES	2 à 3	3 à 4	1 à 2	NR	Four moitiés 8 à 15 à 200 ºC
NAVETS/ RUTABAGAS entiers	20 à 25	9 à 12[2]	NR[4]	15 à 20	Four 30 à 45 à 180ºC
NAVETS/ RUTABAGAS en dés	12 à 15	6 à 8[2]	2 à 3	5 à 8	Faire revenir 2 à 3
ZUCCHINI	5 à 10	3 à 6	2 à 3	5 à 10	Griller moitiés 5

[2]Ajoutez 6 cl par livre (450 g).
[4]Cuire entièrement avant de congeler.

Couronne d'Asperges

Asperges: Disponibles de façon sporadique toute l'année mais surtout de mars à juin. Choisissez des pointes qui sont fermes et droites, avec des extrémités fermées, compactes et avec des bourgeons serrés. Les tiges doivent être solides et non flétries. Achetez des pointes de taille uniforme pour que la cuisson soit régulière. Evitez les tiges sèches et ligneuses. Pour conserver l'humidité, mettez les extrémités coupées dans 2,5 cm d'eau ou enveloppez-les dans un essuie-tout ou un chiffon humides; mettez-les dans un sac en plastique, en vous assurant que les pointes restent sèches. Conservez au réfrigérateur pendant 5 jours au maximum.

450 g d'asperges fraîches
1 c. à soupe de beurre ou de margarine
1 c. à café de jus de citron
6 tranches fines de saucisson, finement coupées
40 g de miettes de pain sec assaisonnées
Lamelles de piments pour la décoration

1. Pour préparer les asperges, cassez les extrémités dures des asperges là où elles se cassent facilement.

2. Pour que la cuisson soit régulière, pelez les extrémités des queues avec un éplucheur.

3. Pour faire cuire les asperges à la vapeur, rincez-les et mettez-les dans le panier d'une marmite à vapeur. Placez le panier dans une grande marmite; ajoutez 2,5 cm d'eau. (L'eau ne doit pas toucher le fond du panier). Couvrez. Amenez à ébullition à feu vif.; faites cuire les asperges à la vapeur pendant 5 à 8 minutes, jusqu'à ce qu'elles soient croquantes-tendres. Ajoutez de l'eau si nécessaire pour éviter que la casserole ne cuise sans eau.

4. Enlevez les asperges du panier et disposez-les en couronne sur un plateau rond et chaud ou dans un moule en verre.

5. Faites fondre le beurre et le jus de citron dans une petite casserole à feu moyen; versez sur les asperges. Mélangez les saucissons coupés et les miettes de pain dans un petit bol; saupoudrez sur les asperges. Garnissez au goût. Servez immédiatement.

Donne 4 plats d'accompagnement

Étape 1. Comment couper les extrémités dures des asperges.

Étape 2. Comment peler les extrémités avec un éplucheur.

Étape 4. Comment disposer les asperges sur un plat.

Fagots d'Haricots verts

Haricots Verts: Disponibles de façon sporadique toute l'année mais surtout de mai à août. Choisissez des haricots qui sont bien verts, fermes et tendres sans marques et avec des cosses bien formées et fines. Achetez des haricots de taille uniforme pour que la cuisson soit régulière. Evitez les haricots abîmés ou trop gros. Conservez-les au réfrigérateur sans les laver et dans un sac en plastique pendant 2 jours au maximum.

225 g d'haricots verts
1 courge jaune, d'environ 4 cm de diamètre
1 c. à soupe d'huile d'olive
1 gousse d'ail hachée
1/4 de c. à café d'estragon broyé
Sel et poivre
Brin de fines herbes et de tomates cerises pour la décoration

1. Mettez les haricots dans une passoire; rincez-les bien. Coupez les extrémités de chaque haricot. Disposez en 8 petits fagots, avec environ 10 à 12 haricots verts par fagots.

2. Coupez la courge en 8 tranches de 1 cm d'épaisseur; videz-les avec une cuillère jusqu'à environ 6 mm de la peau.

3. Pour terminer les fagots d'haricots verts, faites passer les fagots préparés àtravers les ronds de courge comme s'ils étaient des ronds de serviettes.

4. Pour faire cuire les haricots verts à l'étuvée, placez le panier d'une marmite àvapeur dans une grande casserole ou marmite; ajoutez 2,5 cm d'eau. (L'eau ne doit pas toucher le fond du panier). Mettez les haricots verts dans le panier. Couvrez. Amenez à ébullition à feu vif; faites cuire les haricots verts à l'étuvée pendant 4 minutes ou jusqu'à ce qu'ils deviennent vert vif et soient croquants-tendres. Ajoutez de l'eau si nécessaire pour éviter que la casserole ne cuise sans eau.

5. Pendant ce temps, faites chauffer de l'huile dans un petit poêlon à feu moyen-vif. Faites cuire l'ail et l'estragon dans l'huile chaude, en remuant, jusqu'à ce que l'ail soit tendre mais pas bruni. Transférez les fagots d'haricots verts dans un plat chaud et versez l'huile à l'ail sur les haricots verts. Assaisonnez de sel et de poivre au goût. Garnissez si vous le désirez. Servez immédiatement.

Donne 8 portions d'accompagnement

Étape 1. Comment disposer les haricots verts en fagots.

Étape 2. Comment vider la courge jaune.

Étape 4. Comment faire passer les haricots verts dans les ronds de courge.

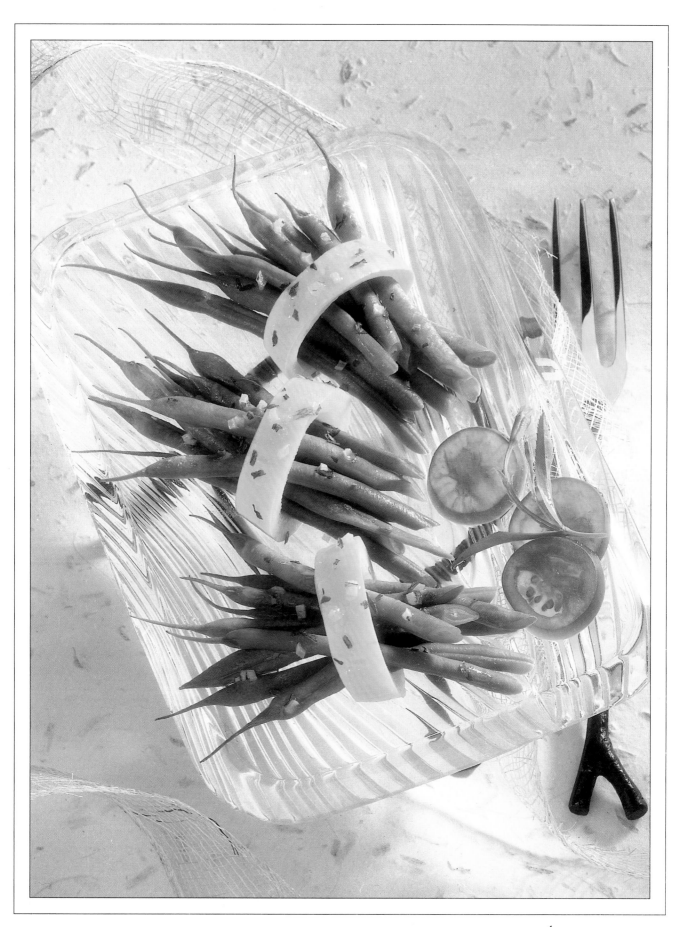

Haricots de Lima Frais avec une Sauce aux Oignons

Haricots de Lima: Disponibles en août et en septembre. Choisissez des cosses qui sont vertes, brillantes et flexibles; les pois doivent bien remplir les cosses et évitez celles qui semblent sèches. La moitié du poids d'un haricot de Lima est à jeter (la cosse). Bien que cela varie en fonction de la taille des haricots, vous obtiendrez entre 300 et 450 g d'haricots après les avoir épluchés. Achetez des haricots bien dodus avec la peau de couleur vert-blanc. Conservez au réfrigérateur dans un sac en plastique perforé pendant 3 jours au maximum. Utilisez-les dès que possible car ils sont meilleurs lorsqu'ils sont frais. Écossez-les juste avant de les utiliser.

450 g d'haricots de Lima frais*
15 cl de lait
1/2 c. à café d'oignons hachés déshydratés
1 c. à soupe de beurre ou de margarine
1 petit oignon, coupé en rondelles
75 g de crème sure
Sel et poivre
2 c. à café de piments coupé
 Piments coupés supplémentaires et fines herbes pour la décoration

*Ou utilisez un paquet de 285 g d'haricots de Lima congelés, dégelés et ignorez les étapes 1 et 2.

1. Pour écosser les haricots, ouvrez les cosses le long des bords en les écrasant entre le pouce et l'index.

2. Enlevez les pois; jetez les cosses.

3. Mettez les pois dans une petite casserole lourde. Ajoutez le lait et les oignons hachés. Amenez tout juste à ébullition à feu moyen-vif; faites mijoter à feu lent sans couvrir pendant 20 à 25 minutes jusqu'à ce qu'ils soient tendres.**

4. Pendant ce temps, faites chauffer le beurre dans un petit poêlon à feu moyen-vif jusqu'à ce qu'il soit fondu et fasse des bulles. Faites cuire, en remuant, les rondelles d'oignons dans le beurre chaud jusqu'à ce qu'elles soient dorées. Incorporez la crème sure dans les haricots cuits. Ajoutez du sel et du poivre au goût. Incorporez doucement le piments et les rondelles d'oignons dans le mélange d'haricots de Lima.

5. Transférez dans un plat chaud. Garnissez au goût. Servez immédiatement.

Donne 4 plats d'accompagnement

Étape 1. Comment ouvrir les cosses.

Étape 2. Comment enlever les pois.

Étape 4. Comment incorporer les rondelles d'oignons dans le mélange d'haricots.

Rondelles de Légumes sur du Brocoli

Brocoli: *Disponible toute l'année, surtout d'octobre à avril. Choisissez des fleurets qui sont compacts, bien fermes, vert foncé à violacé sur des tiges fermes et tendres. Évitez ceux qui ont des inflorescences jaunes, des feuilles fanées ou des tiges épaisses et dures. Conservez au réfrigérateur dans un sac en plastique pendant 4 jours au maximum.*

1 petit bouquet de brocoli (environ 360 g)
1 poivron rouge
3 rondelles centrales (6 mm d'épaisseur) d'oignon blanc doux
2 c. à soupe de beurre ou de margarine
1/2 c. à thé de vinaigre de vin
1/2 c. à thé de romarin séché, broyé

1. Pour préparer le brocoli, enlevez les feuilles des tiges. Coupez les extrémités dures des tiges. Coupez le brocoli en bouquets avec un grand couteau tout usage. Pelez les tiges avec un éplucheur.

2. Rincez le poivron sous l'eau froide courante. Pour préparer le poivron, faites une entaille circulaire sur le dessus du poivron avec un couteau de cuisine. Enlevez la tige et les graines du poivron.

3. Raclez les graines restantes et la membrane avec une cuillère. Rincez le poivron à l'eau courante, égouttez-le bien. Coupez en travers en rondelles fines avec un couteau de chef.

4. Pour faire cuire le brocoli à l'étuvée, placez le panier d'une marmite à vapeur dans une grande casserole; ajoutez 2,5 cm d'eau. (L'eau ne doit pas toucher le fond du panier). Mettez les bouquets dans le panier. Séparez les tranches d'oignons en rondelles. Couvrez. Amenez à ébullition à feu vif; faites cuire le brocoli à la vapeur pendant 8 minutes ou jusqu'à ce qu'il soit croquant-tendre. Ajoutez de l'eau si nécessaire pour éviter que la casserole ne cuise sans eau.

5. Enlevez le couvercle; mettez les rondelles de poivron sur le dessus. Couvrez; faites cuire brièvement à la vapeur jusqu'à ce que les rondelles de poivron deviennent de couleur vive mais conservent toujours leur forme. Enlevez du feu. Transférez les légumes avec une cuillère à égouter dans un plat chaud. Faites fondre le beurre dans une petite casserole à feu moyen; incorporez le vinaigre et le romarin. Versez sur les légumes. Servez immédiatement.

Donne 4 plats d'accompagnement

Étape 1. Comment peler les tiges de brocoli avec un éplucheur.

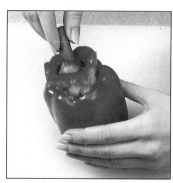
Étape 2. Comment enlever la tige et les graines du poivron.

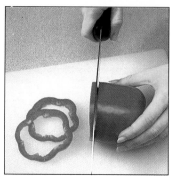
Étape 3. Comment couper le poivron en rondelles.

Choux de Bruxelles Mijotés au Bouillon

Choux de Bruxelles: *Disponible d'octobre à mars. Choisissez des choux vert vif, serrés, avec des feuilles compactes, non abîmées. Evitez ceux avec des feuilles qui tombent ou qui jaunissent. Conservez au réfrigérateur dans un sac en plastique pendant 5 jours au maximum. Utilisez dès que possible car le goût devient fort en vieillissant.*

450 g de choux de Bruxelles frais
12 cl de bouillon de boeuf
    condensé ou 10 cl d'eau
    plus 2 c. à café de bouillon
    de boeuf déshydraté
1 c. à soupe de beurre ou de
    margarine, fondue
25 g de parmesan fraîchement
    râpé
Paprika

1. Coupez la queue de chaque chou de Bruxelles et enlevez les feuilles extérieures ou abîmées.

2. Pour permettre une cuisson rapide et uniforme, taillez un 'X' en profondeur dans le côté queue de chaque chou avec un petit couteau d'office. Faites tremper les choux pendant 5 minutes dans un bol d'eau froide, égouttez-les.

3. Utilisez une casserole assez grande pour placer les choux sur une seule couche. Versez le bouillon dans la casserole. Mettez les choux, les extrémités de la queue vers le bas, dans le bouillon. Amenez à ébullition à feu vif, baissez le feu. Couvrez; faites mijoter pendant environ 5 minutes ou jusqu'à ce que les choux deviennent vert vif et soient tendres-croquants lorsqu'on les pique avec une fourchette.

4. Enlevez le couvercle; faites mijoter jusqu'à ce que le liquide soit presque évaporé. Ajoutez un morceau de beurre et remuez, puis ajoutez le fromage. Mettez dans un plat chaud et saupoudrez de paprika. Garnissez au goût. Servez immédiatement.

Donne 4 plats d'accompagnement

Étape 1. Comment enlever les feuilles extérieures des choux de Bruxelles.

Étape 2. Comment tailler un 'X' dans le coeur pour une cuisson plus rapide.

Étape 3. Comment vérifier si les choux de Bruxelles sont cuits.

Allumettes de Carottes Savoureuses

225 g de carottes, pelées
1 petit navet, pelé*
12 cl d'eau
3 c. à soupe de beurre ou de margarine, coupé en morceaux
1 1/2 c. à soupe de thym frais ou 1/2 c. à café de thym sec, broyé
1/8 c. à café de sel
1/8 c. à café de poivre noir moulu
Tiges d'oignons verts et fleurs comestibles, comme des violettes, pour la décoration

* Ou bien, remplacez le navet par 2 carottes supplémentaires

1. Pour couper les carottes en julienne, coupez une tranche dans le sens de la longueur de façon à ce qu'elle repose à plat sur la planche à découper. Coupez les carottes en morceaux de 5 cm de long. Mettez un morceau de carotte à plat sur la planche. Coupez-le en filaments minces dans le sens de la longueur, avec un couteau tout usage. Empilez-en quelques-unes. Coupez-les en filaments de 6mm d'épaisseur. Répétez avec le reste des morceaux.

2. Pour couper le navet en julienne, coupez-le en quartiers dans le sens de la longueur. Mettez un quartier à plat sur la planche. Coupez-le dans le sens de la longueur en fines lamelles avec un couteau tout usage. Empilez quelques lamelles. Coupez-les en lamelles de 6mm d'épaisseur. Répétez avec les morceaux restants.

3. Mettez les allumettes de carottes et de navet dans une casserole moyenne. Ajoutez de l'eau, couvrez. Amenez à ébullition à feu vif; baissez le feu à moyen. Faites mijoter pendant 5 à 8 minutes jusqu'à ce qu'elles soient tendres-croquantes.

4. Égouttez les légumes dans une passoire. Faites fondre le beurre à feu moyen dans la même casserole; incorporez le thym, le sel et le poivre. Ajoutez les allumettes de carottes et de navet; remuez doucement. Transférez le tout dans un plat chaud. Garnissez au goût. Servez immédiatement.

Donne 4 plats d'accompagnement

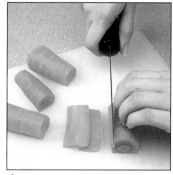

Étape 1. Comment couper les morceaux de 2 po (5 cm) de carotte en lamelles fines.

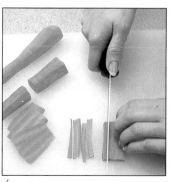

Étape 1. Comment couper les carottes en lamelles de 1/4 po (6 mm) d'épaisseur.

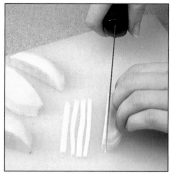

Étape 2. Comment couper le navet en lamelles de 6 mm d'épaisseur.

Boule de Neige Enrobées de Miettes de Pain

Chou-Fleur: *Disponible toute l'année, surtout en octobre et novembre. Choisissez un chou-fleur qui soit blanc-crémeux avec des bouquets bien serrés et croquants. Les feuilles doivent être bien vertes. Évitez ceux qui ont des taches brunes ou des feuilles sèches. Conservez au réfrigérateur dans l'emballage d'origine ou dans un sac en plastique pendant 4 jours au maximum.*

1 gros chou-fleur (environ 600 g)
4 c. à soupe de beurre ou de margarine
240 g de miettes de pain frais (environ 2 tranches)
2 oignons verts, finement coupés
2 oeufs durs et finement coupés
2 c. à soupe de jus de citron
Du persil frais, des bandes de zeste de citron et de petite courge pour la décoration.

1. Pour préparer le chou-fleur, coupez les feuilles du chou-fleur en taillant à travers la tige entre la tête et les feuilles avec un couteau de chef; enlevez et jetez les feuilles et la tige.

2. Coupez soigneusement autour du coeur avec un couteau d'office, en faisant attention à ne pas détacher les bouquets de la tête; enlevez et jetez le coeur. Rincez.

3. Mettez environ 2,5 cm d'eau dans une grande casserole. Mettez le chou-fleur dans l'eau, la tige vers le bas; couvrez. Amenez à ébullition à feu vif; Mijotez à feu doux pendant 10 à 12 minutes jusqu'à ce qu'il soit tendre-croquant; égouttez-le. Mettez le chou-fleur dans un plat à four de 20 cm sur 20 cm.

4. Préchauffez le four à 190°C. Faites fondre le beurre à feu moyen dans un petit poêlon. Incorporez les miettes de pain et les oignons; cuisez jusqu'à ce que les miettes soient légèrement dorées. Incorporez les oeufs coupés et le jus de citron. Couvrir uniformément le dessus du chou-fleur avec le mélange de miettes.

5. Faites cuire pendant 10 minutes ou jusqu'à ce que le mélange de miettes soit croustillant et légèrement bruni. Garnissez au goût. Servez immédiatement.

Donne 6 plats d'accompagnement

Étape 1. Comment enlever les feuilles du chou-fleur.

Étape 2. Comment couper le coeur du chou-fleur.

Étape 4. Comment couvrir uniformément le dessus du chou-fleur avec le mélange de miettes.

Blé d'Inde au Beurre Barbecue

Blé d'Inde: *Disponibles de mai à septembre. Choisissez-les avec des feuilles fraîches, vertes et humides; les épis doivent être bien remplis de grains brillants, ronds et laiteux qui se détachent facilement lorsqu'on appuie avec un ongle. Les grains doivent être bien serrés les uns contre les autres en rangs réguliers. Mettez-les immédiatement au réfrigérateur sans les éplucher; s'ils ont été épluchés, conservez-les dans des sacs en plastique pendant 2 jours au maximum. Utilisez-les dès que possible car le sucre du blé d'inde se transforme en amidon dès que celuici est cueilli.*

4 épis de blé d'Inde frais
2 c. à soupe de beurre ou de margarine fondue
1/2 c. à café d'assaisonnement barbecue
1/4 de c. à café de sel
  Des tomates cerises et du persil italien pour la décoration

1. Pour éplucher les épis de blé d'Inde, tirez sur les feuilles extérieures vers le bas. Arrachez-les et coupez la base.

2. Enlevez la barbe du blé d'Inde à la main.

3. Enlevez la barbe qui reste avec une brosse à légumes sèche. Nettoyez le blé d'Inde et rincez-le à l'eau froide courante.

4. Versez 2,5 cm d'eau dans une grande casserole ou poêlon. (N'ajoutez pas de sel, car cela durcit le blé d'Inde). Amenez à ébullition à feu moyen-vif. Ajoutez les épis; couvrez. Faites cuire pendant 4 à 7 minutes jusqu'à ce que les grains soient légèrement croquants lorsqu'on les perce avec une fourchette*.

5. Enlevez le blé d'Inde avec des pinces et mettez-le sur un plat chaud. Mélangez le beurre, l'assaisonnement barbecue et le sel dans un petit bol jusqu'à ce que le tout soit bien lisse. Servez immédiatement avec le blé d'Inde. Garnissez au goût.

Donne 4 plats d'accompagnement

Étape 1. Comment enlever les feuilles.

Étape 2. Comment enlever la barbe de l'épi.

Étape 3. Comment enlever le reste de la barbe avec une brosse à légumes sèche.

Blé d'Inde et Sauce aux Tomatilles

4 épis de blé d'Inde frais
2 piments jalapeño
225 g de tomatilles* ou de
    tomates
1/2 poivron rouge ou vert, nettoyé
    (technique page 98) et
    coupé**
2 oignons verts, finement hachés
2 c. à soupe de jus de citron ou de
    lime
2 c. à soupe d'eau
1/2 c. à café de coriandre moulu
2 c. à soupe de feuilles de cilantro
    fraîches hachées
Des tortillas
Des rondelles de lime, des
    tranches de piment rouge
    et des feuilles de cilantro
    fraîches pour la décoration

* Malgré son nom et son aspect, la tomatille n'est pas une variété de tomate. Originaire du Mexique, elle ressemble à une tomate verte, enfermée dans une enveloppe en papier, mais son goût est citronné.

** Prenez un poivron rouge si vous utilisez des tomatilles ou un poivron vert si vous utilisez des tomates, pour diversifier la couleur.

1. Nettoyez le blé d'Inde en enlevant l'enveloppe et la barbe de l'épi. (Technique page 106). Rincez à l'eau courante froide.

2. En tenant l'extrémité de l'épi, mettez-le debout dans un grand poêlon. Coupez sur les côtés de l'épi avec un couteau de cuisine pour libérer les grains sans couper l'épi.

3. Appuyez en descendant le long de chaque épi avec le bord non coupant d'un couteau tout usage pour libérer le reste des grains et du liquide.

4. Les piments jalapeño peuvent brûler et irriter la peau; portez des gants en plastique jetables lorsque vous en utilisez et ne vous touchez pas les yeux. Coupez les piments en deux dans le sens de la longueur. Enlevez les graines, les membranes et les tiges avec un petit couteau d'office, jetez-les. Coupez les poivrons finement et ajoutez-les au blé d'Inde.

5. Enlevez les enveloppes des tomatilles. Lavez le résidu collant; enlevez les coeurs et coupez-les.

6. Ajoutez les tomatilles, le poivron, les oignons, le jus de citron; l'eau et le coriandre au mélange de blé d'Inde; couvrez. Amenez à ébullition à feu vif; baissez le feu à moyen. Faites mijoter pendant 5 minutes, en remuant à mi-cuisson. Faites refroidir; incorporez le cilantro. Conservez au réfrigérateur. Servez avec des tortillas. Garnissez au goût.

Donne 1 litre

Étape 2. Comment couper les côtés de l'épi pour libérer les grains.

Étape 3. Comment presser vers le bas, le long de l'épi, pour libérer le reste des grains et du liquide.

Étape 5. Comment enlever les enveloppes des tomatilles.

Nouilles (Fettucine) à la Caponata

Aubergines: *Disponibles toute l'année, surtout en août et septembre. Choisissez des aubergines fermes avec une peau lisse et de couleur uniforme. Evitez celles qui sont molles, flétries ou qui ont des entailles ou des marques. En règle générale, plus l'aubergine est petite, plus elle est tendre. Les aubergines s'abîment facilement. Manipulez-les avec douceur et conservez-les à la température ambiante pendant 4 jours au maximum. Utilisez-les dès que possible car les aubergines deviennent amères en vieillissant.*

1 aubergine moyenne (environ 450 g)

1 1/4 c. à café de sel, mesuré séparément

3 tomates moyennes (environ 450 g)

1/3 tasse d'huile d'olive, mesurée séparément

1 petit poivron vert, nettoyé (technique page 98) coupé en lamelles

1 oignon moyen, grossièrement coupé (technique page 115)

2 gousses d'ail hachées

100 g d'olives vertes dénoyautées et 100 g de raisins

5 cl de vinaigre de vin rouge ou balsamique

2 c. à soupe de câpres (facultatif)

1/4 de c. à café de cannelle et 1/4 de c. à café de poivre noir

285 g de nouilles fettucine aux épinards, cuites, chaudes et égouttées

Des feuilles de basilic fraîches pour la décoration

1. Rincez l'aubergine. Pour préparer l'aubergine, coupez le dessus et la tige. Coupez l'aubergine en tranches de 6 mm d'épaisseur avec un couteau de chef. Mettez-les dans une grande passoire au-dessus d'un bol; saupoudrez-les avec une c. à café de sel. Laissez-les égoutter pendant une heure.

2. Pour égrener les tomates, coupez-les en deux. Enlevez les tiges et les graines; jetez-les. Coupez grossièrement les tomates.

3. Déplacez le rayon dans le four à la position la plus basse. Faites préchauffer le four à 230°C. Mettez les tranches d'aubergine en une seule couche dans un plat à four ou un plat à gâteau roulé; huilez légèrement chaque côté avec un peu d'huile.

4. Pour faire rôtir les tranches d'aubergine, faites-les cuire au four pendant 10 minutes ou jusqu'à ce qu'elles soient légèrement dorées sur le dessous. Tournez les tranches avec des pinces; faites-les rôtir pendant 5 minutes de plus ou jusqu'à ce que le dessus soit légèrement grillé et les tranches ramollies; mettez-les de côté.

5. Faites chauffer l'huile restante dans un grand poêlon à feu moyen-vif. Faites cuire le poivron en remuant dans l'huile chaude pendant environ 5 minutes ou jusqu'à ce que le poivron devienne vert vif. Transférez les bandes de poivrons dans une assiette; mettez-les de côté.

6. Ajoutez l'oignon et l'ail dans le même poivron; faites cuire en remuant pendant 5 minutes ou jusqu'à ce que l'oignon soit tendre. Ajoutez les tomates, les olives, les raisins, le vinaigre, les câpres, la cannelle, le poivre noir et le 1/4 de c. à café de sel restant. Faites cuire jusqu'à ce que la plupart du liquide se soit évaporé.

7. Coupez les tranches d'aubergines rôties en quartiers; ajoutez au mélange de tomates. Ajoutez le poivron mis de côté, faites cuire jusqu'à ce que le tout soit chaud. Servez sur les fettucine. Garnissez au goût.

Donne 4 plats principaux ou 8 amuse-gueule

Remarque: La Caponata est un plat sicilien qui peut être servi froid en amuse-gueule ou sur de la laitue en salade. Il s'agit ici d'une sauce végétarienne pour les pâtes.

Étape 1. Comment couper l'aubergine en tranches de _po (6 mm) d'épaisseur.

Étape 2. Comment égrener les tomates.

Étape 3. Comment retourner les tranches d'aubergine pendant la cuisson.

Choux-Raves Farcis à la Reuben

Choux-Raves: *Disponibles de façon sporadique toute l'année, surtout de mai à juillet. Choisissez des bulbes petits à moyens et lisses. Les feuilles doivent être fermes et vertes. Évitez les choux-raves qui sont craqués ou qui ont des feuilles jaunissantes. Séparez les feuilles des bulbes. Conservez les bulbes au réfrigérateur dans un sac en plastique pendant 1 semaine au maximum et les feuilles pendant 2 jours au maximum.*

4 choux-raves (environ 6 cm de diamètre chacun)
2 c. à soupe de beurre ou de margarine
25 g d'oignon grossièrement coupé (technique page 115)
1/4 c. à café de moutarde sèche
1/4 c. à café graines de cumin
2 tranches de pain de seigle noir émietté pour obtenir 1 tasse de miettes
25 g de boeuf en conserve
30 g de mayonnaise
30 g de fromage suisse râpé
Des tiges d'oignons verts
Des feuilles de framboises pour la décoration

1. Enlevez 1 feuille de choux-rave et hachez-la finement; mettez-la de côté. Coupez une tranche de la base de chaque chou-rave et coupez les tiges avec un couteau tout usage, jetez-les.

2. Pelez chaque chou-rave verticalement de haut en bas avec un éplucheur ou un couteau d'''office.

3. Pour évider les choux-raves, enlevez la pulpe avec une cuillère pour faire des boules de melon en laissant 6 mm de l'enveloppe extérieure; gardez la pulpe.

4. Remplissez à moitié une grande casserole avec de l'eau. Amenez à ébullition à feu vif; ajoutez les enveloppes extérieures des choux-raves. Faites bouillir pendant 15 minutes ou jusqu'à ce qu'elles soient tendres. Enlevez-les avec une cuillère à égoutter; Mettez-les à l'envers sur un essuie-tout.

à suivre page 114

Étape 1. Comment couper les tiges de choux-raves avec un couteau tout usage.

Étape 2. Comment peler les choux-raves avec un éplucheur.

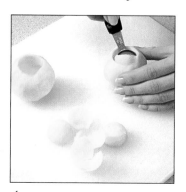

Étape 3. Comment évider les chou-raves avec une cuillère pour faire des boules de melon.

Choux-Raves Farcis à la Reuben, suite

5. Hachez la pulpe mise de côté. Faites chauffer le beurre dans un petit poêlon à feu moyen-vif jusqu'à ce qu'il soit fondu. Ajoutez le chou-rave haché, l'oignon, la moutarde et les graines de cumin dans le poêlon; faites cuire en tournant jusqu'à ce que l'oignon soit tendre. Incorporez les miettes de pain et le boeuf en conserve. Enlevez du feu; incorporez la feuille de chou-rave mise de côté, la mayonnaise et le fromage.

6. Remplissez les choux-raves avec la farce. Étalez le reste de la farce dans un plat rond beurré allant au four. Mettez les choux-raves dans le plat.*

7. Préchauffez le four à 180°C. Faites cuire au four, à découvert, pendant 20 à 30 minutes jusqu'à ce que les choux-raves soient chauds et tendres lorsqu'on les perce avec une fourchette. Pendant ce temps, plongez les tiges d'oignons verts dans de l'eau bouillante à feu vif pendant 1 minute. Enlevez avec des pinces; mettez-les de côté; Entourez chaque chou-rave avec un morceau d'oignon vert. Servez immédiatement avec la farce supplémentaire. Garnissez au goût.

Donne 4 plats d'accompagnement

* Ce plat peut être préparé jusqu'à ce stade, un jour à l'avance. Couvrez avec un film alimentaire transparent et réfrigérez.

Remarque: Le bulbe du chou-rave a le même goût que la tige de brocoli et ses feuilles ressemblent au chou frisé ou aux épinards.

Étape 5. Comment mélanger la farce de chou-rave.

Étape 6. Comment remplir les choux-raves de farce.

Étape 6. Comment étaler le reste de la farce dans un plat à four.

Soupe aux Champignons Exotique

Champignons: Disponibles toute l'année pour la plupart des variétés fraîches et sèches, certaines espèces exotiques à l'automne ou au printemps. Choisissez des champignons fermes, charnus, sans décoloration ou marques. Évitez ceux qui sont mous ou déshydratés; les champignons de Paris ne doivent pas avoir de lamelles visibles. Conservez-les au réfrigérateur, sans les laver, dans un sac en papier, un emballage aéré ou un sac en plastique avec des trous pendant 5 jours au maximum. S'ils sont humides, enveloppez les champignons dans des essuie-tout avant de les conserver. Utilisez-les dès que possible.

1 petit oignon
90 g de beurre ou de margarine, mesuré séparément
1 l d'eau, mesurée séparément
3 c. à café de bouillon de poulet déshydraté
225 g de champignons exotiques assortis, tels que des cèpes, des shiitakes, des pleurotes en huître, des portobellos, des criminis, des morilles ou des chanterelles ou 225 g de champignons de Paris
1 c. à café de jus de citron
4 c. à soupe de farine tout usage
1/4 c. à café de poivre blanc
25 cl de mélange mi-crème mi-lait ou de la crème épaisse
Des pleurotes roses en huître et des petites feuilles d'épinards, propres, pour la décoration

1. Pour hacher l'oignon, enlevez la peau. Coupez-le en deux à travers la racine avec un couteau tout usage. Placez-le sur une planche à découper avec le côté coupé vers le bas. En tenant le couteau horizontalement, coupez parallèlement à la planche, presque jusqu'à la racine. Puis, coupez en tranches fines de façon verticale en tenant l'oignon avec les doigts pour qu'il garde sa forme. Tournez l'oignon et coupez dans l'autre sens jusqu'à la racine. (Plus la coupe est serrée, plus l'oignon sera coupé fin). Répétez avec l'autre moitié.

2. Faites chauffer 30 g de beurre dans une casserole d'un litre à feu moyen-vif jusqu'à ce que le beurre soit fondu. Faites cuire l'oignon dans le beurre chaud en remuant, jusqu'à ce qu'il soit tendre. Ajoutez 72 cl d'eau et le bouillon, couvrez. Amenez à ébullition à feu vif; baissez le feu à moyen.

3. Pour préparer les champignons, coupez une tranche fine au bout de chaque tige de champignon avec un couteau d'office, jetez-les. Nettoyez les têtes de champignons en essuyant avec un essuie-tout humide.

4. Si vous utilisez des shiitakes, des chanterelles ou des morilles, coupez les pieds et les têtes; ajoutez-les au bouillon. Coupez finement les autres types de pieds de champignons et ajoutez-les au bouillon; mettez les têtes de côté.* Faites mijoter le bouillon pendant 10 minutes.

à suivre page 116

Étape 1. Comment couper l'oignon.

Étape 3. Comment couper les pieds des champignons.

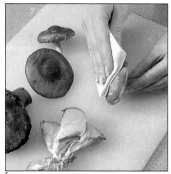

Étape 3. Comment essuyer les têtes de champignons avec un essuie-tout humide.

Soupe aux Champignons Exotique -suite

5. Coupez les têtes de champignons mises de côté. Faites chauffer deux c. à soupe de beurre dans un poêlon à feu moyen-vif jusqu'à ce qu'il soit fondu. Faites cuire brièvement en remuant les champignons dans le beurre chaud jusqu'à ce qu'ils soient mous. Enlevez-les avec une cuillère à égoutter et mettez-les dans le bouillon.

6. Faites fondre les 30 g de beurre avec le jus de citron dans le même poêlon. Incorporez la farine et le poivre, puis la _ tasse d'eau restante, mélangez bien. Ajoutez au bouillon et mélangez avec un fouet. Faites cuire jusqu'à ce que le mélange s'épaississe, en remuant constamment. Incorporez la crème.

7. Versez avec une louche dans 6 bols. Garnissez si vous le désirez.

Donne 6 entrées

* Si vous utilisez des champignons de Paris, coupez dans le sens de la longueur à travers les têtes et les pieds; ajoutez-les au bouillon.

Remarque: Le champignon est l'un des plus anciens aliments que l'on mange encore aujourd'hui. Techniquement, il s'agit d'une plante mais il est utilisé comme légume.

Étape 5. Comment couper les têtes de champignons.

Étape 5. Comment faire cuire les champignons dans le beurre chaud

Oignons perlés à la crème

Oignons: *Disponibles toute l'année, les oignons perlés (petits onions secs) surtout en automne et en hiver et les oignons doux à la fin de l'été et en automne. Choisissez des oignons fermes et bien formés avec une pelure sèche. Evitez les oignons qui germent ou qui sont couverts de noir. Les oignons verts doivent être tendre avec des tiges fraîches et de taille moyenne. Conservez les oignons dans un endroit frais, sombre et sec pendant un maximum d'un mois, de préférence suspendus dans un endroit aéré. Les oignons peuvent émettre une odeur forte dans le réfrigérateur et affecter ainsi le parfum des autres aliments. Conservez les oignons verts au réfrigérateur dans un sac en plastique pendant 1 semaine au maximum.*

285 g d'oignons perlés
30 g de beurre ou de margarine
20 g de farine tout usage
25 cl de mélange mi-crème mi-lait.
1/4 c. à café de sel
1/4 c. à café de poivre noir moulu
40 g de miettes de pain sec
  Des rondelles d'oignon rouge et des feuilles de sauge fraîches pour la décoration

1. Pour peler les oignons facilement, blanchissez-les au préalable. Pour blanchir les oignons, amenez à ébullition 1 litre d'eau dans une casserole de 2 litres à feu vif. Mettez les oignons dans l'eau bouillante; faites bouillir 2 minutes. Égouttez les oignons et plongez-les immédiatement dans un bol d'eau froide pour arrêter la cuisson.

2. Coupez l'extrémité de la tige d'un oignon; écrasez l'oignon entre le pouce et l'index pour décoller la peau. Enlevez la peau et jetez-la. Répétez avec les autres oignons.

3. Mettez les oignons pelés dans la même casserole avec 1,5 cm d'eau, couvrez. Amenez à ébullition à feu vif; baissez à feu moyen. Faites mijoter pendant 15 à 20 minutes jusqu'à ce qu'ils soient tendres. Égouttez-les; mettez-les de côté.

4. Pour faire la sauce à la crème, faites fondre le beurre dans une petite casserole à feu moyen. Incorporez la farine avec un fouet. Faites cuire jusqu'à ce que le mélange commence à bouillir. Incorporez la crème et cuire jusqu'à ce que le mélange épaississe, en fouettant constamment. Ajoutez le sel et le poivre. Incorporez les oignons cuits. Lorsqu'ils sont entièrement enrobés, transférez les oignons crémeux dans un bol de service chaud. Saupoudrez de miettes de pain sec. Garnissez si vous le désirez.

Donne 4 plats d'accompagnement

Étape 1. Comment blanchir les oignons.

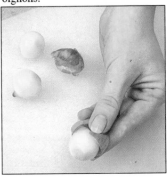

Étape 2. Comment écraser l'oignon pour décoller la peau.

Étape 4. Comment fouetter la sauce à la crème.

Oignons en Robe des Champs

4 oignons jaunes de taillemoyenne
    (environ 6 cm de diamètre)
1 1/2 c. d'assaisonnement aux
    fines herbes tel que le
    thym, la sauge et
    l'estragon, broyés
1 c. à café de sucre
1/2 c. à café de sel
 Une pincée de flocons de piment
    de Cayenne écrasés
60 g de beurre ou de margarine,
    fondu
80 g de miettes de pain frais
 Des brins d'estragon frais, des
    lamelles de courge jaune,
    des lamelles de poivron
    rouge et de la ciboulette
    pour la décoration

* Choisissez des oignons dont les peaux sont intactes.

1. Préchauffez le four à 200°C. Recouvrez un plat à four carré avec du papier d'aluminium; mettez-le de côté. Coupez et enlevez la tige et les racines des oignons.

2. Coupez une échancrure en forme de cône de 3 cm sur 3 cm dans le haut de chaque oignon avec un couteau d'office. Mettez les oignons dans le plat préparé avec le côté racine vers le bas.

3. Mélangez les herbes, le sel et le poivron rouge dans le beurre fondu. Ajoutez les miettes de pain; mélangez bien. Remplissez les oignons de cette farce.

4. Faites cuire au four pendant environ 1 heure ou jusqu'à ce qu'ils soient tendres en les piquant avec une fourchette. Garnissez au goût.
Donne 4 plats d'accompagnement

Conseil: Les oignons, qui font pleurer les gens, contiennent une enzyme qui s'appelle l'alliinase. Quand cette enzyme est exposée à l'air, elle se lie au soufre qui stimule les canaux lacrimaux. Pour minimiser l'exposition à cette enzyme, refroidissez ou faites couler de l'eau sur les oignons avant de les couper.

Étape 1. Comment couper les extrémités des oignons.

Étape 2. Comment couper un cône dans le haut de chaque oignon.

Étape 3. Comment remplir les oignons avec la farce.

Petits Pâtés de Panais

450 g de panais frais
60 g de beurre ou de margarine, mesuré séparément
30 g d'oignon coupé (technique à la page 115)
35 g de farine tout usage
7 cl de lait
2 c. à café de ciboulette hachée
Sel et poivre
115 g de miettes de pain frais
2 c. à soupe d'huile végétale

1. Pour préparer les panais, épluchez-les avec un éplucheur. Enlevez les extrémités et coupez-les en morceaux de 2 cm.

2. Versez 2,5 cm d'eau dans une casserole moyenne. Amenez à ébullition à feu vif; ajoutez les morceaux de panais. Couvrez, faites bouillir pendant 10 minutes ou jusqu'à ce que les panais soient tendres. Égouttez-les. Mettez-les dans un grand bol. Ecrasez-les grossièrement avec une fourchette; mettez-les de côté.

3. Pour faire le mélange de panais, faites chauffer 2 c. à soupe de beurre dans un petit poêlon à feu moyen-vif jusqu'à ce qu'il soit fondu et frémissant. Faites cuire en remuant l'oignon dans le beurre chaud jusqu'à ce que l'oignon soit transparent. Incorporez la farine avec un fouet. Faites chauffez jusqu'à ce que le tout soit frémissant et légèrement doré. Incorporez le lait; faites chauffez jusqu'à ce que le mélange épaississe. Mélangez le tout avec les panais écrasés et la ciboulette; assaisonnez avec du sel et du poivre au goût.

4. Faites 4 petits pâtés avec la pâte de panais. Étalez des miettes de pain sur une assiette. Trempez les petits pâtés de miettes de pain pour enduire uniformément les deux côtés. Enfoncez bien les miettes dans les pâtés. Mettez-les sur du papier ciré et au réfrigérateur pendant 2 heures.

5. Faites chauffer le reste des 2 c. à soupe de beurre et huilez un poêlon de 30 cm à feu moyen-vif jusqu'à ce que le beurre soit fondu et frémissant. Ajoutez les petits pâtés; faites-les cuire pendant environ 5 minutes de chaque côté ou jusqu'à ce qu'ils soient bien grillés. Transférez-les dans un plat chaud. Garnissez au goût.

Donne 4 plats d'accompagnement

Étape 1. Comment couper les panais en morceaux de 3/4 po (2 cm).

Étape 2. Comment écraser les panais avec une fourchette.

Étape 4. Comment recouvrir les pâtés de miettes de pain.

Petits Pois au Concombre et à l'Aneth

900 g de petits pois frais*
1/2 concombre moyen (coupé en deux dans le sens de la longueur)
30 g de beurre ou de margarine
1 c. à café d'aneth séché
Sel et poivre
Aneth frais, feuilles de sauge et fleurs comestibles, telles que des pensées, pour la décoration.

* Ou bien, remplacez les petits pois frais par un paquet (285 g) de petits pois congelés, dégelés.

1. Pour préparer les petits pois, ouvrez en écrasant chaque cosse entre les pouces et les index.

2. Faites sortir les petits pois à l'aide du pouce dans une passoire; jetez les cosses. Rincez les petits pois à l'eau courante. Égouttez-les bien; mettez-les de côté.

3. Épluchez le concombre avec un éplucheur et coupez-le en deux dans le sens de la longueur. Enlevez les graines avec une cuillère et jetez-les. Coupez le concombre en tranches de 6 mm.

4. Faites chauffer le beurre dans un poêlon moyen à feu moyen-vif jusqu'à ce qu'il soit fondu et frémissant. Faites cuire en remuant les petits pois dans le beurre chaud pendant 5 minutes ou jusqu'à ce que les légumes soient tendres et croquants.

5. Incorporez l'aneth et assaisonnez avec du sel et du poivre au goût. Transférez dans un plat chaud. Garnissez au goût. Servez immédiatement.

Donne 4 plats d'accompagnement

Étape 1. Comment ouvrir les cosses de petits pois.

Étape 2. Comment écosser les petits pois.

Étape 3. Comment enlever les graines de concombre.

Pois Mange-Tout aux Graines de Sésame

Pois Mange-Tout: *Disponibles toute l'année, surtout à l'automne et au printemps. Choisissez des cosses vert vif qui sont fermes, petites et plates avec de petites graines à l'intérieur. Evitez celles qui sont en train de sécher sur les bords. Conservez au réfrigérateur, sans les laver, dans un sac en plastique pendant 2 jours maximum.*

225 g de pois mange-tout
1 c. à soupe de graines de sésame
2 c. à soupe d'huile végétale et 2 c. à soupe d'huile de graines de sésame
2 oignons verts, coupés en tranches de 6 mm
1/2 c. à café de gingembre frais râpé ou 1/4 c. à café de gingembre broyé
1 carotte moyenne, coupée en julienne (technique page 102)
1 c. à café de sauce au soja

1. Pour équeuter les pois mange-tout de façon décorative, enlevez la queue de chaque cosse, en tirant les fils s'il y en a. (Les jeunes cosses tendres n'auront peut-être pas de fils).

2. Faites une entaille en forme de 'V' à l'autre extrémité de la cosse avec un couteau tout usage.

3. Pour faire griller les graines de sésame, faites chauffer un petit poêlon à feu moyen. Ajoutez les graines de sésame; faites les cuire en remuant pendant environ 5 minutes ou jusqu'à ce qu'elles soient grillées. Mettez-les de côté.

4. Pour faire revenir le tout, placez un wok ou un grand poêlon à feu vif. (Vérifiez la chaleur du poêlon en mettant une goutte d'eau dans le poêlon; si l'eau grésille, le poêlon est assez chaud). Ajoutez l'huile végétale et l'huile de sésame, en agitant pour bien enduire toute la paroi. Faites chauffer les huiles jusqu'à ce qu'elles soient chaudes, pendant environ 30 secondes. Ajoutez les oignons, le gingembre frais, les pois mange-tout et la carotte; faites revenir en remuant avec une cuillère ou un ustensile à wok en brassant constamment les légumes pendant 4 minutes ou jusqu'à ce que les pois mange-tout soient vert vif ou tendres-croquants.

5. Incorporez la sauce au soja. Transférez dans un plat chaud. Saupoudrez avec le reste des graines de sésame. Servez immédiatement.

Donne 4 plats d'accompagnement

Étape 1. Comment enlever les fils des cosses des pois mange-tout.

Étape 2. Comment faire une entaille en forme de 'V' dans la cosse.

Étape 4. Comment faire revenir le mélange de pois mange-tout et de carottes dans le wok.

Moitiés de Poivrons Farcies à la Ratatouille

Poivrons: *Disponibles toute l'année, surtout en août et septembre. Choisissez des poivrons brillants et fermes avec des peaux lisses. Les poivrons doivent être lourds pour leur taille. Evitez ceux qui ont des endroits mous ou ratatinés. Conservez-les au réfrigérateur, dans un sac en plastique pendant 5 jours maximum.*

3 gros poivrons (1 rouge, 1 jaune et 1 vert ou n'importe quelle combinaison)

5 cl d'huile d'olive

1 petite aubergine (340 g) non pelée, coupée en cubes de 1,5 cm

1 petit oignon, finement coupé

1 gousse d'ail hachée

1 grosse tomate, égrenée et coupée grossièrement (technique page 110)

1 tasse de champignons frais coupés

1/2 c. à café de basilic séché et 1/2 c. à café d'origan séché, broyé

1/2 c. à café de sel

Une pincée de poivre noir moulu

Une pincée de poivre rouge moulu

1 courgette, coupée en quartiers et coupée en morceaux de 1,5 cm

Des rondelles de tomates et des feuilles de basilic frais pour la décoration.

1. Coupez les poivrons en deux dans le sens de la longueur (y compris les queues) avec un couteau de chef.

2. Enlevez la membrane et les graines avec une cuillère en faisant attention à ne pas couper à travers le poivron. Rincez les moitiés de poivron à l'eau courante; égouttez-les.

3. Pour cuire les moitiés de poivron à la vapeur, mettez le panier d'une marmite àvapeur dans celle-ci; ajoutez 2,5 cm d'eau. (L'eau ne doit pas toucher le fond du panier). Mettez les moitiés de poivron avec les côtés coupés vers le haut, dans le panier; couvrez. Amenez à ébullition; faites cuire à la vapeur pendant 5 minutes ou jusqu'à ce que les poivrons soient croquants-tendres. Ajoutez de l'eau si nécessaire pour éviter que la casserole ne cuise sans eau. Plongez les moitiés de poivron dans de l'eau glacée pour arrêter la cuisson. Mettez les moitiés de poivron dans un plat à four de 32,5 sur 22,5 cm.

4. Faites chauffer l'huile dans un grand poêlon à feu moyen. Faites cuire l'aubergine et l'oignon dans l'huile chaude pendant 10 minutes ou jusqu'à ce que les légumes soient tendres, en remuant de temps à autres. Ajoutez l'huile, la tomate, les champignons, le basilic, l'origan, et le poivre de Cayenne moulu. Amenez àébullition à feu moyen-vif; baissez le feu à moyen. Faites mijoter pendant environ 5 minutes en brassant de temps en temps. Ajoutez la courgette, faites mijoter pendant encore 5 minutes ou jusqu'à ce que le mélange épaississe légèrement.

5. Préchauffez le four à 180°C. Remplissez les moitiés de poivron avec la farce.* Faites cuire pendant 15 minutes ou jusqu'à ce que le tout soit chaud. Garnissez au goût. Servez immédiatement.

Donne 6 plats d'accompagnement

* A ce stade, les moitiés de poivrons peuvent être réfrigérées pendant 4 jours au maximum.

Étape 1. Comment couper les poivrons en deux dans le sens de la longueur.

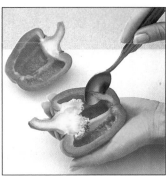

Étape 2. Comment enlever les graines et la membrane avec une cuillère.

Étape 3. Comment cuire les poivrons à la vapeur jusqu'à ce qu'ils soient tendres-croquants.

Gratin de Pommes de Terre à Peau Rouge

900 g de pommes de terre à peau rouge
20 g de farine tout usage
60 g de beurre ou de margarine, mesuré séparément
Sel, poivre et paprika
30 cl de lait
Un brin de thym frais pour la décoration

1. Préchauffez le four à 180°C. Pour préparer les pommes de terre, frottez-les avec une brosse à légumes douce sous de l'eau froide courante; rincez-les bien. Coupez les pommes de terre en tranches de 6 mm avec un couteau de chef. Mettez les tranches sur du papier ciré et saupoudrez-les de farine; tournez-les doucement pour bien les enrober.

2. Beurrez un plat à four rond de 22,5 cm avec 15 g de beurre. Mettez 1/3 des pommes de terre dans le plat; saupoudrez-les de sel, poivre et paprika au goût. Disposez des petits bouts de beurre. Répétez les couches 2 fois.

3. Faites chauffer le lait dans une petite casserole à feu moyen jusqu'à ce qu'il soit chaud. *Ne le faites pas bouillir.* Versez-le sur les pommes de terre; saupoudrez-les de sel, poivre et paprika au goût. Mettez le couvercle ou couvrez avec du papier aluminium.

4. Faites cuire au four pendant 35 minutes. Découvrez; faites cuire pendant encore 20 minutes ou jusqu'à ce que les pommes de terre soient tendres lorsqu'on les pique avec une fourchette. Garnissez au goût. Servez immédiatement.

Donne 6 plats d'accompagnement

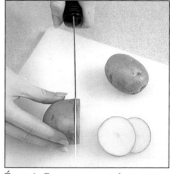

Étape 1. Comment couper les pommes de terre en tranches de 6 mm.

Étape 2. Comment disposer les pommes de terre en couches dans le plat à four.

Étape 3. Comment verser le lait sur les pommes de terre.

Pommes de Terre östis Suisses

**4 grosses pommes de terre Russet
(environ 180 g chacune)***
**60 g de beurre ou de margarine
Sel et poivre**
**Quartiers de tomates et brins de
romarin frais pour la
décoration.**

*Préparez les pommes de terre
plusieurs heures ou même 1 jour à
l'avance.

1. Préchauffez le four à 200°C. Pour préparer les pommes de terre, frottez-les avec une brosse douce à légumes sous l'eau froide courante; rincez-les bien. Percez chaque pomme de terre en plusieurs endroits avec une fourchette. Faites-les cuire au four ou jusqu'à ce qu'elles soient tendres lorsqu'on les perce avec une fourchette. Faites les refroidir complètement puis mettez-les au réfrigérateur.

2. Lorsque les pommes de terre sont froides, pelez-les avec un couteau d'office. Râpez les pommes de terre à la main avec le côté «gros morceaux» d'une râpe en métal ou utilisez un robot culinaire avec un grand disque à râper.

3. Faites chauffer le beurre dans un poêlon de 25 cm à feu moyen-vif, jusqu'à ce qu'il soit fondu et frémissant. Pressez uniformément les pommes de terre râpées dans le poêlon. (Ne remuez pas ou ne retournez pas les pommes de terre). Assaisonnez de sel et de poivre au goût. Faites cuire pendant 10 à 12 minutes jusqu'à ce que le tout soit bien grillé.

4. Éteignez le feu; mettez l'assiette de service à l'envers sur le poêlon. Retournez les pommes de terre sur l'assiette. Garnissez au goût. Servez immédiatement.

Donne 4 plats d'accompagnement

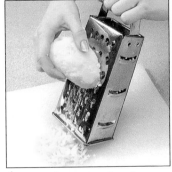

Étape 2. Comment râper les pommes de terre.

Étape 3. Comment appuyer sur les pommes de terre régulièrement dans le poêlon.

Étape 4. Comment retourner l'assiette de service sur le poêlon.

Ragoût de Patates et de Pommes

900 g de patates fraîches
60 g de beurre, mesuré
séparément
120 g de cassonade foncée, bien
tassée
1/2 c. à café de cannelle moulue
1/4 c. à café de macis ou de noix
de muscade moulue
Sel à votre goût
2 pommes Granny Smith, pelées,
sans le coeur et coupées en
quatre
80 g de céréales Granola
Des quartiers de pomme pour la
décoration

1. Faites préchauffer le four à 190°C. Pour préparer les patates, épluchez-les avec un éplucheur. Coupez-les en deux dans le sens de la longueur, puis coupez-les en tranches de 6 mm.

2. Beurrez une casserole de 2 litres ou un plat à four avec 15 g de beurre. Mélangez la cassonade, la cannelle et le macis dans un petit bol. Mettez 1/3 des tranches de patates dans la casserole préparée. Saupoudrez de sel. Émiettez la moitié du mélange de sucre sur les patates et parsemez de noisettes de beurre (15 g).

3. Coupez chaque quartier de pomme en quatre. Disposez la moitié des pommes sur les patates dans la casserole. Répétez les couches. Terminez avec le reste des patates et 15 g de beurre. Mettez le couvercle ou couvrez avec du papier aluminium.

4. Faites cuire au four pendant 25 minutes. Découvrez; Arrosez les patates avec leur jus à l'aide d'une cuillère. Saupoudrez de céréales Granola; faites cuire pendant 35 minutes ou jusqu'à ce que les patates soient tendres lorsqu'on les pique avec une fourchette. Garnissez au goût. Servez immédiatement.

Donne 6 plats d'accompagnement

Étape 1. Comment couper une moitié de patate en tranches de 1,5 cm.

Étape 2. Comment émietter le mélange de sucre sur les patates.

Étape 4. Comment arroser les patates avec leur jus à l'aide d'une cuillère.

Mandarines aux Épinards

225 g d'épinards frais
1 c. à soupe d'huile d'olive
220 g de germes de haricot
    mungo
1 boîte (300 g) de mandarines,
    égouttées
2 cl de sauce de soja à faible
    teneur en sodium
2 cl de jus d'orange
  Des segments d'orange pour la
    décoration

1. Séparez les épinards en feuilles. Mettez-les à tremper dans de l'eau froide et agitez. Répétez plusieurs fois avec de l'eau propre pour enlever le sable et les petits cailloux. Essuyez avec un essuie-tout.

2. Pour enlever les tiges des feuilles d'épinards, pliez chaque feuille en deux, dans le sens de la longueur. Tirez la tige vers le haut de la feuille. Jetez la tige. Enlevez toute humidité des feuilles en les essuyant avec un essuie-tout.

3. Faites chauffer l'huile dans un wok ou un grand poêlon à feu moyen-vif. Pour faire revenir les épinards, mettez rapidement les épinards, les germes de haricot mungo et les quartiers de mandarines dans le wok. Faites cuire en remuant pendant 1 à 2 minutes jusqu'à ce que les épinards commencent à se flétrir. Transférez dans un plat de service. Faites chauffer la sauce de soja et le jus d'orange dans le wok, versez sur les épinards et remuez soigneusement. Garnissez au goût. Servez immédiatement.

Donne 4 plats d'accompagnement

Étape 1. Comment agiter les feuilles d'épinards dans l'eau froide.

Étape 2. Comment enlever les tiges des feuilles d'épinards.

Étape 3. Comment faire revenir le mélange d'épinards dans le wok.

Courge Spaghetti de Neptune

Courges Spaghetti: *Disponibles toute l'année, surtout de décembre à février. Choisissez des courges dures, lisses, de couleur régulière et sans bosses ou stries. Évitez celles qui sont vertes ou qui ont des taches. Conservez-les sans les couper, dans un endroit frais et sec pendant 3 jours au maximum; réfrigérez pendant 1 semaine au maximum.*

1 courge spaghetti (environ 1,35 kg)
225 g de crevettes moyennes crues
1 gousse d'ail
5 cl d'huile d'olive
225 g de pétoncles de baie
110 g de petits pois frais ou congelés
40 g de tomates séchées au soleil en huile, égouttées et coupées*
1/2 c. à café de basilic séché et broyé
25 g de parmesan fraîchement râpé
Des feuilles de basilic frais et des fleurs d'estragon pour la décoration

* Ou remplacez les tomates séchées au soleil par 2 tomates italiennes, égrenées et coupées. (Pour égrener les tomates, coupez-les en deux. Égrenez-les avec une cuillère; jetez les graines).

1. Faites préchauffer le four à 190°C. Pour cuire la courge, percez-la en plusieurs endroits avec une longue fourchette pour permettre à la vapeur de s'échapper.

2. Mettez la courge dans un plat à four recouvert de papier d'aluminium; faites-la cuire pendant 20 minutes. Retournez-la; faites-la cuire un autre 25 minutes ou jusqu'à ce qu'elle soit molle au toucher. ** Coupez-la en deux immédiatement pour arrêter la cuisson.

3. Entretemps, pour décortiquer les crevettes, enlevez les pattes en les tirant doucement hors de la carapace. Libérez la carapace avec les doigts et faites-la glisser. Pour enlever la veine des crevettes, coupez une entaille profonde le long du dos de la crevette avec un couteau d'office. (Il est sans doute plus facile de le faire sous l'eau courante).

4. Pour couper l'ail, taillez les extrémités de la gousse d'ail. Écrasez légèrement la gousse. Épluchez. Coupez en lamelles avec un couteau d'office.

5. Faites chauffer l'huile dans un grand poêlon à feu moyen-vif. Faites cuire en remuant l'ail dans l'huile chaude jusqu'à ce qu'il commence tout juste à griller. Enlevez l'ail et jetez-le. Ajoutez les crevettes, les pétoncles , les petits pois, les tomates et le basilic. Faites cuire en remuant pendant 1 à 2 minutes jusqu'à ce que les crevettes deviennent roses et que les pétoncles soient opaques. Mettez de côté.

6. Enlevez les graines de la courge.

7. Pour enlever les 'fils de spaghetti' de la courge, "peignez" les fils de chaque moitié avec deux fourchettes. Transférez-les sur un plat de service chaud. Recouvrez-les avec le mélange de fruits de mer cuits; tournez délicatement pour mélanger. Saupoudrez de fromage. Garnissez au goût. Servez immédiatement.

Donne 4 plats principaux

** Une plus grosse courge prendra plus de temps à cuire.

Étape 1. Comment percer la courge pour laisser la vapeur s'échapper.

Étape 6. Comment enlever les graines de la courge.

Étape 7. Comment "peigner" les fils de la courge avec des fourchettes.

Rondelles de Potiron au Chutney

2 courgerons (450 g chacun)
30 g de beurre ou de margarine
100 g de chutney préparé
2 cl d'eau
  Du chou frisé violet et des feuilles de géranium parfumé pour la décoration*

* Assurez-vous d'utiliser uniquement des feuilles non toxiques.

1. Faites préchauffer le four à 200°C. Coupez la queue et les extrémités des courgerons avec un couteau de chef; coupez le courgeron en travers, en rondelles de 2 cm.

2. Enlevez les graines avec une cuillère.

3. Déchirez un carré de 45 cm de papier aluminium épais. Mettez-le au centre d'un plat à four de 32,5 cm sur 22,5 cm. Parsemez des noisettes de beurre sur le papier aluminium et posez le courgeron sur le beurre en faisant superposer légèrement les rondelles. Étendez du chutney sur les rondelles à l'aide d'une cuillère et arrosez légèrement d'eau.

4. Ramenez les bords du papier aluminium des côtés les plus longs du plat vers le centre, en les repliant et en les pinçant pour fermer hermétiquement.

5. Faites cuire pendant 20 à 30 minutes jusqu'à ce que le courgeron soit tendre. Transférez à l'aide d'une spatule dans un plat de service chaud. Garnissez au goût. Servez immédiatement.

Donne 4 plats d'accompagnement

Étape 1. Comment couper le courgeron en rondelles de 2 cm.

Étape 2. Comment enlever les graines avec une cuillère.

Étape 4. Comment plier le papier d'aluminium pour faire une fermeture étanche.

Tomates farcies au Taboulé

4 grosses tomates fermes et mûres
    (environ 225 g chacune)
4 oignons verts
2 c. à soupe d'huile d'olive
140 g de semoule de blé
20 cl d'eau
2 c. à soupe de jus de citron
1 c. à soupe de feuilles menthe
    fraîche ou 1/2 c. à café de
    menthe séchée, broyée du
    sel et du poivre
Du zeste de citron et des feuilles
    de menthe pour la
    décoration

1. Pour préparer les tomates, enlevez les queues. Coupez les tomates en deux en travers, avec un couteau d'office bien aiguisé. Détachez soigneusement la pulpe de la coupe de la tomate avec une cuillère. Enlevez la pulpe et les graines des tomates et mettez-les dans un bol moyen, en conservant les coupes intactes.

2. Retournez les tomates sur une assiette recouverte d'essuie-tout; laissez égoutter pendant 20 minutes. Pendant ce temps, hachez la pulpe de tomates. Mettez de côté.

3. Coupez les racines des oignons verts. Nettoyez bien les oignons verts. Coupez finement la tête des oignons verts en diagonale avec un couteau tout usage. Mettez-les de côté. Coupez finement les parties blanches des oignons verts, en diagonale.

4. Faites chauffer l'huile dans une casserole de 2 litres à feu moyen-vif. Faites revenir, tout en remuant, les parties blanches des oignons dans l'huile chaude pendant 1 à 2 minutes, jusqu'à ce qu'elles soient molles. Ajoutez la semoule de blé; faites cuire pendant 3 à 5 minutes jusqu'à ce que le tout soit grillé.

5. Ajoutez au mélange la pulpe de tomate mise de côté, l'eau, le jus de citron et la menthe. Amenez à ébullition à feu vif; baissez le feu à moyen-bas. Couvrez; faites mijoter doucement pendant 15 à 20 minutes jusqu'à ce que tout le liquide soit absorbé.

6. Réservez quelques tiges d'oignons verts coupées pour la décoration; incorporez le reste des oignons verts dans le mélange de semoule. Ajoutez le sel et le poivre au goût. Remplissez les tomates avec la farce.*

7. Faites préchauffer le four à 200°C. Mettez les tasses remplies dans un plat à four de 32,5 cm sur 22,5 cm; faites cuire pendant 15 minutes ou jusqu'à ce que le tout soit chaud. Terminez en posant les tiges d'oignon mises de côté sur le dessus. Garnissez a goût. Servez immédiatement.

Donne 4 plats principaux ou 8 plats d'accompagnement

* Les tomates farcies peuvent être couvertes et réfrigérées à ce stade-ci, pendant 24 heures.

Étape 1. Comment vider les tomates de la pulpe et des graines.

Étape 4. Comment faire griller la semoule de blé.

Étape 6. Comment remplir les tomates de semoule de blé.

Rubans de Courgettes Croquants

Courgettes: *Disponibles toute l'année, surtout de juin à août. Choisissez des courgettes avec une chair ferme et une peau vert foncé et brillante. Les courgettes doivent être lourdes par rapport à leur taille. Évitez les courgettes de plus de 20 cm de long et celles qui ont des taches brunes ou jaunes. Conservez-les au réfrigérateur, dans un sac en plastique perforé pendant 4 jours au maximum.*

3 petites courgettes (environ 335 g au total)
2 c. à soupe d'huile d'olive
1 c. à soupe de vinaigre de vin blanc
2 c. à café de feuilles de basilic frais coupées ou 1/2 c. à café de basilic séché, broyé
1/2 c. à café de flocons de piment rouge broyé
1/4 de c. à café de coriandre moulu
Du sel et du poivre noir fraîchement moulu
Des tiges d'oignon vert et des morceaux de carotte en julienne (technique à la page 102) pour la décoration

1. Pour faire les rubans de courgettes, coupez les extrémités des courgettes avec un couteau d'office. Utilisez un éplucheur, commencez à l'extrémité de la queue et faites des rubans continus en descendant le long de chaque courgette.

2. Pour faire cuire les rubans de courgette à l'étuvée, placez un panier dans une grande marmite à vapeur; ajoutez 2,5 cm d'eau. (L'eau ne doit pas toucher le fond du panier). Mettez les rubans de courgettes dans le panier; couvrez. Amenez àébullition à feu vif; lorsque la vapeur commence à se former, vérifiez si les courgettes sont cuites. (Les courgettes doivent être croquantes-tendres). Transférez les courgettes dans un plat de service chaud à l'aide d'une spatule à égoutter ou de pinces.

3. Mélangez l'huile, le vinaigre, le basilic, le piment rouge et le coriandre dans un petit bol en verre, en fouettant jusqu'à ce que le mélange soit homogène.

4. Versez la vinaigrette sur les rubans; Remuez Délicatement pour bien enrober. Assaisonnez de sel et de poivre au goût. Garnissez au goût. Servez immédiatement ou réfrigérez pendant 2 jours au maximum.

Donne 4 plats d'accompagnement

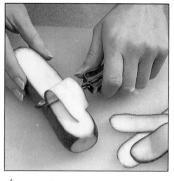
Étape 1. Comment faire des rubans de courgettes avec un éplucheur.

Étape 2. Comment faire cuire les rubans de courgettes à l'étuvée.

Étape 3. Comment préparer le mélange d'huile.

COURS DE CUISINE
LE POULET

Pollo alla Firènze *(page 186)*

NOTES DE COURS

Le poulet est très apprécié par les cuisiniers en raison de son attrait universel. Économique, versatile et facilement disponible, le poulet est l'ingrédient parfait de la cuisine de tous les jours. De plus, le poulet contient beaucoup de protéines, peu de matières grasses et de cholestérol. Son goût délicieux en fait le premier choix d'une alimentation saine.

La grande variété de poulets disponibles sur le marché rend le choix difficile. Lorsque vous connaîtrez les différentes types de poulet, vous pourrez profiter àfond de cet ingrédient populaire.

L'ESSENTIEL SUR LE POULET

Les poulets sont classés selon leur âge et leur poids. Les jeunes poulets sont tendres et cuisent rapidement; les poulets plus âgés doivent être cuits lentement pour les attendrir. Pour obtenir les meilleurs résultats possibles, il est important de savoir quel type de poulet acheter.

Les poulets à griller sont de jeunes poulets pesant entre 675 g et 1,57 kg. Agés de seulement 7 à 10 semaines, ils donnent une viande tendre et goûteuse et sont particulièrement bons en poulet rôti, frit ou grillé.

Les poulets à rôtir de 900 g à 1,8 kg sont des poulets de 16 semaines. Comme leur nom l'indique, ils sont parfaits pour rôtir et pour la rôtisserie.

Les chapons sont de jeunes coqs châtrés qui pèsent entre 2,2 kg et 3,15 kg. Ces volailles au riche parfum ont plus de matières grasses et plus de chair que les poulets à rôtir.

Les poulets à bouillir sont des poulets adultes âgés de 1 à 1 an et demi et ont une chair dure et filandreuse. Ils conviennent particulièrement aux bouillons, soupes et ragoûts, car ce genre de préparation les attendrit et rehausse le bon goût du poulet.

Les supermarchés répondent à la demande constante en poulet en offrant une grande diversité de morceaux et de produits à base de poulet. Voici quelques-uns des choix les plus populaires:

Les poulets entiers de tous types sont en vente avec le cou et les abats enveloppés séparément et mis à l'intérieur du poulet. Recherchez le foie et les abats pour les utiliser dans les farces, les soupes et les spécialités.

Les poulets coupés, habituellement de jeunes poulets à griller, sont des poulets entiers débités comprenant deux poitrines, deux cuisses, deux ailes et deux pilons. Les petits poulets à rôtir sont aussi vendus en moitiés et en quarts.

Le poulet est aussi vendu en morceaux qui conviennent à de nombreuses utilisations. Les pattes de poulet sont des pattes de poulets à rôtir avec les cuisses et les pilons.

Les cuisses et les pilons sont aussi vendus séparément.

Les ailes de poulet en paquet sont également populaires pour les recettes d'amuse-gueule.

Les poitrines de poulet sont populaires en raison de leur chair tendre, abondante et sucrée. Elles sont vendues entières ou coupées en deux. (Remarque: Une poitrine entière est composée de deux moitiés de poitrine. Dans ce livre, les recettes qui demandent une poitrine entière nécessitent les deux moitiés de poitrine).

De nos jours, le poulet désossé et sans peau est devenu l'un des choix préférés du cuisinier affairé, parce qu'il est pratique et rapide à cuire. Les poitrines désossées, aussi appelés escalopes ou suprêmes, ainsi que les cuisses désossées constituent une autre variété de poulet désossé également en vente.

Le poulet haché est un tout nouveau produit dans la gamme des produits de volailles; son utilisation la plus populaire est une substitution à faible teneur en matières grasses au boeuf ou au porc haché. Le poulet traité comprend le poulet en morceaux en conserve, les toutes nouvelles saucisses au poulet et les pâtés traditionnels au poulet.

CONSEILS D'ACHAT

Une fois que vous avez choisi le type de poulet que vous désirez acheter, vérifiez les points suivants, importants pour le contrôle et l'achat du poulet.

• Le poulet dans la majorité des supermarchés est contrôlé par le gouvernement. Assurez-vous que l'emballage n'est pas endommagé et vérifiez la date limite de vente qui indique le dernier jour de vente du poulet.

• Examinez bien le poulet avant de l'acheter. Sa peau doit être de couleur blanc crémeux à jaune foncé, la chair ne doit jamais avoir l'air gris ou terreux. L'odeur est aussi un bon indice. Si vous remarquez une odeur forte et déplaisante lorsque vous ouvrez le paquet, laissez-le ouvert pendant quelques minutes. Parfois, une oxydation se produit à l'intérieur du paquet, qui donne une certaine odeur mais qui est sans danger. Cependant si l'odeur persiste, rapportez le poulet dans son emballage d'origine au magasin pour vous faire rembourser.

• La clé pour acheter un bon poulet est de savoir ce que vous voulez en faire et puis de l'acheter en fonction de ces besoins. Après tout, le poulet est à la fois économique et pratique. Si vous achetez un poulet entier et le découpez à la maison, vous pouvez réaliser des économies (voir Techniques de Préparation Utiles, pages 150-153). Gagnez du temps en conservant au congélateur un poulet désossé et sans peau, prêt à être utilisé. Conservez le poulet en portions pratiques pour un repas; elles se dégèlent facilement et cuisent rapidement et évitent d'avoir des restes.

• Pour garantir l'achat de poulet qui se prête aux besoins de votre famille, suivez ce guide: un jeune poulet à griller de 900 g à 1,35 kg, découpé, donne 3 à 5 portions; un poulet à rôtir de 1,35 kg à 2,7 kg donne 4 à 8 portions. Une poitrine entière de poulet ou deux moitiés de poitrine (environ 360 g) sert deux personnes; 450 g de cuisses ou de pilons de poulet donne 2 portions.

• En règle générale, deux poitrines de poulet entières (environ 360 g chacune) donnent 2 tasses de poulet cuit coupé; un jeune poulet à griller (environ 1,35 kg) donne 2 1/2 tasses de poulet cuit coupé.

LES CONDITIONS ADÉQUATES DE CONSERVATION

Le poulet frais, non cuit, peut être conservé dans son emballage d'origine pendant 2 jours au maximum, dans la partie la plus froide du réfrigérateur. Cependant, nous vous conseillons de congeler le poulet immédiatement si vous n'avez pas l'intention de l'utiliser dans les 2 jours qui suivent l'achat. Vous pouvez congeler la plupart des poulets dans leur emballage d'origine en toute sécurité, pendant 2 mois au maximum; si vous avez l'intention de conserver votre poulet plus longtemps; doublez l'emballage ou réemballez-le avec un emballage pour congélation, du papier aluminium ou un film alimentaire transparent. Un emballage hermétique est la clé du succès de la congélation du poulet.

Lorsque vous congelez des poulets entiers, enlevez et rincez les abats (s'il y en a) et séchez avec un essuie-tout. Enlevez tout le surplus de gras du poulet. Emballez le poulet de façon compacte, étiquetez-le, datez-le et congelez le poulet et les abats dans des emballages séparés.

Faites dégeler le poulet congelé, dans son emballage, dans le réfrigérateur. La durée de dégel pour le poulet congelé varie selon la coupe du poulet, s'il est entier ou débité. En règle générale, il faut 24 heures pour dégeler un poulet entier de 2,25 kg ; comptez environ 5 heures pour dégeler des morceaux de poulet. Ne faites jamais dégeler le poulet directement sur une surface de travail; ceci encourage la prolifération des bactéries.

UN MOT SUR LA MANIPULATION DU POULET

Lorsque vous manipulez du poulet cru, il faut que tout ce qui entre en contact avec le poulet demeure propre. Le poulet cru doit être rincé et essuyé avec un essuie-tout avant de le faire cuire; les planches à découper et les couteaux doivent être lavés à l'eau chaude et au liquide à vaisselle après les avoir utilisés et il faut bien se laver les mains avant et après avoir touché du poulet. Pourquoi? Parceque le poulet cru peut contenir de la salmonella, qui sont des bactéries dangereuses. Si les bactéries sont transférées sur les surfaces de travail, les ustensiles de cuisine ou les mains, elles peuvent contaminer les autres aliments en plus du poulet cuit et provoquer des empoisonnements alimentaires. Il est facile d'éviter la contamination en prenant les précautions nécessaires.

Le poulet doit toujours être bien cuit avant de le manger. Ne cuisez jamais le poulet partiellement, en le conservant pour finir la cuisson ultérieurement car ceci encourage aussi la prolifération des bactéries.

EST-IL CUIT?

IL y a plusieurs façons de déterminer si le poulet est bien cuit et prêt à manger. Pour les poulets entiers, un thermomètre à viande inséré dans la partie la plus large de la cuisse, mais non à côté de l'os ou du gras, doit indiquer entre 82 et 85°C avant de le retirer du four. Si un poulet entier est farci, insérez le thermomètre dans le centre de la cavité du corps, lorsque la farce atteint 71°C, le poulet devrait être cuit. (Remarque: Le poulet doit être farci juste avant la cuisson; ne farcissez jamais un poulet à l'avance). Les poitrines entières de poulet sont cuites lorsque le thermomètre indique 77°C.

Pour vérifier des morceaux de poulet qui ont un os, vous devez pouvoir insérer facilement une fourchette dans le poulet et le jus doit être transparent; cependant, la viande et le jus proches des os peuvent être encore un peu roses, bien que le poulet soit cuit. Les morceaux de poulet désossés sont cuits lorsque les centres ne sont plus roses; vous pouvez déterminer ceci en coupant tout simplement le poulet avec un couteau.

TECHNIQUES DE PRÉPARATION UTILES

Comment Aplatir des Poitrines de Poulet Désossées Crues

Mettez une moitié de poitrine de poulet entre deux feuilles de papier ciré. En utilisant le côté plat d'un maillet à viande ou d'un rouleau à pâtisserie, martelez doucement le poulet depuis le centre vers l'extérieur à l'épaisseur désirée.

Comment Enlever la Peau du Poulet Cru

Faites congeler le poulet jusqu'à ce qu'il soit ferme mais non dur. (Cependant ne recongelez pas du poulet dégelé). Prenez la peau avec un linge à vaisselle propre et tirez-la; jetez la peau. Lorsque vous avez terminé d'enlever la peau du poulet, lavez le linge à vaisselle avant de le réutiliser.

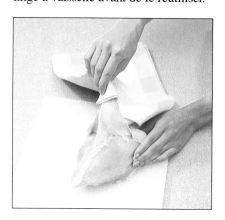

Comment Découper un Poulet Entier

1. Mettez le poulet, la poitrine vers le haut, sur une planche à découper. Coupez entre la cuisse et le corps jusqu'à l'articulation de la hanche. Pliez légèrement la patte pour libérer l'articulation de sa cavité et enlevez la patte. Répétez pour enlever l'autre patte.

2. Mettez la patte, avec le côté peau vers le haut, sur la planche à découper. Trouvez l'articulation en bougeant la cuisse vers l'avant et vers l'arrière avec une main tout en tenant le pilon avec l'autre. Coupez entièrement à travers l'articulation.

3. Mettez le poulet sur le côté. Ecartez une aile du corps; coupez à travers l'articulation de l'épaule. Retournez le poulet et répétez cette opération pour enlever l'autre aile.

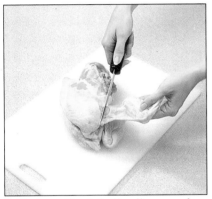

4. En travaillant de l'arrière vers le cou, enlevez la poitrine de la colonne vertébrale, en coupant à travers les petits os des côtes et le long de la clavicule, à l'extérieur.

5. Retournez le poulet et répétez cette opération pour l'autre côté. Coupez à travers tout tissu conjonctif restant; enlevez la poitrine de la colonne vertébrale.

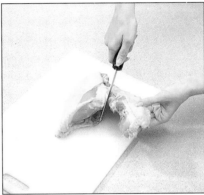

6. Mettez la poitrine, avec le côté peau sur le dessus, sur la planche à découper. Partagez la poitrine en deux en coupant le long d'un côté du sternum. Si vous le désirez, vous pouvez désosser la poitrine entière avant de la couper en deux (voir Comment Enlever la Peau et Désosser une Poitrine de Poulet Entier, pages 152-153, étapes 2-8).

Comment Couper un Poulet Entier en Moitiés et en Quartiers

1. Mettez le poulet sur la planche à découper, avec la poitrine vers le bas et le cou en face de vous. En travaillant du cou vers l'arrière, coupez le long d'un côté de la colonne vertébrale, en coupant aussi près que possible de l'os. Coupez le long de l'autre côté de la colonne vertébrale; enlevez la colonne vertébrale.

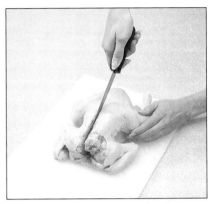

2. Enlevez le sternum (voir Comment Enlever la Peau et Désosser une Poitrine de Poulet Entier, pages 152-153, étapes 2-7).

3. Retournez le poulet, côté peau vers le haut. Coupez en longueur le long du centre du poulet pour le couper en deux.

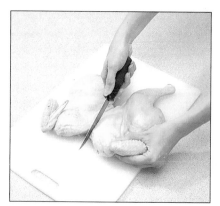

4. Pour couper en quartiers, coupez à travers la peau séparant les cuisses de la poitrine.

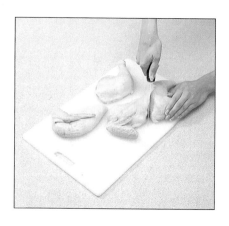

Comment Enlever la Peau et Désosser une Poitrine de Poulet Entier

1. Faites congeler le poulet jusqu'à ce qu'il soit ferme mais pas dur. (Cependant ne recongelez pas du poulet dégelé). Prenez la peau avec un linge à vaisselle propre et tirez-la; jetez la peau. Lorsque vous avez terminé d'enlever la peau du poulet, lavez le linge à vaisselle avant de le réutiliser.

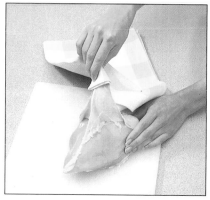

2. Mettez la poitrine, côté chair vers le bas, sur la planche à découper. Coupez une petite fente à travers la membrane et le cartilage au niveau du 'V' du cou.

3. Prenez la poitrine avec les deux mains et pliez doucement les deux côtés vers l'arrière pour casser le sternum.

4. Utilisez vos doigts pour libérer l'os du sternum de la poitrine le long du sternum, des deux côtés; retirez l'os.

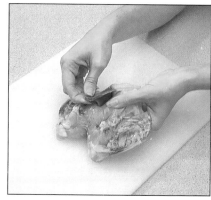

5. Avec la pointe d'un couteau pointu, coupez le long des deux côtés du cartilage à l'extrémité du sternum. Enlevez le cartilage.

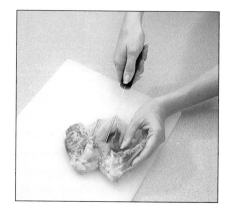

6. Glissez la pointe d'un couteau sous la longue côte, d'un côté de la poitrine. Coupez et grattez la chair des côtes, en enlevant les os de la chair.

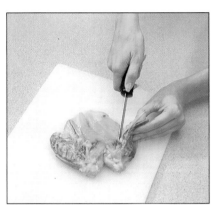

7. Détachez la chair de la clavicule. Enlevez les os. Répétez cette procédure pour désosser l'autre côté de la poitrine.

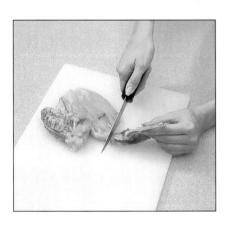

8. Enlevez les bréchets des poitrines de poulet qui ont été enlevées de poulets entiers dans votre cuisine. Détachez la chair du bréchet au niveau du cou. Prenez le bréchet et tirez-le.

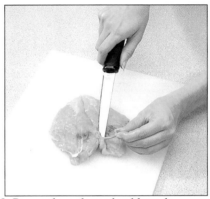

9. Pour enlever le tendon blanc de chaque côté de la poitrine, coupez suffisamment de chair autour de chaque tendon pour pouvoir le prendre entre vos doigts (utilisez un essuie-tout pour mieux le tenir). Enlevez le tendon.

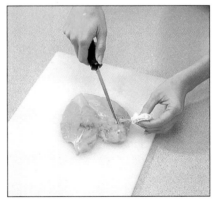

10. Tournez la poitrine. Si vous le désirez, enlevez les filets de poulet du bord le plus épais de chaque moitié de poitrine et mettez-les de côté pour une autre utilisation. Enlevez tout tissu conjonctif qui se serait détaché de la viande. Coupez la poitrine de poulet entier en deux dans le sens de la longueur, si vous le désirez.

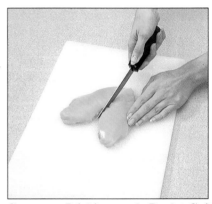

Comment Déchiqueter le Poulet Cuit
Mettez le poulet cuit, désossé et sans peau, sur la planche à découper. Tirez sur la chair avec deux fourchettes ou les doigts pour en faire de longs morceaux déchiquetés.

Salade Chinoise Chaude au Poulet

**8 cuisses de poulet désossées et
sans peau**
1 grosse tomate
35 g d'amidon de maïs
4 cl d'huile végétale
**1 boîte (120 g) de châtaignes
d'eau, égouttées et coupées**
**1 boîte (120 g) de champignons
coupés, égouttés**
**220 g d'oignons verts,
grossièrement hachés**
220 g de céleri coupé en diagonale
5 cl de sauce de soja
1/8 de c. à café de poudre d'ail
**400 g de laitue iceberg finement
coupée**
**Des tranches d'orange pour la
décoration**
Du riz cuit chaud

1. Coupez le poulet en petits morceaux sur la planche à découper; mettez-les de côté.

2. Pour préparer la tomate, faites une entaille circulaire autour de l'extrémité de la queue avec un couteau d'office. Enlevez l'extrémité de la queue. Coupez la tomate en deux sur la planche à découper; coupez chaque moitié en petits morceaux. Mettez-les de côté.

3. Mettez l'amidon de maïs dans un plat peu profond.

4. Mettez le poulet, un morceau à la fois, dans l'amidon de maïs. Enrobez-le régulièrement, en enlevant le surplus; mettez de côté.

5. Mettez un wok ou un grand poêlon à feu vif. (Vérifiez sa chaleur en versant une goutte d'eau dans la poêle; si l'eau grésille, le wok est assez chaud). Ajoutez l'huile dans le wok, en agitant le wok pour qu'il soit bien huilé. Faites chauffer l'huile jusqu'à ce qu'elle soit chaude, pendant environ 30 secondes.

6. Ajoutez le poulet dans le wok; faites-le revenir à l'aide d'une cuillère en bois ou un ustensile à wok sans cesser de le tourner, pendant 3 minutes ou jusqu'à ce que le poulet ne soit plus rose au centre.

7. Incorporez la tomate, les châtaignes d'eau, les champignons, les oignons verts, le céleri, la sauce de soja et la poudre d'ail. Couvrez; faites cuire à feu doux pendant 5 minutes.

8. Mettez le mélange de poulet sur un plat garni de laitue. Garnissez au goût. Servez avec du riz.

Donne 4 portions

Étape 2. Comment enlever la queue de la tomate.

Étape 4. Comment enrober le poulet d'amidon de maïs.

Étape 6. Comment faire revenir le poulet.

Salade de Poulet du Lagon

30 cl de jus de pomme non sucré
2 poitrines entières de poulet
    (environ 675 g)
1 pomme moyenne
500 g de riz cuit refroidi (1 tasse
    de riz cru)
200 g de raisins verts sans pépins,
    coupés en deux)
100 g de céleri coupé
115 g d'amandes effilées
100 g de châtaignes d'eau coupées
200 g de mayonnaise
1/2 c. à café de sel assaisonné
1/4 c. à café de cannelle
  Des feuilles d'épinards
  Des tranches de pomme pour la
    garniture

1. Pour pocher le poulet, faites cuire à feu moyen le jus de pomme dans une casserole profonde. Couvrez; faites mijoter pendant environ 30 minutes ou jusqu'à ce que le poulet soit tendre. Enlevez le poulet de la casserole pour qu'il refroidisse; jetez le liquide.

2. Lorsque le poulet est assez froid pour pouvoir le manipuler, enlevez soigneusement et jetez la peau et les os.

3. Coupez le poulet en dés sur une planche à découper. Mettez-le dans un grand bol; mettez de côté.

4. Pour préparer la pomme, coupez-la en quartiers dans le sens de la longueur sur la planche à découper; enlevez la queue, le coeur et les pépins avec un couteau d'office. Coupez les quartiers en morceaux de 2 cm. Mélangez avec le poulet dans le bol.

5. Mélangez doucement le poulet, la pomme, le riz, les raisins, le céleri, la demie-tasse d'amandes et les châtaignes d'eau; mettez de côté.

6. Mélangez la mayonnaise, le sel épicé et la cannelle dans un petit bol.

7. Ajoutez le mélange de mayonnaise au mélange de poulet; tournez légèrement. Couvrez; mettez la salade de poulet au réfrigérateur pendant au moins 30 minutes.

8. Mettez la salade avec une cuillère sur un plat garni de feuilles d'épinard. Saupoudrez avec le quart de tasse d'amandes restant. Garnissez au goût. Servez avec du riz.

Donne 4 à 6 portions

Étape 2. Comment désossé un poulet.

Étape 3. Comment couper le poulet en dés.

Étape 4. Comment enlever la queue, le coeur et les graines de la pomme.

Salade Hula d'Ananas de Larry

1 papaye
2 poitrines entières de poulet, séparées, sans peau, avec les os (technique pages 152-153) et cuites
1 grosse côte de céleri
2 boîtes (225 g chacune) d'ananas en morceaux, égouttés
100 g de noix macadamia ou d'arachide
200 g de mayonnaise
2 c. à café de poudre de cari
  De la salade
  De la ciboulette et des kumquats coupés pour la décoration

1. Pour préparer la papaye, coupez-la en deux dans le sens de la longueur sur une planche à découper. Enlevez les graines avec une grosse cuillère, jetez-les. Enlevez la peau de la papaye avec un éplucheur ou un couteau d'office.

2. Coupez assez de papaye pour en obtenir 1 tasse. Gardez le reste pour une autre utilisation.*

3. Coupez le poulet en dés sur la planche à découper; mettez-le de côté.

4. Pour préparer le céleri, coupez l'extrémité du pied et les feuilles de la côte de céleri sur une planche à découper. Coupez le céleri en diagonale.

5. Mélangez la papaye, le poulet, le céleri, l'ananas et les noix dans un grand bol.

6. Mélangez la mayonnaise et le cari dans un petit bol.

7. Mettez le mélange de mayonnaise sur le mélange de poulet avec une cuillère; mélangez bien. Couvrez; réfrigérez la salade pendant au moins 1 heure.

8. Servez la salade sur un plat garni de salade verte. Garnissez au goût. Servez avec du riz.

Donne 4 portions

* Pour de meilleurs résultats, conservez le reste de la papaye bien enveloppée au réfrigérateur. La papaye coupée doit être mangée dans les deux jours qui suivent.

Étape 1. Comment enlever la peau de la papaye.

Étape 2. Comment couper la papaye en dés.

Étape 3. Comment couper le poulet en dés.

Salade Athéna de Poulet et de Noix

7 cl d'huile d'olive extra-vierge
10 cl de jus de citron
1 c. à soupe de cassonade clair
1 paquet (30 g) de Vinaigrette
300 g de poulet cuit coupé en dés
150 g de persil frais haché, non
    tassé
1 oignon vert, finement coupé
120 g de fromage féta frais
  De l'eau froide
30 g de margarine
1/2 c. à café de romarin séché et
    broyé
150 g de moitiés de noix
3 petites tomates mûres
6 radis, finement coupés
12 olives noires de Californie,
    coupées
  De la salade verte croquante
  Des brins de romarin et des
    tranches de radis

1. Mélangez l'huile, le jus de citron, le sucre et la vinaigrette dans un pot en verre avec un couvercle qui ferme bien. Fermez; secouez jusqu'à ce que la vinaigrette soit bien mélangée.

2. Versez la vinaigrette dans un grand bol. Ajoutez le poulet, en le tournant pour bien l'enduire de vinaigrette. Incorporez le persil et l'oignon vert. Couvrez; faites mariner au réfrigérateur pendant au moins 1 heure ou toute la nuit.

3. Enlevez le fromage féta de son emballage; égouttez-le. Mettez-le dans un petit bol; couvrez avec de l'eau froide et laissez tremper pendant 5 minutes pour enlever le surplus de sel.

4. Pendant ce temps, faites fondre la margarine avec 1/2 c. de romarin dans un petit poêlon lourd, à feu doux. Ajoutez les noix; faites cuire pendant 5 minutes ou jusqu'à ce que les noix soient légèrement dorées, en remuant de temps en temps. Enlevez le poêlon du feu, faites refroidir les noix.

5. Enlevez le fromage féta de l'eau, séchez-le. Jetez l'eau. Émiettez le fromage en petits morceaux avec vos doigts. Remettez-le dans le bol; mettez de côté.

6. Pour préparer la tomate, faites une entaille circulaire autour de la queue avec un couteau d'office. Enlevez la partie de queue et coupez chaque tomate équeutée en deux dans le sens de la longueur sur la planche à découper; coupez chaque moitié dans le sens de la longueur en deux ou trois morceaux.

7. Pour servir, mélangez le féta, les noix, les radis et les olives dans le mélange de poulet; tournez bien. Disposez la salade de poulet et les tomates sur des assiettes garnies de salade verte. Garnissez au goût. Servez avec du riz.

Donne 6 portions

Étape 4. Comment faire griller les noix.

Étape 5. Comment émietter le fromage féta.

Étape 6. Comment enlever la queue de la tomate.

Poulet au Cari et à la Pomme

2 poitrines entières de poulet, séparées, désossées et sans peau (technique pages 152-153)
25 cl jus de pommes, mesuré séparément
1/4 c. à café de sel
  Une pincée de poivre
1 pomme moyenne
1 oignon moyen
75 g de croûtons
45 g de raisins
2 c. à café de cassonade
1 c. à café de poudre de cari
3/4 c. à café d'assaisonnement pour volaille
1/8 c. à café de poudre d'ail
2 tranches de pommes et des brins de thym frais pour la décoration

1. Préchauffez le four à 180°C. Graissez légèrement un plat à four rond d'un litre.

2. Disposez les poitrines de poulet sur une seule couche dans le plat préparé.

3. Mélangez 6 cl de jus de pommes, le sel et le poivre dans un petit bol. Enduisez le poulet avec tout le mélange de jus à l'aide d'un pinceau.

4. Pour préparer la pomme, coupez-la en quartiers dans le sens de la longueur sur la planche à découper; enlevez la queue, le coeur et les pépins avec un couteau d'office. Coupez les quartiers en morceaux de 2 cm. Mettez-les dans un grand bol.

5. Pour préparer l'oignon, enlevez la peau; coupez-le en deux à travers la racine. Placez-le sur une planche à découper avec le côté coupé vers le bas. Pour couper grossièrement l'oignon, tenez le couteau horizontalement. Coupez parallèlement à la planche, presque jusqu'à la racine. Puis, coupez de façon verticale dans le sens de la longueur jusqu'à la racine. (Plus la coupe est serrée, plus l'oignon sera coupé fin). Mettez l'oignon coupé avec les pommes dans le bol.

6. Mélangez les croûtons, les raisins, la cassonade, le curry, l'assaisonnement pour volailles et la poudre d'ail dans le mélange d'oignons et de pommes. Versez les 17 cl de jus de pommes restants.

7. Parsemez le mélange de croûtons sur le poulet.

8. Couvrez avec du papier aluminium ou un couvercle; faites cuire au four pendant 45 minutes ou jusqu'à ce que le poulet soit tendre. Garnissez au goût.

Donne 4 portions

Étape 3. Comment enduire le poulet de mélange de jus avec un pinceau.

Étape 4. Comment enlever la queue, le coeur et les pépins de la pomme.

Étape 7. Comment parsemer le mélange de croûtons sur le poulet..

Poulet Filice aux Quarante Gousses

1 poulet à rôtir (1,35 kg), coupé
    en morceaux (technique
    pages 150-151)
40 gousses d'ail (environ 2 têtes*)
1 citron
12 cl de vin blanc sec
6 cl de vermouth sec
6 cl d'huile d'olive
4 côtes de céleri, coupées en gros
    morceaux
2 c. à soupe de persil finement
    haché
2 c. à café de basilic séché, broyé
1 c. à café d'origan séché, broyé
  Une pincée de flocons de piment
    rouge, broyé
  Sel et poivre au goût

* Le bulbe d'ail entier s'appelle une tête

1. Préchauffez le four à 190°C. Mettez le poulet, côté peau vers le haut, sur une seule épaisseur dans un plat à four peu profond; mettez-le de côté.

2. Pour éplucher les têtes entières d'ail, plongez-les dans suffisamment d'eau bouillante dans une petite casserole pour les recouvrir pendant 5 à 10 secondes. Retirez l'ail immédiatement avec une cuillère à égoutter. Plongez l'ail dans de l'eau froide. Égouttez-le. Épluchez; mettez-le de côté.

3. Pour préparer le citron, tenez le citron dans une main. Avec l'autre main, enlevez la partie colorée de la peau ou zeste avec un éplucheur et mettez-la dans un petit bol.

4. Pour presser le citron, coupez-le en deux sur une planche à découper; enlevez les pépins visibles avec la pointe d'un couteau.

5. Pressez le jus du citron avec un presse-citron ou en le serrant fort avec la main dans un petit verre ou un plat; enlevez les autres pépins.

6. Mélangez l'ail, le vin, le vermouth, l'huile, le céleri, le persil, l'origan et les flocons de piment rouge dans un bol moyen; mélangez bien. Saupoudrez le mélange d'ail sur le poulet. Mettez le zeste de citron sur le dessus et autour du poulet dans le plat; versez le jus de citron sur le poulet. Assaisonnez de sel et de poivre noir.

7. Couvrez le plat avec du papier aluminium. Faites cuire au four pendant 40 minutes.

8. Enlevez le papier aluminium; faites cuire encore 15 minutes ou jusqu'à ce que le poulet soit tendre et que le jus soit transparent. Garnissez au goût.

Donne 4 à 6 portions

Étape 2. Comment plonger la tête d'ail entière dans l'eau bouillante.

Étape 3. Comment enlever le zeste de citron.

Étape 5. Comment presser le jus du citron.

Poulet Olympique de Séoul

2 c. à soupe d'huile d'arachide
8 cuisses de poulet, sans peau
    (technique page 150)
10 gousses d'ail
6 cl de vinaigre blanc
3 c. à soupe de sauce de soja
2 c. à soupe de miel
1/4 c. à café de gingembre rapé
1/2 à 1 c. à café de flocons de
    piment rouge broyé
60 g de nouilles au riz chinoises
  Des pois mange-tout, cuits à la
    vapeur
  De la courge jaune coupée en
    diagonale, cuite à la vapeur

1. Faites chauffer l'huile dans un grand poêlon à feu moyen-vif. Ajoutez le poulet dans le poêlon sur une seule couche. Faites cuire pendant 10 minutes ou jusqu'à ce que le poulet soit doré uniformément et qu'il ne soit plus rose au centre, en le retournant une fois.

2. Pendant ce temps, pour préparer l'ail, coupez les extrémités des gousses d'ail sur une planche à découper. Écrasez légèrement l'ail avec le plat de la lame d'un couteau; enlevez les peaux.

Étape 2. Comment écraser l'ail.

3. Disposez l'ail en une petite pile; hachez-le grossièrement.

4. Mélangez le vinaigre, la sauce de soja, le miel et le gingembre dans un petit bol; mettez de côté.

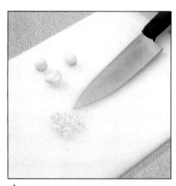
Étape 3. Comment hacher l'ail.

5. Lorsque le poulet est grillé, ajoutez l'ail et les flocons de piment rouge dans le poêlon; faites cuire en remuant pendant 2 à 3 minutes.

6. Enlevez le surplus de graisse du le poêlon avec une cuillère. Ajoutez le mélange de vinaigre. Couvrez; baissez le feu et faites mijoter pendant 15 minutes ou jusqu'à ce que le poulet soit tendre et que le jus soit transparent.

7. Pendant ce temps, pour préparer les nouilles au riz chinoises, coupez les paquets de nouilles en deux; séparez chaque moitié et faites-en des paquets plus petits. Faites chauffer 7,5 cm d'huile dans un wok à feu moyen-vif jusqu'à ce que le thermomètre indique 190°C. A l'aide de pinces ou d'une cuillère à égoutter, plongez un paquet de nouilles dans l'huile chaude. Faites cuire jusqu'à ce que les nouilles remontent à la surface, pendant 3 à 5 secondes. Enlevez les nouilles immédiatement et posez-les sur un essuie-tout à l'aide d'une cuillère à égoutter, puis égouttez. Répétez cette opération avec les autres paquets. Gardez au chaud.

Étape 7. Comment plonger les nouilles dans l'huile chaude.

8. Enlevez le couvercle du poêlon; faites cuire le poulet pendant 2 minutes ou jusqu'à ce que la sauce se réduise et épaississe. Mettez le poulet sur des assiettes de service individuelles; versez la sauce sur le poulet. Servez avec les nouilles chinoises, les petits pois et la courge. Garnissez au goût.

Donne 4 portions

Poulet Piquant

1 lime moyenne
12 cl de sauce taco épaisse, assez
    piquante
6 cl de moutarde de Dijon
3 poitrines entières de poulet,
    séparées, sans peau et
    désossées (technique pages
    152-153)
30 g de beurre
  Du yaourt nature
  Du cilantro frais haché et des
    rondelles de lime pour la
    décoration

1. Pour presser la lime, coupez-le en deux sur une planche à découper; enlevez les pépins visibles avec la pointe d'un couteau.

2. Pressez le jus du citron avec un presse-citron ou en le serrant fort avec la main dans un petit verre ou un plat; enlevez les autres pépins.

3. Mélangez le jus de lime, la sauce taco et la moutarde dans un grand bol. Ajoutez le poulet, en le tournant pour l'enrober de marinade. Couvrez; faites mariner au réfrigérateur pendant au moins 30 minutes.

4. Faites fondre le beurre dans un grand poêlon à feu moyen jusqu'à ce qu'il commence à frémir.

5. Égouttez le poulet, en conservant la marinade. Ajoutez le poulet dans le poêlon sur une seule épaisseur. Faites cuire pendant 10 minutes ou jusqu'à ce que le poulet soit légèrement doré des deux côtés.

6. Ajoutez la marinade mise de côté dans le poêlon; faites cuire pendant 5 minutes ou jusqu'à ce que le poulet soit tendre et bien enrobé de marinade.

7. Mettez le poulet dans un plat de service; gardez-le au chaud.

8. Faites bouillir la marinade dans le poêlon à feu chaud pendant 1 minute; versez-la sur le poulet. Servez avec du yaourt. Garnissez au goût.

Donne 6 portions

Étape 1. Comment enlever les pépins de la lime.

Étape 2. Comment presser le jus de la lime.

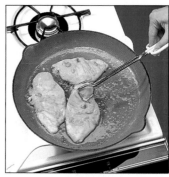

Étape 5. Comment faire griller le poulet.

Le Chili Bien Sage de Rick

12 cl d'huile végétale
2 poitrines entières de poulet,
**   séparées, sans peau et**
**   désossées (technique pages**
**   152-153)**
7 cl d'eau
30 g d'oignons hachés
**   déshydratés**
2 c. à café d'ail haché déshydraté
1 boîte (450 g) de sauce tomate
17 cl de bière
12 cl de bouillon de poulet
2 c. à soupe de poudre de chili
2 c. à café de cumin moulu
1 c. à café d'origan séché, broyé
1 c. à café de sauce de soja
1 c. à café de sauce
**   Worcestershire**
3/4 c. à café de sel
1/2 c. à café de paprika
1/2 c. à café de piment rouge
**   moulu**
1/4 c. à café de curcuma moulu
1/8 c. à café de sauge
1/8 c. à café de thym séché, broyé
1/8 c. à café de moutarde sèche
** Des tranches de piment**
**   Jalapeño pour la**
**   décoration**

1. Faites chauffer l'huile dans un grand poêlon à feu moyen-vif. Ajoutez le poulet dans le poêlon sur une seule couche. Faites cuire pendant 10 minutes ou jusqu'à ce que le poulet soit doré et ne soit plus rose au centre, en le retournant une fois.

2. Pendant ce temps, pour préparer l'oignon et l'ail déshydratés, mélangez ensemble l'eau, l'oignon et l'ail dans un petit bol; laissez reposer pendant 10 minutes.

3. Lorsque le poulet est doré, enlevez-le du poêlon et faites-le égoutter sur un essuie-tout.

4. Lorsque le poulet a un peu refroidi, coupez-le en cubes de 6 mm sur une planche à découper; mettez-le de côté.

5. Enlevez la graisse du poêlon et conservez-en 2 c. à soupe. Faites chauffer la graisse mise de côté dans un poêlon à feu moyen-vif. Ajoutez l'oignon et l'ail déshydratés; faites cuire en remuant pendant 5 minutes ou jusqu'à ce que l'oignon et l'ail soient dorés.

6. Ajoutez les cubes de poulet et le reste des ingrédients sauf les jalapeños; mélangez bien. Amenez le chili à ébullition, baissez le feu à doux et faite cuire pendant 20 minutes, en remuant de temps en temps, jusqu'à ce que le chili épaississe légèrement. Garnissez au goût.

Environ 1 litre

Étape 2. Comment préparer l'oignon et l'ail déshydratés.

Étape 5. Comment mettre de côté 2 c. à soupe de graisse.

Poulet Gazpacho Frais

60 g de farine tout usage
1 1/2 c. à café de sel, mesuré
    séparément
1/2 c. à café de paprika
1/4 de c. à café de poivre noir,
    mesuré séparément
2 poitrines entières de poulet,
    divisées (technique page
    151)
6 cl d'huile végétale
1 tomate moyenne, égrenée et
    coupée (technique page
    182)
1 oignon moyen émincé
    (technique à la page 182)
1 poivron vert moyen émincé
1 petit concombre
2 gousses d'ail hachées (technique
    page 184)
60 cl de jus de tomates
75 g de carottes finement coupées
75 g de céleri finement coupé
12 cl de vinaigre de vin rouge
6 cl d'huile d'olive
5 c. à café de sauce
    Worcestershire
5 gouttes de sauce piquante au
    piment
 Du riz cuit chaud

1. Mélangez la farine, 1 c. à café de sel, le paprika et 1/8 de c. à café de poivre noir dans un plat peu profond. Enrobez le poulet du mélange de farine, un morceau à la fois, en secouant le surplus.

2. Faites chauffer l'huile dans un grand poêlon à feu moyen; ajoutez le poulet dans le poêlon sur une seule couche. Faites cuire pendant 10 minutes ou jusqu'à ce que le poulet soit légèrement doré des deux côtés.

3. Enlevez le poulet et posez-le sur des plaques à pâtisserie recouvertes d'essuie-tout, à l'aide de pinces ou d'une cuillère à égoutter; gardez-le au chaud dans un four préchauffé à 100°C.

4. Enlevez l'huile du poêlon.

5. Mettez la tomate, l'oignon et le poivron dans un grand bol; mettez de côté.

6. Pour préparer le concombre, épluchez soigneusement la peau du concombre avec un couteau d'office. Coupez le concombre épluché en deux dans le sens de la longueur sur une planche à découper; enlevez les graines. Coupez le concombre; mettez-le dans le bol avec le mélange de tomates et mettez le tout de côté.

7. Mélangez l'ail, le jus de tomate, les carottes, le céleri, le vinaigre, l'huile d'olive, la sauce Worcestershire, la sauce au piment, la 1/2 c. de sel restante et 1/8 de c. à café de poivre noir dans les légumes.

8. Réservez 1 tasse de mélange de tomates; couvrez et réfrigérez.

9. Remettez le poulet dans le poêlon. Versez le reste du mélange de tomates sur le poulet. Couvrez; faites cuire à feu moyen, en remuant de temps en temps, pendant 30 minutes ou jusqu'à ce que le poulet soit tendre.

10. Disposez le poulet sur un plat de service; nappez le poulet de la sauce. Servez av ec le mélange refroidi de tomates et le riz. Garnissez au goût.

Donne 4 portions.

Étape 3. Comment transférer le poulet sur des plaques à four.

Étape 6. Comment éplucher le concombre.

Les avocats au Poulet en Petits Bateaux

3 gros avocats mûrs
6 c. à soupe de jus de citron
17 cl de mayonnaise
1 1/2 c. à soupe d'oignon râpé
1/4 c. à café de sel de céleri
1/4 c. à café de poudre d'ail
  Sel et poivre au goût
480 g de poulet cuit coupé en dés
60 g de fromage cheddar râpé
  De la ciboulette pour la décoration

1. Pour préparer les avocats, sur la planche à découper, insérez une lame de couteau côté queue et coupez l'avocat en deux dans le sens de la longueur jusqu'au noyau, en faisant tourner l'avocat au fur et à mesure que vous le coupez.

2. Enlevez le couteau; séparez les deux moitiés d'avocat en les tournant.

3. Avec la lame, appuyez sur le noyau et faites la tourner pour enlever le noyau de l'avocat. Versez 1 c. à soupe de jus de citron dans chaque moitié d'avocat; mettez de côté.

4. Faites préchauffer le four à 180°C.

5. Mélangez la mayonnaise, l'oignon, le sel de céleri, la poudre d'ail, le sel et le poivre dans un bol moyen. Incorporez le poulet; mélangez bien.

6. Enlevez le surplus de jus de citron des moitiés d'avocat.

7. Remplissez les moitiés d'avocat avec le mélange de poulet; saupoudrez de fromage râpé.

8. Disposez les moitiés d'avocat remplies sur une seule couche dans un plat allant au four et y versez 2 cm d'eau.

9. Faites cuire au four les moitiés d'avocat pendant 15 minutes ou jusqu'à ce que le fromage soit fondu. Garnissez au goût.

Donne 6 portions.

Étape 1. Comment couper l'avocat en deux.

Étape 2. Comment séparer les deux moitiés d'avocat en les tournant.

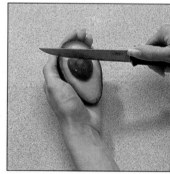

Étape 3. Comment dénoyauter l'avocat.

Le Poulet à l'Aneth à Faible Teneur en Matières Grasses

Vaporisateur d'huile végétale
25 cl de yaourt nature
75 g d'amandes
210 g de germe de blé naturel
2 c. à café d'aneth séché, broyé
1/2 c. à café de sel
1/4 c. à café de poivre
12 pilons de poulet

1. Préchauffez le four à 180°C.

2. Recouvrez une plaque à pâtisserie de papier aluminium; vaporisez de l'huile végétale sur le papier aluminium. Mettez de côté.

3. Mettez le yaourt dans un bol peu profond.

4. Mélangez les amandes par petites quantités et en utilisant le bouton par intermittence dans un robot culinaire, jusqu'à ce que presque toutes les amandes soient réduites en une poudre fine. Mettez les amandes moulues dans un plat peu profond. Mettez de côté.

5. Mélangez le germe de blé, les amandes, l'aneth, le sel et le poivre dans un autre bol peu profond.

6. Enrobez les pilons, un à un, dans le yaourt, en enlevant le surplus.

7. Enrobez les pilons dans le mélange de germe de blé, en enlevant le surplus.

8. Disposez le poulet sur une seule couche sur la plaque à pâtisserie préparée.

9. Faites cuire pendant 50 minutes ou jusqu'à ce que le poulet soit tendre et le jus soit transparent. Garnissez au goût.

Donne 4 portions.

Étape 2. Comment préparer la plaque à pâtisserie.

Étape 6. Comment enrober les pilons de yaourt.

Étape 7. Comment enrober les pilons de mélange de germe de blé.

Le Poulet de Ferme Aigre-Doux

70 g de farine tout usage
1 c. à café de sel
1/4 c. à café de poivre
1 poulet à rôtir (1,5 à 1,8 kg),
    découpé en morceaux
    (technique pages 150-151)
120 g de beurre ou de margarine,
    mesuré séparément
1 orange
6 cl de jus de citron
6 cl de liqueur à l'orange
6 d de miel
1 c. à soupe de sauce au soja
Des petites carottes entières cuites
Des tranches de kumquat et des
    feuilles de laitue pour la
    décoration

1. Préchauffez le four à 180°C.

2. Mélangez la farine, le sel et le poivre dans un grand sac en plastique fermant hermétiquement.

3. Ajoutez le poulet dans le sac; secouez pour bien l'enrober de mélange de farine et enlevez le surplus en secouant.

4. Faites fondre dans le four 60 g de beurre dans un grand plat allant four.

5. Enlevez le plat du four; roulez le poulet dans le beurre pour l'enduire uniformément. Disposez le poulet, côté peau vers le bas, sur une seule couche dans le plat. Faites cuire le poulet pendant 30 minutes.

6. Pendant ce temps, faites fondre les 60 g de beurre restants dans une petite casserole à feu moyen.

7. Pour préparer l'orange, tenez-la dans une main. Avec l'autre main, enlevez la partie colorée de la peau avec un éplucheur et mettez-la dans un petit bol.

8. Mélangez le zeste d'orange, le jus de citron, la liqueur, le miel et la sauce de soja dans le beurre fondu dans la casserole; gardez 2 c. à soupe du mélange de miel.

9. Enlevez le poulet du four; tournez les morceaux avec une pince.

10. Versez le reste du mélange de miel sur le poulet. Continuez la cuisson, en arrosant de temps en temps le poulet avec son jus, pendant 30 minutes ou jusqu'à ce que le poulet soit tendre et glacé.

11. Mélangez les 2 c. à soupe de miel mises de côté avec la quantité désirée de carottes; servez avec le poulet. Garnissez au goût.

Donne 4 portions.

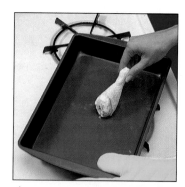

Étape 5. Comment rouler le poulet dans le beurre fondu.

Étape 7. Comment enlever le zeste d'orange.

Étape 9. Comment retourner le poulet.

Les Poitrines de Poulet aux Pacanes «Laguna Beach»

90 g de beurre non salé
6 cl plus 2 c. à soupe de moutarde
    de Dijon, mesurées
    séparément
275 g de demi-pacanes
4 poitrines entières de poulet,
    divisées, sans peau et
    désossées (technique pages
    152-153)
Poivre au goût
37 ou 50 cl de yaourt nature
150 g d'olives noires de Californie
    dénoyautées et coupées
1 paquet (30 g) de Vinaigrette
    Hidden Valley Ranch® ou
    Original Ranch®
Des haricots verts frais et de la
    courge cuite à la vapeur
un brin de menthe pour la
    décoration

1. Préchauffez le four à 200°C.

2. Faites fondre le beurre dans une petite casserole à feu doux; enlevez du feu.

3. Incorporez en fouettant 1/4 tasse de moutarde; mettez de côté.

4. Pour moudre les demi-pacanes, mélangez-les par petites quantités et en utilisant le bouton par intermittence dans un robot culinaire jusqu'à obtention d'une poudre fine. Mettez les pacanes moulues dans un plat peu profond. Mettez de côté.

5. Aplatissez les poitrines de poulet à une épaisseur de 6 mm). (technique page 150). Saupoudrez le poulet de poivre.

6. Trempez le poulet dans le mélange de moutarde, puis roulez-le dans des pacanes moulues pour l'enrober, et secouez le surplus.

7. Disposez le poulet sur une seule épaisseur sur une plaque à pâtisserie légèrement huilée. Faites cuire pendant 15 minutes ou jusqu'à ce que le poulet soit doré et tendre.

8. Pendant ce temps, mélangez bien le yaourt, les olives, le mélange de vinaigrettes et les deux cuillères restantes de moutarde dans une casserole moyenne; mettez de côté.

9. Lorsque le poulet est cuit, enlevez-le du plat et mettez-le de côté. Incorporez la graisse du plat au mélange de yaourt dans la casserole. Faites cuire le mélange àfeu doux pendant 2 minutes.

10. Mettez 2 c. à soupe de yaourt dans chaque assiette de service. Déposez une poitrine de poulet dans la sauce; recouvrez le poulet de sauce à l'aide d'une cuillère. Servez avec des légumes cuits à la vapeur et le reste de la sauce. Garnissez au goût.

Donne 8 portions.

Étape 4. Comment moudre les pacanes.

Étape 9. Comment incorporer la graisse au mélange de yaourt.

Rouleaux de Poulet au Cari

1/2 oignon moyen
15 g de beurre ou de margarine
180 g de riz cuit chaud
45 g de raisins
1 c. à soupe de persil frais haché
1 c. à café de poudre de cari
1 c. à café de cassonade
1/2 c. à café d'assaisonnement
    pour volailles
  Une pincée de poudre d'ail
2 poitrines entières de poulet,
    divisées, sans peau et
    désossées (technique pages
    152-153)
1/2 c. à café de sel
1/8 c. à café de poivre
1 c. à soupe d'huile végétale
12 cl de vin blanc sec
1 c. à café de granules de bouillon
    de poulet soluble
  Des quartiers de pomme, des
    rondelles d'orange et des
    brins de persil pour la
    décoration

1. Pour préparer l'oignon, enlevez la peau; coupez-le en deux à travers la racine. Gardez une moitié pour une autre utilisation. Placez l'autre moitié sur une planche à découper avec le côté coupé vers le bas. Pour couper grossièrement l'oignon, tenez le couteau horizontalement. Coupez parallèlement à la planche, presque jusqu'à la racine. Puis, coupez de façon verticale dans le sens de la longueur jusqu'à la racine. (Plus la coupe est serrée, plus l'oignon sera coupé fin).

2. Faites fondre le beurre dans un grand poêlon à feu moyen jusqu'à ce qu'il soit frémissant. Ajoutez l'oignon; faites cuire en remuant pendant environ 3 minutes ou jusqu'à ce que l'oignon soit tendre. Retirez du feu.

3. Incorporez le riz, les raisins, le persil, le cari, la cassonade, l'assaisonnement pour volailles et la poudre d'ail dans un grand poêlon; mélangez bien et mettez de côté.

4. Aplatissez les poitrines de poulet à une épaisseur de 9 mm. (technique page 150). Saupoudrez le poulet de poivre et de sel.

5. Partagez le mélange de riz également entre les poitrines de poulet; étalez-le jusqu'à 2,5 cm des bords.

6. Roulez chaque poitrine de poulet depuis l'extrémité la plus petite; fixez le rouleau avec un cure-dents, en vous assurant que la farce est bien enfermée.

7. Faites chauffer de l'huile dans un grand poêlon à feu moyen; ajoutez les rouleaux de poulet dans le poêlon sur une seule couche. Faites cuire pendant 15 minutes ou jusqu'à ce que les rouleaux soient dorés de tous les côtés. Ajoutez le vin et le bouillon dans le poêlon. Mélangez bien jusqu'à ce que tous les granules soient bien dissous. Couvrez; faites mijoter pendant 30 minutes ou jusqu'à ce que le poulet soit tendre. Garnissez au goût.

Donne 4 portions.

Suggestion pour servir: Vous pouvez préparer de la farce au riz supplémentaire et la servir avec les rouleaux de poulet. Faites-la cuire dans une marmite couverte à 180°C jusqu'à ce qu'elle soit bien chaude.

Étape 1. Comment couper l'oignon.

Étape 5. Comment étaler le mélange de riz sur les poitrines de poulet.

Étape 6. Comment rouler les poitrines de poulet farcies.

Pollo alla Firènze

50 cl plus 2 c. à soupe de sherry sec, à mesurer séparément

3 poitrines entières de poulet, divisées, sans peau et désossées (technique pages 152-153) ou 8 cuisses de poulet

2 gousses d'ail

3 c. à soupe d'huile d'olive

900 g de feuilles d'épinards frais, lavées et coupées

600 g de champignons coupés grossièrement

450 g de carotte râpées

50 g d'oignons verts coupés

Du sel et du poivre au goût

37 cl de vinaigrette italienne, préparée

150 g de miettes de pain sec assaisonnés à l'italienne

40 g de fromage râpé

Des asperges fraîches cuites à la vapeur

Des brins de persil et des bandes de carottes pour la décoration

1. Versez 50 cl de sherry dans un grand plat peu profond. Ajoutez le poulet, retournez-le pour bien l'enrober. Couvrez; laissez-le mariner au réfrigérateur pendant 3 heures.

2. Coupez l'ail jusqu'à ce qu'il soit haché (technique page 184). Faites chauffer l'huile dans un grand poêlon à feu moyen. Ajoutez l'ail, les épinards, les champignons, les carottes râpées, les oignons verts, le sel, le poivre et les 2 c. à soupe restantes de sherry. Faites cuire en tournant pendant 3 à 5 minutes ou jusqu'à ce que les épinards soient entièrement flétris; laissez refroidir le mélange d'épinards.

3. Mettez la vinaigrette dans un autre plat peu profond; mettez de côté. Mélangez les miettes de pain avec le fromage râpé dans un plat peu profond; mettez de côté. Préchauffez le four à 190°C.

4. Enlevez le poulet de la marinade; jetez la marinade. Faites une incision sur le côté de chaque poitrine de poulet, là où les poitrines étaient attachées à l'origine.

5. Remplissez les incisions du poulet avec la farce aux épinards.

6. Fermez les incisions avec des cure-dents en bois.

7. Enduisez chaque poitrine de poulet farci avec la vinaigrette, en secouant le surplus. Mettez chaque poitrine de poulet dans le mélange de miettes de pain; mettez le mélange de miettes de pain avec une cuillère sur le poulet pour bien l'enrober.

8. Mettez le poulet sur une seule couche dans un plat graissé allant au four de 33 cm sur 23 cm. Versez le reste de la vinaigrette. Couvrez; faites cuire au four pendant 15 minutes. Découvrez; faites cuire pendant encore 10 minutes ou jusqu'à ce que le poulet soit tendre. Servez avec les asperges. Garnissez au goût.

Donne 6 portions.

Étape 4. Comment faire une incision dans la poitrine de poulet.

Étape 5. Comment remplir l'incision avec la farce aux épinards.

Étape 6. Comment enfermer la farce avec des cure-dents.

Poulet aux Fruits et aux Moutardes

12 cl de moutarde de Dijon
12 cl de moutarde bavaroise ou
    allemande
1 c. à soupe de moutarde chinoise
7 cl de miel
7 cl de crème légère
2 poitrines entières de poulet,
    divisées, sans peau et
    désossées (technique pages
    152-153) ou 8 cuisses de
    poulet
1/2 c. à café de sel
1/4 c. à café de poivre
30 g de beurre
1 melon miel Honeydew
1 cantaloup
4 kiwis
6 cl de mayonnaise
  Des brins de menthe pour la
    décoration

1. Mélangez les moutardes, le miel et la crème dans un bol moyen. A l'aide d'une cuillère, mettez la moitié de la sauce aux moutardes dans un grand bol en verre. Réservez le reste dans un bol moyen.

2. Saupoudrez le poulet de sel et de poivre; ajoutez-le à la marinade aux moutardes dans le grand bol en verre et tournez-le pour bien l'enrober de marinade. Couvrez; laissez mariner au réfrigérateur pendant 30 minutes.

3. Faites chauffer le beurre dans un grand poêlon à feu moyen jusqu'à ce qu'il frémisse. Enlevez le poulet de la marinade, en secouant le surplus; jetez la marinade aux moutardes.

4. Ajoutez le poulet dans le poêlon sur une seule couche. Faites-le cuire pendant 10 minutes ou jusqu'à ce qu'il soit doré et ne soit plus rose au centre, en le retournant une fois.

5. Pour préparer les boules de melon, coupez le melon en travers en deux sur une planche à découper. Enlevez les graines avec une cuillère, jetez-les. Faites des boules de melon en enlevant des quantités égales de chair de melon avec une cuillère à melon ou une cuillère doseuse d' une demie cuillère à café. Obtenez-en 300 g. Pour préparer le kiwi, enlevez la peau du kiwi avec un éplucheur ou un couteau d'office. Coupez le kiwi en fines tranches; mettez de côté.

6. Disposez le poulet, les boules de melons et le kiwi sur un plat de service; mettez de côté.

7. Mettez le reste de la sauce de moutardes dans une petite casserole. Incorporez en fouettant la mayonnaise. Faites bien chauffer à feu moyen.

8. Versez un peu de moutarde sur le poulet. Garnissez au goût.

Donne 4 portions.

Étape 2. Comment enrober le poulet de marinade sauce moutardes.

Étape 4. Comment couper le poulet en fines tranches.

Étape 5. Comment faire les boules de melon.

Poitrines de Poulet Sautées avec des Tomates Séchées au Soleil

Un vaporisateur d'huile végétale
8 à 10 morceaux de tomates séchées au soleil
1 oeuf, battu
1 boîte (450 g) de ricotta Polly-O®
1 boîte (120 g) de mozzarella râpé Polly-O®
40 g de parmesan ou de fromage Romano Polly-O® râpé
2 c. à soupe de persil frais coupé
1/2 c. à café de poudre d'ail
1/4 c. à café de poivre
4 poitrines entières de poulet, divisées, sans peau et désossées (technique pages 152-153)
2 c. à soupe de pignons
2 c. à soupe de raisins secs
75 g de beurre
100 g d'échalotes coupées
25 cl de bouillon de poulet
12 cl de vin blanc sec
Des tomates italiennes coupées, des brins de thym frais et des pignons supplémentaires pour la décoration

1. Pour couper les tomates, vaporisez de l'huile végétale sur la lame d'un couteau de chef. Disposez les tomates sur une seule couche sur une planche à découper. Coupez assez de tomates pour obtenir 1/3 tasse, en vaporisant de l'huile sur le couteau au besoin, pour l'empêcher de coller. Coupez le reste des tomates en tranches et mettez-les de côté.

2. Mélangez les tomates coupées, l'oeuf, les fromages, le persil, la poudre d'ail et le poivre dans un bol moyen. Tournez pour bien mélanger; mettez de côté.

3. Aplatissez les poitrines de poulet à une épaisseur de 6 mm. (technique page 150). Mettez-les de côté.

4. Partagez le mélange de fromages uniformément entre les poitrines de poulet; étalez-le jusqu'à 2,5 cm des bords. Saupoudrez avec les pignons et les raisins secs.

5. Roulez le poulet depuis la petite extrémité, comme un gâteau roulé. Insérez la farce et fixez avec des cure-dents en bois.

6. Faites fondre le beurre dans un grand poêlon à feu moyen-vif jusqu'à ce qu'il commence à frémir. Ajoutez le poulet dans le poêlon; faites-le cuire jusqu'à ce qu'il soit doré de tous les côtés. Enlevez le poulet; mettez-le de côté.

7. Ajoutez les échalotes et les tranches de tomates mises de côté dans la graisse de cuisson dans le poêlon; faites cuire à feu doux pendant 2 minutes. Ajoutez le bouillon et le vin; faites cuire pendant 3 minutes.

8. Remettez le poulet dans le poêlon. Couvrez; faites mijoter pendant 15 à 20 minutes ou jusqu'à ce qu'il soit tendre, en le tournant une fois et en l'arrosant souvent avec la sauce. Mettez le poulet sur un plat. Garnissez au goût.

Donne 8 portions.

Étape 1. Comment couper les tomates.

Étape 5. Comment rouler les poitrines de poulet farcies.

Poulet Farci glacé aux Pommes

1 poulet entier à rôtir (1,37 à 1,5 kg)
1/2 c. à café de sel
1/4 c. à café de poivre
2 c. à soupe d'huile végétale
1 paquet de mélange (225 g) de farce au poulet plus les ingrédients pour préparer le mélange
1 grosse pomme
1/2 c. à café de zeste de citron
45 g de noix hachées
45 g de raisins
45 g de céleri finement coupé
12 cl de gelée de pomme
1 c. à soupe de jus de citron
1/2 c. à café de cannelle moulue
Des feuilles de céleri et des tortillons de zeste de citron pour la décoration

1. Faites préchauffer le four à 180°C.

2. Rincez le poulet à l'eau froide courante; séchez-le avec un essuie-tout. Saupoudrez l'intérieur du poulet avec du sel et du poivre; frottez l'extérieur avec de l'huile.

3. Dans un grand bol, préparez le mélange de farce selon le mode d'emploi sur le paquet.

4. Pour préparer la pomme, coupez-la en quartiers dans le sens de la longueur sur la planche à découper; enlevez la queue, le coeur et les pépins avec un couteau de cuisine. Coupez les quartiers en morceaux de 2 cm.

5. Ajoutez la pomme, le zeste de citron, les noix, les raisins et le céleri à la farce préparée; mélangez bien.

6. Farcissez la cavité du corps sans trop tasser.

7. Mettez le poulet dans un plat allant au four peu profond. Couvrez sans trop serrer, avec du papier aluminium; faites rôtir le poulet pendant 1 heure.

8. Mélangez la gelée, le jus de citron et la cannelle dans une petite casserole. Faites cuire à feu doux pendant 3 minutes en remuant souvent, jusqu'à ce que la gelée se dissolve et que le tout soit bien mélangé.

9. Enlevez le papier aluminium du poulet; enduisez-le de gelée avec un pinceau à pâtisserie.

10. Faites rôtir le poulet, à découvert, en l'enduisant fréquemment de gelée, pendant 30 minutes ou jusqu'à ce que le thermomètre à viande inséré dans la partie la plus épaisse et ne touchant pas l'os, indique 85°C. Laissez le poulet reposer pendant 15 minutes avant de le découper. Garnissez au goût.

Donne 4 portions.

Étape 4. Comment enlever la queue, le coeur et les graines de la pomme.

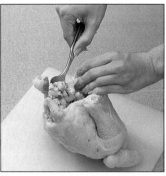
Étape 6. Comment farcir le poulet.

Étape 9. Comment enduire le poulet de glace de gelée.

COURS DE CUISINE
CHINOISE

Sautee de porc aux deux ognions
(p. 216)

NOTES DE COURS

TECHNIQUES DE CUISINE CHINOISE

La préparation de plats chinois attrayants et délicieux est une expérience enrichissante et facile à accomplir. Il n'y a que quelques règles simples à suivre pour réussir la plupart des recettes: 1) La préparation et la cuisson sont deux procédés indépendants. 2) Tous les ingrédients doivent être préparés avant que la cuisson ne commence. 3) Il est très important de faire particulièrement attention aux procédés de cuisson, car la plupart des aliments sont cuits à chaleur très vive et en quelques minutes.

Les Chinois ont mis au point une grande variété de techniques de cuisine. Ils font revenir, frire, griller, cuire en ragoût, cuire à la vapeur, rôtir, cuire au barbecue et mettent en conserve leurs aliments. Vous connaissez sans doute toutes ces techniques. Mais pour faire revenir les aliments de la bonne façon, il faut en comprendre les principes de base.

Une méthode de cuisson rapide inventée par les Chinois est de faire sauter à feu vif les ingrédients en petits morceaux tout en remuant constamment dans de l'huile chaude pendant très peu de temps, en général quelques minutes seulement. Lors de la cuisson, les ingrédients doivent être constamment remués de façon vigoureuse. Une fois la cuisson terminée, les aliments doivent être immédiatement retirés du feu.

Lorsque vous utilisez cette méthode de cuisson, tous les ingrédients doivent être à la portée de la main et préparés à l'avance avant de commencer la cuisson. Ils doivent être mesurés ou pesés, nettoyés, coupés, hachés, mélangés, etc. La viande, la volaille, le poisson et les légumes doivent être coupés en morceaux de même grosseur pour que la cuisson soit uniforme. Sinon, un ingrédient risque d'être trop cuit et d'autres pas assez. La cuisson se fait si rapidement que l'on n'a généralement pas le temps de procéder aux étapes de préparation une fois que la cuisson a commencé.

L'intensité de la chaleur pendant la cuisson est importante. Dans la plupart des cas, il est nécessaire d'utiliser une source de chaleur facilement contrôlable. Pour cette raison, une cuisinière à gaz est généralement plus efficace qu'une cuisinière électrique en raison du contrôle immédiat de la chaleur.

Le type d'huile utilisé est aussi très important. Il est essentiel d'utiliser une huile végétale qui peut être chauffée à haute température. L'huile d'arachide, l'huile de maïs, l'huile de coton et l'huile de soja conviennent parfaitement. Les autres types de graisses, tels que l'huile d'olive, l'huile de sésame, le beurre ou le saindoux ne peuvent être utilisés parce qu'ils brûlent à de très basses températures.

En raison de toutes les variables impliquées dans cette méthode de cuisson, telles que les sortes d'aliments, le type de chaleur et l'équipement culinaire utilisés, les durées de cuisson données dans ce livre ne doivent servir que de référence et non être prises comme règle absolue. Par exemple, la plupart des recettes ont été testées sur une cuisinière à gaz. Par conséquent, les durées de cuisson lorsque le wok est utilisé sur une plaque électrique peuvent varier.

LES INGRÉDIENTS DE LA CUISINE CHINOISE

Au moment de préparer des aliments chinois, vous allez trouver de nombreux ingrédients qui vous sont familiers. Vous en trouverez aussi sans doute certains qui ne le sont pas, comme par exemple, les filaments de haricot, la sauce aux huîtres ou la poudre chinoise aux cinq épices. Certains ingrédients - les assaisonnements en particulier - ne sont disponibles que dans les épiceries chinoises. Mais avant de vous mettre à la recherche d'un magasin spécialisé loin de chez vous, allez voir àvotre supermarché local. De nombreux supermarchés ont maintenant en stock une bonne sélection d'ingrédients chinois. En plus des aliments en boîtes, en bouteilles ou en paquets, nombre d'entre eux vous proposent aussi des ingrédients frais, tels que le chou chinois (pé-tsai ou pak-choï), des germes de haricot mungo, et de la pâte feuilletée pour wontons ou pâtés impériaux, de la purée de soja et des nouilles chinoises aux oeufs. Allez aussi vérifier les aliments congelés, vous y trouverez peut-être d'autres ingrédients chinois.

Le glossaire qui suit décrit de nombreux ingrédients chinois utilisés dans les recettes de ce livre.

GLOSSAIRE DES INGRÉDIENTS CHINOIS

Pousses de bambou: pousses tendres, de couleur ivoire, venant des bambous tropicaux, utilisées à la fois comme légume ainsi que pour apporter une certaine texture croquante et un petit goût sucré aux plats. Elles sont vendues en conserve -en entier ou coupées - et il faut les rincer à l'eau avant de les utiliser.

Purée de soja (aussi appelée tofu): graines de soja en purée, pressées, se présentant comme du lait caillé, utilisées comme légumes et comme excellente source de protéines. La purée de soja peut être utilisée dans toutes sortes de recettes car elle absorbe rapidement le goût des autres aliments. La purée de soja est disponible fraîche ou en boîte. Si elle est fraîche, couvrez-la avec de l'eau et conservez-la au réfrigérateur jusqu'à ce que vous l'utilisiez.

Sauce soja (aussi appelée sauce soja jaune ou sauce soja brune): un assaisonnement chinois fait de graines de soja, farine, vinaigre, sel et piments rouges.

Germes de haricots mungo: - petits germes blancs venant d'une plante semblable au pois, le haricot mungo; ils sont utilisés comme légumes et entrent dans la composition d'une grande variété de plats. Ils sont vendus frais ou en boîte. Les germes de haricots mungo en boîte doivent être rincés avant l'utilisation pour éliminer tout goût métallique. Qu'ils soient frais ou en boîte, les germes qui ne sont pas utilisés doivent être recouverts d'eau et conservés au réfrigérateur.

Filaments de haricot (aussi appelés vermicelles de riz chinois, nouilles cellophanes ou transparentes): des nouilles fines, sèches, dures, blanches, faites avec des germes de haricots mungo en poudre. Elles ont peu de goût mais absorbent rapidement celui des autres ingrédients. Les filaments de haricot peuvent être utilisés dans de nombreux plats à la vapeur, mijotés, frits ou revenus. Ils sont vendus en paquets ou en petits fagots.

Chou chinois: il existe deux variétés de choux chinois généralement disponibles sur le marché nord-américain. Le premier est le pak-choï qui a des tiges blanches et des feuilles froissées vertes. L'autre est le pé-tsai, qui a des feuilles allongées et légèrement roulées avec de grandes côtes blanches et des extrémités vert pâle. Les

deux espèces ont besoin de très peu de cuisson et sont souvent utilisées dans les soupes et les plats sautés.

Huile de piments rouges (aussi appelée huile au poivre rouge ou huile de piment fort): huile très forte, de couleur rougeâtre faite avec de l'huile d'arachide infusée de piments rouges séchés. A utiliser avec modération pour parfumer. Conservez-la dans un endroit sombre et frais.

Sauce chinoise aux piments rouges: sauce rouge brillant, extrêmement épicée, faite à partir de piments rouges écrasés et de sel. Elle est vendue en boîte et en bouteille et doit être utilisée avec modération.

Ciboulette chinoise (aussi appelée ciboulette à l'ail): ses feuilles fines, élancées, plates et vertes donnent un goût d'ail distinctif à de nombreux plats chinois.

Nouilles chinoises aux oeufs: nouilles fines généralement composées de farine, d'oeufs, d'eau et de sel. Les nouilles peuvent être achetées fraîches, congelées ou séchées. Elles peuvent être bouillies, grillées, revenues ou frites; la durée et la méthode de cuisson dépendent du type de nouilles. Suivez le mode d'emploi indiqué sur le paquet.

Poudre chinoise cinq-épices: mélange de cinq épices moulues couleur chocolat, fait des graines d'anis, du fenouil, des clous de girofle, de cannelle et de gingembre ou de poivre. Il a un parfum légèrement sucré et relevé et doit être utilisé avec modération.

Gingembre (aussi appelé racine de gingembre): racine noueuse qui a une peau marron et un intérieur blanchâtre ou vert pâle. Il a un parfum frais et relevé et est utilisé comme assaisonnement de base dans de nombreuses recettes chinoises. Le gingembre est disponible frais ou en boîte. Il se conserve pendant des semaines au réfrigérateur, enveloppé dans du plastique ou pendant des mois

dans de l'eau salée ou du sherry sec. Enlevez toujours la peau extérieure brune du gingembre frais avant de l'utiliser dans une recette.

Champignons séchés: champignons bruns ou noirs déshydratés originaires de l'Orient, ayant des têtes de 2,5 à 7,5 cm de diamètre. Ils ont un parfum fort et particulier et sont utilisés dans de nombreuses recettes. Les champignons séchés chinois doivent tremper dans de l'eau chaude avant d'être utilisés; ils sont habituellement coupés finement avant d'être incorporés à d'autres aliments. Les champignons noirs sont vendus en paquets sous cellophane.

Sauces aux huîtres: sauce épaisse, brune et concentrée faite d'huîtres moulues, de sauce soja et de saumure. Elle goûte très peu le poisson et elle est utilisée comme assaisonnement pour relever le goût des autres aliments. La sauce aux huîtres est utilisée dans de nombreuses recettes, particulièrement dans les plats cantonais.

Huile de sésame: huile de couleur ambre obtenue en pressant les graines de sésame grillées. Elle a un fort parfum de noix et doit être utilisée avec modération. L'huile de sésame est généralement utilisée comme parfum et non comme huile de cuisson car elle brûle à très basse température. Elle est disponible en bouteille.

Grains de poivre de Sseutc'houan (Sichuan): poivre rouge-marron avec un arôme et un parfum fort et relevé qui agit à retardement - il se peut que son parfum puissant ne soit pas remarqué immédiatement. Il faut l'utiliser avec modération. Il est habituellement vendu entier ou moulu, en petits paquets.

Feuilles de wontons: pâte préparée commercialement qui est finement roulée et coupée en carrés de 7,5 à 10 cm. Elles sont vendues fraîches ou congelées.

Toasts aux Crevettes

12 grosses crevettes, décortiquées et sans veine, avec les queues intactes

1 oeuf cru

2 1/2 c. à soupe d'amidon de maïs

1/4 c. à café de sel

Une pincée de poivre

3 tranches de pain à sandwich blanc, sans les croûtes et coupées en 4

1 tranche de jambon cuit, coupée en morceaux de 1,5 cm

1 jaune d'oeuf dur, coupé en morceaux de 1,5 cm

1 oignon vert avec les pieds, finement haché

De l'huile végétale pour la friture

Une moitié d'oeuf dur et des frous-frous d'oignons verts (page 206) pour la décoration

1. Coupez une entaille profonde le long du dos de chaque crevette; appuyez doucement avec les doigts pour l'aplatir.

2. Battez l'oeuf cru, l'amidon de maïs , le sel et le poivre dans un grand bol jusqu'à ce que le tout soit bien mélangé. Ajoutez les crevettes; retournez-les pour bien les enrober.

3. Mettez 1 crevette, le côté coupé vers le bas, sur chaque morceau de pain; enfoncez doucement la crevette dans le pain.

4. Badigeonnez chaque crevette d'une petite quantité de mélange d'oeuf à l'aide d'un pinceau.

5. Mettez 1 morceau de jambon, 1 morceau de jaune d'oeuf dur et un quart de c. à café (non rase) d'oignon sur chaque crevette.

6. Faites chauffer environ 5 cm d'huile dans un wok ou un grand poêlon à feu moyen-vif jusqu'à ce qu'elle atteigne 190°C. Ajoutez 3 ou 4 morceaux de pain à la fois; faites cuire jusqu'à ce qu'ils soient dorés, 1 à 2 minutes de chaque côté. Faites-les égoutter sur un essuie-tout. Garnissez au goût.

Donne 1 douzaine.

Étape 1. Comment aplatir une crevette.

Étape 4. Comment badigeonner la crevette de mélange d'oeuf à l'aide d'un pinceau.

Étape 5. Comment disposer le jaune d'oeuf dur sur la crevette.

Pâtés Frits Chinois

280 g de farine tout usage
17 cl plus 2 c. à soupe d'eau
    bouillante
150 g de chou pé-tsai finement
    coupé
225 g de porc maigre haché
1 oignon vert avec le pied,
    finement coupé
2 c. à soupe de châtaignes d'eau
    finement coupées
1 1/2 c. à café de sauce soja
1 1/2 c. à café de sherry sec
1 1/2 c. à café d'amidon de maïs
1/2 c. à café de gingembre
    fraîchement moulu
1/2 c. à café d'huile de sésame
1/4 c. à café de sucre
2 c. à soupe d'huile végétale,
    mesurée séparément
15 cl de bouillon de poulet,
    mesurée séparément
De la sauce soja, du vinaigre et
    de l'huile de piments rouge

1. Mettez la farine dans un grand bol; faites un puits au centre. Versez l'eau bouillante dans le puits; mélangez avec une cuillère en bois jusqu'à ce que vous obteniez une pâte.

2. Mettez la pâte sur une surface légèrement farinée; aplatissez-la. Pour pétrir la pâte, pliez-la en deux vers vous et appuyez en l'éloignant de vous avec la paume de la main. Faites tourner la pâte d'un quart de tour et continuez à plier, pousser et tourner. Continuer à pétrir pendant 5 minutes ou jusqu'à ce que la pâte soit lisse et élastique, en ajoutant, s'il y a lieu, de la farine supplémentaire pour l'empêcher de coller. Enveloppez la pâte dans un film alimentaire transparent; laissez-la reposer pendant 30 minutes.

3. Pour la farce, écrasez le chou pour enlever le plus de liquide possible; mettez-le dans un grand bol. Ajoutez le porc, l'oignon, les châtaignes d'eau, la sauce soja, le sherry, l'amidon de maïs, le gingembre, l'huile de sésame et le sucre; mélangez bien.

4. Enlevez le film alimentaire transparent de la pâte et pétrissez-la brièvement (tel que décrit à l'étape 2) sur une surface légèrement farinée; divisez-la en deux parties égales. Couvrez un morceau avec un film alimentaire ou un linge à vaisselle propre tandis que vous travaillez avec l'autre morceau.

5. Étalez la pâte jusqu'à une épaisseur de 3 mm à l'aide d'un rouleau à pâtisserie sur une surface légèrement farinée.

6. Coupez des rondelles de 7, 5 cm de diamètre avec un emporte-pièces rond ou le couvercle d'un pot vide et propre.

7. Mettez 1 c. à café comble de farce au centre de chaque rondelle de pâte.

suite à la page 202

Étape 1. Comment mélanger la farine pour obtenir une pâte.

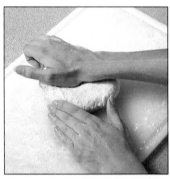

Étape 2. Comment pétrir la pâte.

Étape 6. Comment couper des rondelles de pâte.

Pâtés Frits Chinois, suite

8. Pour façonner les pâtés, humidifiez légèrement le bord d'une rondelle de pâte avec de l'eau; pliez-la en deux.

9. En commençant à une extrémité, pincez les bords ensemble en faisant 4 plis le long du bord; assurez-vous que le pâté est bien en place, le pli vers le haut. Au fur et à mesure que vous façonnez les pâtés, couvrez-les avec un film alimentaire transparent pendant que vous terminez les autres.

10. Vous pouvez cuire les pâtés immédiatement ou les conserver, bien enveloppés, au réfrigérateur pendant 4 heures au maximum. Vous pouvez aussi les congeler. Pour les congeler, mettez les pâtés sur une plaque à biscuits ou un plat peu profond, mettez-les au congélateur pendant 30 minutes pour les raffermir légèrement. Retirez-les du congélateur; mettez-les dans un sac de plastique pour la congélation. Conservez-les au congélateur pendant 3 mois au maximum. (Il n'est pas nécessaire de faire dégeler les pâtés avant de les cuire).

11. Pour faire cuire les pâtés, faites chauffer une c. à soupe d'huile végétale dans un grand poêlon antiadhésif à feu moyen. Mettez la moitié des pâtés dans un poêlon, le pli vers le haut. Faites-les cuire jusqu'à ce que les fonds soit bien dorés, pendant 5 à 6 minutes.

12. Versez 7 cl de bouillon de poulet, couvrez hermétiquement. Baissez le feu à doux. Faites mijoter jusqu'à ce que tout le liquide soit absorbé, pendant environ 10 minutes (15 minutes si les pâtés étaient congelés). Répétez avec le reste de l'huile végétale, des pâtés et du bouillon de poulet.

13. Disposez les pâtés sur un plat de service. Servez avec de la sauce soja, du vinaigre et de l'huile aux piments rouges pour la trempette.

Donne environ 3 douzaines

Étape 8. Comment façonner les pâtés.

Étape 9. Comment plisser les pâtés.

Étape 11. Comment faire griller les pâtés.

Rouleaux d'Hors-d'Oeuvre

Sauce Aigre-Douce (page 204), facultatif

225 g de crevettes décortiquées et sans veines

1 paquet (500 g) de feuilles de pâte feuilletée congelée, prête àl'emploi ou 40 feuilles de pâte pour wonton

100 g de nouilles aux oeufs ou de fines nouilles chinoises cassées en morceaux de 2,5 cm de long

2 c. à soupe de beurre ou de margarine

120 g de porc maigre, désossé et finement haché

6 champignons moyens frais, finement hachés

6 oignons verts avec les pieds, finement hachés

1 oeuf dur, finement haché

1 1/2 c. à soupe de sherry sec

1/2 c. à café de sel

1/8 c. à café de poivre

1 oeuf, légèrement battu

  De l'huile végétale pour frire

  Un bouquet* de légumes pour la décoration

* Pour faire le bouquet de légumes, coupez environ 15 à 20 cm du pied de l'oignon vert. Mettez-le dans de l'eau salée; laissez-le tremper pendant au moins 15 minutes. Attachez-le autour d'un petit bouquet de légumes frais.

1. Préparez la Sauce Aigre-Douce.

2. Mettez assez d'eau dans une casserole moyenne pour recouvrir les crevettes. Amenez à ébullition à feu moyen-vif. Ajoutez les crevettes. Baissez le feu à doux. Faites mijoter pendant 5 à 10 minutes ou jusqu'à ce que les crevettes s'enroulent et deviennent roses. (Ne faites pas trop cuire les crevettes sinon elles deviennent dures.) Égouttez et mettez de côté pour faire refroidir.

3. Retirez la pâte feuilletée du congélateur. Laissez-la dégeler, à découvert, à la température ambiante, pendant environ 20 minutes, jusqu'à ce qu'elle soit prête àl'emploi.

4. Pendant ce temps, faites cuire les nouilles selon le mode d'emploi indiqué sur le paquet, jusqu'à ce qu'elles soient tendres mais encore fermes, pendant 2 à 3 minutes. Égouttez-les et rincez-les à l'eau froide courante; égouttez-les à nouveau. Hachez les nouilles finement.

5. Faites chauffer le beurre dans un wok ou dans un grand poêlon à feu moyen-vif. Ajoutez le porc; faites-le revenir jusqu'à ce qu'il ne soit plus rose au centre, pendant environ 5 minutes.

6. Ajoutez les champignons et les oignons; faites revenir le tout pendant 2 minutes.

7. Retirez le wok du feu. Hachez finement les crevettes. Ajoutez-les dans le wok avec les nouilles, l'oeuf dur, le sherry, le sel et le poivre; mélangez bien.

8. Si vous utilisez de la pâte feuilletée, déroulez doucement chaque feuille de pâte. Si la pâte est trop molle, mettez-la au réfrigérateur pendant quelques minutes pour la faire durcir. (Pour qu'elle soit facile à manipuler, la pâte doit être froide au toucher.) Mettez la pâte sur une surface légèrement farinée. Avec un rouleau à pâtisserie légèrement fariné, aplatissez-la et faites un rectangle de 37,5 cm sur 30 cm ; coupez-la en 20 carrés d'environ 7,5 cm.

suite à la page 204

Étape 4. Comment hacher les nouilles.

Étape 5. Comment faire revenir le porc.

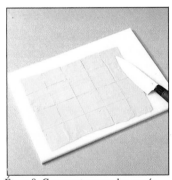

Étape 8. Comment couper les carrés de pâte.

Rouleaux d'Hors-d'oeuvre, suite

9. Mettez 1 c. à soupe de mélange de porc au centre de chaque carré de pâte ou de feuille de wonton à l'aide d'une cuillère.

10. Badigeonnez légèrement les bords avec de l'oeuf battu. Roulez bien serré autour de la farce; pincez les bords ensemble pour fermer les rouleaux.

11. Faites chauffer l'huile dans un wok ou un grand poêlon à 190°C. Ajoutez 4 à 6 rouleaux à la fois; faites-les cuire jusqu'à ce qu'ils soient dorés et croustillants, pendant 3 à 5 minutes. Faites-les égoutter sur un essuie-tout. Garnissez au goût. Servez avec de la sauce aigre-douce.

Donne 40 rouleaux

Sauce Aigre-Douce

4 c. à café d'amidon de maïs
25 cl d'eau
12 cl de vinaigre blanc distillé
100 g de sucre
4 c. à soupe de purée de tomates

Mélangez tous les ingrédients dans une petite casserole. Amenez à ébullition à feu moyen, en remuant constamment. Faites bouillir pendant 1 minute, en remuant constamment. Mettez de côté jusqu'à ce qu'au moment de l'utiliser et conservez au réfrigérateur pendant 8 heures au maximum.

Étape 9. Comment mettre la farce sur la pâte à l'aide d'une cuillère.

Étape 10. Comment rouler la pâte.

Étape 11. Comment faire cuire les rouleaux.

Porc à la Sauce Barbecue

6 cl de sauce soja
2 c. à soupe de vin rouge sec
1 c. à soupe de cassonade bien
    tassée
1 c. à soupe de miel
2 c. à café de colorant alimentaire
    rouge (facultatif)
1/2 c. à café de cannelle moulue
1 oignon vert avec les pieds,
    coupé en deux
1 gousse d'ail, émincée
2 filets de porc entiers (environ
    360 g chacun)
  Oignons Verts Frous-frous
    (recette ci-après) pour la
    décoration

1. Mélangez la sauce soja, le vin, le sucre, le miel, le colorant alimentaire, la cannelle, l'oignon et l'ail dans un grand bol. Ajoutez la viande; retournez-la pour bien l'enrober. Couvrez et réfrigérez pendant 1 heure ou toute la nuit, en retournant la viande de temps en temps.

2. Préchauffez le four à 180°C. Faites égoutter la viande, en conservant la marinade. Mettez la viande sur une grille au-dessus d'un plat allant au four. Faites cuire au four pendant 45 minutes ou jusqu'à ce que la viande ne soit plus rose au centre, en la retournant et en l'arrosant fréquemment avec la marinade mise de côté.

3. Enlevez la viande du four; faites-la refroidir. Coupez-la en tranches diagonales. Garnissez d'Oignons Verts frous-frous au goût.
Donne environ 8 portions d'amuse-gueule

Oignons Verts Frous-Frous

6 à 8 oignons verts moyens avec les
    pieds
  De l'eau froide
10 à 12 glaçons

1. Coupez les bulbes (la partie blanche) des oignons; gardez-les pour un autre usage. Coupez le reste des tiges (la partie verte) en longueurs de 10 cm.

2. A l'aide de ciseaux, coupez chaque section de tiges vertes dans le sens de la longueur en lamelles très fines jusqu'au début des tiges, en coupant 6 à 8 lamelles dans chaque section de tiges.

3. Remplissez à moitié un grand bol avec de l'eau froide. Ajoutez les oignons verts et les glaçons. Mettez au réfrigérateur jusqu'à ce que les oignons s'enroulent, pendant environ 1 heure; égouttez-les.
Donne environ 6 à 8 frous-frous

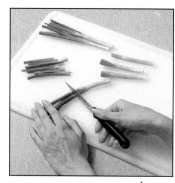
Oignons Verts Frous-Frous: Étape 1. Comment couper les oignons.

Oignons Verts Frous-Frous: Étape 2. Comment couper les pieds des oignons en lanières.

Oignons Verts Frous-Frous: Étape 3. Comment faire tremper les oignons.

Soupe Wonton

150 g de chou finement haché
225 g de porc haché
120 g de crevettes décortiquées, sans veines et finement hachées
3 oignons verts avec les pieds, finement hachés
1 oeuf, légèrement battu
1 1/2 c. à soupe d'amidon de maïs
2 c. à soupe de sauce soja
2 c. à soupe d'huile de sésame, mesurée séparément
1 c. à soupe de sauce aux huîtres
48 feuilles de wontons (environ 450 g)
1 blanc d'oeuf, légèrement battu
340 g de chou pak-choï ou pé-tsaï
1,5 l de bouillon de poulet
240 g de Porc à la Sauce Barbecue finement coupé (page 206)
3 oignons verts avec les pieds, finement hachés
Des fleurs comestibles pour la décoration

1. Pour la farce, écrasez le chou pour enlever le plus de liquide possible. Mettez le chou dans un grand bol. Ajoutez le porc, les crevettes, les oignons coupés, l'oeuf entier, l'amidon de maïs, la sauce soja, 1 1/2 c. à café d'huile de sésame et la sauce aux huîtres; mélangez bien.

2. Pour les wontons, travaillez avec environ 12 feuilles à la fois, en conservant les autres feuilles enveloppées dans du film alimentaire transparent. Mettez 1 feuille de wonton sur une surface de travail avec une pointe vous faisant face. Mettez 1 c. à café de farce dans le coin inférieur; pliez le coin inférieur sur la farce.

3. Humidifiez les coins latéraux de la feuille de wonton avec du blanc d'oeuf. Ramenez les coins latéraux ensemble en les faisant se superposer légèrement; pincez-les ensemble fermement pour les sceller. A la fin, couvrez les wontons avec un film alimentaire transparent tandis que vous terminez le reste des wontons. (Faites cuire immédiatement, conservez au réfrigérateur pendant 8 heures au maximum ou congelez-les dans un sac pour la congélation, réutilisable).

4. Ajoutez les wontons dans une grande marmite d'eau bouillante; faites-les cuire jusqu'à ce que la farce ne soit plus rose, pendant environ 4 minutes (6 minutes s'ils sont congelés); égouttez-les. Mettez-les dans un bol d'eau froide pour les empêcher de coller ensemble.

5. Coupez les tiges du pak-choï en tranches de 2,5 cm; coupez les feuilles en deux en travers. Mettez-les de côté.

6. Amenez le bouillon de poulet à ébullition dans une grande casserole. Ajoutez le pak-choï et le reste de la demie cuillère à café d'huile de sésame; faites mijoter pendant 2 minutes. Égouttez les wontons, ajoutez-les au bouillon chaud. Ajoutez les tranches de Porc à la Sauce Barbecue et les oignons coupés. Servez avec une louche dans des bols à soupe. Servez immédiatement. Garnissez au goût.

Donne 6 portions

Étape 2. Comment plier la feuille de wonton sur la farce.

Étape 3. Comment former les wontons.

Longue Soupe

1/4 d'une petite pomme de chou
   (120 à 180 g)
1 1/2 c. à soupe d'huile végétale
225 g de porc maigre désossé,
   coupé en fines lanières
1,5 l de bouillon de poulet
2 c. à soupe de sauce soja
1/2 c. à café de gingembre
   fraîchement moulu
8 oignons verts avec les pieds,
   coupés en diagonale en
   lamelles de 1,5 cm.
120 g de fines nouilles chinoises
   aux oeufs

1. Enlevez le coeur du chou; jetez-le.

2. Râpez le chou.

3. Faites chauffer l'huile dans un wok ou
un grand poêlon à feu moyen-vif. Ajoutez
le chou et le porc; faites revenir jusqu'à ce
que le porc ne soit plus rose au centre,
pendant environ 5 minutes.

4. Ajoutez le bouillon de poulet, la sauce
soja et le gingembre. Amenez à ébullition.
Baissez le feu à doux; faites mijoter
pendant 10 minutes en remuant de temps
en temps. Incorporez les oignons.

5. Ajoutez les nouilles.

6. Faites cuire jusqu'à ce que les nouilles
soient tendres, pendant 2 à 4 minutes.

Donne 4 portions

Étape 1. Comment enlever le
coeur du chou.

Étape 5. Comment ajouter les
nouilles dans le wok.

Étape 6. Comment faire cuire
les nouilles.

Boeuf aux Noix de Cajou

1 morceau de gingembre frais
(environ 2,5 cm)
450 g de bifteck de croupe
4 c. à soupe d'huile végétale,
mesurée séparément
4 c. à soupe d'amidon de maïs
12 cl d'eau
4 c. à café de sauce soja
1 c. à café d'huile de sésame
1 c. à café de sauce aux huîtres
1 c. à café de sauce chinoise aux
piments rouges
8 oignons verts avec pieds, coupés
en morceaux de 2,5 cm
2 gousses d'ail, émincées
environ 90 g de noix de cajou
grillées non salées
Des tranches de carottes fraîches
pour la décoration et des
tiges de thym pour la
décoration

1. Pelez et coupez finement le gingembre;
mettez-le de côté.

2. Enlevez le gras de la viande; jetez-le.
Coupez la viande en travers des filaments
en fines lanières, chacune d'environ 5 cm
de long.

3. Faites chauffer 1 c. à soupe d'huile
végétale dans un wok ou dans un grand
poêlon à feu vif. Ajoutez la moitié de la
viande; faites-la revenir jusqu'à ce qu'elle
soit dorée, pendant 3 à 5 minutes.
Enlevez-la du wok; mettez-la de côté.
Répétez avec 1 c. à soupe d'huile végétale
et le reste de la viande.

4. Mélangez l'amidon de maïs, l'eau, la
sauce soja, l'huile de sésame, la sauce aux
huîtres et la sauce aux piments dans un
petit bol; mélangez bien.

5. Faites chauffer le reste des 2 c. à soupe
d'huile végétale dans un wok ou dans un
grand poêlon à feu vif. Ajoutez le
gingembre, les oignons, l'ail et les noix de
cajou; faites revenir pendant 1 minute.

6. Tournez le mélange d'amidon de maïs;
ajoutez-le à la viande dans le wok. Faites
cuire en remuant jusqu'à ce que le liquide
bouille et épaississe. Garnissez au goût.

Donne 4 portions

Étape 1. Comment hacher le gingembre pelé.

Étape 2. Comment couper la viande.

Étape 5. Comment ajouter les noix de cajou dans le wok.

Boeuf aux Poivrons

30 g de champignons séchés
   De l'eau
1 c. à café d'amidon de maïs
1 c. à café de bouillon de boeuf
   soluble
1 c. à soupe de sauce soja
1 c. à café d'huile de sésame
450 g de bifteck de filet, sans gras
2 1/2 c. à soupe d'huile végétale
1 gousse d'ail, hachée
1/4 c. à café de poudre chinoise
   cinq-épices
2 petits oignons, coupés en
   quartiers
1 poivron vert, finement coupé
1 poivron rouge, finement coupé
225 g de fines nouilles aux oeufs
   chinoises, cuites et
   égouttées (facultatif)

1. Mettez les champignons dans un bol moyen; ajoutez assez d'eau tiède pour couvrir entièrement les champignons. Laissez tremper pendant 30 minutes; égouttez.

2. Enlevez le surplus d'eau dans les champignons. Enlevez et jetez les pieds. Coupez les têtes en fines lamelles.

3. Mélangez l'amidon de maïs, le bouillon soluble, 6 cl d'eau supplémentaire, la sauce soja et l'huile de sésame dans un petit bol; mélangez bien. Mettez de côté.

4. Coupez la viande en fines lanières, chacune d'environ 2,5 cm de long.

5. Chauffez l'huile végétale dans un wok ou un grand poêlon à feu vif. Ajoutez l'ail et la poudre cinq-épices; faites revenir pendant 15 secondes.

6. Ajoutez la viande dans le wok; faites-la revenir jusqu'à ce qu'elle soit dorée, pendant environ 5 minutes. Ajoutez les oignons; faites-les revenir pendant 2 minutes. Ajoutez les champignons et les poivrons; faites revenir le tout jusqu'à ce que les poivrons soient tendres-croquants, pendant environ 2 minutes.

7. Remuez le mélange d'amidon de maïs; ajoutez-le dans le wok. Faites cuire en remuant jusqu'à ce que le liquide bouille et épaississe. Servez sur les nouilles cuites chaudes.

Donne 4 portions

Étape 2. Comment enlever les pieds des champignons.

Étape 4. Comment couper la viande.

Étape 6. Comment ajouter les champignons et les poivrons dans le wok.

Lanières de Porc aux Deux Oignons

1/2 c. à café de grains de poivre de Sseutc'houan

1 c. à café d'amidon de maïs

4 c. à café de sauce soja, mesurée séparément

4 c. à café de sherry sec, mesuré séparément

7 1/2 c. à café de d'huile végétale, mesurée séparément

225 g de porc maigre sans os

2 c. à café de vinaigre de vin rouge

1/2 c. à café de sucre

2 gousses d'ail, hachées

1/2 petit oignon jaune, coupé en tranches de 6 mm

8 oignons verts avec les pieds, coupés en morceaux de5 cm

1/2 c. à café d'huile de sésame

1. Pour la marinade, mettez les grains de poivre dans un petit poêlon. Faites-les cuire à feu moyen à doux en agitant souvent le poêlon, jusqu'à ce que l'arôme s'en dégage, pendant environ 2 minutes. Laissez refroidir.

2. Ecrasez les grains de poivre* avec un mortier et un pilon (ou mettez-les entre des feuilles d'essuie-tout et écrasez-les avec un marteau).

Étape 2. Comment écraser les grains de poivre.

3. Transférez les grains de poivre dans un bol moyen. Ajoutez l'amidon de maïs, 2 c. à café de sauce soja, 2 c. à café de sherry et 1 1/2 c. à café d'huile végétale; mélangez bien.

4. Coupez la viande à une épaisseur de 3 mm; puis coupez-la en morceaux de 5 x 1,2 cm. Ajoutez-la à la marinade; remuer pour bien l'enrober. Couvrez et réfrigérez pendant 30 minutes en remuant de temps en temps.

Étape 4. Comment ajouter la viande à la marinade.

5. Mélangez le reste des 2 c. de sauce soja, les 2 c. à café de sherry, le vinaigre et le sucre dans un petit bol; mélangez bien.

6. Faites chauffer le reste des 6 c. d'huile végétale dans un wok ou un grand poêlon à feu vif. Incorporez l'ail. Ajoutez le mélange de viande; faites revenir jusqu'à ce que la viande ne soit plus rose au centre, environ 2 minutes. Ajoutez l'oignon jaune; faites revenir 1 minute. Ajoutez les oignons verts; faites revenir 30 secondes.

Étape 6. Comment ajouter les oignons verts dans le wok.

7. Ajoutez le mélange de soja-vinaigre; faites cuire en remuant pendant 30 secondes. Incorporez l'huile de sésame.

Donne 2 à 3 portions

* Les grains de poivre Sseutc'houan sont très forts. Portez des gants en plastique ou en caoutchouc lorsque vous les écrasez et ne touchez ni vos lèvres, ni vos yeux lorsque vous les manipulez.

Poulet aux Asperges avec une Sauce aux Haricots Noirs

5 c. à café d'amidon de maïs, mesuré séparément

4 c. à café de sauce soja, mesurée séparément

1 c. à soupe de sherry sec

1 c. à café d'huile de sésame

3 moitiés de poitrines de poulet désossées et sans peau, coupées en morceaux prêts à manger

1 c. à soupe d'haricots noirs fermentés et salés

1 c. à café de gingembre frais moulu

1 gousse d'ail, hachée

12 cl de bouillon de poulet

1 c. à soupe de sauce aux huîtres

1 oignon jaune, moyen

3 c. à soupe d'huile végétale, mesurée séparément

450 g de pointes d'asperges fraîches, nettoyées et coupées en diagonale en morceaux de 2,5 cm

2 c. à soupe d'eau

Des feuilles de cilantro frais pour la décoration

1. Mélangez 2 c. à café d'amidon de maïs, 2 c. à café de sauce soja, le sherry et l'huile de sésame dans un grand bol; mélangez bien. Ajoutez le poulet; remuez pour bien l'enrober. Laissez-le mariner pendant 30 minutes.

2. Mettez les haricots dans une passoire; rincez-les à l'eau froide courante. Coupez-les finement. Mélangez-les au gingembre et à l'ail; mettez-les de côté.

3. Mélangez les 3 c. à café restantes d'amidon de maïs, les 2 c. à café restantes de sauce soja, le bouillon de poulet et la sauce aux huîtres dans un petit bol; mettez de côté.

4. Épluchez l'oignon; coupez en 8 quartiers. Séparez les quartiers; mettez-les de côté.

5. Faites chauffer 2 c. à soupe d'huile dans un wok ou un grand poêlon à feu vif. Ajoutez le mélange de poulet; faites revenir jusqu'à ce que le poulet ne soit plus rose au centre, pendant environ 3 minutes. Enlevez le tout du wok; mettez de côté.

6. Faites chauffer la c. à soupe d'huile restante dans le wok. Ajoutez l'oignon et les asperges; faites revenir pendant 30 secondes.

7. Ajoutez l'eau; couvrez. Faites cuire, en remuant de temps en temps, jusqu'à ce que les asperges soient tendres-croquantes, pendant environ 2 minutes. Remettez le poulet dans le wok.

8. Remuez le mélange de bouillon de poulet; ajoutez-le au wok avec le mélange d'haricots. Faites cuire jusqu'à ce que la sauce bouille et épaississe, en remuant constamment. Garnissez au goût.

Donne 3 à 4 portions

Étape 4. Comment séparer les quartiers d'oignon.

Étape 6. Comment faire revenir l'oignon et les asperges.

Le Poulet aux Amandes

2 1/2 c. à soupe d'amidon de maïs, mesuré séparément
37 cl d'eau
4 c. à soupe de sherry sec, mesuré séparément
4 c. à café de sauce soja
1 c. à café de bouillon de poulet soluble
1 blanc d'oeuf
1/2 c. à café de sel
4 poitrines de poulet désossées et sans peau, coupées en morceaux de 2,5 cm
De l'huile végétale à friture
environ 90 g d'amandes entières mondées
1 grosse carotte, finement hachée
1 c. à café de gingembre frais haché
6 oignons verts avec les pieds, coupés en morceaux de 2,5 cm
3 côtes de céleri, coupées en diagonale en morceaux de 1,5 cm
110 g de pousses de bambou coupées, égouttées
8 champignons frais, émincés
  Des nouilles frites (page 234), facultatif
  Des juliennes de carottes et du cilantro frais pour la garniture

1. Mélangez 1 1/2 c. à soupe d'amidon de maïs, l'eau, les 2 c. à soupe de sherry, la sauce soja et le bouillon soluble dans une grande casserole. Faites cuire en remuant à feu moyen jusqu'à ce que le mélange bouille et épaississe, pendant environ 5 minutes; gardez le tout au chaud.

2. Battez le blanc d'oeuf dans un bol moyen jusqu'à ce qu'il soit mousseux.

3. Ajoutez la c. à soupe restante d'amidon de maïs, les 2 c. à soupe de sherry et le sel au blanc d'oeuf; mélangez bien. Ajoutez les morceaux de poulet; remuez pour bien les enrober.

4. Faites chauffer environ 5 cm d'huile dans un wok ou un grand poêlon à feu vif à 190°C. Ajoutez le 1/3 des morceaux de poulet, 1 à la fois; faites cuire jusqu'à ce que le poulet ne soit plus rose au centre, pendant 3 à 5 minutes. Égouttez les morceaux de poulet sur un essuie-tout. Répétez avec le reste du poulet.

5. Enlevez toute l'huile du wok sauf 2 c. à soupe. Ajoutez les amandes; faites-les revenir jusqu'à ce qu'elles soient dorées, pendant environ 2 minutes. Retirez les amandes du wok; mettez-les de côté.

6. Ajoutez la carotte et le gingembre dans le wok; faites-les revenir pendant 1 minute. Ajoutez les oignons, le céleri, les pousses de bambou et les champignons; faites-les revenir jusqu'à ce que le céleri soit tendre-croquant, pendant environ 3 minutes. Incorporez le poulet, les amandes et le mélange d'amidon de maïs; faites cuire en remuant jusqu'à ce que le tout soit bien chaud. Servez avec des Nouilles Frites et garnissez au goût.

Donne 4 à 6 portions

Étape 1. Comment faire cuire la sauce.

Étape 2. Comment battre le blanc d'oeuf.

Étape 4. Comment faire cuire le poulet.

Chow Mein au Poulet

des Nouilles Frites (page 234)
2 poitrines entières de poulet
225 g de porc maigre désossé
3 c. à soupe d'amidon de maïs,
    mesuré séparément
2 1/2 c. à soupe de sherry sec,
    mesuré séparément
2 c. à soupe de sauce soja,
    mesurée séparément
12 cl d'eau
2 c. à café de bouillon de poulet
    soluble
2 c. à soupe d'huile végétale
1 morceau de gingembre frais
    (carré de 2,5 cm), épluché
    et finement haché
1 gousse d'ail hachée
225 g de crevettes décortiquées et
    sans veines
2 oignons jaunes de taille
    moyenne, coupés
1 poivron rouge ou vert, finement
    coupé
2 côtes de céleri, coupées en
    diagonale en morceaux de
    1,5 cm
8 oignons verts avec les pieds,
    coupés
120 g de chou (1/4 d'une petite
    pomme), haché

1. Préparez les Nouilles Frites; mettez-les de côté.

2. Enlevez la peau et les os des poitrines de poulet.

3. Coupez le poulet et le porc en morceaux de 2,5 cm.

4. Mélangez 1 c. à café d'amidon de maïs, 1 1/2 c. à café de sherry et 1 1/2 c. à café de sauce soja dans un grand bol. Ajoutez le poulet et le porc; remuez pour bien les enrober. Couvrez et réfrigérez pendant 1 heure.

5. Mélangez les 2 c. à café restantes d'amidon de maïs, les 2 c. à café de sherry, 1 1/2 c. à soupe de sauce soja, l'eau et le bouillon soluble dans un petit bol; mettez de côté.

6. Faites chauffer l'huile dans un wok ou un grand poêlon à feu vif. Ajoutez le gingembre et l'ail; faites revenir pendant 1 minute. Ajoutez le poulet et le porc; faites revenir jusqu'à ce que la viande ne soit plus rose au centre, pendant environ 5 minutes. Ajoutez les crevettes; faites-le revenir jusqu'à ce qu'elles deviennent roses, pendant environ 3 minutes.

7. Ajoutez les légumes dans le wok, faites-les revenir jusqu'à ce qu'ils soient tendres-croquants, pendant 3 à 5 minutes. Ajoutez le mélange de sauce soja et de bouillon. Faites cuire en remuant jusqu'à ce que la sauce bouille et épaississe; faites cuire en remuant pendant encore une minute.

8. Disposez les Nouilles Frites sur un plat de service; recouvrez-les de mélange de poulet. Garnissez au goût.

Donne 6 portions

Étape 2. Comment désosser le poulet.

Étape 3. Comment couper le poulet et le porc.

Étape 6. Comment faire revenir les crevettes et le mélange de poulet.

Nouilles Lo Mein aux Crevettes

360 g de fines nouilles aux oeufs chinoises
2 c. à café d'huile de sésame
 De la ciboulette chinoise
1 1/2 c. à soupe de sauce aux huîtres
1 1/2 c. à soupe de sauce soja
1/2 c. à café de sucre
1/4 c. à café de sel
1/4 c. à café de poivre noir ou blanc moulu
2 c. à soupe d'huile végétale
1 c. à café de gingembre frais haché
1 gousse d'ail hachée
225 g de crevettes moyennes décortiquées et sans veines
1 c. à soupe de sherry sec
225 g de germes de haricot mungo

* Ou remplacez la ciboulette chinoise par 50 g de ciboulette locale coupée en morceaux de 2,5 cm et 2 oignons verts avec les pieds, coupés en morceaux de 2,5 cm.

1. Ajoutez les nouilles dans l'eau bouillante; faites-les cuire selon le mode d'emploi indiqué sur le paquet jusqu'à ce qu'elles soient tendres mais encore fermes, pendant 2 à 3 minutes.

2. Égouttez les nouilles; rincez-les à l'eau froide courante. Égouttez-les à nouveau.

3. Mélangez les nouilles et l'huile de sésame dans un grand bol; remuez-les pour bien les enrober.

4. Coupez assez de ciboulette en morceaux de 2,5 cm pour en obtenir 75 g; mettez de côté.

5. Mélangez la sauce aux huîtres, la sauce soja, le sucre, le sel et le poivre dans un petit bol.

6. Faites chauffer l'huile dans un wok ou un grand poêlon à feu vif. Ajoutez le gingembre et l'ail; faites revenir pendant 10 secondes. Ajoutez les crevettes; faites revenir jusqu'à ce qu'elles deviennent roses, pendant environ 1 minute. Ajoutez la ciboulette et le sherry; faites revenir jusqu'à ce que la ciboulette commence à se flétrir, pendant environ 15 secondes. Ajoutez la moitié des germes de haricot mungo; faites revenir pendant 15 secondes. Ajoutez le reste des germes de haricot mungo; faites revenir pendant 15 secondes.

7. Ajoutez le mélange de sauce aux huîtres et les nouilles. Faites cuire en tournant jusqu'à ce que le tout soit bien chaud, pendant environ 2 minutes.

Donne 4 portions

Étape 1. Comment ajouter les nouilles dans l'huile bouillante.

Étape 2. Comment rincer les nouilles cuites.

Étape 4. Comment couper la ciboulette.

Rouleaux de Poisson Nappés de Sauce au Crabe

450 g de filets de sole, de 6 mm à
    9 mm d'épaisseur (environ
    120 g chacun)
1 c. à soupe de sherry sec
2 c. à café d'huile de sésame
1 oignon vert avec les pieds,
    finement coupé
1 c. à café de gingembre frais
    haché
1/2 c. à café de sel
  Une pincée de poivre blanc
    moulu

Sauce au Crabe

1 1/2 c. à soupe d'amidon de maïs
2 c. à soupe d'eau
1 c. à soupe d'huile végétale
1 c. à café de gingembre frais
    haché
2 oignons verts avec les pieds,
    finement coupés
1 c. à soupe de sherry sec
180 g de chair de crabe frais,
    émiettée
30 cl de bouillon de poulet
6 cl de lait
Des rondelles de concombre
    cannelées*, des quartiers
    de citron et des feuilles
    d'estragon fraîches pour la
    décoration

* Pour canneler le concombre, faites
courir les dents d'une fourchette tout le
long du concombre avant de le couper.

1. Si les filets sont grands, coupez-les en deux en travers (chaque morceau doit avoir 12,5 à 15 cm de long).

2. Mélangez 1 c. à soupe de sherry, l'huile de sésame, l'oignon vert coupé, 1 c. à café de gingembre, le sel et le poivre blanc dans un petit bol. Badigeonnez chaque morceau de poisson du mélange de sherry à l'aide d'un pinceau; laissez mariner pendant 30 minutes.

3. Pliez le poisson en trois; mettez-le dans un plat rond avec un rebord, résistant à la chaleur et qui peut aller à l'intérieur d'un panier à vapeur.

4. Mettez le plat sur une grille dans un panier à vapeur; fermez le panier à vapeur. Faites cuire à la vapeur jusqu'à ce que le poisson devienne opaque et qu'il se détache facilement avec une fourchette, pendant 8 à 10 minutes. Pendant ce temps, mélangez l'amidon de maïs et l'eau dans une petite tasse.

5. Faites chauffer l'huile végétale dans une casserole de 2 litres à feu moyen. Ajoutez 1 c. à café de gingembre; faites cuire en remuant pendant 10 secondes. Ajoutez les oignons verts coupés, 1 c. à soupe de sherry et le crabe; faites revenir pendant 1 minute. Ajoutez le bouillon de poulet et le lait; amenez à ébullition. Remuez le mélange d'amidon de maïs; ajoutez-le dans la casserole. Faites cuire en remuant constamment jusqu'à ce que la sauce bouille et épaississe légèrement.

6. A l'aide d'une cuillère à égoutter, transférez le poisson dans un plat de service; nappez de Sauce au Crabe. Garnissez au goût.

Donne 4 à 6 portions

Étape 2. Comment badigeonner le poisson de mélange au sherry à l'aide d'un pinceau.

Étape 3. Comment mettre le poisson dans un plat rond à rebord.

Étape 4. Comment mettre le poisson dans le panier à vapeur.

Purée de Soja Ma Po

1 c. à soupe de grains de poivre
    Sseutc'houan (facultatif)
360 à 400 g de purée de soja,
    égouttée
17 cl de bouillon de poulet
1 c. à soupe de sauce soja
1 c. à soupe de sherry sec
1 1/2 c. à soupe d'amidon de maïs
3 c. à soupe d'eau
2 c. à soupe d'huile végétale
120 g de porc haché
2 c. à café de gingembre frais
    haché
2 gousses d'ail hachées
1 c. à soupe de sauce soja
    piquante
2 oignons verts avec les pieds,
    finement coupés
1 c. à café d'huile de sésame
  De la ciboulette fraîche pour la
    décoration

1. Mettez les grains de poivre dans un petit poêlon sec. Faites les cuire en remuant à feu moyen à doux en agitant souvent le poêlon, jusqu'à ce que l'arôme se dégage, pendant environ 2 minutes. Laissez refroidir.

2. Mettez les grains de poivre* entre des feuilles d'essuie-tout et écrasez-les avec un marteau. Mettez de côté.

3. Coupez la purée de soja en cubes de 1,5 cm. Mettez de côté.

4. Mélangez le bouillon de poulet, la sauce soja et le sherry dans un petit bol; mettez de côté. Mélangez l'amidon de maïs et l'eau dans un petite tasse; mélangez bien. Mettez de côté.

5. Faites chauffer l'huile végétale dans un wok ou un grand poêlon à feu vif. Ajoutez la viande; faites-la revenir jusqu'à ce qu'elle ne soit plus rose au centre, pendant environ 2 minutes. Ajoutez le gingembre, l'ail et la sauce piquante; faites revenir pendant environ 1 minute.

6. Ajoutez le mélange de bouillon de poulet et la purée de soja; faites mijoter à feu doux, à découvert, pendant 5 minutes. Incorporez les oignons. Brassez le mélange d'amidon de maïs; ajoutez-le dans le wok. Faites cuire en remuant constamment jusqu'à ce que la sauce bouille et épaississe légèrement. Incorporez l'huile de sésame. Saupoudrez de grains de poivre moulus si vous le désirez.

Donne 3 à 4 portions

* Les grains de poivre Setchouan sont très forts. Portez des gants en plastique ou en caoutchouc lorsque vous les écrasez et ne touchez ni vos lèvres, ni vos yeux lorsque vous les manipulez.

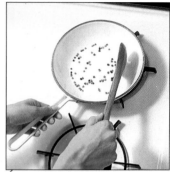
Étape 1. Comment faire cuire les grains de poivre.

Étape 2. Comment écraser les grains de poivre.

Étape 3. Comment couper la purée de soja en cubes.

Courgettes de Shangaï

4 champignons séchés
  De l'eau
1 large tomate
12 cl de bouillon de poulet
2 c. à soupe de ketchup
2 c. à café de sauce soja
1 c. à café de sherry sec
1/4 c. à café de sucre
1/8 c. à café de sel
1 c. à café de vinaigre de vin
  rouge
1 c. à café d'amidon de maïs
2 c. à soupe d'huile végétale,
  mesurée séparément
1 c. à café de gingembre frais
  haché
1 gousse d'ail hachée
1 oignon vert avec les pieds,
  finement coupé
450 g de courgettes, coupées en
  diagonale en morceaux de
  2,5 cm
1/2 petit oignon jaune, coupé en
  quartiers et séparé

1. Mettez les champignons dans un petit bol; ajoutez assez d'eau tiède pour les recouvrir entièrement. Laissez tremper pendant 30 minutes. Égouttez-les en conservant 6 cl de liquide. Écrasez-les pour enlever le surplus d'eau.

2. Coupez les pieds des champignons; jetez-les. Coupez les têtes en fines lamelles.

3. Pour décoller la peau de la tomate, mettez les tomates dans une petite casserole d'eau bouillante. Laissez-les tremper pendant 30 à 45 secondes. Rincez-les immédiatement à l'eau froide courante. Enlevez doucement la peau de la tomate.

4. Coupez la tomate en deux. Enlevez la queue et les graines; jetez-les.

5. Coupez grossièrement la tomate; mettez-la de côté.

6. Mélangez 6 cl de liquide de champignons mis de côté, le bouillon de poulet, le ketchup, la sauce soja, le sherry, le sucre, le sel et le vinaigre dans un petit bol; mettez de côté.

7. Mélangez l'amidon de maïs et 1 c. à soupe d'eau dans une petite tasse; mélangez bien; Mettez de côté.

8. Faites chauffer 1 c. à soupe d'huile dans un wok ou un grand poêlon à feu vif. Ajoutez le gingembre et l'ail; faites sauter pendant 10 secondes. Ajoutez les champignons, la tomate et l'oignon vert; faites sauter pendant 1 minute. Incorporez le mélange de bouillon de poulet. Amenez à ébullition. Baissez le feu à doux; faites mijoter pendant 10 minutes, en remuant de temps en temps. Retirez du wok; mettez de côté.

9. Ajoutez la c. à soupe restante d'huile dans le wok. Faites chauffer à feu moyen-vif. Ajoutez les courgettes et l'oignon jaune; faites revenir pendant environ 30 secondes. Ajoutez 3 c. à soupe d'eau; couvrez. Faites cuire, en remuant de temps en temps, jusqu'à ce que les légumes soient tendres-croquants. Remuez le mélange d'amidon de maïs; ajoutez-le dans le wok avec le mélange de champignons. Faites cuire en remuant jusqu'à ce que la sauce bouille et épaississe légèrement.

Donne 4 à 6 portions

Étape 3. Comment enlever la peau de la tomate.

Étape 4. Comment enlever les graines de tomate.

Riz Frit

75 cl d'eau
1 1/2 c. à café de sel
340 g de riz à long grains non cuit
4 tranches de bacon cru, coupé
3 oeufs
1/8 c. à café de poivre
9 c. à soupe d'huile végétale,
    mesurée séparément
2 c. à café de gingembre frais
    haché
225 g de Porc à la Sauce
    Barbecue (page 206), coupé
    en fines lanières
225 g de crevettes décortiquées et
    sans veines, cuites et
    grossièrement hachées
8 oignons verts avec les pieds,
    finement coupés
1 à 2 c. à soupe de sauce soja
  Des feuilles de cerfeuil pour la
    décoration

1. Mélangez l'eau et le sel dans une casserole de 3 litres, mettez le couvercle. Amenez à ébullition à feu moyen-vif. Incorporez le riz. Baissez le feu à doux; couvrez. Faites mijoter jusqu'à ce que le riz soit tendre, pendant 15 à 20 minutes; égouttez-le.

2. Faites cuire le bacon dans un wok ou un grand poêlon à feu moyen, en remuant fréquemment, jusqu'à ce qu'il soit croustillant; égouttez-le.

3. Enlevez tout le jus de cuisson du bacon du wok sauf 1 c. à soupe.

4. Battez les oeufs avec le poivre dans un petit bol. Versez 1/3 du mélange d'oeufs dans le wok, en inclinant légèrement le wok pour couvrir le fond.

5. Faites cuire à feu moyen jusqu'à ce que les oeufs aient pris, pendant 1 à 2 minutes. Enlevez-les du wok.

6. Roulez l'omelette; coupez-la en fines lamelles.

7. Versez 1 1/2 c. à café d'huile dans le wok. Ajoutez la moitié du mélange d'oeufs restant en inclinant le wok pour couvrir le fond. Faites cuire jusqu'à ce que les oeufs aient pris. Enlevez-les du wok; roulez l'omelette et coupez-la en fines lanières. Répétez avec une autre cuillère et demie à café d'huile et le reste des oeufs.

8. Faites chauffer le reste des 6 c. à café d'huile dans le wok à feu moyen-vif. Ajoutez le gingembre; faites-le revenir pendant 1 minute. Ajoutez le riz; faites-le cuire pendant 5 minutes en remuant fréquemment. Incorporez les lanières d'omelette, le bacon, le Porc au Barbecue, les crevettes, les oignons et la sauce soja. Faites cuire jusqu'à ce que le tout soit bien chaud. Garnissez au goût.

Donne 6 à 8 portions

Étape 2. Comment faire cuire le bacon.

Étape 4. Comment incliner le wok pour couvrir le fond avec le mélange d'oeufs.

Étape 6. Comment couper l'omelette en lanières.

Nouilles Frites

225 g de fines nouilles chinoises aux oeufs
De l'huile végétale pour la cuisson

1. Faites cuire les nouilles selon le mode d'emploi indiqué sur le paquet jusqu'à ce qu'elles soient tendres mais encore fermes, pendant 2 à 3 minutes; égouttez-les. Rincez-les à l'eau froide courante; égouttez-les à nouveau.

2. Mettez plusieurs couches d'essuie-tout sur des moules à gâteaux roulés ou des plaques à biscuits. Étalez les nouilles sur l'essuie-tout; laissez-les sécher pendant 2 à 3 heures.

3. Faites chauffer environ 5 cm d'huile dans un wok ou un grand poêlon à feu moyen-vif à 190°C. A l'aide d'une cuillère à égoutter ou de pinces, immergez une petite quantité de pâtes dans l'huile chaude jusqu'à ce qu'elles soient bien dorées, pendant environ 30 secondes.

4. Égouttez les pâtes sur un essuie-tout. Répétez avec le reste des nouilles.

Donne 4 portions

Étape 3. Comment faire frire les nouilles.

Étape 4. Comment égoutter les nouilles frites.

Riz Cuit à la Vapeur

240 g de riz à longs grains non cuit
50 cl d'eau
1 c. à soupe d'huile
1 c. à café de sel

1. Mettez le riz dans une passoire; rincez-le à l'eau froide courante pour enlever le surplus d'amidon. Mélangez le riz, les 50 cl d'eau, l'huile et le sel dans un casserole moyenne.

2. Faites cuire à feu moyen-vif jusqu'à ce que l'eau arrive à ébullition. Baissez le feu à doux; couvrez. Faites mijoter jusqu'à ce que le riz soit tendre, pendant 15 à 20 minutes. Enlevez du feu; laissez reposer 5 minutes. Découvrez; séparez délicatement les grains de riz avec une fourchette.

Donne 720 g

Étape 2. Comment séparer le riz pour lui faire prendre du volume.

Les Vermicelles

225 g de vermicelles de riz chinois ou filaments de haricot
De l'huile végétale pour friture

1. Coupez une botte de vermicelles en deux. Écartez doucement chaque moitié en petits paquets.

2. Faites chauffer environ 5 cm d'huile dans un wok ou un grand poêlon à feu moyen-vif à 190°C. A l'aide d'une cuillère à égoutter ou de pinces, immergez un petit paquet de vermicelles dans l'huile chaude.

3. Faites cuire jusqu'à ce que les vermicelles remontent à la surface, pendant 3 à 5 secondes; retirez-les immédiatement.

4. Faites égoutter les vermicelles sur un essuie-tout. Répétez avec le reste des vermicelles.

Donne environ 4 portions

Étape 1. Comment séparer les vermicelles.

Étape 2. Comment immerger les vermicelles dans l'huile chaude.

Étape 3. Comment faire cuire les vermicelles.

COURS DE CUISINE ITALIENNE

Raviolis aux Quatre Viandes *(page 255)*

NOTES DE COURS

Ces dix dernières années, la cuisine italienne aux États-Unis a beaucoup évolué et est passé des spaghettis traditionnels à des plats variés tels que les tortellini à la crème et les marinara aux fruits de mer dans les cuisines américaines. Les Américains consomment notamment, plus de 2 milliards de kilos de pâtes chaque année, c'est-à-dire plus de 75 kg par personne. Il existe de nos jours plus de 150 différentes formes de pâtes pour satisfaire cette popularité!

Mais la cuisine italienne n'est pas faite uniquement de pâtes. Un véritable repas italien est très différent de la simple grande assiette de pâtes que nombre d'entre nous associent à la cuisine italienne. En Italie, le repas est composé d'une série de plats et non d'un seul plat principal comme aux États-Unis. L'Antipasto, traduit littéralement par "avant les pâtes" est l'entrée et peut être servi chaud ou froid. La soupe suit parfois ou remplace l'antipasto. Le plat suivant - I Primi ou premier plat - consiste généralement en un plat de pâtes. I Secondi est le second plat et comporte de la viande, de la volaille ou du poisson. Les plats de pâtes et de viande sont parfois servis en même temps. Le plat de salade ou Insalata est servi après la partie principale du repas pour réveiller les papilles gustatives fatiguées. I Dolci, qui se traduit par "les sucreries" sont le dessert et il est normalement servi avec un 'espresso'(express) ou un 'cappucino'(café pression).

Cette partie du livre comprend des recettes de nombreux mets traditionnels italiens et illustre la diversité de cette cuisine délicieuse.

CUISSON DES PÂTES

Pâtes sèches: Pour chaque 450 g de pâtes sèches, faites bouillir de 4 à 6 litres d'eau. Ajoutez 2 c. à café de sel, au goût. Ajoutez les pâtes au fur et à mesure que l'eau se remet à bouillir. L'eau qui bout permet de faire circuler les pâtes pour qu'elles cuisent uniformément. Remuez souvent pour éviter que les pâtes ne collent ensemble. Commencez à vérifier si elles sont cuites après 5 minutes de cuisson. Les pâtes qui sont 'al dente' - qui signifie 'à la dent' - sont tendres mais fermes. Il faut égoutter les pâtes dès qu'elles sont cuites pour les empêcher de continuer à cuire. Pour de meilleurs résultats, versez la sauce sur les pâtes immédiatement après les avoir égouttées et servez-les dans les minutes qui suivent. Si la sauce n'est pas prête, mettez du beurre ou de l'huile pour les empêcher de coller. Les pâtes sèches et non cuites se conservent presque indéfiniment dans un endroit sec et frais.

Pâtes Fraîches: Les pâtes faites à la maison mettent moins de temps à cuire que les pâtes sèches. Faites cuire les pâtes fraîches de la même manière que les pâtes sèches, mais en vérifiant la cuisson dès les premières 2 minutes. De nombreuses recettes dans cette section vous montrent comment faire des pâtes fraîches à la maison. Fabriquer des pâtes est amusant et facile, mais si vous n'avez pas le temps, les pâtes sèches sont toutes aussi bonnes. L'important, c'est que les pâtes ne soient pas trop cuites. Les pâtes fraîches se conserveront plusieurs semaines au réfrigérateur ou elles peuvent être congelées pendant 1 mois.

EQUIPEMENT

Planche à Pâtisserie: Une plaque de marbre ou de granit qui convient bien pour rouler la pâte car elle est lisse et reste froide. Un comptoir de cuisine ou une planche à découper en acrylique farinés peuvent aussi être utilisés.

Machine à Faire les Pâtes: Les machines à faire les pâtes avec des rouleaux manuels sont très utiles pour pétrir et rouler la pâte des pâtes alimentaires. Les accessoires de coupe (ceux pour fettucine et cheveux d'ange sont généralement inclus) permettent de couper les pâtes de façon uniforme. Les machines électriques mélangent aussi la pâte, cependant les pâtes ne sont pas aussi souples que celles faites à la main et celles-ci coûtent plus cher. Vous trouverez également dans ce livre des techniques pour faire les pâtes à la main.

Roulette à pâte: Roulette droite ou cannelée avec une poignée, qui accélère le découpage des pâtes ou le façonnage des pâtes, comme pour les raviolis. Un couteau tout usage bien aiguisé ou une roulette à pizza peuvent aussi être utilisés.

INGRÉDIENTS ITALIENS

Ces ingrédients sont généralement vendus dans les épiceries italiennes. On peut aussi les trouver dans les supermarchés et les magasins spécialisés.

Riz Arborio: Riz italien à grains courts qui a de gros grains ronds avec un goût délicieux d'amande. Le riz arborio est habituellement utilisé pour les risottos, car il contient beaucoup d'amidon et donne une texture crémeuse; il peut absorber plus de liquide que le riz régulier à longs grains.

Haricots «Cannelini»: gros haricots blancs italiens, disponibles en boîte ou secs. Les haricots secs doivent être mis à tremper pendant plusieurs heures ou toute la nuit pour les réhydrater avant de les cuire; les haricots en boîte doivent être rincés et égouttés pour les rafraîchir. Les haricots «cannelini» sont souvent utilisés dans les soupes italiennes, telles que la minestrone. On peut aussi utiliser les haricots Great Northern.

Câpres: Boutons de fleurs d'un buisson originaires de la région méditerranéenne (câprier). Les boutons sont séchés au soleil, puis conservés dans du vinaigre. Les câpres doivent être rincées avant l'utilisation pour enlever le surplus de sel.

Aubergine: Cousine de la tomate, l'aubergine est en fait un fruit, bien qu'elle soit généralement considérée comme un légume. Les aubergines sont de formes et de tailles diverses et leur couleur peut varier du violet sombre à l'ivoire crémeux. Cependant ces variétés ont un goût similaire et il faut les saler pour leur enlever leur goût amer. Choisissez des aubergines fermes et sans taches, avec une peau lisse et brillante. Elles doivent vous paraître lourdes par rapport à leur taille. Conservez-les dans un endroit sec et frais et utilisez dans les deux jours qui suivent leur achat. Ne les coupez pas à l'avance car leur chair se décolore rapidement.

Fenouil: Légume à bulbe à goût anisé, dont les tiges ressemblent au céleri et dont les feuilles sont duveteuses. Le bulbe et les tiges se mangent tous les deux en salade ou sautés à la poêle et les graines et les feuilles peuvent être utilisées comme condiment.

Tomates Italiennes Oblongues: Une tomate très parfumée en forme d'oeuf, aux variétés rouges et jaunes. Comme pour les autres tomates, elles ne durent pas longtemps. Choisissez des tomates fermes, parfumées et sans taches. Les tomates bien mûres doivent être conservées à la température ambiante et utilisées dans les jours qui suivent leur achat. Les tomates en boîte peuvent remplacer les tomates fraîches quand celles-ci sont hors saison.

Huile d'Olive: Huile extraite d'olives mûries sur l'arbre, utilisée à la fois pour la cuisine et pour les salades. Les huiles d'olive sont classées selon leur niveau d'acidité. Les meilleures sont pressées à froid et ont un niveau très bas d'acidité. La qualité la plus élevée est l'huile d'olive extra-vierge qui contient tout au plus 1% d'acidité. L'huile d'olive vierge contient jusqu'à 3 1/2% d'acidité et l'huile pure est un mélange d'huile d'olive vierge et de résidu raffiné. L'huile d'olive ne s'améliore pas avec l'âge; l'exposition à l'air et à la chaleur rend l'huile rance. Conservez l'huile d'olive dans un endroit sombre et frais pendant 6 mois au maximum ou au réfrigérateur pendant 1 an. L'huile d'olive devient trouble lorsqu'elle est froide; ramenez l'huile d'olive à température ambiante avant de l'utiliser.

Le Fromage Parmesan: Fromage dur et sec fait avec du lait de vache écrémé. Ce fromage a une couleur paille et un parfum riche et puissant. Le Parmigiano-Reggiano italien importé est âgé d'au moins deux ans tandis que celui utilisé en Italie n'a que 14 mois. Le parmesan est surtout utilisé en fromage râpé. On peut trouver du fromage râpé tout prêt, mais celui-ci ne peut se comparer avec le parmesan fraîchement râpé. Conservez les morceaux de parmesan dans un film alimentaire transparent et réfrigérez pendant 1 semaine au maximum. Réfrigérez le parmesan fraîchement râpé dans un récipient hermétique pendant 1 semaine au maximum.

Pignons (aussi appelés Pignolias): Ces noix se trouvent à l'intérieur des pommes de pin. Les pignons italiens viennent des pins parasols. Les pignons ont un goût léger et délicat et constituent un ingrédient bien connu de la sauce italienne pesto. Conservez-les dans un récipient hermétique pendant 3 mois au maximum ou congelez-les pendant 9 mois au maximum.

Prosciutto: Mot italien pour "jambon", le 'prosciutto' est assaisonné, salé et séché à l'air (non fumé). Bien qu'il soit facile de se procurer le jambon de Parme importé, le jambon prosciutto fait localement est moins cher et s'avère un très bon substitut. Il est habituellement vendu en tranches très fines et mangé en entrée avec du melon et des figues. Il peut aussi être ajouté à la dernière minute aux aliments cuits, tels que les pâtes et les légumes. Enveloppez-le bien et conservez les tranches au réfrigérateur pendant 3 jours au maximum ou congelez-le pendant 1 mois au maximum.

Radicchio: Utilisé principalement comme salade, cette chicorée rouge italienne a des feuilles bourgognes avec des côtes blanches et un goût légèrement amer. Choisissez des pommes bien fraîches qui n'ont pas de taches brunes; conservez au réfrigérateur dans un sac en plastique pendant 1 semaine au maximum. Elle peut aussi être grillée, sautée ou cuite au four.

Le fromage ricotta: Fromage blanc, humide avec un goût légèrement sucré. Il est riche, frais et légèrement texturisé mais il est plus lisse que le fromage cottage. Le ricotta, qui se traduit par 'recuit' est fabriqué en cuisant le petit-lait d'un autre fromage cuit, tel que le mozzarella ou le provolone. Le fromage ricotta est souvent utilisé dans les lasagnes ou les manicotti. Le fromage cottage peut remplacer le ricotta mais il donne une texture plus crémeuse. Lorsque vous achetez le fromage, vérifiez la date d'expiration; conservez-le dans un récipient bien couvert au réfrigérateur.

Canapés Vénitiens

12 tranches de pain blanc ferme
5 c. à soupe de beurre ou de
    margarine, mesuré
    séparément
2 c. à soupe de farine tout usage
12 cl de lait
90 g de champignons frais
    (environ 9 moyens), coupés
    en fines lamelles
6 c. à soupe de parmesan râpé,
    mesuré séparément
2 c. à café de pâte d'anchois
1/4 c. à café de sel
1/8 c. à café de poivre
    Des lamelles d'olives vertes et
    noires, des lamelles de
    poivrons rouge et vert et
    des filets d'anchois pour la
    décoration

1. Faites préchauffer le four à 180°C. Coupez des rondelles dans les tranches de pain avec un emporte-pièces de 5 cm. Faites fondre 3 c. à soupe de beurre dans une petite casserole. Badigeonnez légèrement de beurre les deux côtés des rondelles de pain à l'aide d'un pinceau. Faites cuire les rondelles de pain sur une plaque allant au four non huilée, pendant 5 à 6 minutes, jusqu'à ce qu'ils soient dorés. Sortez-les du four et posez-les sur une grille. Laissez-les refroidir complètement. Augmentez la température du four à 220°C.

2. Faites fondre les 2 c. à soupe de beurre restantes dans la même petite casserole. Incorporez la farine; faites cuire en remuant à feu moyen jusqu'à ce qu'il y ait des bulles. Incorporez le lait et remuez pendant 1 minute ou jusqu'à ce que la sauce épaississe et bouille. (La sauce sera très épaisse.) Mettez les champignons dans un grand bol; incorporez 3 c. à soupe de fromage, la pâte d'anchois, le sel et le poivre noir dans la sauce jusqu'à ce que le tout soit bien mélangé.

3. Étalez une c. à café comble sur chaque toast; mettez-les sur une plaque à pâtisserie non huilée. Saupoudrez les canapés avec les 3 c. à soupe restantes de fromage. Garnissez au goût.

4. Faites cuire pendant 5 à 7 minutes jusqu'à ce que les canapés soient légèrement dorés. Servez chaud.
    Donne environ 8 à 10 portions (environ 2 douzaines)

Étape 1. Comment badigeonner de beurre les rondelles de pain à l'aide d'un pinceau.

Étape 2. Comment incorporer la sauce épaissie dans les champignons.

Étape 3. Comment étaler le mélange aux champignons sur les toasts.

Antipasto aux Champignons Marinés

1 recette de Champignons
    Marinés (à la page 244)
4 c. à café de vinaigre de vin
    rouge
1 gousse d'ail hachée
1/2 c. à café de basilic séché,
    broyé
1/2 c. à café d'origan séché, broyé
  Une généreuse pincée de poivre
    noir fraîchement moulu
6 cl d'huile
120 g de mozzarella, coupé en
    cubes de 1,5 cm
120 g de prosciutto ou de jambon
    cuit, finement tranché
120 g de fromage provolone,
    coupés en bâtons de 5 cm
1 pot (285 g) de poivrons
    pepperoncini, égouttés
225 g de salami dur, finement
    coupé
2 pots (180 g chacun) de coeurs
    d'artichauts marinés,
    égouttés
1 boîte (180 g) d'olives noires
    dénoyautées, égouttées
  Des feuilles de laitue (facultatif)
  Des feuilles fraîches de basilic et
    de la ciboulette pour la
    décoration

1. Préparez les Champignons Marinés; mettez-les de côté.

2. Mélangez le vinaigre, l'ail, le basilic, l'origan et le poivre noir dans un petit bol. Ajoutez l'huile en un fin filet régulier, en battant jusqu'à ce que l'huile soit bien mélangée. Ajoutez les cubes de mozzarella; remuez pour les enrober.

3. Faites mariner au réfrigérateur pendant au moins 2 heures.

4. Entourez les bâtons de Provolone avec la moitié des tranches de jambon; roulez le reste des tranches séparément.

5. Égouttez les cubes de mozzarella; mettez la marinade de côté.

6. Disposez les cubes de mozzarella, les bâtons de Provolone entourés de jambon, les rouleaux de jambon, les pepperoncini, le salami, les coeurs d'artichauts et les olives sur un grand plat recouvert d'un lit de laitue, au goût.

7. Assaisonnez les pepperoncini, les coeurs d'artichauts et les olives avec la marinade mise de côté. Garnissez au goût. Servez avec de petites fourchettes ou des cure-dents en bois.

Donne environ 6 à 8 portions

suite à la page 244

Étape 2. Comment incorporer l'huile en la battant dans le mélange de vinaigre.

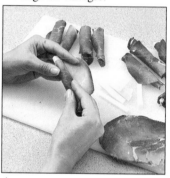

Étape 4. Comment enrouler le jambon autour des bâtons de Provolone.

Minestrone à la Milanaise

Environ 120 g d'haricots verts
2 courgettes moyennes
1 grosse pomme de terre
environ 225 g de chou
7 cl d'huile d'olive
3 c. à soupe de beurre ou de
    margarine
2 oignons moyens, hachés
3 carottes moyennes,
    grossièrement hachées
3 côtes de céleri, grossièrement
    hachées
1 gousse d'ail, hachée
1 boîte (810 g) de tomates
    oblongues italiennes, non
    égouttées
87 cl de bouillon de boeuf
37 cl d'eau
1/2 c. à café de sel
1/2 c. à café de basilic séché,
    broyé
1/4 c. à café de romarin séché,
    broyé
1/4 c. à café de poivre
1 feuille de laurier
1 boîte (450 g) d'haricots blancs
   Du parmesan fraîchement râpé
    (facultatif)

1. Équeutez les haricots verts; coupez-les en morceaux de 2,5 cm. Préparez les courgettes; coupez-les en cubes de 1,5 cm. Épluchez la pomme de terre; coupez en cubes de 2 cm. Hachez grossièrement le chou.

2. Faites chauffer à feu moyen l'huile et le beurre dans une marmite ou un faitout de 6 litres. Ajoutez les oignons; faites-les cuire en remuant jusqu'à ce qu'ils soient tendres et dorés mais pas brunis. Incorporez les carottes et la pomme de terre; faites cuire en remuant pendant 5 minutes. Incorporez le céleri et les haricots verts; faites cuire en remuant pendant 5 minutes. Incorporez les courgettes; faites cuire en remuant pendant 3 minutes. Incorporez le chou et l'ail; faites cuire en remuant pendant encore 1 minute.

3. Égouttez les tomates en conservant le jus. Ajoutez le bouillon, l'eau et le jus mis de côté dans la marmite. Hachez grossièrement les tomates; ajoutez-les dans la marmite. Incorporez le sel, le basilic, le romarin, le poivre et la feuille de laurier. Amenez à ébullition à feu vif; baissez le feu à doux. Couvrez et faites mijoter pendant 1 1/2 heures, en remuant de temps en temps.

4. Rincez et égouttez les haricots blancs; ajoutez-les dans la marmite. Enlevez le couvercle et faites cuire à feu moyen-doux pendant 30 à 40 minutes de plus jusqu'à ce que la soupe épaississe et en remuant de temps en temps. Enlevez la feuille de laurier. Servez avec le fromage.

Donne 8 à 10 portions (environ 3 l)

Étape 1. Comment hacher le chou avec un couteau de chef.

Étape 2. Comment faire cuire et mélanger les légumes.

Étape 4. Comment ajouter les haricots égouttés dans la marmite.

Pesto Classique
avec des Linguine (languettes)

Linguine Maison, 340 g de pâtes
  Linguine sèches, cuites et
  égouttées
2 c. à soupe de beurre ou de
  margarine
6 cl plus 1 c. à soupe d'huile
  d'olive, mesurée
  séparément
2 c. à soupe de pignons
240 g de feuilles de basilic
  fraîches bien tassées (non
  séchées), rincées, égouttées
  et équeutées
2 gousses d'ail
1/4 c. à café de sel
50 g de parmesan fraîchement
  râpé
1 1/2 c. à soupe de fromage
  Romano fraîchement râpé
  Des feuilles de basilic pour la
  décoration

1. Pour préparer les Linguine Maison, faites la pâte en suivant les étapes 1 et 2 de la recette des Fettucine Maison (à la page 252). A l'étape 3, abaissez la pâte en un cercle d'une épaisseur de 1,5 mm. A l'étape 5, coupez la pâte en lanières de 3 mm de large. Continuez de la façon indiquée à l'étape 6. Ajoutez du beurre aux pâtes cuites et égouttées, en les tournant pour bien les enrober.

2. Pour faire griller les pignons, faites chauffer 1 c. à soupe d'huile dans une petite casserole ou un poêlon à feu moyen à doux. Ajoutez les pignons; faites-les cuire en remuant pendant 30 à 45 secondes jusqu'à ce qu'ils soient légèrement grillés, en remuant la casserole constamment. Retirez-les avec une cuiller à égoutter; égouttez-les sur du papier essuie-tout.

3. Mettez les pignons grillés, les feuilles de basilic, l'ail et le sel dans un robot culinaire ou un mélangeur. Avec le robot en marche, ajoutez le quart de tasse d'huile restant en un filet lent et régulier jusqu'à ce que le tout soit bien mélangé et que les pignons soient bien hachés.

4. Transférez le mélange de basilic dans un petit bol. Incorporez les fromages Parmesan et Romano.*

5. Mélangez les linguine chaudes et beurrées et la sauce pesto dans un grand bol de service, tournez pour bien les enrober. Garnissez au goût. Servez immédiatement.
    Donne 4 portions (environ 17 cl de sauce pesto)

* La sauce pesto peut être conservée au réfrigérateur dans un récipient hermétique à cette étape; versez une fine couche d'huile d'olive sur le pesto et couvrez. Mettez au réfrigérateur pendant 1 semaine au maximum. Ramenez à la température ambiante. Procédez de la façon indiquée à l'étape 5.

Étape 1. Comment couper la pâte en lanières.

Étape 2. Comment faire griller les pignons.

Étape 3. Comment ajouter l'huile dans l'entonnoir lorsque le robot est en marche.

Fettucine (languettes) Classiques d'Alfredo

1 recette de Fettucine Maison (recette ci-dessous) ou 340 g de pâtes Fettucine sèches et non cuites
90 g de beurre non salé
15 cl de crème épaisse ou à fouetter
1/2 c. à café de sel
  Une grosse pincée de poivre blanc moulu
  Une grosse pincée de noix de muscade moulue
environ 90 g de parmesan fraîchement râpé
2 c. à soupe de persil fraîchement haché
  Des brins de persil italien pour la décoration

1. Préparez et faites cuire les Fettucine Maison ou faites cuire les fettucine sèches dans une grande marmite d'eau bouillante pendant 6 à 8 minutes jusqu'à ce qu'elles soient 'al dente'. Égouttez-les bien; remettez-les dans la marmite sèche.

2. Mettez le beurre et la crème dans un grand poêlon lourd à feu moyen-doux. Faites cuire en remuant jusqu'à ce que le beurre fonde et le mélange fasse des bulles. Faites cuire en remuant pendant encore 2 minutes. Incorporez le sel, le poivre et la noix de muscade. Retirez du feu. Incorporez progressivement le fromage jusqu'à ce que le tout soit bien mélangé et lisse. Remettez brièvement à chauffer pour bien mélanger le fromage si nécessaire. (Ne laissez pas la sauce bouillir, car le fromage risquerait de devenir dur et grumeleux).

3. Versez la sauce sur les fettucine dans la marmite. Remuez et tournez avec 2 fourchettes à feu doux pendant 2 ou 3 minutes jusqu'à ce que la sauce épaississe et que les fettucine soient bien enrobées. Garnissez au goût. Servez immédiatement.

Donne 4 portions.

Étape 2. Comment incorporer le fromage à la sauce.

Fettucine Maison: Étape 1. Comment mélanger les oeufs dans la farine avec une fourchette pour faire la pâte.

Fettucine Maison

480 g de farine tout usage
1/4 c. à café de sel
3 oeufs
1 c. à soupe de lait
1 c. à soupe d'huile d'olive

1. Mélangez la farine et le sel sur une planche à pâtisserie, une planche à découper ou un comptoir de cuisine; faites un puits au centre. Fouettez les oeufs, le lait et l'huile dans un petit bol jusqu'à ce que le tout soit bien mélangé; Versez graduellement dans le mélange de farine en mélangeant avec une fourchette ou vos doigts pour former une boule de pâte.

suite à la page 254

Fettucine Classiques d'Alfredo, suite

2. Mettez la pâte sur une surface légèrement farinée; aplatissez-la légèrement. Pour pétrir la pâte, pliez-la en deux vers vous et appuyez en l'éloignant de vous avec la paume de la main. Faites tourner la pâte d'un quart de tour et continuez à plier, pousser et tourner. Continuer à pétrir pendant 5 minutes ou jusqu'à ce que la pâte soit lisse et élastique, en ajoutant de la farine supplémentaire pour l'empêcher de coller si nécessaire. Enveloppez la pâte dans un film alimentaire transparent; laissez-la reposer pendant 15 minutes.

3. Enlevez le film alimentaire de la pâte et pétrissez-la brièvement (ainsi que décrit à l'étape 2) sur une surface légèrement farinée. Abaissez la pâte en un cercle d'une épaisseur de 3 mm à l'aide d'un rouleau à pâtisserie sur une surface légèrement farinée. Prenez doucement la pâte avec les deux mains et présentez-la à la lumière pour vérifier s'il y a des endroits où la pâte est trop épaisse. Reposez la pâte sur la planche; régularisez l'épaisseur de la pâte. Laisser reposer jusqu'à ce que la pâte soit légèrement sèche mais qu'elle puisse être manipulée sans être cassée.

4. Farinez légèrement la pâte; enroulez sans serrer autour du rouleau.

5. Enlevez le rouleau; appuyez doucement sur le rouleau de pâte avec la main et coupez des lanières de 6 mm d'épaisseur avec un couteau bien aiguisé. Dépliez soigneusement les lanières.*

6. Faites cuire les fettucine dans une grande marmite d'eau bouillante salée pendant 1 à 2 minutes pour qu'elles soient 'al dente'. Égouttez-les bien.

Donne environ 340 g

* Les fettucine peuvent être séchées et conservées à ce stade. Placez les lanières de fettucine sur des rayons à pâtes ou un manche à balai propre recouvert d'une feuille de plastique et posé entre 2 chaises. Faites sécher pendant au moins 3 heures; conservez dans un récipient hermétique à température ambiante pendant 4 jours au maximum. Pour servir, faites cuire les fettucine dans une grande marmite d'eau bouillante salée pendant 3 à 4 minutes jusqu'à ce qu'elles soient tendres. Égouttez-les bien.

Fettucine Maison: Étape 2. Comment pétrir la pâte.

Fettucine Maison: Étape 4. Comment rouler la pâte sans serrer autour du rouleau.

Fettucine Maison: Étape 2. Comment couper la pâte en lanières.

Ravioli aux Quatre Viandes

Farce aux Quatre Viandes (à la page 256)

Sauce aux Tomates Italiennes (à la page 256)

550 g de farine tout usage

1/4 c. à café de sel

2 oeufs

1 c. à soupe d'huile d'olive

15 à 25 cl d'eau

1 jaune d'oeuf

1 c. à café de lait

1 c. à soupe de persil frais haché

Du parmesan fraîchement rapé

Un brin de romarin frais pour la décoration

1. Préparez la Farce aux Quatre Viandes; réfrigérez.

2. Préparez la Sauce aux Tomates Italiennes; mettez-la de côté.

3. Pour faire la pâte, mélangez la farine et le sel dans un grand bol. Mélangez les 2 oeufs, l'huile et 15 cl d'eau dans un petit bol; mélangez bien. Incorporez graduellement le mélange d'oeufs dans le mélange de farine avec une fourchette. Ajoutez suffisamment les 7 cl restants, 1 c. à soupe à la fois, pour former une pâte ferme mais souple.

4. Mettez la pâte sur une surface légèrement farinée; aplatissez-la. Pour pétrir la pâte, pliez-la en deux vers vous et appuyez en l'éloignant de vous avec la paume de la main. Faites tourner la pâte d'un quart de tour et continuez à plier, pousser et tourner. Continuer à pétrir pendant 5 minutes ou jusqu'à ce que la pâte soit lisse et élastique, en ajoutant, au besoin, de la farine supplémentaire pour l'empêcher de coller. Enveloppez la pâte dans un film alimentaire transparent; laissez-la reposer pendant 30 minutes.

5. Enlevez le film alimentaire transparent et pétrissez la pâte brièvement (ainsi que décrit à l'étape 4) sur une surface légèrement farinée; partagez-la en quatre. Abaissez la pâte à 1,3 mm d'épaisseur à l'aide d'un rouleau à pâtisserie sur une surface légèrement farinée. (Conservez les autres morceaux de pâte enveloppés dans du plastique pour les empêcher de sécher). Coupez la pâte en lanières de 10 cm de large. Déposez la Farce aux Quatre Viandes à l'aide d'une c. à café, le long de la moitié supérieure de chaque lanière, à des intervalles de 5 cm.

6. Mélangez le jaune d'oeuf et le lait dans un petit bol. Badigeonnez à l'aide d'un pinceau le bord le plus long de la pâte et entre les boulettes de farce avec le mélange d'oeufs-lait.

suite à la page 256

Étape 3. Comment incorporer le mélange d'oeufs à l'aide d'une fourchette dans la farine pour former la pâte.

Étape 4. Comment pétrir la pâte.

Étape 5. Comment disposer les boulettes de farce sur l'abaisse.

7. Pliez la pâte par dessus la farce; appuyez fermement entre les boulettes de farce et le long du bord le plus long pour bien sceller, en vous assurant que l'air soit complètement sorti.

8. Coupez les ravioli avec une roulette de pâtissier cannelée. Répétez avec les 3 autres morceaux de pâte, la farce et le mélange d'oeufs et de lait.

9. Faites cuire les ravioli, 1/4 à la fois, dans une grande marmite d'eau bouillante salée pendant 3 à 5 minutes jusqu'à ce qu'ils soient al dente. Retirez-les avec une cuiller à égoutter; égouttez-les bien. Ajoutez les ravioli dans la sauce mise de côté. Amenez les ravioli et la sauce à ébullition à feu moyen-vif; baissez le feu à moyen-doux. Faites mijoter, à découvert, pendant 6 à 8 minutes jusqu'à ce que le tout soit bien chaud. Parsemez de persil et de fromage. Garnissez au goût. Servez immédiatement.

Donne 6 portions

Farce aux Quatre Viandes

150 g d'épinards frais
**2 petites moitiés de poitrines de
    poulet désossées et sans peau
    (environ 120 g chacune), cuites**
90 g de prosciutto ou de jambon cuit
40 g de salami dur
1 gousse d'ail
180 g de boeuf haché
100 g de persil frais haché
2 oeufs
**1/4 c. à café de piment de la
    Jamaïque broyé**
1/4 c. à café de sel

1. Pour cuire les épinards à la vapeur, rincez-les bien dans un grand bol d'eau; égouttez-les mais ne les écrasez pas. Coupez et jetez les tiges. Mettez les épinards dans une grande casserole à feu moyen. Mettez un couvercle et faites cuire à la vapeur pendant 4 minutes ou jusqu'à ce qu'ils soient tendres, en remuant de temps en temps. Laissez reposer jusqu'à ce qu'ils soient assez froids pour pouvoir les manipuler; écrasez-les.

2. Hachez les épinards, le poulet, le prosciutto, le salami et l'ail; mélangez dans un bol moyen avec le boeuf, le persil, les oeufs, le piment de la Jamaïque et le sel. Mélangez bien.

Sauces aux Tomates Italiennes

75 g de beurre ou de margarine
1 gousse d'ail, hachée
**1 boite (810 g) de tomates italiennes
    non égouttées**
1 boîte (250 g) de sauce tomate
3/4 c. à café de sel
**1/2 c. à café de piment de la
    Jamaïque broyé**
1/2 c. à café de basilic séché, broyé
1/2 c. à café de romarin séché, broyé
1/8 c. à café de poivre

1. Faites chauffer le beurre dans une grande casserole à feu moyen jusqu'à ce qu'il soit fondu et qu'il fasse des bulles; faites cuire l'ail dans le beurre chaud, en remuant pendant 30 secondes. Écrasez les tomates et le jus à travers une passoire et faites passer dans le mélange d'ail; jetez les graines. Incorporez la sauce tomate, le sel, le piment de la Jamaïque, le basilic, le romarin et le poivre.

2. Couvrez et faites mijoter pendant 30 minutes. Enlevez le couvercle et laissez mijoter 15 minutes de plus ou jusqu'à ce que la sauce épaississe, en remuant de temps en temps.

Étape 7. Comment presser la pâte sur la farce.

Étape 8. Comment découper les ravioli à l'aide d'une roulette.

Cheveux d'Ange Maison avec Sauces Tomates Classiques

240 g plus 2 c. à soupe de farine tout usage
1/4 c. à café de sel
3 oeufs
1 c. à soupe de lait
1 c. à café d'huile d'olive
  Sauce Napolitaine (page 260)
  Sauce Pizzaiola (page 260)
100 g de parmesan fraîchement râpé (facultatif)
Des brins de marjolaine fraîche pour la décoration

1. Mettez la farine, le sel, les oeufs, le lait et l'huile dans un robot culinaire; travaillez le tout jusqu'à ce que le mélange forme une pâte. Façonnez en boule.

2. Mettez la pâte sur une surface légèrement farinée; aplatissez-la légèrement. Coupez la pâte en 4 morceaux. Enveloppez 3 morceaux de pâte dans un film alimentaire transparent; mettez-les de côté.

3. Pour pétrir la pâte à l'aide de la machine à faire Les pâtes, réglez les rouleaux de la machine à la position la plus large (position 1).* Faites passer la pâte non enveloppée à travers les rouleaux plats en tournant la poignée. (La pâte s'émiettera sans doute un peu au début mais sera plus consistante après 2 à 3 passages à travers les rouleaux).

4. Farinez légèrement une lanière de pâte; pliez la lanière en trois. Faites-la passer à nouveau àtravers les rouleaux. Continuez ce processus 7 à 10 fois, jusqu'à ce que la pâte soit lisse et élastique.

5. Pour abaisser la pâte à la machine, réduisez le réglage à la position 3. Faites passer les lanières de pâte à travers les rouleaux. Sans plier la pâte en trois, répétez l'opération aux positions 5 et 6. Laissez la pâte reposer pendant 5 à 10 minutes jusqu'à ce qu'elle soit légèrement sèche.

* Si les réglages de position sont différents, suivez le mode d'emploi du fabricant quant à la méthode appropriée pour rouler la pâte. Pour faire des pâtes à la main, référez à la recette des Fettucine Maison (à la page 252).

Suite à la page 260

Étape 1. Comment mélanger la pâte au robot culinaire.

Étape 3. Comment pétrir la pâte à l'aide d'une machine à pâtes.

Étape 4. Comment plier la pâte en trois.

Cheveux d'Ange Maison et Sauces Tomates Classiques, suite

6. Fixez la poignée au rouleau des pâtes pour cheveux d'ange et faites passer la pâte à travers ce rouleau.** Répétez le processus complet avec les autres morceaux de pâte mis de côté.

7. Faites cuire les pâtes dans une grande marmite d'eau bouillante salée pendant 1 à 2 minutes jusqu'à ce qu'elles soient al dente; enlevez du feu. Égouttez-les bien; séparez les pâtes dans 2 grands bols.

8. Préparez la Sauce Napolitaine et la Sauce Pizzaiola. Versez la Sauce Napolitaine sur la 1/2 des pâtes; tournez pour bien les enrober. Versez la Sauce Pizzaiola sur la seconde 1/2 de pâtes; tournez pour bien les enrober. Servez avec le fromage. Garnissez au goût.

Donne 4 à 6 personnes.

** A ce stade, les pâtes cheveux d'ange peuvent être séchées et conservées. Suspendez les bandes de pâtes sur des rayons à pâtes ou sur un manche de balai propre recouvert de plastique et posé entre 2 chaises. (Ou bien, roulez les pâtes en nids et mettez-les dans un linge à vaisselle propre). Laissez sécher pendant au moins 3 heures; conservez dans un récipient hermétique à la température ambiante pendant 4 jours maximum. Pour servir, faites cuire les cheveux d'ange dans une grande marmite d'eau bouillante salée pendant 3 à 4 minutes jusqu'à ce qu'ils soient al dente. Égouttez-les bien; procédez tel qu'indiqué à l'étape 8.

Sauce Napolitaine

2 c. à soupe de beurre ou de margarine
1 c. à soupe d'huile d'olive
1 boîte (810 g) de tomates italiennes, non égouttées
1 c. à café de basilic séché, écrasé
1/2 c. à café de sel
1/8 c. à café de poivre
3 c. à soupe de persil frais haché

Faites chauffer le beurre et l'huile dans une casserole de 2 litres à feu moyen. Écrasez les tomates et le jus à travers une passoire et faites passer dans le mélange de beurre chaud; jetez les graines. Incorporez le basilic, le sel et le poivre. Amenez à ébullition à feu vif; baissez le feu à feu moyen-doux. Faites cuire, à découvert, pendant 30 à 40 minutes jusqu'à ce que la sauce soit réduite à 2 tasses, en remuant fréquemment. Incorporez le persil.

Sauce Pizzaiola

1 c. à soupe d'huile d'olive
2 gousses d'ail
1 boîte (810 g) de tomates italiennes, non égouttées
3/4 c. à café de marjolaine séchée, broyée
1/2 c. à café de sel
1/8 c. à café de poivre
2 c. à soupe de persil frais haché

Faites chauffer l'huile dans une casserole de 2 litres à feu moyen. Coupez l'ail en deux. Faites-le cuire en remuant dans l'huile chaude jusqu'à ce que l'ail soit doré mais pas bruni. Enlevez et jetez l'ail. Écrasez les tomates et le jus à travers une passoire et faites passer dans l'huile parfumée à l'ail; jetez les graines. Incorporez la marjolaine, le sel et le poivre. Amenez à ébullition à feu vif; baissez le feu àfeu moyen-doux. Faites cuire à découvert pendant 30 à 40 minutes jusqu'à ce que la sauce soit réduite à 2 tasses, en remuant fréquemment. Incorporez le persil.

Étape 6. Comment faire passer les pâtes dans les rouleaux de la machine à pâtes.

Sauce Napolitaine: Comment écraser les tomates et le jus à travers la passoire.

Sauce Pizzaiola: Comment faire cuire la sauce.

Lasagne aux Épinards

450 g de boeuf haché
120 g de champignons frais, émincés
1 oignon moyen, émincé
1 gousse d'ail, hachée
1 boîte (810 g) de tomates italiennes, non égouttées
1 1/4 c. à café de sel
3/4 c. à café d'origan séché, broyé
3/4 c. à café de basilic séché, broyé
1/4 c. à café de poivre, mesuré séparément
9 feuilles de lasagne non cuites
1/4 tasse plus 1 c. à soupe de beurre ou de margarine, mesuré séparément
1/4 tasse de farine tout usage
1/8 c. à café de noix de muscade moulue
50 cl de lait
180 g de fromage mozzarella rapé, mesuré séparément
45 g de fromage parmesan rapé, mesuré séparément
1 paquet (285 g) d'épinards hachés congelés, dégelés et dépourvus de leur liquide.

1. Pour faire la sauce à la viande, émiettez le boeuf haché dans un gros poêlon à feu moyen-vif. Faites revenir pendant 8 à 10 minutes, en remuant pour séparer la viande, jusqu'à ce que la viande perde sa couleur rose. Enlevez le gras avec une cuillère et jetez-le.

2. Incorporez les champignons, l'oignon et l'ail; faites cuire à feu moyen pendant 5 minutes ou jusqu'à ce que l'oignon soit tendre.

3. Écrasez les tomates et le jus à travers une passoire et faites passer dans le mélange de viande; jetez les graines.

4. Incorporez 3/4 de c. à café de sel, l'origan, le basilic et 1/8 de c. à café de poivre. Amenez à ébullition à feu moyen-vif; baissez le feu à doux. Couvrez et faites mijoter pendant 40 minutes, en remuant de temps en temps. Enlevez le couvercle et faites mijoter pendant 15 à 20 minutes jusqu'à ce que la sauce épaississe. Mettez de côté.

5. Ajoutez les feuilles de lasagne dans une grande marmite d'eau bouillante salée, une à la fois, en laissant les feuilles se ramollir pour qu'elles puissent rentrer dans la marmite. Faites cuire pendant 10 minutes ou jusqu'à ce qu'elles soient al dente.

6. Égouttez les feuilles de lasagne; rincez-les à l'eau froide. Égouttez-les à nouveau; suspendez-les individuellement sur le bord de la marmite pour les empêcher de coller. Mettez de côté.

suite à la page 262

Étape 3. Comment écraser les tomates et le jus à travers la passoire.

Étape 5. Comment ajouter les feuilles de lasagne dans l'eau bouillante.

Lasagnes aux Épinards, suite

7. Pour la sauce béchamel au fromage, mélangez 60 g de beurre dans une casserole moyenne àfeu moyen. Incorporez la farine, la 1/8 c. à café restante de sel, le 1/8 de c. à café restante de poivre et la noix de muscade; faites cuire en remuant jusqu'à ce que le mélange fasse des bulles. Incorporez le lait à l'aide d'un fouet; faites cuire en remuant jusqu'à ce que la sauce épaississe et fasse des bulles. Faites cuire en remuant pendant encore 1 minute. Enlevez du feu. Incorporez 1 tasse de mozzarella et 1/4 tasse de parmesan. Remuez jusqu'à ce que le tout soit homogène. Mettez de côté.

8. Préchauffez le four à 180°C. A l'aide de papier ciré, beurrez un plat allant au four de 30 cm sur 20 cm avec la c. à soupe de beurre restante. Étalez les feuilles de lasagnes en une seule couche sur un linge à vaisselle propre. Essuyez légèrement les pâtes.

9. Disposez 3 feuilles de lasagne en une seule couche au fond du plat allant au four, en les faisant se chevaucher légèrement.

10. Recouvrez avec la 1/2 de la sauce à la viande; étalez uniformément. Étalez la 1/2 de la sauce béchamel sur la sauce à la viande en une couche régulière.

11. Répétez les couches une fois, en utilisant 3 feuilles de lasagne, le reste de la sauce à la viande et le reste de la béchamel. Poser délicatement les épinards sur la sauce béchamel en une couche uniforme; pressez doucement. Disposez les 3 feuilles de lasagne restantes sur les épinards.

12. Mélangez la 1/2 tasse restante de mozzarella et le 1/4 de tasse restant de parmesan dans une tasse. Saupoudrez les fromages uniformément sur le dessus des lasagnes pour recouvrir entièrement les feuilles de lasagne.

13. Faites cuire au four pendant 40 minutes ou jusqu'à ce que le dessus soit doré et que les bords fassent des bulles. Laissez les lasagnes reposer pendant 10 minutes avant de les servir. Garnissez au goût.

Donne 6 portions

Étape 8. Comment beurrer le plat à four.

Étape 10. Comment étaler la béchamel sur la sauce à la viande.

Étape 12. Comment saupoudrer les fromages sur le dessus des lasagnes.

Veau au Parmesan

4 escalopes de veau de 10 mm
  d'épaisseur (environ 120 g
  chacune)
4 c. à soupe d'huile d'olive,
  mesurée séparément
1 petit poivron rouge, finement
  haché
1 oignon moyen, finement haché
1 côte de céleri, finement hachée
1 gousse d'ail, hachée
1 boîte (410 g) de tomates entières
  pelées, non égouttées et
  finement coupées
25 cl de bouillon de poulet
1 c. à soupe de purée de tomate
1 c. à soupe de persil haché
1 c. à café de sucre
3/4 c. à café de basilic séché,
  broyé
1/2 c. à café de sel
1/8 c. à café de poivre noir moulu
1 oeuf
35 g de farine tout usage
100 g de fines miettes de pain sec
2 c. à soupe de beurre ou de
  margarine
180 g de fromage mozzarella rapé
60 g de parmesan fraîchement
  rapé
 Des feuilles de basilic frais pour
  la décoration
 Des pâtes cuites, chaudes
  (facultatif)

1. Mettez chaque escalope de veau entre des feuilles de papier ciré sur une planche en bois. Attendrissez le veau avec un maillet à viande à une épaisseur de 6 mm. Essuyez avec du papier essuie-tout; mettez de côté.

2. Pour faire la sauce tomate, faites chauffer 1 c. à soupe d'huile dans une casserole moyenne à feu moyen. Faites cuire en remuant le poivron, l'oignon, le céleri et l'ail dans l'huile chaude pendant 5 minutes. Incorporez les tomates et le jus, le bouillon, la purée de tomates, le persil, le sucre, le basilic séché, le sel et le poivre noir. Couvrez et faite mijoter pendant 20 minutes à feu doux. Enlevez le couvercle et faites cuire à feu moyen 20 minutes de plus, ou jusqu'à ce que la sauce épaississe, en remuant fréquemment; mettez de côté.

3. Battez l'oeuf dans un bol peu profond; étalez la farine et les miettes de pain sur des assiettes séparées. Trempez les escalopes de veau pour enduire les deux côtés uniformément, tout d'abord dans la farine, puis dans l'oeuf et enfin dans les miettes de pain. Appuyez fermement le mélange de miettes sur le veau.

4. Faites chauffer le beurre et les 2 c. à soupe d'huile dans un gros poêlon à feu moyen-vif. Ajoutez le veau. Faites cuire 3 minutes par côté ou jusqu'à ce que le veau soit bien grillé.

5. Faites préchauffer le four à 180°C. Enlevez le veau avec une cuiller à égoutter et déposez-le sur un plat à four non graissé de 33 cm x 23 cm. Saupoudrez le veau de mozzarella. Étalez uniformément la sauce tomate mise de côté sur le fromage à l'aide d'une cuillère. Saupoudrez de parmesan.

6. Arrosez le dessus avec la c. à soupe d'huile restante. Faites cuire, à découvert, pendant 25 minutes ou jusqu'à ce que le veau soit tendre et le fromage gratiné. Garnissez au goût. Servez avec des pâtes.
Donne 4 portions

Étape 1. Comment aplatir le veau à une épaisseur de 6 mm.

Étape 3. Comment paner le veau.

Étape 5. Comment saupoudrer le fromage sur la sauce tomate.

Poulet Classique au Marsala

30 g de beurre non salé
1 c. à soupe d'huile végétale
4 moitiés de poitrines de poulet
**   désossées et sans peau**
**   (environ 570 g)**
4 tranches de fromage mozzarella
**   (30 g chacune)**
12 câpres, égouttées
4 filets d'anchois plats, égouttés
1 c. à soupe de persil frais haché
1 gousse d'ail, émincée
3 c. à soupe de marsala (vin
**   fortifié)**
15 cl de crème épaisse ou à
**   fouetter**
** Une pincée de sel**
** Une pincée de poivre**
** Des pâtes cuites, chaudes**
**   (facultatif)**

1. Faites chauffer le beurre et l'huile dans un gros poêlon à feu moyen-vif jusqu'à ce qu'il soit fondu et qu'il fasse des bulles. Ajoutez le poulet; baissez le feu à moyen. Faites cuire, à découvert, pendant 5 à 6 minutes de chaque côté jusqu'à ce que le poulet soit tendre et doré. Enlevez le poulet avec une spatule à fentes et posez-le sur une surface de travail. Recouvrez chaque morceau de poulet d'une tranche de fromage, 3 câpres et 1 filet d'anchois.

2. Remettez le poulet dans le poêlon. Saupoudrez-le de persil. Couvrez et faites cuire à feu doux pendant 3 minutes ou jusqu'à ce que le fromage soit à demi fondu et que le jus du poulet soit transparent. Enlevez le poulet avec la spatule à fentes et mettez-le dans un plat de service chaud; gardez au chaud.

3. Ajoutez l'ail au jus de cuisson dans le poêlon; faites cuire en remuant à feu moyen pendant 30 secondes. Incorporez le marsala; faites cuire en remuant pendant 45 secondes, en raclant tous les «gratins» dans le poêlon.

4. Incorporez la crème. Faites cuire en remuant pendant 3 minutes ou jusqu'à ce que la sauce épaississe légèrement. Incorporez le sel et le poivre. Versez la sauce sur le poulet à l'aide d'une cuillère. Servez avec les pâtes. Garnissez au goût.

Donne 4 portions

Étape 1. Comment recouvrir le poulet de fromage, de câpres et d'anchois.

Étape 2. Comment enlever le poulet avec la spatule à fentes.

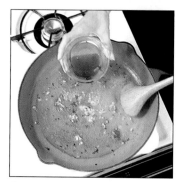

Étape 3. Comment incorporer le marsala dans le mélange d'ail.

Calmars Frits avec Sauce Tartare

450 g de calmars frais ou congelés, dégelés
1 oeuf
1 c. à soupe de lait
115 g de fines miettes de pain sec, non assaisonnées
De l'huile végétale pour friture
De la Sauce Tartare (à la page 270)
Des morceaux de citron (facultatif)

1. Pour nettoyer chaque calmar, tenez le corps du calmar fermement dans une main. Tenez la tête fermement dans l'autre main; tirez la tête en tournant doucement d'un côté à l'autre. (La tête et le contenu du corps devraient sortir en un seul morceau). Mettez de côté le sac tubulaire du corps.

2. Coupez les tentacules de la tête; mettez-les de côté. Jetez la tête et le contenu du corps.

3. Attrapez l'extrémité du cartilage pointu, fin et transparent qui sort du corps. Tirez-le et jetez-le.

4. Rincez le calmar sous de l'eau froide courante. Pelez et jetez la membrane extérieure tacheté qui recouvre le sac du corps et les ailerons. Enlevez les ailerons en les tirant; mettez-les de côté.

5. Rincez bien l'intérieur du calmar sous l'eau courante. Répétez avec les autres calmars.

6. Coupez chaque calmar en travers, en rondelles de 6 mm d'épaisseur; hachez finement les ailerons mis de côté. (Les rondelles, les ailerons et les tentacules mis de côté sont tous des morceaux qui se mangent). Essuyez les morceaux avec du papier essuie-tout.

Suite à la page 270

Étape 1. Comment enlever la tête du calmar.

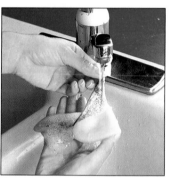

Étape 4. Comment peler la membrane extérieure du calmar.

Étape 6. Comment couper le calmar en rondelles.

Calmars Frits avec Sauce Tartare, suite

7. Battez l'oeuf avec le lait dans un petit bol. Ajoutez les morceaux de calmars; remuez pour bien les enrober. Étalez les miettes de pain dans un bol peu profond. Trempez les morceaux de calmar dans les miettes de pain; mettez-les sur une assiette ou sur du papier ciré. Laissez-les reposer pendant 10 à 15 minutes avant de les faire frire.

8. Pour frire le calmar, faites chauffer 4 cm d'huile dans une grosse casserole à 180°C. (Attention: Le calmar va sauter et éclabousser durant la friture; ne restez pas trop près de la casserole). Réglez le feu pour maintenir la température. Faites frire 8 à 10 morceaux de calmar à la fois dans l'huile chaude pendant 45 à 60 secondes jusqu'à ce qu'ils soient légèrement dorés. Retirez-les avec une cuiller à égoutter; égouttez-les sur du papier essuie-tout. Répétez avec les autres morceaux de calmar.

9. Ou bien, pour frire les calmars dans un gros poêlon, faites chauffer environ 6 mm d'huile à feu moyen-vif; baissez le feu à moyen. Ajoutez les morceaux de calmar sur une seule couche, sans trop les tasser, dans l'huile chaude. Faites-les cuire, en les tournant une fois à l'aide de deux fourchettes, pendant 1 minute de chaque côté ou jusqu'à ce qu'ils soient légèrement grillés. Retirez-les avec une cuiller à égoutter; égouttez-les sur du papier essuie-tout. Répétez avec les autres morceaux de calmar. (Cette méthode utilise moins d'huile mais demande un peu plus de travail manuel).

10. Servez chaud avec de la Sauce Tartare et des morceaux de citron. Garnissez au goût.

Donne 2 à 3 portions.

Sauce Tartare

1 oignon vert
1 c. à soupe de câpres égouttées
1 petit cornichon épineux ou mariné
2 c. à soupe de persil frais haché
300 g de mayonnaise

1. Coupez finement l'oignon vert. Hachez les câpres et le cornichon.

2. Pliez l'oignon vert, les câpres, le cornichon et le persil dans la mayonnaise. Couvrez et conservez au réfrigérateur jusqu'au moment de servir.

Donne environ 32 cl

Étape 7. Comment paner le calmar.

Étape 8. Comment faire frire le calmar.

Étape 9. Comment retourner le calmar à l'aide de fourchettes pour le frire dans un poêlon.

Pizza Maison

1/2 c. à soupe de levure desséchée active

1 c. à café de sucre, mesuré séparément

12 cl d'eau chaude (45° à 55°C)

250 g de farine tout usage, mesurée séparément

3/4 c. à café de sel, mesuré séparément

2 c. à soupe d'huile d'olive, mesurée séparément

1 boîte (450 g) de tomates entières pelées, non égouttées

1 oignon moyen, haché

1 gousse d'ail, émincée

2 c. à soupe de purée de tomate

1 c. à café d'origan séché, broyé

1/2 c. à café de basilic séché, broyé

1/8 c. à café de poivre noir moulu

1/2 petit poivron rouge, évidé et épépiné

1/2 petit poivron vert, évidé et épépiné

4 champignons moyens frais

1 boîte (60 g) de filets d'anchois plats

200 g de fromage mozzarella rapée

45 g de Parmesan fraîchement rapé

50 g d'olives noires dénoyautées, coupées en deux

1. Pour préparer la levure, saupoudrez la levure et 1/2 c. à café de sucre dans l'eau tiède dans un petit bol; remuez jusqu'à ce que la levure soit dissoute. Laissez reposer pendant environ 5 minutes ou jusqu'à ce qu'il y ait des bulles.*

2. Mettez 1 1/2 tasses de farine et 1/4 c. à café de sel dans un bol moyen; incorporez le mélange de levure et 1 c. à soupe d'huile, en remuant jusqu'à l'obtention d'une pâte lisse et douce. Mettez la pâte sur une surface légèrement farinée; aplatissez-la légèrement.

3. Pour pétrir la pâte, pliez la pâte en deux vers vous et écrasez la pâte en l'éloignant de vous avec les paumes de vos mains. Tournez la pâte d'un quart de tour et continuez à la plier, la pousser et la tourner. Continuer à pétrir, en utilisant autant de farine nécessaire du 1/4 de tasse pour obtenir une pâte raide et élastique.

4. Faites une boule avec la pâte; mettez-la dans un grand bol graissé. Tournez-la pour graisser toute sa surface. Couvrez avec un linge à vaisselle propre et laissez la pâte monter dans un endroit chaud pendant 30 à 45 minutes jusqu'à ce qu'elle ait doublée de volume.

5. Enfoncez deux doigts dans la pâte à environ 1,5 cm de profondeur. La pâte est prête si les marques de doigts restent lorsque vous enlevez vos doigts.

* Si la levure ne fait pas de bulles, elle n'est plus active. Vérifiez toujours la date d'utilisation sur le paquet de levure. De plus, l'eau trop chaude rendra la levure inactive; il est conseillé d'utiliser un thermomètre.

suite à la page 272

Étape 1. Comment préparer la levure.

Étape 3. Comment pétrir la pâte.

Étape 5. Comment enfoncer le bout des doigts dans la pâte pour voir si elle est prête.

Pizza Maison, suite

6. Pour faire la sauce, hachez finement
les tomates; réservez le jus. Faites
chauffer la cuillère d'huile restante dans
une casserole moyenne à feu moyen.
Ajoutez l'oignon; faites cuire pendant 5
minutes ou jusqu'à ce qu'il soit mou.
Ajoutez l'ail; faites cuire pendant
encore 30 secondes. Ajoutez les
tomates et le jus, la purée de tomates,
l'origan, le basilic, la 1/2 c. à café
restante de sucre, la 1/2 c. à café de sel
et le poivre noir. Amenez à ébullition à
feu vif; baissez le feu à moyen-doux.
Faites mijoter, à découvert, pendant 10
à 15 minutes jusqu'à ce que la sauce
épaississe, en remuant de temps en
temps. Versez dans un petit bol, laissez
refroidir.

7. Dégonflez la pâte. Pétrissez-la
brièvement (tel que décrit à l'étape 3)
sur une surface légèrement farinée pour
enlever les bulles d'air; laissez la pâte
reposer 5 minutes de plus. Aplatissez la
pâte en un cercle sur une surface
légèrement farinée. Abaissez en
commençant par le centre et en vous
dirigeant vers les bords, pour obtenir un
cercle de 25 cm. Placez le cercle dans
une plaque à pizza graissée de 30 cm;
étirez et faites dépasser la pâte des
bords de la plaque. Couvrez et laissez
reposer pendant 15 minutes.

8. Préchauffez le four à 230°C. Coupez
les poivrons en morceaux de 2 cm.
Coupez les pieds des champignons;
nettoyez-les avec un linge à vaisselle
propre et humide (technique à la page
244) et coupez-les finement. Égouttez
les anchois. Mélangez les fromages
mozzarella et parmesan dans un petit
bol.

9. Étendez la sauce uniformément sur la
pâte à pizza. Saupoudrez les 2/3 du
fromage. Disposez les poivrons, les
champignons, les anchois et les olives
sur le fromage.

10. Saupoudrez le reste du fromage sur
la pizza. Faites cuire pendant 20
minutes ou jusqu'à ce que la croûte soit
dorée. Pour servir, coupez en quartiers.
Donne 4 à 6 portions

Étape 7. Comment abaisser la
pâte.

Étape 9. Comment étendre la
sauce sur la pâte.

Les Gnocchi aux Épinards

2 paquets (285 g chacun)
    d'épinards hachés congelés
1 tasse de fromage ricotta
2 oeufs
60 g de parmesan fraîchement
    rapé, mesuré séparément
140 g plus 3 c. à soupe de farine
    tout usage, mesurée
    séparément
1/2 c. à café de sel
1/8 c. à café de poivre
1/8 c. à café de noix de muscade
60 g de beurre ou de margarine,
    fondu

1. Faites cuire les épinards selon le mode d'emploi indiqué sur le paquet. Égouttez-les bien; laissez-les refroidir. Écrasez-les pour enlever le surplus de liquide; mettez-les dans un bol moyen. Incorporez le fromage ricotta. Ajoutez les oeufs; mélangez bien. Incorporez 30 g de parmesan, 3 c. à soupe de farine, le sel, le poivre et la noix de muscade; mélangez bien. Couvrez et réfrigérez pendant 1 heure.

2. Étendre la tasse restante de farine dans un plat à four peu profond. Pressez une c. à soupe comble de mélange d'épinards entre une cuillère et votre main pour former un gnocchi de forme ovale; posez-le sur la farine. Répétez avec le reste du mélange d'épinards.

3. Roulez les gnocchi légèrement dans la farine pour les enrober uniformément; jetez le surplus de farine. Plongez 8 à 12 gnocchi dans une grande marmite d'eau bouillante salée; baissez le feu àmoyen.

4. Faites cuire, sans couvrir, pendant 5 minutes ou jusqu'à ce que les gnocchi soient légèrement gonflés et fermes au toucher. Enlevez les gnocchi avec une cuiller à égoutter; égouttez-les sur du papier essuie-tout. Transférez-les immédiatement dans un plat graissé et peu profond, allant au four et résistant au gril. Portez de nouveau à ébullition. Répétez avec le reste des gnocchi, 8 à 12 à la fois. Disposez les gnocchi sur une seule couche dans le plat allant au four.

5. Faites chauffer le gril. Mettez des morceaux de beurre sur les gnocchi à l'aide d'une cuillère; saupoudrez avec le 1/3 tasse restant de parmesan. Faites griller les gnocchi à 12,5 cm de la source de chaleur pendant 2 à 3 minutes jusqu'à ce que le fromage fonde et brunisse légèrement. Servez immédiatement. Garnissez au goût.

Donne 4 à 6 portions (environ 24 gnocchi)

Étape 2. Comment façonner les gnocchi.

Étape 3. Comment faire bouillir les gnocchi farinés.

Étape 4. Comment retirer les gnocchi avec une cuiller à égoutter et les déposer sur du papier essuie-tout.

Risotto à la milanaise

1/4 c. à café de stigmates de
    safran
de 87 cl à 1 l de bouillon de
    poulet, mesuré séparément
7 c. à soupe de beurre ou de
    margarine, mesuré
    séparément
1 gros oignon, émincé
350 g de riz Arborio ou de riz
    blanc à grains courts, non
    cuit
12 cl de vin blanc sec
1/2 c. à café de sel
  Une pincée de poivre
20 g de parmesan fraîchement
    rapé
  Du persil frais haché, une tige
    de persil frais et des
    rondelles de tomates pour
    la décoration.

1. Broyez le safran en poudre à l'aide d'un mortier et d'un pilon. Transférez-le dans un petit bol.

2. Amenez le bouillon à ébullition dans une casserole à feu moyen; baissez le feu à doux. Incorporez 12 cl de bouillon dans le safran pour le dissoudre; mettez de côté. Gardez le bouillon chaud.

3. Faites chauffer 6 c. à soupe de beurre dans un grand poêlon lourd ou dans une casserole de 2 1/2 litres à feu moyen jusqu'à ce qu'il ait fondu et qu'il fasse des bulles. Faites cuire en remuant l'oignon dans le beurre chaud pendant 5 minutes ou jusqu'à ce qu'il soit tendre. Incorporez le riz; faites cuire en remuant pendant 2 minutes. Incorporez le vin, le sel et le poivre en remuant. Faites cuire, à découvert, à feu moyen-vif pendant 3 à 5 minutes jusqu'à ce que le vin se soit évaporé, en remuant de temps en temps.

4. Mesurez 12 cl de bouillon chaud; incorporez au riz. Baissez le feu à moyen-doux, en faisant mijoter tout au long des étapes 4 et 5. Faites cuire en remuant jusqu'à ce que le bouillon soit absorbé. Répétez 3 fois, en ajoutant 12 cl de bouillon à chaque fois et en remuant jusqu'à ce que tout le bouillon soit absorbé.

5. Ajoutez au riz le bouillon parfumé au safran et faites cuire jusqu'à ce qu'il soit absorbé. Continuez àajouter le reste du bouillon, 12 cl à la fois, et à faire cuire jusqu'à ce que le riz soit tendre mais ferme et que le tout ait une consistance légèrement crémeuse. (Il se peut que vous n'ayez pas besoin de tout le bouillon. La durée totale de cuisson est d'environ 20 minutes).

6. Retirez le risotto du feu. Incorporez la c. à soupe restante de beurre et le fromage. Servez immédiatement. Garnissez au goût.

Donne 6 à 8 portions

Étape 1. Comment broyer les stigmates de safran.

Étape 3. Comment incorporer le riz dans le mélange d'oignon.

Étape 4. Comment incorporer le bouillon dans le riz jusqu'à ce qu'il soit absorbé.

La Polenta Classique

1,5 l d'eau
2 c. à café de sel
2 tasses de farine de maïs jaune
6 cl d'huile végétale

1. Amenez l'eau et le sel à ébullition dans une grande casserole lourde à feu moyen-vif. En remuant l'eau vigoureusement, ajoutez la farine de maïs en un filet très fin mais régulier (ne laissez pas de grumeaux se former). Baissez le feu à doux.

2. Faites cuire la polenta, à découvert, pendant 40 à 60 minutes, jusqu'à ce qu'elle soit très épaisse, en remuant fréquemment. La polenta est prête lorsqu'une cuillère peut se tenir debout au centre du mélange. On peut alors servir la polenta.*

3. Pour la polenta frite, vaporisez une plaque de cuisson de 27,5 cm x 17,5 cm d'un enduit végétal. Étendez la polenta uniformément sur la plaque. Couvrez et laissez reposez à température ambiante pendant au moins 6 heures ou jusqu'à ce qu'elle soit bien froide et ferme.

4. Démoulez la polenta sur une planche à découper. Coupez la polenta en travers, en lanières de 3 cm de large. Coupez les lanières en morceaux de 5 à 7,5 cm de long.

5. Faites chauffer l'huile dans un grand poêlon lourd à feu moyen-vif; baissez le feu à moyen. Faites frire les morceaux de polenta, la moitié à la fois, pendant 4 à 5 minutes jusqu'à ce qu'ils soient dorés de tous les côtés, en les tournant. Garnissez au goût.

Donne 6 à 8 portions.

* La polenta est un composant important de la cuisine de l'Italie du Nord. La préparation de base présentée ici peut être servie sous deux formes. La polenta chaude, fraîchement préparée jusqu'à l'étape 2, peut être mélangée avec 75 g de beurre et 30 g de parmesan rapé et servie en entrée. Ou bien, versez-la sur un grand plat ovale et recouvrez-la de Sauce Napolitaine (à la page 260) ou de votre sauce à spaghetti préférée, en plat principal. La polenta frite, telle que préparée ici, peut être servie en amuse-gueule ou en plat d'accompagnement avec de la viande.

Étape 1. Comment incorporer la farine de maïs dans l'eau bouillante.

Étape 3. Comment étendre la polenta dans un plat de cuisson.

Étape 5. Comment frire la polenta.

COURS DE CUISINE MEXICAINE

Crevettes au Four avec Beurre à
l'Ail et aux Piments *(à la page 324)*

NOTES DE COURS

Les tacos, burritos, enchiladas - considérés autrefois comme des mets exotiques - sont maintenant aussi connus que des importations plus anciennes telles que les pizzas, la quiche et les rouleaux impériaux. Grâce à leurs vibrants parfums, leurs textures variées et appétissantes et leurs couleurs attrayantes, ces mets mexicains ont été facilement acceptés sur nos menus.

La cuisine mexicaine est plus diversifiée que ce qu'en croit le simple amateur de tacos. Basée sur des aliments tels que le maïs, les tomates, les piments et les haricots, cette cuisine s'est affinée au cours des siècles et a été déterminée par la géographie, le climat, les aliments locaux et la culture indienne d'origine. La cuisine mexicaine a également été mise en valeur, sans toutefois être remplacée, par l'utilisation des techniques de cuisine et des animaux domestiques espagnols.

Les recettes de cette section ont été choisies pour illustrer la diversité de cette merveilleuse cuisine; elles vont du doux à l'épicé, du simple au compliqué, du rustique au sophistiqué. Utilisant des ingrédients et des techniques de cuisine authentiques, présentés avec des instructions claires et des illustrations «comment faire», ces mets seront certainement une réussite, même pour le cuisinier débutant.

ACCESSOIRES ET USTENSILES

La cuisine mexicaine demande peu d'ustensiles spécialisés mais certains articles demandent quelques explications.

Presse-purée pour haricots: Un bloc en bois solide ou un disque en métal perforé, fixé à une poignée. Cet outil est très utile pour brasser et écraser correctement les haricots frits. Si vous n'en avez pas, vous pouvez utiliser un presse-purée pour les pommes de terre.

Mortier et Pilon: Utilisé pour broyer des épices, les herbes et des noix entières en poudre. Le mortier est un récipient de la forme d'un bol et le pilon est un ustensile à bout rond. Le mortier et le pilon sont normalement vendus ensemble et sont faits de marbre, de bois dur, de porcelaine ou de pierre.

Moulin à Café ou à Épices, Électrique: Un petit appareil électrique qui moud rapidement et efficacement les épices entières. On peut l'utiliser pour préparer de la poudre fraîche de piment à partir de piments séchés entiers. Il est aussi utilisé pour moudre les graines et les noix en une fine poudre qui entre dans la préparation de certaines sauces; le robot culinaire ou le mélangeur ne moulent pas aussi bien que le moulin.

Presse à Tortillas: La presse comprend deux disques métalliques plats - habituellement de 6 po ou 15 cm de diamètre) qui sont articulés d'un côté et munis d'une poignée pour presser du côté opposé. On peut facilement la trouver dans les magasins d'articles de cuisine et dans les marchés mexicains. Si vous prévoyez faire des tortillas régulièrement, la presse à tortillas est indispensable pour les faire bien et rapidement. Vous pouvez cependant improviser et utiliser le fond d'un plat ou d'un poêlon lourd pour aplatir la pâte.

INGRÉDIENTS MEXICAINS

Ces ingrédients sont normalement en vente dans les épiceries mexicaines. On peut aussi trouver la majorité d'entre eux dans les supermarchés et les magasins spécialisés et certains peuvent aussi être achetés dans d'autres magasins de spécialités d'Amérique Latine, des Caraïbes et Orientales.

Graines d'Annatto (aussi appelées achiote): Petites graines dures et de couleur cramoisi, utilisées principalement dans la cuisine des Mayas du Yucatan. Les graines donnent une couleur jaune riche et un parfum doux mais particulier. Elles sont mises à tremper pour les ramollir ou bien moulues en fine poudre avant de les utiliser.

Chayote: Une espèce de courge vert pâle, en forme de poire, à la peau douce, au goût délicieux et délicat. On l'appelle aussi «mirmiton» ou «christophine». La chayote est généralement disponible en hiver et se mange crue, sautée ou cuite au four. Conservez-la dans un sac en plastique au réfrigérateur pendant un mois au maximum.

Chilis: Voir les descriptions des pages 283 et 284.

Chorizo: Saucisses de porc de couleur rouge ou orange et à la texture grossière, vendues en vrac ou fourrées dans une enveloppe. Elles passent du très assaisonnées à très piquantes. Retirez toujours l'enveloppe avant de les utiliser.

Cilantro (aussi appelé coriandre frais ou persil chinois): Une herbe aromatique dont les feuilles vertes et délicates ayant l'aspect du persil à feuilles plates, mais non le goût.

Il est très utilisé dans la cuisine mexicaine et ne peut être remplacé par une autre herbe. Conservez-le au réfrigérateur pendant une semaine au maximum avec les tiges dans un verre d'eau; couvrez les feuilles d'un sac en plastique.

Jicama (ou pois-manioc): Racine à peau fine de couleur ocre et de chaire blanche, croquante et douceâtre. Ayant la forme d'un gros navet, le jicama est souvent utilisé cru dans les salades ou mangé en casse-croûte. Il faut l'éplucher avant de le manger. Conservez-le au réfrigérateur pendant cinq jours au maximum

Masa Harina: Farine spécialement préparée pour faire les tortillas de maïs, les tamales et autres pâtes à base de maïs. Elle est habituellement vendue en sacs de 2,5 kg.

Chocolat Mexicain: Mélange de chocolat, d'amandes, de sucre et parfois de cannelle et de vanille, moulus ensemble et façonné en tablettes octogonales. Il est utilisé dans les desserts, les boissons chocolatées et, en petites quantités, pour aromatiser délicatement certaines sauces.

Oignons: Des oignons blancs au un goût très prononcé, qui sont utilisés dans la cuisine mexicaine et qui sont nécessaire pour équilibrer les parfums et pour garder l'authenticité. Les oignons jaunes sont trop doux et apportent un mauvais goût sucré lorsqu'ils sont cuits.

Queso Chihuahua: Un fromage riche semi-mou de couleur crème, doux et qui fond bien. Le cheddar doux, le Monterey Jack ou le Muenster peuvent aussi être utilisés.

Tomatille (aussi appelé tomate verte ou tomate mexicaine): Un petit fruit dur et vert avec une enveloppe extérieure ressemblant à du papier que l'on enlève avant l'utilisation. Les tomatilles ont un goût acide particulier et sont très utilisées dans les sauces cuites. Elles sont vendues fraîches ou en boîte (souvent étiquetées «tomatillo entero»). Il n'y a pas de substitut.

Tortillas: le pilier de la cuisine mexicaine. Ces galettes plates et fines sont faites avec de la farine de maïs ou de blé. Le goût et la texture des tortillas toutes fraîches sont imbattables, mais pour les faire à la maison (voir les recettes aux pages 333 et 334), il faut de l'adresse et de la pratique. Les tortillas se trouvent facilement dans les supermarchés et vous pouvez les utilisez à la place de tortillas maison. Les tortillas de maïs mesurent en général entre 12,5 et 15 cm de diamètre; les tortillas de blé sont disponibles en plusieurs tailles, entre 17,5 et 30 cm de diamètre.

LES CHILIS

Les chilis peuvent être un sujet assez déroutant, autant pour le cuisinier débutant ou que pour le cuisinier expérimenté. Il existe plus de 100 variétés de chilis au Mexique, possédant toutes leurs propres caractéristiques. Ils sont utilisés à la fois frais et séchés et les deux types peuvent être entiers ou moulus. On peut même trouver le même chili sous des noms différents selon sa région d'origine. Les chilis, dont les saveurs piquantes vont du doux à l'«enragé», peuvent aussi varier dans la même espèce.

En raison de l'intérêt grandissant pour la cuisine mexicaine, des chilis qui n'étaient autrefois disponibles que dans des épiceries mexicaines, sont maintenant faciles à trouver dans les épiceries fines et dans de nombreux supermarchés locaux. Cependant tous les types de chilis ne sont pas toujours disponibles. Les descriptions qui suivent des variétés les plus connues vous donneront des connaissances de base des caractéristiques de chilis individuels. Vous pourrez ainsi remplacer un chili par un autre ayant des caractéristiques similaires. L'essence même du met sera légèrement modifiée, mais celui-ci sera toujours délicieux et bien apprécié.

Avertissement: La saveur forte des chilis provient des graines, des veines (les membranes fines internes auxquelles les graines sont rattachées) et autour des veines. Pour les plats moins forts, les veines et les graines sont enlevées et jetées. Les huiles des graines et des veines peuvent être très irritantes pour la peau et peuvent provoquer des brûlures douloureuses aux mains, aux yeux et aux lèvres. Ne touchez pas votre visage lorsque vous manipulez des chilis et lavez-vous les mains à l'eau chaude et savonneuse après les avoir touchés. Portez des gants en caoutchouc si votre peau est particulièrement sensible ou si vous devez manipuler plusieurs chilis.

Chilis frais: Les chilis frais se conserveront pendant plusieurs semaines au réfrigérateur, dans un sac en plastique doublée de papier essuie-tout à l'intérieur. (Le papier absorbe l'humidité). Lorsque vous achetez des chilis frais, choisissez ceux qui ont une peau ferme et non abîmée.

Anaheim (aussi appelé piment vert de Californie): Un piment vert à saveur douce et légèrement piquant. D'une longueur de 10 à 15 cm, et d'une largeur de près de 4 cm, ils ont une extrémité arrondie. Les anaheims sont aussi vendus en boîte. Pour un parfum plus épicé, choisissez des piments poblano.

De gauche à droite: chilis Anaheim, Jalapeño, Poblano et Serrano

Jalapeño: Petit piment vert foncé, d'une longueur d'environ 5 à 7,5 cm et d'une largeur d'environ 2 cm, possédant une extrémité pointue ou légèrement conique. Leurs saveurs piquantes vont de fort à très fort. Il sont aussi vendus en boîte ou au vinaigre. Les serranos ou d'autres petits piments frais et piquants peuvent aussi être utilisés.

Poblano: Gros piment vert très foncé et de forme triangulaire avec une extrémité pointue. Les poblanos ont habituellement de 9 à 12,5 cm de long. Leurs saveurs vont de doux à assez piquant. Pour un goût moins prononcé, choisissez des Anaheims.

Serrano: Très petit piment, de couleur verte et très piquant. Il fait en général de 2,5 à 4 cm de long et environ 9 mm de large et il a une extrémité pointue. Les serranos sont aussi conservés dans du vinaigre. On peut aussi utiliser des jalapeños ou d'autre petits piments piquants, frais.

Piments Séchés: Les piments rouges séchés (murs) sont habituellement vendus sous emballages sous cellophane de poids variés. Ils se conservent indéfiniment s'ils sont mis dans un récipient bien fermé dans un endroit frais, sombre et sec.

De gauche à droite: piments Pasilla, Pequin, Mulato, De árbol et Ancho.

Ancho: Piment assez gros, de forme triangulaire, légèrement plus petit que le piment mulato. Il a une peau ridée de couleur rouge-brun moyenne à foncée. Les anchos sont riches, dont les saveurs vont du doux à piquant moyen.

Chipotle: Piment jalapeño séché et fumé. Il a une peau ridée de couleur brunâtre et un goût riche, fumé et très piquant. Les chipotles se trouvent aussi facilement en boîte dans une sauce adobo.

De árbol: Piment très petit, mince, presque de la grosseur d'une aiguille avec une peau lisse de couleur rouge brillant; ils sont très piquants.

Mulato: Gros piment de forme triangulaire qui a une peau ridée brune-noirâtre. Son parfum est riche, puissant et moyennement fort.

Pasilla: Piment de taille moyenne, long et mince avec une peau ridée brun-noirâtre. Il a un goût puissant, allant du doux à assez fort. (Les pasillas sont parfois appelés 'piments noirs'.)

Pequin (aussi épelé piquin): Minuscule piment en forme de perle ovale. Il a une peau légèrement ridée de couleur rouge-orangé. Utilisez les piments pequin avec précaution car ils sont extrêmement forts. (Ils sont parfois aussi appelés "piments tepin").

TECHNIQUES DE PRÉPARATION UTILES
Comment Faire Rôtir les Chilis

Frais: A l'aide d'une pince pour tenir le piment, placez ce dernier directement dans la flamme moyenne d'un brûleur à gaz; faites-le rôtir en le tournant, jusqu'à ce que le piment soit uniformément boursouflé et noirci.

Mettez immédiatement le piment rôti dans un sac en plastique; fermez le sac. Répétez avec les autres piments. Pour faire rôtir au gril, mettez les piments sur une plaque à gril tapissée de papier d'aluminium; faites-les griller à 5 à 7,5 cm du feu jusqu'à ce que les piments soient boursouflés et noircis, en les tournant au besoin. Mettez les piments rôtis dans un sac en plastique; fermez le sac.

Laissez les piments rôtis dans les sac fermé pendant 20 minutes. Épluchez chaque piment sous de l'eau froide courante, en frottant et en tirant la peau brûlée. Fendez le piment en deux dans le sens de la longueur à l'aide de ciseaux ou d'un couteau.

Retirez soigneusement les graines et les veines et jetez-les. Rincez

bien les piments et égouttez-les; essuyez-les avec du papier essuie-tout.

Comment Faire Griller les Piments Séchés: Faites chauffer un gril électrique ou un poêlon lourd non graissé à feu moyen; mettez les piments sur la plaque sur une seule couche. Faites cuire les piments pendant 1 à 3 minutes jusqu'à ce que leur couleur change légèrement (sans les brûler) et qu'ils dégagent un parfum (mais pas au point d'émettre un arôme âpre), en les écrasant avec une spatule et en les retournant de temps en temps. Si vous faites griller plusieurs piments séchés, mettez-les en une seule couche sur une plaque allant au four à 180°C, pendant 3 à 5 minutes jusqu'à ce que les piments soient chauds au toucher et odorants. Lorsque les piments ont suffisamment refroidis pour pouvoir

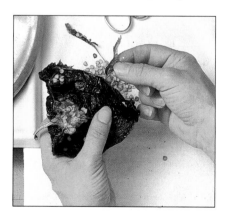

les manipuler, tout en étant encore flexibles, coupez chacun d'entre eux dans le sens de la longueur avec des ciseaux; retirez soigneusement les graines et les veines. Ne rincez les piments en les frottant sous l'eau froide courante que si la recette le spécifie.

Comment Faire Griller les Tomates: Mettez les tomates entières sur une plaque à gril doublée de papier aluminium. Faites griller les tomates à 10 cm de

la source de chaleur pendant 15 à 20 minutes jusqu'à ce qu'elles soient boursouflées et brunies uniformément (mais pas brûlées) et qu'elles soient molles à l'intérieur, en tournant au besoin. Utilisez la tomate entière; n'enlevez pas la peau, les graines ou le coeur.

Comment Ramollir et Réchauffer les Tortillas: Empilez les tortillas et enveloppez-les de papier d'aluminium. Faites chauffer les tortillas au four à 180°C, pendant 10 minutes jusqu'à ce qu'elles soient chaudes. Ou bien, réchauffez-les au four micro-ondes. Empilez les tortillas et enveloppez-les dans un film en plastique; faites les chauffer à puissance MAXIMALEA pendant 1/2 à 1 minute, en lez retournant une fois et en les tournant 1/4 de tour une fois pendant la cuisson.

Bouchées de Tortillas au Chorizo et au Fromage

Salsa Rouge et Verte (recette ci-après) (facultatif)
225 g de chorizo
120 g de fromage cheddar doux râpé
120 g de fromage Monterey Jack râpé
3 tortillas de farine (25 cm de diamètre)

1. Préparez la Salsa Rouge et Verte.

2. Enlevez et jetez l'enveloppe du chorizo. Faites chauffer un poêlon moyen à feu vif jusqu'à ce qu'il soit chaud. Baissez le feu à moyen. Émiettez le chorizo dans le poêlon. Faites-le griller pendant 6 à 8 minutes, en remuant pour séparer la viande. Enlevez-le avec une cuiller à égoutter; égouttez-le sur du papier essuie-tout.

3. Préchauffez le four à 230°C. Mélangez les fromages dans un bol.

4. Déposez les tortillas sur des plaques à pâtisserie. Divisez le chorizo également entre les tortillas, en laissant 1,5 cm de bord non couvert. Saupoudrez le mélange de fromage sur le dessus.

5. Faites cuire au four pendant 8 à 10 minutes jusqu'à ce que les bords soient dorés et croustillants et que le fromage soit fondu.

6. Transférez dans des assiettes de services; coupez chaque tortilla en 6 quartiers. Versez de la Salsa Rouge et Verte sur les quartiers au goût.

Donne 6 à 8 portions

Étape 2. Comment enlever l'enveloppe du chorizo.

Étape 2. Comment faire griller le chorizo.

Étape 4. Comment saupoudrer les tortillas de mélange de fromages.

Salsa Rouge et Verte

1 petit poivron rouge
50 g de cilantro grossièrement haché
3 oignons verts, émincés
2 piments jalapeño, égrenés et hachés
2 c. à soupe de jus de lime fraîches
1 gousse d'ail, hachée
1/4 c. à café de sel

Coupez le poivron en deux dans le sens de la longueur; enlevez et jetez les graines et les veines. Coupez les moitiés dans le sens de la longueur en fines lamelles; coupez les lamelles en diagonale, en deux. Mélangez tous les ingrédients dans un bol. Laissez reposer, à couvert, à température ambiante pendant 1 à 2 heures pour mélanger les parfums.

Donne 240 g

Les Nachos Olé

340 g d'Haricots Frits (à la page 332) ou d'haricots frits en boîte

6 douzaines de Chips Tortillas au maïs (page 335) ou des chips tortillas en paquet

180 g de fromage Monterey Jack rapé

180 g de fromage cheddar rapé

1 grosse tomate

100 g de piments jalapeño au vinaigre finement coupés

1. Préparez les Haricots Frits.

2. Préparez les Chips Tortillas au maïs.

3. Faites chauffer le four à 200°C. 'Mélangez les fromages dans un petit bol. Faites réchauffer les haricots, au besoin.

4. Coupez la tomate en deux en diagonale. Pressez doucement chaque moitié pour enlever les graines; jetez-les. Hachez la tomate.

5. Étendez 1 c. à café d'haricots sur chaque chip tortilla.

6. Disposez les chips en une seule épaisseur, en superposant légèrement les bords, sur 2 ou 3 plaques à pâtisserie ou de grandes assiettes allant au four.

7. Saupoudrez les chips uniformément de tomates et de piments, puis de fromage.

8. Faites cuire pendant 5 à 8 minutes jusqu'à ce que le fromage soit fondu et qu'il fasse des bulles.

Donne 4 à 6 portions

Étape 4. Comment presser doucement chaque moitié de tomates pour enlever les graines.

Étape 5. Comment étendre les haricots sur les chips.

Étape 7. Comment saupoudrer les chips de mélange de fromages.

Le Guacamole Classique

4 c. à soupe d'oignon blanc émincé, mesuré séparément

1 1/2 c. à soupe de cilantro grossièrement haché, mesuré séparément

1 ou 2 piments jalapeño ou serrano frais, égrenés et émincés

1/4 c. à café d'ail haché (facultatif)

2 gros avocats bien mûrs

1 tomate moyenne très mûre

De l'eau bouillante

1 à 2 c. à café de jus de lime frais

1/4 c. à café de sel

des Chips Tortillas au maïs (à la page 335) ou des chips tortillas en paquet

Des piments et des tiges de cilantro pour la décoration

1. Mélangez 2 c. à soupe d'oignon, 1 c. à soupe de cilantro, les piments et l'ail dans un grand mortier. Pilez-les avec un pilon jusqu'à consistance presque homogène. (Vous pouvez utiliser un robot culinaire ou un mélangeur, mais le mélange sera plus liquide que la consistance voulue).

2. Coupez les avocats en deux dans le sens de la longueur et jetez les noyaux. Évidez la chair avec une cuillère; mettez-la dans un bol. Ajoutez le mélange de piments. Réduisez grossièrement en purée avec une cuillère en bois, un presse-purée pour haricots ou pour pommes de terres, en gardant l'avocat légèrement grumeleux.

3. Pour décoller la peau de la tomate, mettez-la dans une petite casserole d'eau bouillante pendant 30 à 45 secondes. Rincez-la immédiatement à l'eau froide courante. Enlevez la peau et coupez la tomate en deux en travers. Pressez doucement chaque moitié pour enlever les graines; jetez les graines. Hachez la tomate.

4. Ajoutez la tomate, le jus de lime, le sel, les 2 c. à soupe restante d'oignon et 1/2 c. à soupe de cilantro dans le mélange d'avocat; mélangez bien. Servez immédiatement ou couvrez et réfrigérez pendant 4 heures au maximum. Servez avec des Chips Tortillas. Garnissez au goût.

Donne environ 2 tasses

Étape 2. Comment évider la chair de l'avocat.

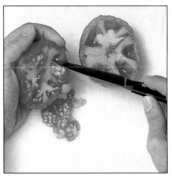

Étape 3. Comment presser doucement chaque moitié pour enlever les graines.

Étape 4. Comment ajouter la tomate au mélange d'avocat.

Le Gazpacho

6 grosse tomates très mûres
    (environ 1,3 kg), mesurées
    séparément
37 cl de jus de tomate
1 petite gousse d'ail
2 c. à soupe de jus de lime frais
2 c. à soupe d'huile d'olive
1 c. à soupe de vinaigre de vin
    blanc
1 c. à café de sucre
1/2 à 1 c. à café de sel
1/2 c. à café d'origan séché, écrasé
6 oignons verts, coupés en fines
    lamelles
40 g de céleri finement haché
40 g de concombre émincé, égrené,
    non épluché
1 ou 2 piments jalapeño frais,
    égrenés, finement hachés
Des Croûtons à l'Ail (recette ci-
    après) ou des croûtons en
    paquet
150 g d'avocat coupé en dés
1 poivron rouge ou vert, égrené et
    coupé
2 c. à soupe de cilantro
Des quartiers de lime (facultatif)
De la crème sûre (facultatif)

1. Égrenez et coupez finement 1 tomate (technique à la page 288). Mettez-la de côté.

2. Coupez grossièrement les 5 autres tomates; mélanger au mélangeur la moitié des tomates, 3/4 tasse de jus de tomates et l'ail jusqu'à ce que le tout soit homogène. Faites passer à travers une passoire dans un grand bol; jetez les graines. Répétez avec le reste des tomates grossièrement coupées et 3/4 tasse de jus de tomates.

3. Fouettez ensemble le jus de lime, l'huile, le vinaigre, le sucre, le sel et l'origan dans le mélange de tomates. Incorporez la tomate finement coupée, les oignons, le céleri, le concombre et les piments. Couvrez; mettez au réfrigérateur pendant au moins 4 heures ou jusqu'à 24 heures.

4. Préparez les Croûtons à l'Ail.

5. Remuez la soupe; versez-la à l'aide d'une louche dans des bols refroidis. Ajoutez les croûtons, l'avocat, le poivre, le cilantro, les quartiers de citron et la crème sûre selon le goût.

Donne 2 portions

Étape 2. Comment écraser les tomates à travers la passoire.

Étape 3. Comment fouetter le jus de lime dans le mélange de tomates.

Croûtons à l'Ail

5 tranches de pain blanc ferme
2 c. à soupe d'huile d'olive
1 gousse d'ail, hachée
1/4 c. à café de paprika

1. Préchauffez le four à 150°C. Coupez et enlevez les croûtes de pain; coupez la mie en carrés de 1,5 cm.

2. Faites chauffer l'huile dans un poêlon à feu moyen. Incorporez l'ail et le paprika. Ajoutez le pain; faites cuire en remuant pendant 1 minute jusqu'à ce que le pain soit uniformément enduit d'huile.

3. Étendez le pain sur une plaque à pâtisserie. Faites-le cuire pendant 20 à 25 minutes jusqu'à ce qu'il soit croustillant et doré. Faites refroidir.

Donne environ 100 g

Les Flautas au Poulet

3 moitiés de poitrines de poulet
(environ 675 g)
1 boîte (120 g) de piments verts en
dés, égouttés
12 cl d'eau
1/8 c. à café de sel (facultatif)
1/2 c. à café de cumin moulu
De la Salsa de Tomates Fraîches
(à la page 300)
25 cl de Guacamole Classique (à la
page 290) ou de guacamole
acheté
12 tortillas de maïs (12,5 cm de
diamètre)
De l'huile végétale
875 g de laitue iceberg hachée
120 g de fromage Monterey Jack
rapé
115 g de crème sûre
Des quartiers de tomates et des
tiges de cilantro pour la
décoration

1. Mélangez le poulet, les piments, l'eau, le sel et le cumin dans un poêlon moyen. Amenez à ébullition à feu moyen-vif. Baissez le feu à doux. Couvrez; faites mijoter pendant 15 à 20 minutes jusqu'à ce que le poulet soit tendre. Enlevez le poulet; laissez-le refroidir jusqu'à ce que vous puissiez le manipuler. Égouttez les piments et gardez-les.

2. Préparez la Salsa de Tomates Fraîches et le Guacamole Classique.

3. Enlevez et jetez les os et la peau du poulet. Déchirez le poulet avec vos doigts en longs morceaux fins. Faites réchauffer les tortillas de maïs (technique à la page 285).

4. Pour chaque flauta: faites se chevaucher 2 tortillas d'environ la moitié chacune. Mettez 1/8 de mélange de poulet au centre, à l'aide d'une cuillère. Recouvrez d'1/8 des piments mis de côté. Roulez aussi serré que possible.

5. Faites chauffer le four à 120°C. Faites chauffer 2,5 cm d'huile dans un poêlon lourd et profond à feu moyen-vif jusqu'à 190°C; réglez le feu pour maintenir cette température. Mettez du papier essuie-tout sur la plaque à pâtisserie.

6. Faites frire les flautas, 1 ou 2 à la fois, dans l'huile, en les maintenant fermées à l'aide d'une pince pendant les 30 premières secondes pour les empêcher de se dérouler. Faites frire pendant 2 minutes ou jusqu'à ce qu'elles soient croustillantes et dorées de tous les côtés, en les tournant de temps en temps. Égouttez-les sur du papier essuie-tout. Conservez-les au chaud dans le four sur la plaque àpâtisserie préparée.

7. Pour servir, mettez 2 à 3 flautas dans chaque assiette garnie d'un lit de salade. Recouvrez chaque flauta d'un peu de fromage, de Guacamole Classique et de crème sûre. Garnissez au goût. Servez avec de la Salsa de Tomates Fraîches.

Donne 4 à 6 portions

Étape 1. Comment ajouter l'eau dans le poêlon.

Étape 4. Comment rouler la flautas.

Étape 6. Comment faire frire les flautas.

Les Tostadas au Poulet

480 g d'Haricots Frits (à la page 332) ou d'haricots frits en boîte

De la Salsa de Tomates Fraîches (à la page 300)

De la Vinaigrette au Cumin et à la Lime (recette ci-après)

4 tortillas de blé (25 cm de diamètre) ou 8 tortillas de maïs (12,5 cm de diamètre)

De l'huile végétale

750 g de morceaux de poulet cuit

875 g de laitue iceberg hachée

1 petite carotte, rapée

120 g de fromage Cheddar doux rapé, mesuré séparément

1 gros avocat bien mûr, paré, dénoyauté et coupé

115 g de crème sûre

1. Préparez les Haricots Frits, en les réduisant grossièrement en purée.

2. Préparez la Salsa de Tomates Fraîches et la Vinaigrette au Cumin et à la Lime.

3. Faites chauffer le four à 120°C. Faites chauffer 2,5 cm d'huile dans un poêlon lourd et profond à feu moyen-vif jusqu'à 190°C; réglez le feu pour maintenir cette température. Mettez du papier essuie-tout sur la plaque à pâtisserie.

4. Faites frire les tortillas dans l'huile, 1 à la fois, pendant 1 minute ou jusqu'à ce qu'elles soient croustillantes et dorées, en les tournant une fois. Égouttez-les sur du papier essuie-tout. Conservez-les au chaud dans le four sur la plaque à pâtisserie préparée.

5. Faites réchauffer les haricots, si nécessaire. Mélangez le poulet, la laitue et la carotte dans un grand bol. Ajoutez la vinaigrette; tournez pour bien mélanger.

6. Pour servir, mettez 1 tortilla de blé ou 2 de maïs dans chaque assiette. Étendre les haricots jusqu'à 1,5 cm du bord de chaque tortilla. Saupoudrez uniformément 90 g de fromage sur les tostadas. Recouvrez de mélange de poulet et de l'avocat. Garnissez avec le reste du fromage. Servez avec de la Salsa de Tomates Fraîches et de la crème sûre.

Donne 4 portions

Vinaigrette au Cumin et à la Lime

2 c. à soupe de jus de lime frais
1/4 c. à café de zeste de lime
1/4 c. à café de sel
1/4 c. à café de cumin moulu
1/4 tasse d'huile végétale

Mélangez le jus de lime, le zeste de lime, le sel et le cumin dans un petit bol. Ajoutez graduellement l'huile en remuant continuellement jusqu'à ce que le tout soit bien mélangé. Conservez au réfrigérateur.

Donne environ 8 cl

Étape 4. Comment faire frire une tortilla.

Étape 6. Comment saupoudrer le fromage sur une tostada.

Vinaigrette au Cumin et à la Lime: Comment incorporer l'huile dans le mélange de jus de lime à l'aide d'un fouet.

Boeuf Chimichangas

Salsa de Tomates Fraîches (à la page 300)
180 g de chorizo
450 g de boeuf haché
75 g d'oignon blanc émincé
1 gousse d'ail, hachée
1/2 c. à café de cumin moulu
1 boîte (225 g) de sauce tomate
60 g d'olives noires dénoyautées, coupées
12 tortillas de blé (20 cm de diamètre)
120 g de fromage Monterey Jack rapé
De l'huile végétale
1 tasse de crème sûre
Des brins de cilantro frais et des radis pour la décoration

1. Préparez la Salsa de Tomates Fraîches.

2. Enlevez et jetez l'enveloppe du chorizo. Faites chauffer un poêlon moyen à feu vif jusqu'à ce qu'il soit chaud. Baissez le feu à moyen. Émiettez le chorizo dans le poêlon. Faites-le griller pendant 6 à 8 minutes, en remuant pour séparer la viande. Enlevez-le avec une cuiller à égoutter; égouttez-le sur du papier essuie-tout.

3. Émiettez le boeuf haché dans le poêlon. Faites-le griller à feu moyen-vif pendant 6 à 8 minutes, en remuant pour séparer la viande. Ajoutez l'oignon, l'ail et le cumin; faites cuire en remuant pendant 4 minutes ou jusqu'à ce que l'oignon soir tendre. Enlevez le gras à l'aide d'une cuillère et jetez-le.

4. Incorporez la sauce tomate. Amenez à ébullition à feu vif. Baissez le feu à doux. Couvrez et faites mijoter pendant 15 minutes. Enlevez le couvercle du poêlon; augmentez le feu à moyen. Faites cuire en remuant pendant 5 minutes ou jusqu'à ce que la plupart du liquide se soit évaporé et que la viande soit enrobée de sauce. Incorporez les olives.

5. Si elles ne viennent pas d'être faites, faites ramollir et réchauffer les tortillas. (technique à la page 285).

6. Mettez 50 g de mélange de viande sur la moitié inférieure d'une tortilla; étendre jusqu'à 4 cm du bord et des côtés. Saupoudrez avec une c. à soupe de fromage.

suite à la page 300

Étape 2. Comment enlever l'enveloppe du chorizo.

Étape 3. Comment enlever le gras avec une cuillère et le jeter.

Étape 4. Comment faire cuire le mélange de viande jusqu'à ce que la plupart du liquide se soit évaporé.

Boeuf Chimichangas, suite

7. Pour façonner, pliez le bord inférieur de la tortilla sur la farce; pliez les bords, puis roulez vers le haut pour enfermer complètement la farce. Fixez avec un cure-dents en bois.

8. Répétez les étapes 6 et 7 avec le reste des tortillas, du mélange de viande et du fromage pour faire 11 autres chimichangas.

9. Faites chauffer le four à 120°C. Faites chauffer 2,5 cm d'huile dans un poêlon lourd et profond à feu moyen-vif jusqu'à 190°C; réglez le feu pour maintenir cette température. Mettez du papier essuie-tout sur la plaque à pâtisserie.

10. Faites frire 2 ou 3 chimichangas à la fois, dans l'huile, pendant 2 à 3 minutes ou jusqu'à ce qu'elles soient croustillantes et dorées de tous les côtés, en les tournant de temps en temps. Enlevez-les avec une pince; égouttez-les sur du papier essuie-tout. Conservez-les au chaud dans le four sur la plaque àpâtisserie préparée.

11. Enlevez les cure-dents en bois avant de les servir. Servez avec de la Salsa de Tomates Fraîches et de la Crème Sûre. Garnissez au goût.

Donne 6 portions

Salsa de Tomates Fraîches

1 tomate moyenne, finement coupée
60 g de cilantro grossièrement haché
2 c. à soupe d'oignon blanc émincé
1 piment jalapeño frais, égrené et émincé
1 c. à soupe de jus de lime frais

Mélangez bien tous les ingrédients dans un petit bol. Laissez reposer, à découvert, à température ambiante pendant 1 à 2 heures pour que les parfums se mélangent.

Donne environ 17 cl

Étape 7. Comment façonner une chimichanga.

Étape 10. Comment faire griller les chimichangas.

Enchiladas au Boeuf

Sauce au Chili Rouge (à la page 302)
675 g de paleron de boeuf maigre désossé
1/2 c. à café de sel
2 c. à soupe d'huile végétale
75 g d'oignons blancs finement hachés
17 cl de bouillon de boeuf
42 g de raisins secs
1 gousse d'ail hachée
1/2 c. à café de clous de girofles
1/4 c. à café de graines d'anis broyées
12 tortillas au maïs (diamètre de 12,5 cm)
120 g de fromage cheddar doux rapé
175 g de crème sûre
75 g d'olives noires dénoyautées, hachées
Un brin de basilic et une tranche de tomate pour la décoration

1. Préparez la Sauce au Chili Rouge.

2. Coupez la viande en lanières de 2,5 cm dans le sens de la longueur avec un couteau tout usage. Coupez-les ensuite en diagonale à intervalles de 2,5 cm pour former des cubes de 2,5 cm de coté.

3. Saupoudrez le boeuf de sel. Faites dorer la moitié du boeuf dans de l'huile chaude dans un grand poêlon à feu moyen-vif pendant 10 à 12 minutes, en tournant fréquemment. Retirez à l'aide d'une cuiller à égoutter et posez sur une assiette. Répétez l'opération avec le reste du boeuf.

4. Réduisez le feu à moyen. Ajoutez l'oignon et faites-le cuire doucement, en brassant jusqu'à ce qu'il soit tendre. Remettez le boeuf dans le poêlon. Versez, en remuant, le bouillon, les raisins secs, l'ail, les clous de girofle, les graines d'anis et les 6 cl de Sauce au Chili Rouge. Portez à ébullition à feu moyen-vif. Baissez le feu à doux. Couvrez et laissez mijoter de 1 1/2 à 2 heures jusqu'à ce que le boeuf soit très tendre. A l'aide de 2 fourchettes, déchiquetez grossièrement le boeuf dans le poêlon. Retirez du feu.

5. Préchauffez le four à 150°C. Faites chauffer le reste de sauce au chili dans un poêlon à feu moyen. Retirez du feu.

6. Trempez 1 tortilla dans la sauce avec une pince pendant quelques minutes ou jusqu'à ce qu'elle ramollisse. Retirez-la en laissant s'égoutter le surplus de sauce.

suite à la page 302

Étape 3 Comment retirer le boeuf du poêlon avec une cuiller à égoutter.

Étape 4. Comment déchiqueter grossièrement le boeuf.

Étape 6. Comment tremper la tortilla dans la sauce.

Enchiladas au boeuf, suite

7. Étendre environ 3 c. à soupe de farce de viande au centre de la tortilla. Roulez-la et disposez-la dans un plat à four de 33 x 23 cm. Répétez l'opération avec le reste des tortillas, la sauce et la farce de viande. Versez le reste de la sauce sur les enchiladas.

8. Saupoudrez de fromage. Faites cuire pendant 25 minutes ou jusqu'à ce que le fromage soit fondu. Pour servir, déposez une cuillerée de crème sûre au centre des enchiladas. Parsemez d'olives. Garnissez au goût.

Donne 4 à 6 portions

Sauce au Chili Rouge

90 g de chilis séchés (environ 5) grillés, épépinés parés et rincés (voir technique à la page 285)
62 cl d'eau bouillante
2 c. à soupe d'huile végétale
2 c. à soupe de purée de tomates
1 gousse d'ail hachée
1/2 c. à café de sel
1/2 c. à café d'origan séché, broyé
1/4 c. à café de cumin moulu
1/4 c. à café de coriandre moulu

1. Mettez les chilis dans un bol moyen et recouvrez-les d'eau bouillante. Laissez reposer pendant 1 heure.

2. Versez les chilis avec l'eau de trempage dans le mélangeur; travaillez jusqu'à ce que le mélange devienne homogène.

3. Versez dans une casserole de 2 litres; incorporez les autres ingrédients à l'aide d'un fouet. Portez à ébullition sur feu moyen-vif. Réduisez à feu très doux. Couvrez et laissez mijoter pendant 10 minutes, en remuant de temps en temps.

Donne environ 62 cl

Note: La sauce peut être réfrigérée dans un récipient fermé jusqu'à 3 jours, ou au congélateur jusqu'à 1 mois.

Étape 7. Comment façonner les enchiladas.

Sauce au chili rouge. Étape 1. Comment couvrir les chilis d'eau bouillante.

Sauce au chili rouge. Étape 3. Comment incorporer à l'aide d'un fouet le reste des ingrédients dans le mélange de chili.

Tacos au Boeuf Épicés

450 g de paleron de boeuf
    désossé, coupé en morceaux
    de 2,5 cm
 Huile végétale
1 à 2 c. à café de poudre de chili
1 gousse d'ail hachée
1/2 c. à café de sel
1/2 c. à café de cumin moulu
1 boîte (435 g) de tomates entières
    pelées, non égouttées,
    hachées
12 tortillas au maïs (15 cm de
    diamètre)*
120 g de fromage cheddar doux
    rapé
400 à 600 g de laitue iceberg
    découpée en lanières
1 grosse tomate fraîche, épépinée,
    hachée (technique à la page
    288)
 Du cilantro pour la décoration

* Ou, remplacer les tortillas par des coquilles de taco en paquet. Omettre les étapes 4 et 5. Chauffer les coquilles de taco selon le mode d'emploi indiqué sur le paquet.

1. Faites dorer le boeuf dans 2 c. à soupe d'huile dans un grand poêlon sur feu moyen-vif pendant 10 à 12 minutes, en remuant fréquemment. Réduisez à feu doux. Incorporez la poudre de chili, l'ail, le sel et le cumin. Faites cuire en remuant pendant 30 secondes.

2. Ajoutez les tomates non égouttées. Portez à ébullition à feu vif. Couvrez et laissez mijoter à feu doux pendant 1_ à 2 heures jusqu'à ce que le boeuf soit très tendre.

3. A l'aide de 2 fourchettes, déchiquetez grossièrement le boeuf dans le poêlon. Augmentez le feu à moyen. Laissez cuire, à découvert, 10 à 15 minutes jusqu'à ce que la majeure partie du liquide se soit évaporée et que le boeuf soit enrobé de sauce encore juteuse. Gardez au chaud.

4. Faites chauffer à 190°C environ 10 à 12 cm d'huile dans une friteuse ou une casserole profonde sur feu moyen-vif. Ajustez le feu pour maintenir la température.

5. Pour les coquilles de taco, placez 1 tortilla dans le panier à tacos, ** refermez doucement. Faites frire la tortilla de 30 à 60 secondes jusqu'à ce qu'elle soit croustillante et dorée. Ouvrez le panier, retirez délicatement la coquille de taco. Séchez sur du papier essuie-tout. Répétez avec les autres tortillas.

6. Disposez en couches superposées le boeuf, la laitue et la tomate dans chaque coquille de taco. Garnissez au goût.

Donne 6 portions

** Les paniers à frire pour tacos sont disponibles dans les grands supermarchés et dans les quincailleries.

Étape 1. Comment faire dorer le boeuf.

Étape 3. Comment cuire le boeuf jusqu'à ce que le liquide soit évaporé.

Étape 5. Comment former la tortilla en coquille de taco.

Burritos au Porc

480 g de Haricots Frits (à la page 332) ou de haricots frits en boîte

1 rôti de soc désossé (environ 1 kg)

150 g d'oignon blanc haché

1 carotte en tranches

1 gousse d'ail hachée

1/2 c. à café de sel

1/2 c. à café de cumin moulu

1/2 c. à café de graines de coriandre, légèrement broyées

Eau

Salsa de Tomates Fraîches (à la page 300)

12 tortillas au blé (20 cm de diamètre)

2 avocats moyens, mûrs mais fermes, parés, dénoyautés, coupés en dés

120 g de fromage Monterey Jack rapé

Des juliennes de carotte, des tranches d'avocat et des brins de cilantro pour la décoration

1. Préparez les Haricots Frits.

2. Placez le porc, l'oignon blanc, la carotte coupée, l'ail, le sel, le cumin et les graines de coriandre dans un faitout de 5 litres. Ajoutez juste assez d'eau pour couvrir le porc. Portez à ébullition à feu vif. Baissez le feu à doux. Couvrez et laissez mijoter de 2 à 2_ heures jusqu'à ce que le porc soit tendre.

3. Préparez la Salsa de Tomates Fraîches.

4. Préchauffez le four à 180°C. Retirez le porc du faitout. Réservez. Égouttez le liquide de cuisson à travers une passoire tapissée d'une étamine. Gardez 12 cl de liquide.

5. Disposez le porc sur une grille dans un plat à rôtir. Faites rôtir pendant 40 à 45 minutes jusqu'à ce que la viande soit bien dorée, en tournant une fois. Laissez tiédir jusqu'à ce le rôti puisse être manipulé.

6. Coupez et jetez la couche de graisse du rôti. A l'aide de 2 fourchettes, déchiquetez grossièrement le porc. Mélangez le porc et le liquide de cuisson mis de côté dans un poêlon moyen. Faites chauffer à feu moyen pendant 5 minutes ou jusqu'à ce que la viande soit bien chaude et enrobée de liquide encore juteux; remuez fréquemment.

7. Faites ramollir et chauffer les tortillas (voir technique à la page 285). Réchauffez les haricots, au besoin.

8. Déposez environ 2 1/2 c. à soupe de haricots sur la moitié inférieure d'une tortilla et étendez un peu. Recouvrez de porc, de salsa, de dés d'avocat et de fromage.

9. Pour façonner les burritos, repliez le bord droit de la tortilla par-dessus la farce. Repliez le bord inférieur par dessus la farce, puis roulez, pas trop serré, en laissant le côté gauche du burrito ouvert. Garnissez au goût.

Donne 6 portions

Etape 2. Ajouter suffisamment d'eau pour couvrir le porc.

Etape 6. Déchiquetez le porc en gros lambeaux.

Etape 9. Formez les burritos.

Poulet Grillé aux Épices

75 g de Beurre de Chili (recette ci-dessous)
6 moitiés de poitrines de poulet désossées (environ 180 g chacunes)
Brins de cilantro pour la décoration
Salade Jicama-Concombres (à la page 326) (facultatif)
Tortillas au blé (facultatif)

1. Préparez le Beurre de Chili. Coupez le Beurre de Chili en tranches de 3 mm d'épaisseur. Soulevez la peau à une extrémité de chaque morceau de poulet. Insérez 1 tranche de beurre au chili sous la peau de chaque morceau.

2. Faites préchauffer le gril. Mettez le poulet, peau vers le bas, sur la grille d'un plat à rôtir; disposez quelques noisettes de beurre sur les morceaux. Grillez le poulet, à 15 cm du feu pendant 10 minutes ou jusqu'à ce que le dessus soit doré. Tournez le poulet, ajoutez quelques noisettes de beurre. Faites griller pendant 10 minutes ou jusqu'à ce que les jus soient clairs.

3. Pour servir, vous pouvez ajouter un peu de beurre de chili. Garnir de Salade de Jicama-Concombres et de tortillas.

Donne 6 portions

Beurre de chili

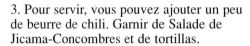

1 petit chili ancho séché, grillé, épépiné, paré et rincé (technique à la page 285)
25 cl d'eau bouillante
115 g de beurre ramolli
1 gousse d'ail, hachée
1/4 c. à café de marjolaine séchée, broyée

1. Mettez le chili dans un petit bol; couvrez d'eau bouillante. Laissez reposer 1 heure.

2. Placez le chili et 1 1/2 c. à soupe de l'eau de trempage dans le mélangeur; travaillez jusqu'à l'obtention d'un mélange onctueux. Laissez refroidir complètement. Jetez le reste de l'eau de trempage.

3. Fouettez le beurre dans un petit bol avec un batteur électrique jusqu'à ce qu'il soit onctueux. Ajoutez en battant l'ail et l'origan. Incorporez graduellement, en battant, le mélange de chili. Couvrez et réfrigérez pendant 30 minutes ou jusqu'à ce qu'il durcisse. Étendez le beurre en forme de lanière, à l'aide d'une cuillère, sur un film alimentaire transparent; renfermez le beurre dans le film alimentaire et roulez-le d'avant en arrière pour former un rouleau lisse de 2,5 cm d'épaisseur. Laissez durcir au réfrigérateur.

Donne environ150 g.

Étape 1. Comment placer le Beurre de Chili sous la peau de poulet.

Étape 2. Comment déposer le beurre de Chili sur les morceaux de poulet.

Le Beurre de Chili. Étape 3. Comment rouler le mélange de beurre en forme de bûche.

Poulet Sauce Piquante

3 petits chilis pasilla séchés,
    grillés, parés et rincés
    (technique à la page 285)
3 petits chilis mulato séchés,
    grillés, parés et rincés
    (technique à la page 285)
37 cl d'eau bouillante
50 g de graines de sésame
3 clous de girofle entiers
1 bâton de cannelle (environ 2,5
    cm)
1/4 c. à café de graines de
    coriandre entières
1/8 c. à café de graines d'anis
    entières
6 cl d'huile végétale
50 g d'amandes entières non
    blanchies
50 g de raisins secs
6 cuisses de poulet entières, pilons
    attachés (environ 1,5 kg)
1/4 c. à café de sel
25 cl d'oignon blanc
    grossièrement haché
2 gousses d'ail
1 c. à soupe de purée de tomates
45 g de chocolat mexicain
1 tasse de bouillon de poulet
 Des quartiers de tomates et des
    brins de cilantro pour la
    décoration
Du Riz Pilaf Vert (à la page 330)
    (facultatif)

1. Mettez les chilis pasilla et mulato dans un bol moyen; couvrez d'eau bouillante. Laissez reposer 1 heure.

2. Faites griller les graines de sésame dans un poêlon sec et à fond épais sur feu moyen pendant 2 minutes ou jusqu'à ce qu'elles soient dorées, en remuant fréquemment. Retirez du poêlon.

3. Mélangez les clous de girofle, le bâton de cannelle, les grains de coriandre et les grains d'anis dans le même poêlon. Faites griller à feu moyen pendant 20 à 30 secondes jusqu'à ce qu'ils changent de couleur et que leur arôme se dégage, en remuant fréquemment. Retirez du poêlon.

4. Faites chauffer de l'huile dans un poêlon de 30 cm à feu moyen jusqu'à ce qu'elle soit bien chaude. Ajoutez les amandes. Faites cuire en remuant pendant 2 à 3 minutes jusqu'à ce qu'elles deviennent dorées. Retirez à l'aide d'une cuiller à égoutter. Laissez égoutter sur du papier essuie-tout.

5. Ajoutez les raisins secs. Faites cuire en remuant pendant 30 secondes ou jusqu'à ce que les raisins soit gonflés. Retirez-les avec une cuiller à égoutter.

6. Saupoudrez le poulet avec du sel. Faites-le cuire dans le même poêlon à feu moyen pendant 10 minutes ou jusqu'à ce qu'il brunisse, en retournant une fois. Mettez-le dans une assiette. Videz l'huile du poêlon en n'en laissant que deux c. à soupe.

suite à la page 312

Étape 1. Comment recouvrir les chilis d'eau bouillante.

Étape 2. Comment griller les graines de sésame.

Étape 4. Comment faire dorer des amandes.

Poulet sauce piquante, suite

7. Mettez les raisins secs dans le mélangeur; travaillez jusqu'à ce qu'ils soient finement moulus. Hachez grossièrement les amandes; ajoutez-les aux raisins. Travaillez jusqu'à ce que le tout soit finement moulu. Ajoutez l'oignon et l'ail dans le mélangeur; travaillez jusqu'à ce que le tout soit finement moulu.

8. Travaillez 2 c. à soupe de graines de sésame en utilisant le bouton à commande intermittente du moulin à épices électrique, jusqu'à obtention d'une fine poudre. Ajoutez au mélangeur.

9. Travaillez le mélange de clous de girofle dans le moulin jusqu'à obtention d'une fine poudre; ajoutez au mélange contenu dans le mélangeur.

10. Ajoutez les chilis, 8 cl de l'eau de trempage et la purée de tomates dans le mélangeur; travaillez jusqu'à ce que le mélange soit homogène. Si le mélange est trop épais, ajoutez juste assez du reste de l'eau de trempage, 1 c. à soupe à la fois, jusqu'à ce que la lame du mélangeur puisse tourner. Jetez le reste de l'eau de trempage.

11. Coupez grossièrement le chocolat à l'aide d'un couteau bien aiguisé.

12. Réchauffez l'huile dans le poêlon à feu moyen jusqu'à ce qu'elle soit bien chaude. Réduisez le feu à moyen-doux. Ajoutez le mélange de chili. Laissez cuire en remuant pendant 5 minutes. Ajoutez le chocolat. Laissez cuire en remuant pendant 2 minutes ou jusqu'à ce qu'il soit fondu. Versez le bouillon, petit à petit, en remuant. Laissez cuire pendant 5 minutes, tout en remuant.

13. Remettez le poulet dans le poêlon. Réduisez à feu doux. Couvrez et laisser mijoter pendant 45 minutes ou jusqu'à ce que le poulet soit tendre et que les jus soient clairs, en retournant le poulet de temps en temps. Saupoudrez le reste des graines de sésame sur le poulet juste avant de servir. Garnissez au goût. Servez avec du Riz Pilaf Vert.

Donne 6 portions

Étape 7. Comment ajouter l'oignon au mélange de raisins secs.

Étape 10. Comment travailler le mélange de chili au mélangeur.

Étape 12. Comment cuire la sauce piquante.

Chilis Rellenos

Sauce Tomate (à la page
   314)
8 chilis poblano ou Anaheim
   frais
Farce au Picadillo (à la
   page 314)
Huile végétale
50 g de farine tout usage
5 oeufs, séparés
1/4 c. à café de crème de
   tartre
1/4 c. à café de sel
Des olives vertes truffées au
   piment pour la
   décoration

1. Préparez la Sauce Tomate.

2. Grillez, pelez et parez les chilis, en laissant les tiges intactes et en prenant soin de ne pas briser les chilis (technique aux pages 284 et 285).

3. Préparez la farce au Picadillo.

4. Déposez à l'aide d'une cuillère environ _ tasse de farce au Picadillo dans chaque chili; pressez les chilis fermement dans vos mains pour en faire sortir l'air et pour les refermer.

5. Préchauffez le four à 120°C. Faites chauffer 2,5 cm d'huile dans un poêlon lourd profond à feu moyen-vif à 190°C; ajustez le feu pour maintenir à cette température. Tapissez une plaque à pâtisserie de papier essuie-tout.

6. Roulez légèrement chaque chili dans de la farine. Enlevez le surplus en tapotant. Mettez de côté le reste de la farine, environ 35 g.

7. Battez les blancs d'oeufs, la crème de tartre et le sel dans un grand bol avec le batteur électrique à haute vitesse jusqu'à la formation de pics mous. Battez les jaunes d'oeufs dans un bol moyen avec le batteur électrique à vitesse moyenne, jusqu'à ce qu'ils épaississent et devienne jaune citron. Ajoutez graduellement la farine en réserve dans les jaunes d'oeufs jusqu'à obtention d'un mélange onctueux. Pliez 1/4 de blancs d'oeufs dans le mélange de jaunes d'oeufs. Pliez ensuite le reste des blancs d'oeufs jusqu'à obtenir un mélange homogène.

8. Pour enrober chaque chili de mélange d'oeufs, bien tenir la tige; soutenez la base du chili avec une fourchette. Plongez-le dans le mélange d'oeufs et égouttez le surplus.

suite à la page 314

Étape 4. Comment farcir le chili à l'aide d'une cuillère.

Étape 6. Comment rouler le chili dans la farine.

Étape 8. Comment enrober le chili avec le mélange d'oeufs.

Chilis Rellenos (suite)

9. Faites glisser immédiatement le chili dans l'huile. Laissez frire 4 minutes ou jusqu'à ce qu'il soit bien doré, en retournant une fois. Sortez-le avec une cuiller à égoutter. Laissez égoutter sur du papier essuie-tout. Maintenez au chaud dans le four.

10. Réchauffez la Sauce Tomate à feu moyen. Répartissez la sauce sur les assiettes à l'aide d'une cuillère; déposez les chilis par-dessus. Garnissez au goût.

Donne 4 portions

Sauce tomate

675 g de tomates, pelées et épépinées (technique à la page 290)
1 oignon blanc moyen, haché
1 gousse d'ail, hachée
2 c. à soupe d'huile végétale
37 cl de bouillon de poulet
1/2 c. à café de thym séché, broyé
1/4 c. à café de sel

1. Mettez les tomates, l'oignon et l'ail dans le mélangeur; travaillez jusqu'à l'obtention d'un mélange homogène.

2. Faites chauffer l'huile dans un grand poêlon profond à feu moyen. Ajoutez le mélange de tomates. Laissez cuire en remuant pendant 5 minutes.

3. Ajoutez en remuant le bouillon, le thym et le sel dans le poêlon. Portez à ébullition sur feu vif. Réduisez à feu moyen-doux. Laissez cuire en remuant de 10 à 15 minutes jusqu'à ce que la sauce épaisse légèrement. Retirez du feu. Mettez de côté.

Donne environ 50 cl

Farce au Picadillo

1 c. à soupe d'huile végétale
40 g d'amandes effilées
340 g de boeuf haché
40 g d'oignon blanc finement haché
1 grosse tomate, pelée, épépinée et finement hachée (technique à la page 290)
1 c. à soupe de purée de tomate
1 gousse d'ail, hachée
2 c. à soupe de raisins secs
2 c. à soupe d'olives vertes truffées au piment, finement hachées
1 c. à soupe de vinaigre de cidre
1 c. à soupe de cassonade foncée
1/4 c. à café de sel
1/4 c. à café de cannelle moulue
1/8 c. à café de cumin moulu
1/8 c. à café de clous de girofles moulus

1. Faites chauffer l'huile dans un grand poêlon à feu moyen. Ajoutez les amandes. Faites cuire en remuant pendant 2 à 3 minutes jusqu'à ce qu'elles soient dorées. Retirez et laissez égoutter sur du papier essuie-tout.

2. Émiettez le boeuf dans le poêlon. Faites dorer le boeuf pendant 5 minutes en remuant fréquemment. Ajoutez l'oignon, laissez cuire en remuant pendant 4 minutes ou jusqu'à ce qu'il soit tendre. Incorporez la tomate, la purée de tomates et l'ail. Laissez cuire en remuant pendant 2 minutes. Incorporez, en remuant, le reste des ingrédients, sauf les amandes. Couvrez et laissez mijoter à feu doux pendant 15 minutes.

3. Enlevez le couvercle du poêlon. Faites cuire à feu moyen-doux pendant 3 minutes jusqu'à ce que la majeure partie du liquide s'évapore. Dégraissez et jetez la graisse. Ajoutez les amandes. Laissez tiédir jusqu'à ce que vous puissiez manier la farce.

Donne environ 400 g

Étape 9. Comment frire les chilis.

Farce au Picadillo: Étape 1. Comment faire griller les amandes.

Garniture Picadillo: Étape 2. Comment ajouter les épices dans le mélange de boeuf haché.

Fajitas (crêpe fine fourrée)

2 bifteck de hampe (environ 450 g chacun)
2 gousses d'ail, divisées
3 c. à soupe d'huile végétale, mesurée séparément
2 c. à soupe plus à 2 c. à café de jus de lime frais, mesuré séparément
Une pincée de poivre noir moulu
80 g d'oignon blanc haché
2 grosses tomates, épépinées et finement hachées (technique à la page 290)
2 petits poivrons verts, grillés, pelés et parés, finement hachés (technique à la page 284-285)
2 c. à soupe de cilantro haché
1 chili serrano frais, haché
Des Haricots Frits (à la page 332) (facultatif)
Des tortillas de blé (de 20 cm de diamètre) (facultatif)

1. Placez les biftecks entre des feuilles de film alimentaire transparent. Battez-les avec le coté plat du maillet à viande jusqu'à 5 mm d'épaisseur. Coupez chaque bifteck en deux, en diagonale.

2. Écrasez grossièrement 1 gousse d'ail avec le maillet à viande. Mélangez 2 c. à soupe d'huile, 2 c. à soupe de jus de lime et du poivre noir dans un grand plat de cuisson en verre peu profond. Ajoutez-y les biftecks, en les retournant pour les enduire de marinade. Laissez mariner au réfrigérateur pendant 30 minutes.

3. Hachez le reste de la gousse d'ail. Faites cuire l'oignon et l'ail dans 1 c. à soupe d'huile, dans un poêlon à feu moyen 3 à 4 minutes, jusqu'à ce que l'oignon devienne tendre. Retirez du feu.

4. Ajoutez en remuant les tomates, les poivrons, le cilantro et le chili. Assaisonnez au choix avec le reste du jus de lime. Laissez reposer, à couvert, à la température ambiante.

5. Préparez les braises pour le gril*. Retirez les biftecks de la marinade et séchez-les sur du papier essuie-tout. Jetez la marinade. Faites griller à 15 cm de la source de chaleur, 3 minutes pour mi-saignant ou jusqu'au point de cuisson désiré, en retournant une fois.

6. Réchauffez les haricots au besoin. Si les tortillas ne sont pas faites maison, faites-les ramollir en les chauffant. (technique à la page 285)

7. Servez les biftecks avec de la relish aux tomates, des Haricots Frits et des Tortillas.

Donne 4 portions

* On peut cuire les biftecks sur une large plaque en fonte ou un grand poêlon légèrement huilé. Chauffez à feu moyen jusqu'à ce qu'elle devienne très chaude. Faites cuire les biftecks, sur la plaque, en une seule couche, pendant 3 minutes pour un steak mi-saignant ou jusqu'au point de cuisson voulu, en retournant une fois.

Étape 1. Comment battre la viande à une épaisseur de 5 mm.

Étape 4. Comment ajouter le cilantro dans la relish aux tomates.

Chili (boeuf au chili)

2 c. à soupe d'huile végétale
1 kg de paleron de boeuf
    grossièrement haché
600 g d'oignons blancs finement
    hachés
1 ou 2 chilis árbol séchés
2 gousses d'ail, hachées
1 c. à café de cumin moulu
1/4 à 1 c. à café de sel
1/4 c. à café de clous de girofle
    moulus
1 boîte (840 f) de tomates pelées
    entières, non égouttées,
    grossièrement hachées
12 cl de jus d'orange frais
12 cl de téquila ou d'eau
60 g de purée de tomate
1 c. à soupe d'écorce d'orange
    rapée
Des quartiers de lime et des
    brins de cilantro pour la
    décoration

1. Faites chauffer l'huile dans un poêlon profond de 30 cm de diamètre à feu moyen-vif. Émiettez le boeuf dans le poêlon. Dorez le boeuf pendant 6 à 8 minutes en remuant pour bien séparer la viande. Baissez à feu moyen. Ajoutez les oignons. Faites cuire en remuant pendant 5 minutes jusqu'à ce que les oignons soient tendres.

2. Broyez finement les chilis dans un mortier avec un pilon. Ajoutez les chilis, l'ail, le cumin, le sel et les clous de girofle au poêlon. Faites cuire en remuant pendant 30 secondes.

3. Incorporez en remuant les tomates, le jus d'orange, la téquila, la purée de tomate et l'écorce d'orange. Portez à ébullition sur feu vif. Réduisez à feu doux. Couvrez et laissez mijoter pendant 1 1/2 heure, en remuant de temps en temps.

4. Enlevez le couvercle du poêlon. Laissez cuire le chili à feu moyen-doux pendant 10 à 15 minutes jusqu'à ce qu'il épaississe légèrement, en remuant fréquemment. Servez à l'aide d'une louche dans des bols. Garnissez au goût.

Donne 6 à 8 portions

Étape 1. Comment faire dorer le boeuf haché.

Étape 2. Comment broyer les chilis dans le mortier à l'aide du pilon.

Étape 3. Comment ajouter le zeste d'orange dans le mélange aux tomates.

Porc Grillé Mariné au Chili

3 c. à soupe de chilis pasilla
    séchés, épépinés et moulus
1 c. à café de gros sel ou de sel
    kascher
1/2 c. à café de cumin moulu
2 c. à soupe d'huile végétale
1 c. à soupe de jus de lime
3 gousses d'ail, hachées
1 kg de filet de porc ou de
    côtelettes de filet de porc
    épaisses, désossées et
    dégraissées
Une laitue romaine déchiquetée
    (facultatif)
Des radis pour la décoration

1. Mélangez les chilis, le sel et le cumin dans un petit bol. Ajoutez, en remuant, l'huile et le jus de lime pour former une pâte homogène. Ajoutez l'ail.

2. Faites des côtelettes papillon en coupant le porc au 2/3 de sa longueur en laissant la viande en une seule pièce. Étendre la viande à plat.

3. Coupez le filet en diagonale en 8 morceaux égaux. Ne coupez pas les côtelettes en morceaux.

4. Mettez le porc entre deux feuilles de film alimentaire transparent. Aplatissez-le avec le coté plat du maillet à viande à 5 mm d'épaisseur.

5. Étendez la pâte de chili sur les deux cotés des morceaux de porc pour enrober uniformément. Mettez dans un plat de cuisson en verre peu profond. Laissez mariner au réfrigérateur, à couvert, pendant 2 à 3 heures.

6. Préparez les braises pour le gril ou préchauffez la rôtissoire. Faites griller ou rôtir le porc à 15 cm de la source de chaleur pendant 8 à 10 minutes (gril) ou de 6 à 7 minutes (rôtissoire), en retournant une fois. Servir sur une assiette garnie de laitue. Garnir au choix.

Donne 6 à 8 portions

Étape 2. Comment faire des côtelettes papillon.

Étape 3. Comment couper le rôti de porc en 8 morceaux égaux.

Étape 4. Comment battre la viande à une épaisseur de 5 mm.

Vivaneau Rouge
avec Sauce Tomate au Chili

6 filets de vivaneau rouge (225 à 285 g chacun)
1/4 c. à café de sel
1/8 c. à café de poivre
45 g de farine tout usage
6 cl d'huile d'olive
3 gousses d'ail, hachées
2 oignons blancs moyens, émincés dans le sens de la longueur
625 g de tomates italiennes fraîches pelées, épépinées, finement hachées (technique à la page 290)
12 cl de jus de tomate
6 cl de jus de lime frais
40 g d'olives vertes truffées au piment, hachées
1 ou 2 chilis jalapeño marinés, épépinés, finement hachés
1 c. à soupe de câpres égouttées
1 feuille de laurier
Des feuilles de laurier fraîches et des quartiers de lime pour la décoration
Des pommes de terre nouvelles en quartiers, bouillies, avec de l'aneth frais (facultatif)

1. Assaisonnez le poisson avec le sel et le poivre. Enrobez de farine les deux côtés du poisson et éliminez l'excédent en secouant.

2. Faites chauffer l'huile dans un poêlon de 30 cm à feu moyen. Ajoutez l'ail. Faites revenir en remuant pendant 2 à 3 minutes jusqu'à ce qu'il soit doré. Retirez l'ail avec une cuiller à égoutter et jetez.

3. Disposez les filets de poisson en une seule couche dans le poêlon sans trop les serrer. Laissez cuire à feu moyen pendant 4 minutes ou jusqu'à ce que les filets brunissent légèrement, en les retournant une fois. Mettez-les sur une assiette. Recommencez l'opération avec les autres filets.

4. Ajoutez les oignons. Faites cuire en remuant pendant 4 minutes ou jusqu'à ce que les oignons soient tendres. Ajoutez en remuant les tomates, le jus de tomate, le jus de lime, les olives, les chilis, les câpres et la feuille de laurier. Portez à ébullition sur un feu vif. Réduisez le feu à doux. Couvrez et laissez mijoter pendant 15 minutes.

5. Versez tout le jus des filets accumulé sur l'assiette dans le poêlon. Augmentez le feu à moyen-vif. Faites cuire à découvert pendant 2 à 3 minutes jusqu'à ce que le tout épaississe, en remuant fréquemment. Retirez la feuille de laurier et jetez-la.

6. Remettez les filets dans le poêlon. Arrosez les filets de sauce à l'aide d'une cuillère. Couvrez et laissez mijoter à feu doux pendant 3 à 5 minutes jusqu'à ce que les filets se séparent facilement avec une fourchette. Garnissez au goût. Servez avec les pommes de terre.

Donne 6 portions

Étape 1. Comment enrober le poisson de farine.

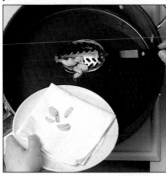

Étape 2. Comment retirer l'ail du poêlon.

Étape 4. Comment ajouter le reste des ingrédients de la sauce.

Crevettes au Four
au Beurre d'Ail et Chili

**625 g de crevettes crues
    moyennes, non
    décortiquées
115 g de beurre
6 cl d'huile végétale
8 gousses d'ail, finement hachées
1 à 3 chilis árbol séchés,
    grossièrement émiettés*
1 c. à soupe de jus de lime
1/4 c. à café de sel
  Pieds d'oignons verts émincés,
    pour la décoration**

* Pour un goût plus doux, épépinez les chilis en partie ou en totalité.

1. Préchauffez le four à 200°C. Décortiquez et enlevez la veine des crevettes tout en laissant les queues; rincez-les et laissez bien égoutter.

2. Chauffez le beurre et l'huile dans un petit poêlon sur feu moyen jusqu'à ce que le beurre fonde et devienne mousseux. Ajoutez l'ail, les chilis, le jus de lime et le sel. Faites cuire en remuant pendant 1 minute. Retirez du feu.

3. Disposez les crevettes, en une couche uniforme, dans un plat à gratin de 2 litres ou un plat de cuisson. Versez le mélange de beurre chaud sur les crevettes.

4. Faites cuire les crevettes au four pendant 10 à 12 minutes jusqu'à ce qu'elles deviennent roses et opaques, en remuant une fois. Ne pas les cuire trop, car elles deviendraient sèches et dures. Garnissez au goût.

Donne 4 portions

Étape 1. Comment décortiquer les crevettes.

Étape 2. Comment ajouter les assaisonnements au beurre.

Étape 3. Comment verser le mélange de beurre sur les crevettes.

Salade Jicama-concombres

1 jicama (500 à 600 g)*
1 petit concombre, non paré
75 g d'oignon rouge haché très
    finement
2 c. à soupe de jus de lime frais
1/2 c. à café de zeste de lime
    rapée
1 gousse d'ail, hachée
1/4 c. à café de sel
1/8 c. à café de chili de árbol
    séché émietté
3 c. à soupe d'huile végétale
 Des feuilles de laitue
 Des tranches d'oignons rouges et
    des quartiers de lime pour
    la décoration

* Ou substituez pour des artichauts de Jérusalem. Couper en deux les artichauts parés dans le sens de la longueur, puis coupez les moitiés en diagonale, en tranches fines.

1. Parez le jicama. Coupez-le dans le sens de la longueur en 8 quartiers, puis coupez les quartiers en diagonale en tranches de 3 mm d'épaisseur.

2. Coupez le concombre en deux dans le sens de la longueur, évidez-le et jetez les graines. Coupez les moitiés en diagonale en tranches de 3 mm d'épaisseur.

3. Dans un grand bol, combinez le jicama, le concombre et l,oignon en mélangeant un peu.

4. Mettez le jus de lime, le zeste de lime, l,ail, le sel et le chili dans un petit bol. Ajoutez l'huile graduellement, en fouettant continuellement, jusqu'à ce que la sauce soit bien homogène.

5. Versez la sauce sur la salade et mélangez le tout. Couvrez, réfrigérez et laissez mariner pendant 1 à 2 heures.

6. Servez dans un saladier garni de laitue. Garnissez au goût.

Donne 6 portions

Étape 1. Comment découper du jicama en diagonale en tranches de 3 mm d'épaisseur.

Étape 2. Comment épépiner la moitié de concombre.

Étape 5. Comment verser la vinaigrette sur la salade.

Salade Piquante aux Courgettes et aux Pois Chiches

3 courgettes moyennes (environ 180 g chacune)
1/2 c. à café de sel
5 c. à soupe de vinaigre blanc
1 gousse d'ail, hachée
1/4 c. à café de thym séché, broyé
12 cl d'huile d'olive
150 g de pois chiches en boîte, égouttés
75 g d'olives noires dénoyautées, coupées en tranches
3 oignons verts, hachés
1 chili chipotle dans une sauce adobo en boite, égoutté, épépiné et haché
1 avocat mûr, dénoyauté, paré, coupé en cubes de 1 cm
40 g de féta émietté ou 3 c. à soupe de fromage Romano rapé
1 tête de laitue Boston, parée, séparée en feuilles
Des tranches de tomates et des brins de cilantro pour la décoration

1. Coupez les courgettes en deux dans le sens de la longueur, puis coupez-les en diagonale en tranches de 6 mm d'épaisseur. Mettez les tranches dans un bol moyen et saupoudrez-les de sel. Mélangez. Disposez les courgettes sur plusieurs couches de papier essuie-tout. Laissez-les s,égoutter à température ambiante pendant 30 minutes.

2. Mélangez le vinaigre, l'ail et le thym dans un grand bol. Ajoutez l'huile petit à petit en battant continuellement jusqu'à ce que la sauce soit bien homogène.

3. Séchez les courgettes avec du papier essuie-tout. Ajoutez-les à la sauce. Ajoutez les pois chiches, les olives et les oignons. Mélangez. Couvrez et réfrigérez au moins 30 minutes ou jusqu'à 4 heures, en remuant à l'occasion.

4. Ajoutez le chili à la salade au moment de servir. Mélangez délicatement. Ajoutez l'avocat et le fromage. Mélangez.

5. Servez dans un bol peu profond ou une assiette garnie de laitue. Garnissez au goût.

Donne 4 à 6 portions

Étape 1. Comment égoutter les courgettes sur du papier essuie-tout.

Étape 2. Comment incorporer à l'aide du fouet dans le mélange de vinaigre.

Étape 4. Comment ajouter l'avocat et le fromage à la salade.

Riz Pilaf Vert

2 c. à soupe d'huile végétale

200 g de riz à longs grains blanc non cuit (étuvé)

40 g d'oignon blanc finement haché

2 chilis Anaheim ou poblano frais, grillés, pelés, parés et hachés (technique aux pages 284 et 285)

6 oignons verts minces, émincés

1 gousse d'ail, hachée

1/4 c. à café de sel

1/4 c. à café de cumin moulu

42 cl de bouillon de poulet

140 g de fromage queso Chihuahau ou Monterey Jack rapé

75 g de cilantro grossièrement haché

Tige de cilantro pour la décoration

1. Préchauffez le four à 190°C. Faites chauffer l'huile dans un grand poêlon à feu moyen jusqu'à ce qu'elle soit chaude. Ajoutez le riz. Laissez cuire en remuant pendant 2 minutes ou jusqu'à ce que le riz devienne opaque.

2. Ajoutez l'oignon blanc; laissez cuire pendant 1 minute. Incorporez en remuant les chilis, les oignons verts, l'ail, le sel et le cumin.

3. Incorporez le bouillon. Portez à ébullition sur feu vif. Baissez le feu à doux. Couvrez et laissez mijoter pendant 15 minutes ou jusqu'à ce que le riz soit cuit mais ferme*.

4. Retirez le poêlon du feu. Ajoutez 100 g de fromage et le cilantro haché. Mélangez délicatement. Transférez dans un plat de cuisson graissé d'un 1,5 litre; recouvrez avec les 40 g de fromage restants.

5. Faites cuire au four, à découvert, pendant 15 minutes ou jusqu'à ce que le riz soit cuit et que le fromage ait fondu. Garnissez au goût.

Donne 4 à 6 portions

* Pour le riz vert simple, complétez la recette à partir de ce stade-ci de la façon suivante: faites cuire le riz dans un poêlon pendant 2 à 4 minutes de plus, jusqu'à ce qu'il ramollisse. Ajoutez en remuant le cilantro haché au moment de servir. N'ajoutez pas de fromage.

Étape 2. Comment ajouter les chilis, les oignons et les assaisonnements au le mélange de riz.

Étape 3. Comment verser le bouillon dans le mélange de riz.

Étape 4. Comment mélanger le fromage avec le mélange de riz.

Haricots Frits

**225 g de haricots secs rouges,
roses ou pinto**
1,1 l d'eau froide
**75 g plus 1 c. à soupe de graisse
ou d'huile végétale,
mesurée séparément**
1 petit oignon blanc, émincé
1 1/2 c. à café de sel
**1 petit oignon blanc finement
haché**
1 petite gousse d'ail, hachée

1. Rincez les haricots dans une passoire sous l'eau froide, à grande eau, en prenant soin d'enlever les haricots endommagés.

2. Mettez les haricots, l'eau, 1 c. à soupe de graisse végétale et l'oignon coupé dans une casserole de 3 litres. Portez à ébullition sur feu vif. Réduisez à feu doux. Couvrez et laissez mijoter pendant 1 heure et demie ou jusqu'à ce que les haricots soient tendres, mais encore fermes.

3. Ajoutez le sel. Remuez. Couvrez et laissez mijoter à feu très doux pendant 30 à 45 minutes jusqu'à ce que les haricots soient très tendres. N'égouttez pas.*

4. Faites chauffer le 1/3 de tasse restante de graisse végétale dans un grand poêlon lourd sur feu vif jusqu'à ce qu'elle soit très chaude. Ajoutez l'oignon coupé et l'ail. Réduisez à feu moyen. Laissez cuire en remuant pendant 4 minutes ou jusqu'à ce que les oignons deviennent tendres.

5. Remettez à feu vif. Ajoutez 1 tasse de haricots non égouttés. Continuez la cuisson tout en écrasant les haricots avec un presse-purée.

6. A mesure que les haricots commencent à sécher, ajoutez une autre tasse de haricots non égouttés et continuez à les écraser. Répétez jusqu'à ce que tous les haricots et le liquide de cuisson aient été ajoutés. Vous devez obtenir une purée de texture grossière. Baissez le feu pour empêcher les haricots de coller et de brûler. La durée de cuisson totale sera de 20 minutes environ.

7. On peut servir ces haricots en accompagnement ou les utiliser comme ingrédient dans une autre recette.

Donne environ 480 g

* A ce stade, les haricots ont davantage de saveur si vous les réfrigérez, à couvert, toute la nuit avant de continuer la recette.

Étape 1. Comment rincer les haricots.

Étape 5. Comment mettre les haricots en purée.

Étape 6. Comment ajouter le liquide de cuisson aux haricots en purée.

Tortillas au Blé

280 g de farine tout usage
1/2 c. à café de sel
60 g de graisse végétale
12 cl d'eau chaude

1. Mélangez la farine et le sel dans un bol moyen. Travaillez la graisse végétale avec la farine, du bout des doigts, jusqu'à ce que la texture soit fine et régulière. Ajoutez l'eau jusqu'à ce que la pâte forme une boule.

2. Pétrissez la pâte sur une surface farinée pendant 2 à 3 minutes jusqu'à ce qu'elle devienne lisse et élastique. Enveloppez-la dans un film alimentaire transparent. Laissez reposer 30 minutes àtempérature ambiante.

3. Pétrissez la pâte à plusieurs reprises. Divisez-la en 8 morceaux égaux pour des tortillas de 25 cm de diamètre ou en 12 morceaux pour des tortillas de 20 cm. Roulez les morceaux en boules; couvrez-les d'un film alimentaire transparent pour les empêcher de se dessécher.

4. Abaissez chaque boule de pâte sur une surface farinée, en la retournant fréquemment, jusqu'à former un cercle de 20 ou 25 cm. Empilez les tortillas entre des feuilles de papier ciré.

5. Faites chauffer une plaque en fonte lourde ou un poêlon non graissé à feu moyen-vif (la plaque doit être assez chaude pour que des gouttes d'eau jetées dessus s'évaporent immédiatement en crépitant). Déposez 1 tortilla sur la plaque. Laissez-la cuire pendant 20 à 30 secondes jusqu'à ce que des bulles apparaissent à la surface et que le dessous soit parsemé de points bruns. Si la tortilla gonfle pendant la cuisson du deuxième coté, appuyez délicatement avec une spatule. Retirez la tortilla et la mettre sur une feuille d'aluminium.

6. Faites cuire le reste des tortillas comme indiqué à l'étape 5. Si la plaque devient trop chaude, réduisez le feu pour empêcher de brûler. Empilez les tortillas cuites et couvrez-les d'une feuille d'aluminium. Vous pouvez les utiliser immédiatement ou les envelopper dans une feuille d'aluminium et les maintenir au chaud dans un four à 120°C jusqu'à 30 minutes. Les tortillas sont meilleures quand elles sont fraîches, mais peuvent être conservées dans une feuille d'aluminium au réfrigérateur pendant 3 jours ou au congélateur jusqu'à 2 semaines. Réchauffez-les dans un four à 180°C pendant 10 minutes avant utilisation.

Donne 8 tortillas de 25 cm ou
12 tortillas de 20 cm

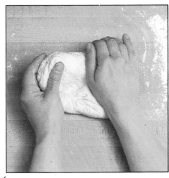

Étape 2. Comment pétrir la pâte.

Étape 4. Comment abaisser la pâte pour former un cercle.

Étape 5. Comment appuyer sur la tortilla pour l'empêcher de gonfler.

Tortillas de Maïs

280 g de masa harina
25 à 31 cl d'eau chaude
Tortilla Chips de maïs (à la page 335)

1. Découper 2 carrés (18 cm) dans un sac en plastique solide. Mélangez la masa harina et 12 cl d'eau dans un bol moyen. Ajoutez le reste de l'eau, 1 c. à soupe à la fois, jusqu'à ce que la pâte soit lisse et ferme.

2. Vérifier la consistance de la pâte en en roulant 1 morceau pour former une boule de 2 cm que vous aplatissez légèrement. Posez la boule sur un morceau de film alimentaire transparent sur la plaque inférieure de la presse à tortillas, un peu décentrée à l'opposé de la poignée.* Couvrez d'un deuxième morceau de film alimentaire transparent; refermez la presse et appuyez fermement pour former une tortilla de 15 cm. Enlevez le film alimentaire transparent, retournez la tortilla dans votre main et enlevez la deuxième feuille de film alimentaire transparent. Si les bords sont fendillés ou déchiquetés, la pâte est trop sèche. Ajoutez alors un peu d'eau, 1 à 2 c. à café à la fois, jusqu'à ce que la pâte pressée ait des bords lisses. Si la tortilla colle au film alimentaire, la pâte est trop molle; y mélanger de la masa harina, 1 c. à soupe à la fois, jusqu'à ce que la pâte ne colle plus après pressage.

3. Quand la pâte atteint la consistance voulue, divisez-la en 12 morceaux égaux pour des tortillas de 15 cm ou en 24 morceaux pour des tortillas de 10 cm. Façonnez les morceaux en boules et couvrez-les d'un film alimentaire transparent pour les empêcher de dessécher.

4. Pressez les tortillas comme indiqué à l'étape 2, en les empilant entre des films alimentaires transparents ou des feuilles de papier ciré.

suite à la page 335

Étape 1. Comment ajouter l'eau à la pâte, 1 c. à soupe à la fois.

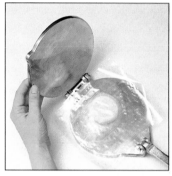

Étape 2. Comment aplatir la pâte dans une presse à tortillas.

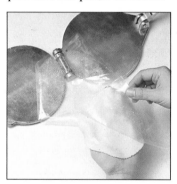

Étape 3. Comment vérifier la texture de la pâte.

(suite de la page 334)

5. Faites chauffer une plaque de fonte lourde ou un poêlon non graissé à feu moyen jusqu'à ce qu'un peu d'eau aspergée sur la surface se mette à grésiller. Déposez 1 tortilla sur la plaque et laissez-la cuire pendant 30 secondes ou jusqu'à ce que les bords se dessèchent. Retournez la tortilla. Laissez-la cuire de 45 secondes à 1 minute jusqu'à ce qu'elle dessèche et qu'apparaissent des points bruns. Retournez à nouveau la tortilla et faites cuire le premier coté pendant 15 à 20 secondes de plus jusqu'à ce qu'elle brunisse légèrement. Pendant la dernière phase de cuisson, la tortilla peut gonfler, n'appuyez pas dessus. Déposez la tortilla sur du papier essuie-tout. Elle sera légèrement ferme, mais se ramollira au bout d'un moment.

6. Faites cuire le reste des tortillas comme indiqué à l'étape 5. Si la plaque devient trop chaude, réduisez le feu pour éviter de les brûler. Empilez les tortillas cuites et gardez-les enveloppées dans un linge à vaisselle jusqu'à la fin de l'opération. Vous pouvez les utiliser immédiatement ou les envelopper dans une feuille d'aluminium et les garder au chaud dans un four à 120°C jusqu'à 30 minutes. Les tortillas sont meilleures quand elles sont fraîches, mais peuvent être enveloppées de papier d'aluminium et mises au réfrigérateur pour 3 jours ou au congélateur jusqu'à 2 semaines. Réchauffez-les dans un four à 180°C pendant 10 minutes avant utilisation.
Donne 12 tortillas de 30 cm ou 24 tortillas de 10 cm.

* Il est préférable d'utiliser une presse à tortillas, mais au besoin, vous pouvez presser avec le fond d'un moule à tarte ou d'un poêlon.

Tortillas Chips au Blé

12 tortillas au blé (15 cm de diamètre), cuites la veille de préférence
Huile végétale
1/.2 à 1 c. à café de sel

1. Si vous utilisez des tortillas fraîches, laissez-les reposer à découvert sur une grille pendant 1 à 2 heures pour les sécher légèrement.

2. Empilez 6 tortillas et coupez-les en 6 ou 8 quartiers égaux. Répétez l'opération avec le reste des tortillas.

3. Faites chauffer 1 cm d'huile à 190°C dans un grand poêlon lourd profond à feu moyen-vif. Ajustez le feu pour maintenir la température.

4. Faites frire les morceaux de tortillas en une seule couche pendant 1 minute ou jusqu'à ce qu'elles soient croustillantes, en les tournant de temps en temps. Retirez-les avec une cuiller àégoutter et égouttez-les sur du papier essuie-tout. Répétez jusqu'à ce que toutes les chips soient cuites. Saupoudrez-les de sel.
Donne de 6 à 8 douzaines de chips

Note: Les tortillas chips sont servies avec de la salsa pour un repas léger, ou utilisées comme base pour les nachos ou pour une trempette de guacamole, et d'autres trempettes ou haricots frits. Elles sont meilleures fraîches, mais on peut les conserver au frais dans un récipient hermétique pendant 2 à 3 jours. Réchauffer dans un four à 180°C pendant quelques minutes avant de servir.

Étape 5. Comment cuire les tortillas.

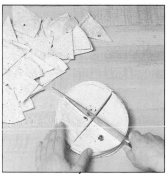
Tortillas chips. Étape 2. Comment découper les tortillas en chips.

Tortillas chips. Étape 4. Comment faire frire.

COURS DE CUISINE
LES CARRÉS
ET LES
BISCUITS AU CHOCOLAT

Une gâterie: Les carrés sans Cuisson
(à la page 360)

NOTES DE COURS

Des biscuits qui fondent dans la bouche et qui sont confectionnés avec un chocolat divin, un vrai délice. Dans cette section, nous allons vous enseigner les techniques de base pour préparer et cuire de délicieux biscuits et des carrés au chocolat. Pour ceux ou celles qui désirent améliorer leur technique, nous avons également inclu des instructions faciles à suivre pour réaliser des effets spéciaux, tels que les biscuits moulin à vent, taillés à l'emporte-pièces et les damiers.

DIFFÉRENTS TYPES DE BISCUITS
Il existe cinq recettes types de biscuits: taillés sur tôle, à la cuiller, au réfrigérateur ou «frigo», roulés et moulés. Ces types sont déterminés par la consistance de la pâte et par la façon dont la pâte est utilisée.

Taillés sur tôle: Utilisez toujours une plaque à biscuits de la dimension stipulée dans la recette, sinon, vous risquez d'affecter la texture des biscuits. Une plus petite plaque donnera une texture plus proche de celle d'un gâteau et une plus grande plaque donnera une texture plus sèche.

Biscuits à la cuiller: Des biscuits de même taille et de même forme finissent leur cuisson en même temps. Pour façonner ce type de biscuits, utiliser une cuiller à crème glacée mécanique. La mesure de la cuiller porte habituellement l'indication du nombre de portions qui peuvent être tirées d'un litre de crème glacée. La taille la plus pratique pour les biscuits est une cuiller à crème glacée mécanique no 80 ou 90. Elle fournira environ une c. à soupe comble de pâte pour chaque biscuit.

Biscuits au réfrigérateur ou «Frigo»: Façonnez toujours de petits rouleaux de pâte avant de les mettre au réfrigérateur. Il est plus facile de former les biscuits si vous mettez d'abord la pâte sur un morceau de papier ciré ou film alimentaire transparent. Avant de les mettre au frais, enveloppez soigneusement les rouleaux dans le film alimentaire transparent pour qu'ils ne dessèchent pas.

Quand vous coupez les rouleaux, exercez une pression très délicate et tranchez d'avant en arrière, comme une scie, avec un couteau bien aiguisé, pour permettre aux biscuits de garder leur forme ronde. Faites tourner le rouleau pendant le découpage pour empêcher un côté de s'aplatir.

Biscuits roulés: Refroidissez la pâte avant de la rouler pour rendre la manipulation plus facile. Ne sortez que la quantité de pâte nécessaire. Récupérez tous les petits morceaux de pâte et roulez-les aussitôt pour empêcher la pâte de devenir trop dure.

Biscuits moulés: Ces biscuits peuvent être simplement façonnés à la main en forme de boule ou de croissant ou découpés à l'aide d'une presse à biscuits ou d'un emporte-pièces pour créer des formes plus complexes.

Si la recette recommande l'usage d'une presse à biscuits, ne façonnez pas les biscuits à la main, sauf indication contraire. La consistance de la pâte aura été prévue pour être travaillée dans une presse.

Lorsque vous utilisez une presse à biscuits, si vos premiers efforts ne sont pas couronnés de succès, remettez tout simplement la pâte dans la presse.

DIFFERENTS TYPES DE CHOCOLAT
Chocolat sans sucre: aussi appelé chocolat amer ou chocolat pour la cuisson, il s'agit de chocolat pur, dans lequel on n'a rajouté ni sucre ni agent aromatisant. Il est utilisé pour la cuisson et se présente sous la forme de carrés de 30 g enveloppés individuellement.

Chocolat doux-amer: Celui-ci est un chocolat pur, légèrement édulcoré. Le chocolat doux-amer est disponible en carrés ou en tablettes de 1 oz (30 g). On peut le substituer par une moitié de chocolat sans sucre et une moitié de chocolat mi-sucré.

Chocolat mi sucré: C'est un chocolat pur avec un mélange de sucre et de beurre de cacao. Il est vendu sous des formes variées: en carrés d'1 oz (30 g), en tablettes, en pépites et en morceaux.

Chocolat au lait: C'est un chocolat pur, avec du sucre, du beurre de cacao et des composants laitiers rajoutés. Il est disponible sous différentes formes: en tablettes, en pépites, en étoiles etc.

Chocolat sucré pour la cuisson: C'est un chocolat pur, mélangé de beurre de cacao et de sucre. Il est disponible en tablettes.

Chocolat blanc: Celui-ci n'est pas véritablement un chocolat, puisque la majorité ou la totalité du beurre de cacao a été retirée et remplacée par une autre graisse végétale. On le trouve sous forme de pépites et de tablettes.

Cacao non sucré: Il est obtenu en enlevant presque tout le beurre de cacao du chocolat pur et en broyant en poudre le reste des composants solides du chocolat. Il a une faible teneur en matières grasses, puisque la majeure partie du beurre de cacao a été retirée.

RÈGLES A SUIVRE
Ne laissez plus le hasard faire les choses, et mettez en pratique les techniques suivantes qui vous aideront à confectionner vos biscuits:

• Lisez la recette avant de commencer.

- Sortez le beurre, la margarine et le fromage à la crème du réfrigérateur pour les laisser ramollir, au besoin.

- Faites griller et hachez les noix, pelez et coupez les fruits et faites fondre le chocolat avant de préparer la pâte.

- Mesurez bien tous les ingrédients. Mélangez-les en suivant les indications de la recette.

- Pour faire des carrés au chocolat ou des biscuits taillés sur tôle, utilisez une plaque de la dimension spécifiée dans la recette. Préparez les plaques conformément aux indications. Réglez la hauteur des grilles du four et préchauffez le four. Vérifiez la température exacte du four avec un thermomètre à four.

- Suivez bien les directives de la recette et respectez les durées de cuisson. Vérifiez le point de cuisson selon le mode indiqué dans la recette.

MESURER LES INGRÉDIENTS

Ingrédients secs: Utilisez toujours des cuillères et des tasses à mesurer pour produits secs. Remplissez la cuillère ou la tasse comble et nivelez avec une spatule de métal.

Utilisez des mesures "pour produits secs" pour mesurer la farine, la cassonade, le sucre granulé, le beurre d'arachide, les pépites de chocolat, la crème sûre, le yoghourt, les noix, les fruits secs, la noix de coco, les fruits frais coupés, et les confitures.

Pour mesurer la farine, déposez-la légèrement à l'aide d'une cuillère dans une tasse à mesurer, puis nivelez-la. Ne pas tapoter ou frapper la tasse contre le comptoir, car la farine se tasserait.

Pour mesurer la cassonade, tassez bien le sucre en le pressant dans la tasse. Il devrait avoir pris la forme de la tasse quand vous le retournez.

Ingrédients liquides: Utilisez un verre ou une tasse à mesurer standard muni d'un bec verseur, pour mesurer les liquides. Posez la tasse sur une surface plate et remplissez-la jusqu'au niveau désiré. Mettez-vous au même niveau pour vérifier.

Pour mesurer des liquides collants, tels que le miel ou la mélasse, graissez la tasse à mesurer ou vaporisez-la avec de l'huile végétale pour faciliter le lavage.

CUISSON

Les meilleures plaques à pâtisserie sont celles qui n'ont pas de bords verticaux ou parfois deux très petits bords. Elles permettent à la chaleur de circuler facilement pendant la cuisson pour obtenir une coloration dorée uniforme.

Pour une cuisson dorée et uniforme, ne mettez qu'une plaque à pâtisserie à la fois au centre du four. Si les biscuits ne brunissent pas uniformément, faites tourner la plaque à pâtisserie d'un demi-tour à mi-cuisson.

Si vous voulez mettre plus d'une plaque à pâtisserie à la fois dans le four, faites une rotation à mi-temps de cuisson du haut vers le bas.

Pour obtenir les meilleurs résultats, utilisez une graisse végétale ou un vaporisateur d'huile végétale pour graisser les plaques à pâtisserie. Ou, simplement, tapissez-les de papier ciré graissé; cette technique élimine le nettoyage, cuit les biscuits de manière plus uniforme et permet de les laisser refroidir directement sur le papier plutôt que sur une grille.

Laissez refroidir la plaque à pâtisserie entre les fournées, pour éviter que la pâte ne s'étende en étant posée sur une surface chaude.

Pour éviter de trop cuire les biscuits, vérifiez la cuisson à la durée minimale recommandée dans la recette. Si la cuisson est insuffisante, surveillez-les attentivement pour vous assurer qu'ils ne brûlent pas. Il est préférable de ne pas les cuire suffisamment, plutôt que trop. Beaucoup de biscuits demandent à être enlevés des plaques à pâtisserie immédiatement après la cuisson et mis à refroidir, disposés en une seule couche, sur une grille métallique. Il peut s'avérer nécessaire de laisser refroidir les biscuits fragiles directement sur la plaque à pâtisserie avant de les mettre sur une grille pour qu'ils refroidissent complètement. Les biscuits taillés sur la tôle et les carrés au chocolat peuvent être refroidis et conservés directement dans leur moule de cuisson.

CONSERVATION

La pâte à biscuits non cuite peut se conserver au réfrigérateur jusqu'à une semaine et au congélateur jusqu'à six semaines. Pour plus de commodité, étiquetez la pâte avec les informations sur la cuisson.

Conservez séparément les biscuits moelleux et les biscuits croustillants à température ambiante pour éviter des changements de texture et d'arôme. Gardez les biscuits moelleux dans des récipients hermétiques. S'ils commencent à se dessécher, ajoutez un morceau de pomme ou de pain dans le récipient pour les aider à conserver leur humidité. Si les biscuits croustillants deviennent mous, passez-les au four de 3 à 5 minutes (biscuits non décorés seulement).

Les biscuits ayant des glaces collantes et des décorations fragiles et posées en une seule couche, peuvent être conservés entre des feuilles de papier ciré. Les biscuits taillés sur la tôle et les carrés au chocolat peuvent être conservés dans leur plat de cuisson. Une fois refroidis, couvrez-les d'une feuille d'aluminium ou de film alimentaire transparent.

En général, les biscuits croustillants se laissent mieux congeler que les biscuits à texture moelleuse. Les biscuits taillés sur tôle et les carrés au chocolat riches en beurre font exception à la règle puisqu'ils se congèlent extrêmement bien. Les biscuits cuits peuvent être congelés dans des récipients hermétiques ou dans des sacs à congélation jusqu'à trois mois. Les biscuits à base de meringue ne se congèlent pas bien et les biscuits trempés dans le chocolat peuvent se décolorer s'ils sont congelés. Décongelez les biscuits taillés sur tôle et les carrés au chocolat dans leur emballage, à la température ambiante.

Biscuits Tendres au Chocolat

1 paquet (550 g) de préparation
    instantanée pour gâteau au
    chocolat
7 cl d'eau
60 g de beurre ou de margarine,
    ramolli(e)
1 gros oeuf
160 g de pépites de vanille
90 g de noix grossièrement
    hachées

1. Préchauffez le four à 180°C. Graissez légèrement les plaques à pâtisserie.

2. Mélangez la préparation pour gâteau, l'eau, le beurre et l'oeuf dans un grand bol. Fouettez le mélange à petite vitesse avec un batteur électrique, en raclant une fois les bords du bol. Augmentez la vitesse à la position moyenne. Fouettez pendant 1 minute, en raclant une fois les bords du bol (la pâte sera épaisse). Ajoutez les pépites et les noix en remuant à l'aide d'une cuillère jusqu'à ce que le mélange soit homogène.

3. Laissez tomber le mélange par c. à café combles, à intervalles de 5 cm (pour des petits biscuits) ou par c. à soupe à intervalles de 8 cm (pour des biscuits plus gros) sur les plaques à pâtisserie préparées.

4. Laissez-les cuire de 10 à 12 minutes ou jusqu'à ce qu'ils soient fermes . Laissez-les une minute sur la plaque à pâtisserie puis retirez-les avec une spatule pour les mettre sur une grille pour refroidir complètement.

5. Ces biscuits peuvent être conservés à température ambiante dans un récipient hermétique ou congelés pendant 3 mois.
    Donne environ 2 douzaines de gros biscuits ou 4 douzaines de petits.

Temps de préparation: 15 minutes.

Étape 1. Comment graisser légèrement la plaque à pâtisserie.

Étape 2. Comment déposer la pâte par c. combles sur la plaque à pâtisserie.

Étape 4. Comment retirer les biscuits pour les mettre sur la grille.

Biscuits au Pépites de Chocolat et au Beurre d'Arachide

225 g de beurre d'arachide crémeux ou croquant
190 g de cassonade claire, bien tassée
1 gros oeuf
125 g de pépites de chocolat au lait
Sucre granulé

1. Préchauffez le four à 180°C.

2. Mélangez le beurre d'arachide, la cassonade et l'oeuf dans un bol moyen à l'aide d'une cuillère jusqu'à l'obtention d'un mélange homogène. Ajoutez les pépites de chocolat. Mélangez bien.

3. Roulez la pâte par c. à soupe combles et formez des boules de 4 cm de diamètre. Disposez les boules à intervalles de 5 cm sur des plaques à pâtisserie non graissées.

4. Trempez une fourchette dans du sucre granulé; pressez la fourchette en croisillons sur chaque boule, pour l'aplatir à une épaisseur de 1 cm.

5. Laissez cuire pendant 12 minutes ou jusqu'à ce que les biscuits soient fermes. Laissez-les reposer sur la plaque à pâtisserie pendant 2 minutes puis retirez-les avec une spatule et mettez-les sur une grille jusqu'à ce qu'ils soient complètement refroidis.

6. Conservez-les à température ambiante dans un récipient hermétique ou congelez-les pendant 3 mois.
Donne environ 2 douzaines de biscuits

Temps de préparation: 10 minutes

Étape 3. Comment rouler la pâte en boules de 4 cm.

Étape 4. Comment presser avec la fourchette pour former un motif en croisillons.

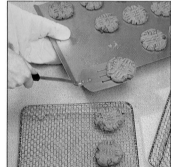
Étape 5. Comment retirer les biscuits pour les mettre sur la grille.

Macarons aux Pépites de Chocolat

275 g de flocons de noix de coco
**100 g de minipépites de chocolat
    mi sucré**
15 cl de lait condensé sucré
1 c. à café d'essence de vanille

1. Préchauffez le four à 180°C. Graissez les plaques à pâtisserie. Mettez de côté.

2. Mélangez la noix de coco, les pépites, le lait et la vanille dans un bol moyen; remuez à l'aide d'une cuillère jusqu'à ce que le tout soit bien mélangé.

3. Laissez tomber le mélange par c. à café combles à intervalles de 5 cm sur la plaque àpâtisserie préparée.

4. Pressez la pâte avec le dos de la cuillère pour aplatir légèrement.

5. Faites cuire de 10 à 12 minutes ou jusqu'à ce qu'ils deviennent légèrement dorés. Laissez refroidir les macarons sur la plaque à pâtisserie pendant 1 minute. Retirez-les avec la spatule et mettez-les à refroidir sur une grille.

6. Conservez à température ambiante dans un récipient hermétique. Ces macarons ne se congèlent pas bien.
Donne environ 3 1/2 douzaines de macarons.

Temps de préparation: 10 minutes

Étape 1. Comment graisser la plaque à pâtisserie avec un vaporisateur d'huile végétale

Étape 3. Comment déposer la pâte par c. à café combles sur la plaque à pâtisserie.

Étape 4. Comment presser la pâte pour aplatir légèrement les macarons.

Biscuits Taillés Faciles à Préparer

24 carrés de biscuits graham
**140 g de pépites de chocolat mi-
    sucré**
140 g de flocons de noix de coco
**115 g de noix grossièrement
    hachées**
**1 boîte (400 g) de lait condensé
    sucré**

1. Préchauffez le four à 180°C). Graissez une plaque à pâtisserie de 33 x 23 cm.

2. Mettez les biscuits Graham dans le robot culinaire. Réduisez-les en miettes très fines. Mesurez 320 g de miettes.

3. Mélangez les miettes, les pépites, la noix de coco et les noix hachées dans un bol moyen. Ajoutez le lait et remuez à l'aide d'une cuillère pour obtenir un mélange homogène.

4. Étendez la pâte uniformément dans le plat préparé.

5. Laissez cuire de 15 à 18 minutes ou jusqu'à ce que les bords deviennent dorés. Laissez refroidir la plaque complètement sur une grille. Découpez en morceaux de 6 x 6 cm.

6. Conservez à température ambiante dans un récipient hermétique ou congelez pendant 3 mois.

Donne 20 barres

Temps de préparation: 10 minutes

Étape 2. Comment moudre finement les biscuits graham au robot culinaire.

Étape 4. Comment étendre la pâte sur une plaque à pâtisserie.

Étape 5. Comment découper pour former des morceaux.

L'Ultime Biscuit aux Pépites de Chocolat

350 g de farine tout usage
1 c. à café de bicarbonate de soude
1/2 c. à café de sel
225 g de beurre ou de margarine, ramolli(e)
200 g de cassonade claire, bien tassée
100 g de sucre granulé
2 gros oeufs
1 c. à soupe d'essence de vanille
160 g de pépites de chocolat mi-sucré
160 g de pépites de chocolat au lait
160 g de pépites de vanille
80 g de pacanes grossièrement hachées (facultatif)

1. Préchauffez le four à 190°C.

2. Mettez la farine, le bicarbonate de soude et le sel dans un bol moyen. Mélangez bien.

3. Battez le beurre, la cassonade et le sucre granulé dans un grand bol avec le batteur électrique àvitesse moyenne, jusqu'à l'obtention d'un mélange léger et mousseux, en raclant une fois le bord du bol. Ajoutez en battant les oeufs et la vanille, en raclant une fois le bord du bol. Incorporez la farine. Battez à petite vitesse, en raclant une fois le bord du bol.

4. Ajoutez les pépites et les pacanes en remuant à l'aide de la cuillère.

5. Faites tomber la pâte par c. à café combles, à intervalles de 5 cm sur des plaques àpâtisserie non graissées*.

6. Laissez cuire de 10 à 12 minutes ou jusqu'à ce que les bords soient dorés. Laissez les biscuits sur les plaques à pâtisserie pendant 2 minutes. Retirez-les avec une spatule et mettez-les àrefroidir complètement sur des grilles.

7. Conservez à température ambiante dans un récipient hermétique ou congeler pendant 3 mois.
   Donne environ 6 douzaines de biscuits

* Ou utilisez une petite cuillère à crème glacés mécanique (no90) remplie de pâte et pressée contre le bord du bol pour niveler.

Étape 3. Comment racler le bord du bol.

Étape 5. Comment déposer la pâte sur la plaque à pâtisserie avec la cuillère à crème glacée.

Étape 7. Comment conserver les biscuits.

Sablés aux Pépites de Chocolat

115 g de beurre*, ramolli
100 g de sucre
1 c. à café d'essence de vanille
140 g de farine tout usage
1/4 c. à café de sel
90 g de minipépites de chocolat
  mi-sucré

* Pour conserver la saveur, ne pas
remplacer le beurre par de la margarine.

1. Préchauffez le four à 190°C.

2. Fouettez le beurre et le sucre dans un
grand bol à l'aide d'un batteur électrique à
vitesse moyenne jusqu'à obtention d'un
mélange léger et mousseux, en raclant le
bord du bol de temps en temps. Ajoutez la
vanille en mélangeant. Incorporez la
farine et le sel. Continuez à battre à petite
vitesse en raclant une fois le bord du bol.
Ajoutez les pépites en remuant à l'aide de
la cuillère.

3. Divisez la pâte en deux. Pressez chaque
moitié dans un moule rond de 20 cm de
diamètre non graissé.

4. Laissez cuire pendant 12 minutes ou
jusqu'à ce que les bords soient dorés.
Divisez le sablé en huit quartiers avec un
couteau aiguisé en prenant soin de ne pas
couper entièrement au travers du sablé.
Faites 8 morceaux par moule.

5. Laissez refroidir les moules sur une
grille pendant 10 minutes. Retournez le
sablé sur la grille et laissez refroidir
complètement. Séparez en quartiers.

6. Conservez à la température ambiante
dans un récipient hermétique ou congelez
pendant 3 mois.
Donne 16 biscuits-sablés

Étape 3. Comment presser la
pâte dans le moule.

Étape 4. Comment marquer les
quartiers.

Étape 5. Comment séparer les
quartiers.

Biscuits Mous aux Pépites de Chocolat et aux Bananes

1 banane moyenne mûre
175 g de farine tout usage
1 c. à café de levure chimique
1/4 c. à café de sel
75 g de beurre ou de margarine, ramolli(e)
65 g de sucre granulé
65 g de cassonade claire, bien tassée
1 gros oeuf
1 c. à café d'essence de vanille
160 g de pépites de chocolat au lait
80 g de noix grossièrement hachées (facultatif)

1. Préchauffez le four à 190°C. Graissez légèrement les plaques à pâtisserie.

2. Pelez la banane et placez-la dans un petit bol. Écrasez suffisamment de banane pour remplir 200 g. Mettez de côté.

3. Mettez la farine, la levure chimique et le sel dans un petit bol, en remuant pour bien mélanger.

4. Fouettez le beurre, le sucre granulé et la cassonade dans un grand bol à l'aide du batteur électrique à vitesse moyenne jusqu'à l'obtention d'un mélange léger et mousseux, en raclant une fois les bords du bol. Ajoutez en battant la banane, l'oeuf et la vanille, en raclant une fois les bords du bol. Ajoutez le mélange de farine. Battez à petite vitesse jusqu'à obtenir un mélange homogène, en raclant une fois les bords du bol.

5. Incorporez les pépites et les noix en remuant à l'aide de la cuillère (la pâte sera molle).

6. Laissez tomber la pâte par c. à café combles à intervalles de 5cm sur les plaques à pâtisserie préparées.

7. Faites cuire pendant 9 à 11 minutes or jusqu'à ce que les bords deviennent dorés. Laissez reposer les biscuits sur les plaques à pâtisserie pendant 2 minutes. Retirez-les avec la spatule et mettez-les à refroidir complètement sur les grilles.

8. Conservez à température ambiante dans un récipient hermétique. Ces biscuits ne se congèlent pas bien.

Donne environ 3 douzaines de biscuits

Étape 2. Comment écraser la banane avec la fourchette.

Étape 4. Comment ajouter le mélange de farine au mélange de beurre.

Étape 6. Comment déposer des c. à café combles de pâte sur la plaque à pâtisserie.

Biscuits Géants aux Pépites Favoris des Enfants

300 g de farine tout usage
1 cuillerée à café de bicarbonate
    de soude
3/4 c. à café de sel
225 g de beurre ou de margarine,
    ramolli(e)
150 g de sucre granulé
145 g de cassonade tassée
2 gros oeufs
1 c. à café d'essence de vanille
1 paquet (360 g) de minichocolats
    mi-sucrés pour la cuisson
240 g de pépites parfumés au
    beurre d'arachide

1. Préchauffez le four à 190°C.

2. Mélangez la farine, le bicarbonate de soude et le sel dans un bol moyen.

3. Battez le beurre, le sucre granulé et la cassonade dans un grand bol à l'aide du batteur électrique à vitesse moyenne jusqu'à obtention d'un mélange léger et mousseux, en raclant une fois les bords du bol. Incorporez en battant l'oeuf et la vanille en raclant une fois les bords du bol. Ajoutez le mélange de farine. Battez à petite vitesse jusqu'à l'obtention d'un mélange homogène, en raclant une fois les bords du bol.

4. Ajoutez les minichocolats et les pépites en mélangeant à l'aide d'une cuillère.

5. Laissez tomber la pâte par c. à soupe combles à intervalles de 8 cm sur des plaques à pâtisserie non graissées.

6. Faites cuire pendant 10 à 12 minutes jusqu'à ce que les bords soient dorés. Laissez reposer les biscuits sur leur plaque à pâtisserie pendant 2 minutes. Retirez-les avec la spatule et mettez-les à refroidir complètement sur les grille métallique.

7. Conservez à température ambiante dans un récipient hermétique ou au congélateur jusqu'à 3 mois.
Donne 3 douzaines de biscuits géants

Étape 3. Comment racler les bords du bol.

Étape 5. Comment disposer des c. à café combles de pâte sur la plaque à pâtisserie.

Étape 6. Comment retirer les biscuits et les mettre sur la grille à biscuits.

Biscuits aux Pépites Orange-Noix

70 g de farine tout usage
1/4 c. à café de bicarbonate de
    soude
1/4 c. à café de sel
115 g de beurre ou de margarine,
    ramolli(e)
195 g de cassonade claire tassée
1 gros oeuf
1 c. à soupe de zeste d'orange
300 g de flocons d'avoine à
    cuisson rapide ou
    ordinaires
160 g de pépites de chocolat mi-
    sucré
80 g de noix grossièrement
    hachées

1. Préchauffez le four à 190°C. Graissez légèrement les plaques à pâtisserie; mettez-les de côté.

2. Mettez la farine, le bicarbonate de soude et le sel dans un petit bol. Mélangez.

3. Battez le beurre et le sucre dans un grand bol à l'aide du batteur électrique à vitesse moyenne jusqu'à obtention d'un mélange léger et mousseux, en raclant une fois les bords du bol. Ajoutez en battant l'oeuf et le zeste d'orange, en raclant une fois les bords du bol. Ajoutez le mélange de farine. Battez à petite vitesse, en raclant une fois les bords du bol.

4. Ajoutez les flocons d'avoine en mélangeant avec la cuillère, puis les pépites et les noix.

5. Laissez tomber des c. à café de .pâte à intervalles de 5 cm sur les plaques à pâtisserie préparées.

6. Faites cuire 10 à 12 minutes ou jusqu'à ce qu'ils deviennent dorés. Laissez reposer les buscuits sur les plaques à pâtisserie pendant 2 minutes. Retirex-les avec la spatule et mettez-les à refriodir complètement sur des grilles.

7. Conservez à température ambiante dans un récipient hermétique ou au congélateur pendant 3 mois.
    Donne environ 3 douzaines de biscuits.

Étape1: Comment graisser légèrement la plaque à pâtisserie.

Étape 5. Comment déposer des c. à café de pâte sur la plaque à pâtisserie.

Étape 6. Comment retirer les biscuits et les mettre sur la grille.

Biscuits Double Trempette au Beurre d'Arachide et au Chocolat

175 g de farine tout usage
1/2 c. à café de levure chimique
1/2 c. à café de bicarbonate de soude
1/2 c. à café de sel
115 g de beurre ou de margarine, ramolli(e)e.
Sucre granulé
100 g de cassonade claire tassée
115 g de beurre d'arachide crémeux ou croquant
1 gros oeuf
1 c. à café d'essence de vanille
230 g de pépites de chocolat mi-sucré
3 c. à café de graisse végétale, mesurée séparément
230 g de pépites de chocolat au lait

1. Préchauffez le four à 190°C. Mélangez la farine, la levure chimique, le bicarbonate de soude et le sel dans un bol.

2. Battez le beurre, la 1/2 tasse de sucre granulé et la cassonade dans un grand bol à l'aide du batteur électrique à vitesse moyenne jusqu'à obtention d'un mélange léger et mousseux, en raclant une fois les bords du bol. Ajoutez en battant le beurre d'arachide, l'oeuf et la vanille, en raclant une fois les bords du bol. Ajoutez graduellement le mélange de farine en mélangeant bien à l'aide d'une cuillère.

3. Prenez des c. à soupe combles de pâte et roulez-les en boules de 3 cm. Déposez les boules à intervalles de 5 cm sur des plaques à pâtisserie non graissées. (Si la pâte est trop molle pour la rouler en boules, réfrigérez pendant 30 minutes).

4. Plongez une fourchette de table dans le sucre granulé; aplatissez chaque boule à une épaisseur de 1 cm en formant des croisillons.

5. Faites cuire pendant 12 minutes ou jusqu'à ce que les biscuits soient pris. Laissez-les reposer sur les plaques à pâtisserie pendant 2 minutes, puis retirez-les avec la spatule et mettez-les à refroidir sur une grille.

6. Faites fondre les pépites de chocolat mi-sucré et 1 1/2 c. à café de graisse végétale au bain-marie. L'eau doit être chaude mais non bouillante. Trempez le 1/3 de chaque biscuit dans le chocolat et posez-le sur du papier ciré. Laissez reposer jusqu'à ce que le chocolat ait durci, environ 30 minutes.

7. Faites fondre les pépites de chocolat au lait et 1 1/2 c. à café de matière grasse au bain-marie. L'eau doit être chaude, mais non bouillante. Trempez le 1/3 de l'autre extrémité de chaque biscuit dans le chocolat et posez-le sur du papier ciré. Laissez reposer jusqu'à ce que le chocolat ait durci, environ 30 minutes.

8. Conservez les biscuits entre des feuilles de papier ciré à la température ambiante ou au congélateur jusqu'à 3 mois.

Donne environ 2 douzaines de biscuits de 8 cm.

Étape 4. Comment aplatir chaque boule en faisant des croisillons.

Étape 7. Comment tremper le 1/3 du biscuit dans le chocolat fondu.

Carrés Surprises sans Cuisson

Pour la croûte:
115 g de beurre ou de margarine
60 g de sucre granulé
35 g de poudre de cacao non
    sucré
1 gros oeuf
1/4 c. à café de sel
230 g de miettes de biscuits
    Graham (environ 18
    biscuits Graham)
115 g de flocons de noix de coco
90 g de pacanes hachées
Pour la garniture:
75 g de beurre ou de margarine,
    ramolli(e)
1 paquet (90 g) de fromage à la
    crème ramolli
1 c. à café d'essence de vanille
1 tasse de sucre glace
Pour la glace:
60 g de chocolat noir, sucré ou
    doux-amer en tablette,
    cassé en morceaux de 1 cm
1 c. à café de beurre ou de
    margarine

1. Tapissez un moule carré de 23 cm avec une feuille d'aluminium, coté brillant vers le haut, en laissant dépasser de 5 cm sur les cotés. (Le surplus de papier permet au gâteau d'être retiré du moule pour être coupé plus facilement). Ou bien, graissez légèrement le moule. Mettez de côté.

2. Pour la croûte, mélangez 115 g de beurre, le sucre granulé, le cacao, l'oeuf et le sel dans une casserole moyenne. Faites cuire sur feu moyen, en agitant constamment, jusqu'à ce que le mélange épaississe, pendant environ 2 minutes.

3. Retirez du feu. Ajoutez en remuant les miettes de biscuits graham, la noix de coco et les pacanes. Pressez uniformément dans le moule préparé.

4. Pour la garniture, battez 7 cl de beurre, le fromage à la crème et la vanille dans un petit bol avec un batteur électrique à vitesse moyenne jusqu'à obtenir un mélange lisse, en raclant une fois les bords du bol. Ajoutez graduellement le sucre à glace. Étendre la garniture sur le biscuit et réfrigérez pendant 30 minutes.

5. Pour la glace, mélangez les tablettes de chocolat et 1 c. à café de beurre dans un petit sac de plastique pour la congélation, réutilisable. Fermez le sac. Passez au four micro-ondes à puissance MAXIMALE pendant 50 secondes. Retournez le sac et remettez au four micro-ondes pendant 40 à 50 secondes ou jusqu'à ce que le mélange soit fondu. Pétrissez le sac jusqu'à ce que le chocolat soit bien lisse (technique à la page 374).

6. Coupez un très petit coin du sac et versez le chocolat sur la garniture en formant un motif. Réfrigérez pendant environ 20 minutes.

7. Démoulez à l'aide de la feuille d'aluminium. Coupez en carrés de 4 cm. Conservez dans un récipient hermétique au réfrigérateur.

Donne 25 carrés

Étape 4. Comment étendre la garniture sur la croûte.

Étape 6. Comment verser le chocolat sur la garniture.

Carrés au Fromage et au Chocolat

75 g de beurre ou de margarine, ramolli(e)

65 g de cassonade claire, bien tassée

140 g plus 1 c. à soupe de farine tout usage, mesurée séparément

80 g de pacanes hachées (facultatif)

160 g de pépites de chocolat mi-sucré

1 paquet (240g) de fromage à la crème, ramolli

60 g de sucre granulé

1 gros oeuf

1 c. à café d'essence de vanille

1 c. à soupe de sucre glace

1 c. à soupe de poudre de cacao non sucré

1. Préchauffez le four à 190°C. Graissez un moule carré de 20 cm. Mettez de côté.

2. Battez le beurre et la cassonade dans un grand bol avec le batteur électrique à vitesse moyenne jusqu'à obtenir un mélange léger et mousseux, en raclant une fois les bords du bol. Ajoutez 1 tasse de farine. Battez à petite vitesse, en raclant une fois les bords du bol. Ajoutez les pacanes en mélangeant avec la cuillère (le mélange sera grumeleux). Pressez uniformément dans le moule préparé.

3. Faites cuire pendant 15 minutes.

4. Mettez les pépites dans une tasse à mesurer en verre. Passez au four micro-ondes à FORT pendant 2 1/2 à 3 minutes ou jusqu'à ce que le chocolat soit fondu, en remuant après 2 minutes.

5. Battez le fromage à la crème et le sucre granulé dans un bol moyen avec le batteur électrique à vitesse moyenne jusqu'à l'obtention d'un mélange léger et mousseux, en raclant une fois les bords du bol. Ajoutez 1 c. à soupe de la farine restante, l'oeuf et la vanille; battez à petite vitesse jusqu'à ce que le mélange soit lisse. Ajoutez graduellement le chocolat fondu, en mélangeant bien.

6. Versez le mélange de fromage à la crème sur la croûte partiellement cuite. Remettez au four et faites cuire 15 minutes de plus.

7. Posez le moule sur une grille et laissez refroidir complètement. Mélangez le sucre glace et le cacao dans une tasse puis versez dans une passoire fine; saupoudrez sur les carrés, au goût. Coupez en carrés de 5 cm.

8. Conservez au réfrigérateur dans un récipient hermétique ou au congélateur jusqu'à 3 mois.

Donne 16 carrés.

Étape 2. Comment racler les bords du bol.

Étape 4. Comment brasser les pépites de chocolat fondues.

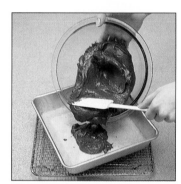

Étape 6. Comment verser le mélange de fromage à la crème sur le biscuit.

Biscuits Pacanes-Caramel-Chocolat

450 g de beurre, ramolli, mesuré
    séparément
100 g de sucre granulé
1 gros oeuf
385 g de farine tout usage
130 g de cassonade claire, bien
    tassée
4 c. à soupe de sirop de mais léger
390 g de pacanes hachées
160 g de pépites de chocolat mi-
    sucré

1. Préchauffez le four à 190°C. Graissez un moule à gâteau roulé de 25 x 27 cm. Mettez de côté.

2. Battez 1 tasse de beurre et le sucre granulé dans un grand bol avec le batteur électrique à vitesse moyenne jusqu'à obtenir un mélange léger et mousseux, en raclant une fois les bords du bol. Ajoutez l'oeuf en battant. Incorporez la farine. Battez à petite vitesse, en raclant une fois les bords du bol. Pressez la pâte dans le moule préparé.

3. Faites cuire pendant 20 minutes ou jusqu'à ce que les biscuits soient légèrement dorés.

4. Entre temps, préparez la garniture au caramel. Mélangez la tasse de beurre restante, la cassonade et le sirop de maïs dans une casserole moyenne épaisse. Faites cuire sur feu moyen en remuant fréquemment jusqu'à ébullition. Laissez bouillir doucement pendant 2 minutes, sans remuer. Ajoutez les pacanes et étendez la garniture au caramel uniformément sur la base. Remettez au four et faites cuire pendant 20 minutes ou jusqu'à ce que le tout soit bien doré et bouille.

5. Saupoudrez immédiatement et de façon uniforme les pépites de chocolat sur le caramel chaud. Pressez délicatement les pépites dans la garniture de caramel avec la spatule. Décollez le caramel des bords du moule avec une spatule fine ou un couteau.

6. Retirez du moule et mettez à refroidir sur une grille. Coupez en morceaux de 8 x 4 cm.

7. Conservez à la température ambiante dans un récipient hermétique ou au congélateur pendant 3 mois.

Donne 40 morceaux

Étape 2. Comment presser la pâte dans le moule.

Étape 4. Comment mélanger les pacanes à la garniture chaude.

Étape 5. Comment presser les pépites dans la garniture au caramel.

Macarons au Chocolat

2 gros oeufs
360 g de chocolat ou de pépites de
chocolat pour la cuisson
mi-sucré
1 boîte (25 cl) de pâte d'amande
70 g de sucre glace
2 c. à soupe de farine tout usage
Sucre glace pour la décoration

1. Préchaffez la four à 150°C. Garnissez les plaques à pâtisserie avec du papier ciré. Mettez de côté.

2. Pour séparer les blancs des jaunes d'oeufs, frappez délicatement le centre de l'oeuf contre une surface dure, telle que le bord d'un bol. En tenant une moitié de la coquille dans chaque main, transférez délicatement le jaune d'oeuf en un mouvement de va-et-vient entre les 2 moitiés. Laissez le blanc d'oeuf s'égoutter entre les 2 moitiés dans le bol. Une fois que tout le blanc s'est égoutté dans le bol, mettez le jaune dans un autre bol. Transférez le blanc dans un troisième bol. Répétez avec l'autre oeuf. Conservez les jaunes d'oeufs non utilisés, couverts d'eau, dans un récipient hermétique au réfrigérateur jusqu'à 3 jours.

3. Faites fondre le chocolat dans une petit casserole à fond épais sur feu doux, en remuant constamment. Mettez de côté.

4. Battez la pâte d'amandes, les blancs d'oeufs et le sucre dans un grand bol avec le batteur électrique à vitesse moyenne pendant 1 minute, en raclant une fois les bords du bol. Ajoutez le chocolat jusqu'à l'obtention d'un mélange homogène. Ajoutez la farine en fouettant à petite vitesse, en raclant une fois les bords du bol.

5. A l'aide d'une cuillère, remplissez de pâte une poche munie d'une douille en rosette. Formez des spirales de 4 cm à intervalles de 2,5 cm sur les plaques à pâtisserie préparées. Préparez tous les macarons en une seule fois; la pâte desséchera si on la laisse reposer.

6. Faites cuire pendant 20 minutes. Enlevez soigneusement le papier ciré de la plaque à pâtisserie et laissez refroidir complètement.

7. Décollez les biscuits du papier ciré. Saupoudrez de sucre à l'aide d'une passoire fine, si vous le souhaitez.

8. Conservez dans un récipient hermétique ou au congélateur jusqu'à 3 mois.
   Donne environ 3 douzaines de biscuits.

Étape 2: Comment séparer un oeuf.

Étape5: Comment déposer la pâte sur la plaque à pâtisserie à l'aide d'une poche à douille.

Étape 7. Comment décoller les biscuits du papier ciré.

Spritz Sucrés au Chocolat

2 carrés (30 g chacun) de chocolat non sucré, grossièrement haché
315 g de farine tout usage
1/4 c. à café de sel
225 g de beurre ou de margarine, ramolli(e)
180 g de sucre granulé
1 gros oeuf
1 c. à café d'extrait d'amandes
70 g de sucre glace
1 c. à café de cannelle moulue

1. Préchauffez le four à 200°C.

2. Faites fondre le chocolat dans une petite casserole à fond épais sur feu doux, en remuant constamment. Mettez de côté.

3. Mélangez la farine et le sel dans un petit bol.

4. Battez le beurre et le sucre granulé dans un grand bol avec le batteur électrique à vitesse moyenne jusqu'à l'obtention d'un mélange léger et mousseux, en raclant une fois les bords du bol. Ajoutez l'oeuf et l'extrait d'amandes, en raclant les bords du bol. Ajoutez le chocolat. Incorporez graduellement la farine en mélangeant avec la cuillère (la pâte sera ferme).

5. Fixez le disque de votre choix à votre presse à biscuits (ou changez de disques si vous voulez changer de forme après la première fournée). Remplissez la presse de pâte; pressez la pâte à 2,5 cm d'intervalle sur des plaques à pâtisserie non graissées.

6. Faites cuire pendant 7 minutes.

7. Mélangez le sucre glace et la cannelle dans un petit bol. Versez dans une passoire fine et saupoudrez sur les biscuits pendant qu'ils sont encore sur les plaques à pâtisserie. Retirez les biscuits avec la spatule et mettez-les à refroidir complètement sur les grilles.

8. Conservez à température ambiante dans un récipient hermétique. Ces biscuits ne se congèlent pas bien.

Donne 4 à 5 douzaines de biscuits

Étape 4. Comment mélanger la farine à la pâte.

Étape 5. Comment presser la pâte sur la plaque à pâtisserie.

Étape 7. Comment saupoudrer le mélange sucre-cannelle sur les biscuits.

Spritz à Deux Tons

1 carré (30 g) de chocolat non
    sucré, grossièrement coupé
315 g de farine tout usage
1/4 c. à café de sel
225 g de beurre ou de margarine,
    ramolli(e)
200 g de sucre
1 gros oeuf
1 c. à café d'essence de vanille

1. Faites fondre le chocolat dans une petite casserole à fond épais sur feu doux, en remuant constamment. Mettez de côté

2. Mettre la farine et le sel dans un bol; mélangez.

3. Battez le beurre et le sucre dans un grand bol avec le batteur électrique à vitesse moyenne jusqu'à l'obtention d'un mélange léger et mousseux, en raclant une fois les bords du bol. Ajoutez l'oeuf et la vanille, en raclant une fois les bords du bol. Ajoutez graduellement la farine. Battez à petite vitesse, en raclant une fois les bords du bol.

4. Mettez de côté 2 tasses de pâte. Battez le chocolat dans la pâte restante jusqu'à obtenir un mélange lisse. Formez deux rondelles avec la pâte au chocolat et celle à la vanille. Enveloppez-les dans un film alimentaire transparent et réfrigérez pendant 30 minutes, ou jusqu'à ce que les rondelles soient faciles à manipuler.

5. Préchauffez le four à 200°C. Retirez le film de la pâte à la vanille. Roulez entre 2 feuilles de papier ciré à une épaisseur de 1 cm. Coupez en rectangles de 13 x 10 cm.

6. Retirez le film de la pâte au chocolat. Mettez sur une feuille de papier ciré. En utilisant le papier pour tenir la pâte, roulez-la pour former une bûche d'environ 2,5 cm de diamètre. Coupez en petites bûches de 12,7 cm de long.

7. Mettez la bûche de chocolat au centre du rectangle à la vanille. Enveloppez la pâte à la vanille autour de la bûche et placez-la dans la presse à biscuits munie d'un disque en forme d'étoile.

8. Pressez la pâte à intervalles de 4 cm sur des plaques à pâtisserie froides, non graissées (technique à la page 368).

9. Faites cuire pendant 10 minutes. Retirez les biscuits avec la spatule et mettez-les à refroidir sur les grilles.

10. Conservez à la température ambiante dans un récipient hermétique ou au congélateur jusqu'à 3 mois.
Donne environ 4 douzaines de biscuits.

Étape5: Comment abaisser la pâte à la vanille.

Étape 6: comment rouler la pâteen forme de bûche.

Étape 7: Comment envelopper la pâte à la vanille autour de la bûche au chocolat.

Biscuits Découpés Noirs et Blancs

385 g plus 2 c. à soupe de farine tout usage, mesurée séparément
1 c. à café de bicarbonate de soude
3/4 c. à café de sel
225 g de beurre ou de margarine, ramolli(e)
150 g de sucre granulé
150 g de cassonade claire, bien tassée
2 gros oeufs
1 c. à café d'essence de vanille
35 g de poudre de cacao non sucré
120 g de chocolat blanc pour la cuisson, coupé en morceaux de 1 cm
Bonbons décoratifs assortis (facultatif)
120 g de pépites de chocolat mi-sucré

1. Mélangez 385 g de farine, le bicarbonate de soude et le sel dans un petit bol.

2. Battez le beurre, le sucre granulé et la cassonade dans un grand bol avec le batteur électrique à vitesse moyenne jusqu'à l'obtention d'un mélange léger et mousseux, en raclant une fois les bords du bol. Introduire en battant les oeufs, 1 par 1, en raclant une fois les bords du bol après chaque addition. Ajoutez la vanille, en battant. Incorporez graduellement le mélange de farine. Battez à petite vitesse, en raclant une fois les bords du bol.

3. Retirez la moitié de la pâte du bol. Mettez de côté. Pour la pâte au chocolat, battez le cacao dans le reste de la pâte avec la cuillère jusqu'à ce que le mélange soit homogène. Pour la pâte à la vanille, ajoutez les 2 c. à soup avec un rouleau à pâtisserie bien fariné.

4. Aplatissez chaque morceau de pâte en forme de rondelle; enveloppez dans du film alimentaire transparent et mettez au réfrigérateur pendant environ 1 1/2 heures ou jusqu'à ce qu'elle durcisse (la pâte peut être réfrigéré jusq'à 3 jours avant la cuisson).

5. Préchauffez le four à 190ºC.

6. Entravaillant avec un type de pâte à la fois, retirez la pâte du film et mettez sur un surface légèrement fariné. Roulez la pâte à une épaisseur de 5 mm avec un rouleau à pâtisserie bien fariné.

Étape 3. Comment mélanger la pâte au chocolat.

Étape 4. Comment envelopper la pâte aplatie dans le film alimentaire transparent.

Étape 6. Comment abaisser la pâte au chocolat.

suite à la page 374

**Biscuits Découpés Noirs et Blancs,
suite**

7. Coupez la pâte avec des emporte-pièces, à votre goût. Disposez les biscuits découpés à intervalles de 2,5 cm sur des plaques à pâtisserie non graissées.

8. Faites cuire de 9 à 11 minutes. Laissez reposer les biscuits sur les plaques à pâtisserie pendant 2 minutes. Retirez les biscuits avec la spatule et mettez-les à refroidir.

9. Pour arroser de chocolat blanc, mettez les morceaux de chocolat blanc dans un petit sac de plastique pour la congélation et fermez-le bien. Passez au four micro-ondes à puissance MOYENNE (50%) pendant 2 minutes. Retournez le sachet et remettez-le dans le four micro-ondes encore 2 ou 3 minutes ou jusqu'à ce que le chocolat soit fondu. Pétrissez le sachet pour obtenir une pâte lisse.

10. Coupez un très petit coin du sachet et arrosez les biscuits au chocolat de chocolat blanc fondu. Décorez au choix avec les bonbons assortis. Laissez reposer jusqu'à ce que le chocolat blanc durcisse, environ 30 minutes.

11. Pour décorer de chocolat noir, mettez les pépites de chocolat dans un petit sac de plastique pour la congélation et fermez-le bien. Passez au four micro-ondes à puissance MAXIMALE pendant 1 minute. Retournez le sac de plastique et remettez au micro-ondes encore 1 ou 2 minute ou jusqu'à ce que le chocolat soit fondu. Pétrissez le sac pour obtenir une pâte lisse.

12. Coupez un très petit coin du sac et arroser les biscuits à la vanille de chocolat noir fondu. Décorez au choix avec les bonbons assortis. Laissez reposer jusqu'à ce que le chocolat durcisse, environ 40 minutes.

13. Conservez dans un récipient hermétique à température ambiante ou au congélateur jusqu'à 3 mois.
Donne 3 à 4 douzaines de biscuits

Biscuits Sandwichs Noir et Blanc :
Découpez les deux pâtes avec le même emporte-pièce. Étendez une couche mince de glace préparée sur le coté plat du biscuit au chocolat. Mettez le coté plat du biscuit à la vanille sur la glace. Saupoudrez chaque coté du biscuit au chocolat noir ou au chocolat blanc fondus.

Étape 7. Comment découper la pâte.

Étape 9. Comment pétrir le chocolat blanc dans le sac en plastique.

Biscuits Sandwichs Noirs et Blancs: Comment confectionner des biscuits sandwichs.

Sandwichs à la Crème Glacée à l'Ancienne

2 carrés (30 g chacun) de chocolat de cuisson mi-sucré, grossièrement haché
210 g de farine tout usage
1/4 c. à café de bicarbonate de soude
1/4 c. à café de sel
115 g de beurre ou de margarine, ramolli(e)
100 g de sucre
1 gros oeuf
1 c. à café d'essence de vanille
Crème glacée à la vanille ou aux pépites de chocolat et menthe, ramollie*

* Un litre de crème glacée peut être ramolli dans le four à micro-ondes à puissance MAXIMALE, en 20 secondes environ.

1. Mettez le chocolat dans une tasse à mesurer en verre. Passez au four micro-ondes à puissance MAXIMALE pendant 3 à 4 minutes ou jusqu'à ce que le chocolat soit fondu, en remuant après 2 minutes. Mettez de côté.

2. Mettez la farine, le bicarbonate de soude, et le sel dans un petit bol. Brassez pour bien mélanger.

3. Battez le beurre et le sucre dans un grand bol avec le batteur électrique à vitesse moyenne jusqu'à l'obtention d'un mélange léger et mousseux, en raclant une fois les bords du bol.

4. Ajoutez 1 oeuf et la vanille, en raclant une fois les bords du bol. Ajoutez graduellement le chocolat puis le mélange de farine à l'aide de la cuillère.

5. Façonnez la pâte en 2 rondelles. Enveloppez-les dans un film alimentaire transparent et réfrigérez jusqu'à consistance ferme, au moins 2 heures (la pâte peut être conservée dans le réfrigérateur jusqu'à 3 jours avant la cuisson).

6. Préchauffez le four à 180°C. Graissez la plaque à pâtisserie.

7. Retirez le film alimentaire d'un des morceaux de pâte. Abaissez à épaisseur de 5 à 10 mm entre 2 feuilles de papier ciré.

suite à la page 376

Étape 1. Comment mélanger le chocolat fondu.

Étape 5. Comment envelopper la pâte aplatie dans un film alimentaire transparent.

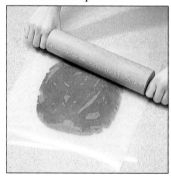

Étape 7. Comment abaisser la pâte entre deux feuilles de papier ciré.

Sandwichs à la Crème Glacée à l'Ancienne, suite

8. Retirez la feuille supérieure de papier ciré; retournez la pâte sur la plaque à pâtisserie préparée.

9. Coupez à travers la pâte jusqu'à la plaque à pâtisserie avec un couteau d'office, en formant des rectangles de 7,5 x 5 cm. Enlevez le surplus de pâte des côtés. Ajoutez-les à la deuxième rondelle de pâte et recommencez l'opération jusqu'à ce que toute la pâte soit utilisée. Piquez chaque rectangle avec une fourchette, si vous le désirez.

10. Faites cuire pendant 10 minutes. Laissez reposer les biscuits sur la plaque à pâtisserie pendant 1 minute. Découpez au niveau des entailles avec un couteau pendant que les biscuits sont encore chauds. Retirez les biscuits avec la spatule et mettez-les à refroidir sur des grilles.

11. Étendez la crème glacée ramollie sur le coté plat de la moitié des biscuits; recouvrez avec le reste des biscuits.

12. Servez immédiatement ou enveloppez séparément dans un film alimentaire transparent et mettez au congélateur jusqu'à 1 mois.
Donne environ 8 sandwichs à la crème glacée

Étape 8. Comment retirer la feuille supérieure de papier ciré.

Étape 9. Comment découper la pâte en rectangles.

Étape 11. Comment étaler la crème glacée sur les biscuits.

Bouchées au Chocolat Blanc

4 carrés (30 g chacun) de chocolat
    non sucré, grossièrement
    haché
115 g de beurre ou de margarine
2 gros oeufs
260 g de sucre granulé
1 c. à café d'essence de vanille
70 g de farine tout usage
1/2 c. à café de sel
180 g de chocolat blanc pour la
    cuisson, coupé en morceaux
    de 5 mm
90 g de noix grossièrement
    hachées (facultatif)
 Sucre glace pour la décoration

1. Préchauffez le four à 180°C. Graissez un moule carré de 20 cm.

2. Faites fondre le chocolat non sucré et le beurre dans une petite casserole à fond épais sur feu doux, en remuant constamment. Mettez de côté.

3. Battez les oeufs dans un grand bol avec le batteur électrique à vitesse moyenne pendant 30 secondes. Ajoutez graduellement le sucre granulé en battant à vitesse moyenne environ 4 minutes jusqu'à ce que le mélange soit très épais et d'un jaune citron.

4. Ajoutez le mélange de chocolat et la vanille. Ajoutez la farine et le sel en fouettant à petite vitesse jusqu'à l'obtention d'un mélange homogène. Ajoutez le chocolat de cuisson et les noix en mélangeant avec la cuillère. Étendez la pâte sur le plat de cuisson préparé.

5. Faites cuire pendant 30 minutes ou jusqu'à ce que les bords commencent tout juste à se décoller des parois du moule et que le centre soit pris.

6. Sortez le moule du four et posez-le sur une grille. Laissez refroidir complètement. Coupez en carrés de 5 cm. Mettez du sucre glace dans une passoire fine et saupoudrez sur les biscuits, au goût.

7. Conservez dans un récipient hermétique à température ambiante ou au congélateur jusqu'à 3 mois.

Donne 16 bouchées

Étape 3. Comment fouetter le mélange oeufs/sucre jusqu'à ce qu'il devienne jaune citron.

Étape 4. Comment mélanger les morceaux de chocolat pour la cuisson.

Étape 6. Comment saupoudrer le sucre glace sur les biscuits.

Carrés aux Pépites de Chocolat à la Menthe

180 g de sucre granulé
115 g de beurre ou de margarine
2 c. à soupe d'eau
160 g de pépites de chocolat mi-sucré ou de minipépites de chocolat
1 1/2 c. à café d'essence de vanille
1 1/4 tasse de farine tout usage
1/2 c. à café de bicarbonate de soude
1/2 c. à café de sel
2 grands oeufs
160 g de pépites de chocolat à la menthe
Sucre glace pour garniture

1. Préchauffez le four à 180°C. Graissez un plat à cuisson carré de 24 cm.

2. Mélangez le sucre, le beurre et l'eau dans un bol moyen utilisable au four micro-ondes. Passez au four micro-ondes à la puissance MAXIMALE pendant 2 1/2 à 3 minutes ou jusqu'à ce que le beurre soit fondu. Ajoutez les pépites de chocolat mi-sucré; remuez délicatement jusqu'à ce que les pépites soient fondues et que le mélange bien homogène. Ajoutez la vanille. Mélangez et laissez refroidir pendant 5 minutes.

3. Mélangez la farine, le bicarbonate de soude et le sel dans un petit bol.

4. Battez les oeufs dans le mélange de chocolat, 1 par 1, à l'aide de la cuillère. Ajoutez le mélange de farine; mélangez bien. Ajoutez en remuant les pépites à la menthe. Étendez la pâte uniformément dans le moule préparé.

5. Faites cuire 25 minutes pour des carrés très moelleux ou 30 à 35 minutes pour des carrés genre gâteau.

6. Sortez le moule et mettez-le sur une grille; laissez refroidir complètement. Coupez en carrés de 6 cm. Mettez du sucre glace dans une passoire fine, saupoudrez sur les carrés, au goût.

7. Conservez dans un récipient hermétique à température ambiante ou au congélateur jusqu'à 3 mois.

Donne 16 biscuits.

Étape 2. Comment mélanger les pépites de chocolat au mélange de beurre fondu.

Étape 4. Comment ajouter les oeufs, 1 par 1.

Étape 6. Comment saupoudrer le sucre glace sur les carrés.

Carrés au caramel

160 g de pépites aromatisées au
    caramel
140 g de farine tout usage
1/2 c. à café de levure chimique
1/4 c. à café de sel
60 g de beurre ou de margarine,
    ramolli(e)
100 g de cassonade claire, bien
    tassée
2 gros oeufs
1/2 c. à café d'essence de vanille
160 g de pépites de chocolat non
    mi-sucré
1 c. à soupe de poudre de cacao
    non sucré pour la
    décoration

1. Préchauffez le four à 180°C. Graissez légèrement un moule carré de 24 cm. Mettez de côté.

2. Faites fondre les pépites au caramel dans une petite casserole à fond épais sur feu doux, en remuant constamment. Mettez de côté.

3. Mélangez la farine, la levure chimique et le sel dans un petit bol.

4. Battez le beurre et le sucre dans un grand bol avec le batteur électrique à vitesse moyenne jusqu'à obtention d'un mélange léger et mousseux, en raclant une fois les bords du bol. Ajoutez les oeufs, 1 par 1, en raclant une fois les bords. Ajoutez la vanille et les pépites au caramel fondues. Ajoutez le mélange de farine. Battez à petite vitesse jusqu'à obtenir un mélange homogène, en raclant une fois les bords du bol. Étendez la pâte uniformément dans le moule préparé.

5. Faites cuire 20 à 25 minutes ou jusqu'à ce que le tout soit doré et que le centre soit ferme. Sortez le moule du four et saupoudrez immédiatement une couche de pépites de chocolat sur les carrés. Laissez reposer environ 4 minutes jusqu'à ce que le chocolat soit fondu. Étendez-le uniformément sur le dessus du biscuit avec une spatule mince. Faites de petits tourbillons, au goût.

6. Posez le moule sur une grille et laissez refroidir.

7. Pour garnir, disposez des petits bandes de carton sur le chocolat. Mettez le cacao dans une passoire fine et saupoudrez-le sur les biscuits. Retirez soigneusement le carton. Coupez les biscuits en carrés de 5 cm.

8. Conservez dans un récipient hermétique à température ambiante ou au congélateur jusqu'à 3 mois.

Donne 16 biscuits

Étape 2: Comment faire fondre et brasser les pépites au caramel.

Étape 4: Coment racler les bords du bol.

Étape 5: Comment étendre les pépites de chocolat sur les carrés au chocolat chauds.

Les Carrés Irlandais

140 g de farine tout usage
1/2 c. à café de levure chimique
1/4 c. à café de sel
4 carrés (30 g chacun) de chocolat
    de cuisson mi-sucré,
    grossièrement haché.
115 g de beurre ou de margarine
100 g de sucre
2 gros oeufs
4 c. à soupe de liqueur "Irish
    Cream"
 Glace à l'Irish Cream (recette ci-
    dessous)

1. Préchauffez le four à 180°C. Graissez un moule carré de 20 cm de côté. Mélangez la farine, la levure chimique et le sel dans un petit bol.

2. Faites fondre le chocolat et le beurre dans une casserole à fond épais sur feu doux, en remuant constamment. Ajoutez le sucre. Ajoutez les oeufs, 1 par 1, en fouettant. Ajoutez la liqueur. Mélangez le contenu du bol de farine et la préparation au chocolat. Étendez la pâte uniformément dans 1 moule préparé.

3. Faites cuire 22 à 25 minutes ou jusqu'à ce que le centre soit pris. Démoulez sur une grille et laissez refroidir complètement avant de procéder au glaçage.

4. Préparez la glace à l'Irish Cream. Nappez-la sur le biscuit refroidi. Laissez refroidir au moins 1 heure ou jusqu'à ce que la glace soit dure. Coupez en carrés de 5 cm.

5. Conservez dans un récipient hermétique au réfrigérateur. Ces biscuits ne se congèlent pas bien.

Donne 16 biscuits

Étape 2. Comment ajouter les oeufs, 1 par 1 à l'aide d'un fouet.

Glace à la Irish Cream: Étape 1. Comment tamiser le sucre glace.

Glace à l'Irish Cream

 Sucre glace
60 g de fromage à la crème, ramolli
2 c. à soupe de beurre ou de margarine,
    ramolli(e)
2 c. à soupe de liqueur Irish Cream

1. Tamisez le sucre glace sur du papier ciré à l'aide d'un fin tamis. Transférez-le dans une tasse àmesurer à l'aide d'une cuillère pour faire 200 g.

2. Battez le fromage à la crème et le beurre dans un petit bol avec le batteur électrique à vitesse moyenne jusqu'à obtenir un mélange homogène, en raclant une fois les bords du bol. Ajoutez la liqueur tout en battant. Incorporez graduellement le sucre glace jusqu'à ce que le mélange soit bien lisse.

Donne environ 150 g

Carrés en Damiers

75 g de noisettes
120 g de chocolat en tablette
    amer-doux ou mi-sucré,
    cassé en morceaux
315 g de farine tout usage
1/2 c. à café de levure chimique
1/4 c. à café de sel
175 g de beurre ou de margarine,
    ramolli(e)
150 g de sucre
2 gros oeufs, séparés
1 c. à café d'essence de vanille

1. Préchauffez le four à 180°C. Pour enlever la peau des noisettes, étalez-les en une seule couche sur une plaque à pâtisserie. Faites cuire pendant 10 à 12 minutes jusqu'à ce qu'elles soient grillées et que les peaux commencent à s'écailler; laissez refroidir légèrement. Enveloppez les noisettes dans un linge à vaisselle épais et frottez-les contre le linge pour enlever autant de peau que possible.

2. Mettez les noisettes dans le robot culinaire. Travaillez en utilisant le bouton de commande intermittente, jusqu'à ce que les noisettes soient finement hachées, sans devenir pâteuses.

3. Faites fondre le chocolat dans un bol déposé dans un bol d'eau très chaude, en remuant deux fois. Comptez environ 10 minutes.

4. Mélangez la farine, la levure chimique et le sel dans un bol.

5. Battez le beurre et le sucre dans un grand bol avec le batteur électrique à vitesse moyenne jusqu'à obtention d'un mélange léger et mousseux, en raclant une fois les bords du bol. Ajoutez en fouettant 1 oeuf et la vanille, en raclant une fois les bords du bol. Ajoutez graduellement le mélange de farine. Battez à petite vitesse, en raclant de temps en temps les bords du bol.

6. Retirez et réservez 1 1/4 tasses de pâte. Ajoutez le chocolat et les noisettes dans le reste de la pâte en mélangeant avec la cuillère. Enveloppez les deux pâtes dans un film alimentaire transparent et réfrigérez pendant 20 minutes.

7. Retirez la pâte au chocolat du film. Mettez-la sur une surface légèrement farinée. Abaissez la pâte sur une épaisseur de 1 cm avec un rouleau à pâtisserie fariné. Coupez-la en 8 lanières de 10 x 2 cm. Roulez à nouveau les restes de pâte au besoin, jusqu'à ce que toute la pâte ait été coupée en lanières. Répétez l'opération avec la pâte à la vanille.

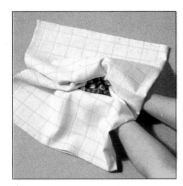

Étape 1. Comment frotter les noisettes pour enlever les peaux.

Étape 6. Comment confectionner la pâte au chocolat.

Étape 7. Comment découper la pâte en lanières.

suite à la page 388

Carrés en damier, suite

8. Pour assembler, battez le reste de l'oeuf dans un petit plat avec la fourchette jusqu'à ce qu'il devienne mousseux. Mettez 1 lanière de pâte au chocolat sur une feuille de film alimentaire transparent. Brossez le bord d'oeuf battu. Mettez 1 lanière de pâte à la vanille à coté de la pâte au chocolat. Brossez le bord d'oeuf battu. Répétez avec 1 lanière au chocolat de plus et 1 lanière à la vanille de plus pour confectionner la couche de dessous. Brossez le dessus avec l'oeuf battu.

9. Préparez la deuxième rangée en empilant les lanières sur la première rangée, en alternant avec la pâte à la vanille et la pâte au chocolat et vice-versa. Brossez le bord de chaque lanière et la couche de dessus avec l'oeuf battu. Répétez avec une troisième rangée pour finir le damier. Répétez l'opération avec le reste des lanières de pâte pour faire un deuxième damier. Recouvrez de film alimentaire transparent; réfrigérez 1 heure ou jusqu'à ce que le tout soit assez ferme pour être découpé.

10. Préchauffez le four à 180°C. Graissez les plaques à pâtisserie.

11. Enlevez le film alimentaire et coupez le damier en diagonale avec un long couteau bien aiguisé en tranches de 5 mm d'épaisseur. Disposez-les à intervalles de 5 cm sur les plaques àpâtisserie préparées.

12. Faites cuire de 10 à 12 minutes. Laissez refroidir les carrés sur les plaques à pâtisserie pendant 2 minutes. Démoulez-les avec la spatule et mettez-les à refroidir sur des grilles.

13. Conservez dans un récipient hermétique à température ambiante ou au congélateur jusqu'à 3 mois.
Donne 2 douzaines de barres

Étape 8 Comment disposer la première rangée du damier.

Étape 9. Comment brosser le bord de la lanière avec l'oeuf battu.

Étape 11. Comment découper le damier en tranches de 5 mm.

Bouchées Viennoises à la Meringue

90 g d'amandes effilées
3 gros oeufs
140 g de beurre ou de margarine, ramolli(e)
260 g de sucre, mesuré séparément
1/4 c. à café de sel
315 g de farine tout usage
375 g de confiture aux framboises sans pépins
230 g de minipépites de chocolat mi-sucré

1. Préchauffez le four à 180°C. Pour griller les amandes, étalez-les sur une plaque à pâtisserie et faites-les cuire pendant 8 à 10 minutes ou jusqu'à ce qu'elles deviennent dorées, en remuant fréquemment. Retirez les amandes de la plaque et laissez refroidir.

2. Pour séparer les jaunes des blancs d'oeufs, frappez délicatement le centre de l_oeuf contre une surface dure comme le bord d'un bol. En tenant une moitié de coquille dans chaque main, transférez délicatement le jaune d'oeuf en un mouvement de va-et-vient entre les 2 moitiés. Laissez le blanc s'égoutter entre les 2 moitiés dans un bol. Quand tout le blanc s'est égoutté dans le bol, mettez le jaune dans un autre bol (les blancs d'oeufs ne doivent pas contenir de jaune d'oeuf pour atteindre un bon volume lorsqu'ils sont battus). Transférez le blanc dans un troisième bol. Répétez avec le reste des oeufs.

3. Conservez 1 jaune d'oeuf, recouvert d'eau, dans un récipient hermétique pour un autre usage. Peut se garder au réfrigérateur jusqu'à 3 jours.

4. Préchauffez le four à 180°C.

5. Battez le beurre et 100 g de sucre dans un grand bol avec le batteur électrique à vitesse moyenne jusqu'à obtention d'un mélange léger et mousseux, en raclant une fois les bords du bol. Ajoutez en battant 2 jaunes d'oeuf et le sel. Ajoutez graduellement la farine. Battez à petite vitesse, en raclant une fois les bords du bol.

6. Avec les doigts enduits de beurre, étalez la pâte uniformément sur une plaque de gâteau roulé de 27 x 25 cm non graissée.

suite à la page 390

Étape 1. Comment griller les amandes.

Étape 2. Comment séparer un oeuf.

Étape 3. Comment étaler la pâte sur la plaque.

Bouchées Viennoises à la Meringue,
suite

7. Faites cuire pendant 22 à 25 minutes ou jusqu'à ce que la pâte soit légèrement dorée. Sortez du four et nappez immédiatement la confiture sur le biscuit. Saupoudrez uniformément de pépites de chocolat.

8. Pour faire la meringue, battez les blancs d'oeuf dans un grand bol propre avec un batteur électrique à haute vitesse. Incorporez en battant graduellement les 160 g de sucre restants jusqu'à l'obtention de pic fermes. (Après avoir retiré les batteurs des blancs d'oeufs, les pics devraient rester à la surface, et le mélange ne devrait pas glisser quand le bol est penché).

9. Pliez les amandes avec une spatule en caoutchouc en coupant délicatement vers le fond du bol, en râclant les parois du bol et en rabattant le tout sur le dessus du mélange.

10. Déposez la meringue à l'aide d'une cuillère sur le dessus du mélange au chocolat; Étendez à l'aide d'une petite spatule.

11. Remettez le plat dans le four; faites cuire pendant 20 à 25 minutes jusqu'à ce que la meringue soit dorée. Transférez le contenu de la plaque sur une grille et laissez refroidir complètement. Coupez en carrés de 5 x 6 cm.

12. Conservez, dans un récipient non hermétique, à la température ambiante. Ces biscuits ne se congèlent pas bien.
Donne 28 carrés

Étape 8. Comment battre les blancs d'oeufs jusqu'à l'obtention de pic fermes.

Étape 9. Comment incorporer les amandes.

Étape 10. Comment étaler la meringue sur la base.

Spirales Chocolat-Noix-Cannelle

210 g de farine tout usage
1/4 c. à café de sel
75 g de beurre ou de margarine, ramolli(e)
160 g de sucre, mesuré séparément
1 gros oeuf
160 g de minipépites de chocolat mi-sucré
130 g de noix très finement hachées
2 c. à café de cannelle moulue
3 c. à soupe de beurre ou de margarine fondu(e)

1. Mélangez la farine et le sel dans un petit bol. Battez le beurre ramolli et 100 g de sucre dans un grand bol avec un batteur électrique à vitesse moyenne jusqu'à obtention d'un mélange léger et mousseux, en raclant une fois les bords du bol. Ajoutez l'oeuf en battant. Ajoutez graduellement le mélange de farine, en mélangeant à l'aide d'une cuillère. La pâte deviendra ferme (S'il le faut, pétrissez la pâte à la main jusqu'à ce qu'elle tienne ensemble).

2. Abaissez la pâte entre 2 feuilles de papier ciré pour former un rectangle de 27 x 25 cm. Enlevez le papier ciré du dessus du rectangle (Techniques à la page 375 et 376).

3. Mélangez les pépites, les noix, les 60 g de sucre restants et la cannelle dans un bol moyen. Versez le beurre fondu chaud sur le mélange. Mélangez bien (le chocolat fondra partiellement). Transférez cette préparation sur la pâte à l'aide d'une cuillère. Étalez uniformément avec une petite spatule, en laissant une bordure de _ po (1 cm) sur le long côté.

4. En utilisant la feuille inférieure du papier ciré comme guide et en commençant sur le long côté, roulez la pâte en serrant à la façon d'un gâteau roulé, en retirant le papier au fur et à mesure que vous enroulez. Enveloppez d'un film alimentaire transparent; réfrigérez de 30 minutes à 1 heure.

5. Préchauffez la four à 180°C. Graissez légèrement les plaques à pâtisserie. Enlevez le film de la pâte. En utilisant du fil dentaire ou du fil à coudre solide, coupez la pâte en tranches de 1 cm* d'épaisseur. Mettez le fil sous le rouleau; ramenez les extrémités du fil sur le dessus du rouleau, croisez-les et tirez délicatement pour couper chaque tranche. Disposez les tranches à intervalles de 5 cm sur les plaques à pâtisserie préparées.

6. Faites cuire 14 minutes ou jusqu'à ce que les bords soient légèrement dorés. Retirez les biscuits avec la spatule et mettez-les sur des grille métalliques; laissez refroidir.

7. Conservez dans un récipient hermétique à la température ambiante ou au congélateur jusqu'à 3 mois.

Donne environ 2 douzaines de biscuits.

*Si la pâte a refroidi pendant plus d'une heure, coupez avec un couteau fin bien aiguisé.

Etape 4. Rouler la pâte à la façon d'un gâteau roulé.

Etape 5. Couper la pâte en tranches de 1 cm avec du fil dentaire.

Boutons d'Or aux Abricots

120 g de tablette de chocolat doux-amer, cassé en morceaux
420 g de farine tout usage
1/2 c. à café de levure chimique
1/2 c. à café de sel
150 g de beurre ou de margarine, ramolli(e)
160 g de sucre
2 gros oeufs
2 c. à café de vanille
 Confiture d'abricots

1. Faites fondre le chocolat dans un petit bol déposé dans un autre bol d'eau très chaude, en remuant deux fois. Comptez environ 10 minutes.

2. Mélangez la farine, la levure chimique et le sel dans un bol.

3. Battez le beurre et le sucre dans un grand bol avec un batteur électrique à vitesse moyenne jusqu'à l'obtention d'un mélange léger et mousseux, en raclant une fois les bords du bol. Ajoutez les oeufs, 1 par 1, en raclant à chaque fois les bords du bol. Ajoutez en battant la vanille et le chocolat. Incorporez lentement le mélange de farine. Battez à petite vitesse, en raclant une fois les bords du bol.

4. Divisez la pâte en deux boules; aplatissez-les en forme de rondelle. Enveloppez dans un film alimentaire transparent et réfrigérez pendant 2 heures ou jusqu'à consistance ferme.

5. Préchauffez le four à 180°C. Retirez le film de la pâte et abaissez-la à une épaisseur de 3 à 6 mm sur une surface légèrement farinée. Découpez la pâte avec un emporte-pièces circulaire de 6 cm. Coupez le centre de la moitié des cercles avec un emporte-pièces de 2,5 cm. Retirez les morceaux de pâte et réservez-les. Disposez les cercles sur des plaques à pâtisserie non graissées. Roulez de nouveau et découpez avec les restes de pâte.

6. Faites cuire les biscuits pendant 9 à 10 minutes. Laissez reposer sur les plaques à pâtisserie pendant 2 minutes. Retirez les biscuits avec la spatule et mettez-les à refroidir complètement sur des grilles.

7. Pour assembler les biscuits, étalez environ 1 1/2 c. à café de confiture sur le coté plat des cercles de biscuit; recouvrez avec les ronds évidés pour former des sandwichs.

8. Conservez dans un récipient hermétique à température ambiante. Ces biscuits ne se congèlent pas bien.
 Donne environ 1 1/2 douzaines de biscuits.

Etape 1. Fondre le chocolat dans un bol dans de l'eau très chaude.

Etape 5. Evider les centres.

Etape 7. Assembler les biscuits.

Biscottes aux Amandes et aux Pépites de Chocolat

160 g d'amandes effilées
385 g de farine tout usage
1 1/2 c. à café de levure chimique
1/4 c. à café de sel
115 g de beurre ou de margarine, ramolli(e)
200 g de sucre
3 gros oeufs
3 c. à soupe de liqueur d'amande
1 c. à soupe d'eau
160 g de minipépites de chocolat mi-sucré

1. Préchauffez le four à 180°C. Pour griller les amandes, étendez-les sur une plaque àpâtisserie. Faites cuire pendant 8 à 10 minutes ou jusqu'à ce qu'elles soient dorées, en remuant fréquemment. Retirez les amandes et laissez-les refroidir. Hachez-les ensuite grossièrement avec un couteau de chef pour obtenir 3/4 tasse.

2. Mélangez la farine, la levure chimique et le sel dans un bol.

3. Battez le beurre et le sucre dans un grand bol avec un batteur électrique à vitesse moyenne jusqu'à l'obtention d'un mélange léger et mousseux, en raclant une fois les bords du bol. Ajoutez les oeufs, 1 par 1, en raclant une fois les bords du bol après chaque addition. Incorporez la liqueur et l'eau, en remuant. Incorporez graduellement le mélange de farine. Battez à petite vitesse, en raclant une fois les bords du bol.

4. Divisez la pâte en quatre partie égales. Aplatissez chaque morceau uniformément au centre d'une feuille de papier ciré. En se servant du papier ciré pour tenir la pâte, roulez celle-ci pour former une bûche de 38 cm (Technique à la page 370). Enveloppez soigneusement. Réfrigérez pendant environ 2 heures ou jusqu'à ce que la pâte soit ferme.

5. Préchauffez le four à 190°C. Graissez légèrement la plaque à pâtisserie. Retirez le film alimentaire et mettez chaque bûche sur la plaque à pâtisserie. Avec vos mains farinées, aplatissez chaque bûche à une largeur de 5 cm et une épaisseur de 1,5 cm.

6. Faites cuire 15 minutes. Retirez du four. Coupez chaque bûche à l'aide d'un couteau dentelé en tranches diagonales de 2,5 cm. Mettez les tranches, le coté coupé vers le haut, sur une plaque àpâtisserie et faites cuire pendant 7 minutes. Retournez les biscuits et faites-les cuire encore 7 minutes ou jusqu'à ce que les surfaces coupées soient dorées et que les biscuits soient secs. Retirez-les avec une spatule et mettez-les à refroidir sur des grilles.

7. Conservez dans un récipient hermétique à température ambiante ou au congélateur jusqu'à 3 mois.
Donne environ 4 douzaines de biscuits.

Etape 5. Mouler la bûche sur la tôle.

Etape 6. Découper en tranches diagonales.

Sandwichs chocolat-cardamome

210 g de farine tout usage
1 c. à café de cardamome moulue
1/2 c. à café de levure chimique
1/2 c. à café de sel
180 g de beurre ou de margarine,
   ramolli(e)
150 g de cassonade blonde, bien
   tassée
6 cl de mélange mi-crème, mi-lait
75 g de pépites de chocolat au lait
2 c. à soupe de beurre
2 c. à soupe de lait
130 g de sucre glace tamisé

1. Mélangez la farine, la cardamome, la levure chimique et le sel dans un bol.

2. Battez 180 g de beurre et cassonade avec le batteur électrique à vitesse moyenne jusqu'à l'obtention d'un mélange léger et mousseux, en raclant une fois les bords du bol. Incorporez en battant le mélange mi-crème, mi-lait, en raclant une fois les bords du bol. Incorporez graduellement le mélange de farine. Battez à petite vitesse, en raclant une fois les bords du bol.

3. Déposez la pâte au centre d'une feuille de papier ciré à l'aide d'une cuillère. En utilisant le papier ciré pour tenir la pâte, roulez celle-ci pour former une bûche lisse, compacte de 25 cm (technique à la page 370). Si la pâte est trop molle pour former une bûche compacte, mettez-la au réfrigérateur pendant 1 heure et recommencez à la rouler jusqu'à l'obtention d'une surface lisse. Enveloppez soigneusement. Réfrigérez pendant environ 4 heures ou jusqu'à ce que la consistance soit ferme (la pâte peut être gardée au réfrigérateur jusqu'à 3 jours).

4. Préchauffez le four à 190°C. Retirez le film alimentaire et coupez la pâte en tranches de 6 mm avec un long couteau bien aiguisé. Disposez à intervalles de 5 cm sur des plaques àpâtisserie non graissées.

5. Faites cuire pendant 10 à 12 minutes ou jusqu'à ce que les bords prennent une couleur dorée et que les biscuits soient pris. Laissez reposer sur les plaques à pâtisserie pendant 2 minutes. Retirez les biscuits avec la spatule et mettez-les à refroidir sur des grilles.

6. Pour la garniture, mettez les pépites et 2 c. à soupe de beurre dans un petit bol pour four micro-ondes. Passez au four micro-ondes à puissance MAXIMALE pendant 1 minute et demie ou jusqu'à ce que le mélange soit fondu, en remuant après 1 minute. Mélangez le lait. La préparation doit être bien homogène. Ajoutez le sucre glace.

7. Étendez la garniture sur la moitié des biscuits; recouvrez avec le reste des biscuits.

8. Conservez dans un récipient hermétique à température ambiante ou au congélateur jusqu'à 3 mois.

Donne environ 1 douzaine de biscuits

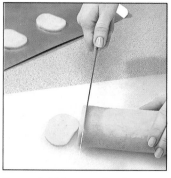

Etape 4. Découper la pâte en tranches de 6 mm.

Etape 7. Etaler la garniture sur les biscuits.

Biscuits Dentelés au Chocolat

75 g d'amandes broyées
115 g de beurre
100 g de sucre
45 g de farine tout usage
2 c. à soupe de crème épaisse
1/4 c. à café de sel
120 g de chocolat noir sucré ou
    doux-amer en tablette,
    cassé en morceaux

1. Préchauffez le four à 190°C. Graissez bien les plaques à pâtisserie. Mettez de côté.

2. Étendez les amandes broyées sur la plaque à pâtisserie. Faites cuire pendant 5 minutes ou jusqu'à ce qu_elle devienne dorée et odorante.

3. Mélangez le beurre, le sucre, la farine, la crème et le sel dans une casserole à fond épais. Ajoutez les amandes; faites cuire sur feu moyen, en remuant constamment, pendant environ 5 minutes ou jusqu'à ce que le beurre fonde et que de petites bulles se forment sur les bords de la casserole. Retirez du feu; remuez.

4. Laissez tomber le mélange par c. à café combles à intervalles de 14 cm sur les plaques àpâtisserie préparées (ne faites cuire que 4 biscuits par plaque à pâtisserie).

5. Faites cuire pendant 6 à 8 minutes ou jusqu'à ce que les bords soient dorés. Laissez reposer sur les plaques à pâtisserie pendant 2 minutes. Retirez les biscuits avec une spatule et mettez-les sur des grille métalliques;* laissez refroidir.

6. Faites fondre le chocolat dans une petite casserole à fond épais sur feu doux, en remuant constamment. Inclinez la casserole et trempez le bord de chaque biscuit dans le chocolat, en faisant tourner le biscuit lentement de façon à ce que tout le tour soit imprégné de chocolat.

7. Laissez reposer les biscuits sur du papier ciré jusqu'à ce que le chocolat durcisse.
8. Conservez dans un récipient hermétique à température ambiante. Ne mettez pas au congélateur .
Donne environ 21/2 douzaines de biscuits.

*Pour des gâteaux en forme de tuile, posez une cuillère en bois en équilibre entre deux boîtes de conserve de même hauteur. En travaillant rapidement pendant que les biscuits sont encore chauds, posez les biscuits sur le manche de la cuillère de sorte que les deux cotés pendent vers le bas de part et d'autre et prennent la forme d'un taco; laissez refroidir complètement. Trempez les deux extrémités dans le chocolat.

Étape 4. Comment disposer le mélange par c. à café sur la plaque à pâtisserie.

Étape 6. Comment tremper le bord du biscuit dans le chocolat fondu.

Biscuits en forme de tuile: comment former les biscuits.

COURS DE CUISINE
GÂTEAUX

Gâteau Forêt Noire *(page 417)*

NOTES DE COURS

Il n'y a rien de mieux que l'arôme tellement appétissant et l'odeur succulente d'un gâteau fait-maison. Que ce soit un gâteau des anges, léger et délicat ou un gâteau extrêmement riche pour les gourmands, de nombreux principes de préparation restent identiques. Les renseignements suivants sur les principes de base des gâteaux vous fourniront toutes les informations dont vous avez besoin pour que votre prochain gâteau soit un véritable succès!

PRINCIPES DE BASE DES GÂTEAUX

Les gâteaux se divisent en deux grandes familles, selon ce qui les fait monter. Les gâteaux au beurre montent principalement grâce à la levure chimique ou au bicarbonate de soude, alors que les gâteaux-éponge montent grâce aux bulles d'air qui se forment lorsque vous battez les oeufs.

Certaines recettes de gâteaux nécessitent tout particulièrement l'usage de farine à pâtisserie, qui contient moins de protéines que la farine tout usage, et qui produit des gâteaux plus tendres. De par sa nature délicate, la farine à pâtisserie doit être tamisée avant d'être pesée et ajoutée à la pâte à gâteau.

Gâteaux au beurre

Les gâteaux au beurre comprennent les gâteaux quatre-quarts et les génoises jaunes, blanches, aux épices et au chocolat. Ces gâteaux utilisent du beurre, des matières grasses ou de l'huile pour produire leur aspect moelleux et riche. Ils montent grâce à la levure et/ou au bicarbonate de soude. Avant de commencer, ramollissez le beurre, de façon à ce qu'il se mélange plus facilement au sucre.

Gâteaux-éponge

Ces gâteaux atteignent leur grand volume à partir des oeufs battus plutôt que par l'intermédiaire d'une levure chimique. Les gâteaux-éponge ne contiennent pas de beurre, d'huile ou de matières grasses. Les gâteaux-éponge sont les plus populaires et ne contiennent aucune matière grasse car ils n'utilisent que les blanc d'oeufs, sans les jaunes. Les gâteaux-éponge jaunes sont préparés avec des oeufs entiers. Les gâteaux mousseline sont également allégés par des oeufs battus, mais ne sont pas de véritables gâteaux-éponge car ils contiennent de l'huile végétale.

Lors de la préparation de gâteaux-éponge, assurez-vous de battre correctement les oeufs : ni trop, ni trop peu. Manipulez les oeufs battus avec soin lorsque vous les incorporez aux autres ingrédients, pour qu'ils ne perdent ni d'air ni de volume.

PRÉPARATION DES MOULES

Utilisez toujours le moule de la taille indiquée dans la recette. Si le moule est trop grand, le gâteau ne montera pas comme il faut ou ne sera pas doré uniformément. Si le moule est trop petit, le gâteau s'effondrera au milieu et sa texture perdra de son onctuosité. De plus, la pâte risque de déborder du moule lors de la cuisson.

Pour les gâteaux au beurre, utilisez des moules métalliques brillants ou des moules à surface antiadhésive. Graissez et farinez les moules avant de mélanger la pâte à gâteau, de façon à ce que le gâteau puisse être cuit immédiatement.

Pour graisser et fariner les moules à gâteaux, utilisez un pinceau, un essuie-tout ou du papier ciré pour appliquer une couche fine et régulière de shortening. Saupoudrez la farine dans le moule graissé; secouez ou inclinez le moule pour qu'il soit uniformément recouvert de farine, puis tapotez-le doucement pour ôter le surplus de farine.

Pour recouvrir un moule de papier, mettez-le à l'envers, et recouvrez-le de papier ciré. Appuyez sur le contour du moule pour marquer le papier. Coupez le long de ce pli pour obtenir un cercle. Graissez le moule. Placez le papier au fond du moule graissé. S'il fait très chaud dans la cuisine, il est recommandé de mettre les moules ainsi préparés au réfrigérateur jusqu'à ce que vous soyez prêt à y verser la pâte.

Les gâteaux-éponge sont généralement cuits dans des moules à cheminée. Le tube central permet à la chaleur de circuler pendant la cuisson et supporte également la structure délicate du gâteau. Ne pas graisser les moules pour les gâteaux-éponge. Le moule non graissé permet à la pâte de s'accrocher aux côtés pendant qu'elle monte.

CUISSON

Placez le(s) moule(s) à gâteau rempli(s) au centre d'un four préchauffé. Il se peut que vous deviez déplacer les grilles du four pour les gâteaux cuits dans des moules à cheminée. Si vous utilisez deux grilles, arrangez-les de façon à ce que le four soit divisé en tiers, et placez les moules de façon à ce qu'ils ne soient pas placés directement les uns au-dessus des autres. Évitez d'ouvrir la porte du four pendant la première moitié de la cuisson. La température du four doit rester constante afin de permettre au gâteau de monter correctement.

Un gâteau au beurre est cuit lorsqu'il commence à se détacher des côtés du moule, le dessus rebondit lorsqu'on le touche doucement du doigt et lorsque, quand vous insérez un appareil pour vérifier la cuisson d'un gâteau ou un cure-dents en bois, il ressort totalement propre et sec. Un gâteau-éponge est cuit lorsqu'il est légèrement doré et que le dessus rebondit légèrement au toucher.

REFROIDISSEMENT

Après avoir retiré les gâteaux au beurre du four, laissez-les reposer à l'air dans leur moule, sur une grille à gâteau, pendant 10 minutes, ou selon la période de temps indiquée dans la recette. Faites passer un couteau le long du gâteau pour qu'il se détache du moule. Placez une grille à gâteau, à l'envers, au-dessus du gâteau. Retournez la grille et le moule ensemble et le gâteau devrait tomber sur la grille. Si ce n'est pas le cas, tapotez le fond du moule; le gâteau devrait se démouler facilement. Enlevez le moule. Enlevez le papier du gâteau si vous en avez utilisé un. Placez une deuxième grille à gâteau sur le gâteau, et retournez les deux grilles, avec le gâteau pris en sandwich entre les deux, pour qu'il puisse refroidir dans le bon sens. Enlevez la grille du dessus.

Renversez un gâteau-éponge cuit dans un moule à cheminée sur un entonnoir résistant à la chaleur ou une bouteille, dès que vous l'avez sorti du four. S'il refroidit dans le bon sens, il tombera. Ne pas démouler un gâteau-éponge tant qu'il n'a pas refroidit.

GLAÇAGE

Assurez-vous que le gâteau ait totalement refroidi avant de le glacer. Enlevez les miettes qui pourraient se trouver sur sa surface. Pour que l'assiette à gâteau reste propre, placez des petits morceaux de papier ciré sous les bords du gâteau. Vous pourrez les enlever une fois que le glaçage est terminé.

Vous obtiendrez une apparence professionnelle si vous appliquez tout d'abord une couche de glace mélangée avec du lait, comme couche de base, pour bien coller les miettes qui

pourraient s'y trouver. Laissez sécher cette couche de base pendant quelques minutes avant d'appliquer la couche finale. Pour obtenir les meilleurs résultats possibles, utilisez une spatule en métal plate pour appliquer la glace. Placez une quantité de glace au centre du gâteau. Étalez-la en allant du centre aux bords, à l'aide de la spatule. Assurez-vous que la spatule reste toujours en contact avec la glace, car si elle touche la surface du gâteau, les miettes se mélangeront à la glace. Pour glacer les côtés, travaillez en allant du haut en bas, en vous assurant toujours que la spatule ne touche que la glace.

CONSERVATION

Conservez les gâteaux simples dans leurs moules, avec un couvercle hermétique. Conservez les gâteaux à 2 ou 3 étages dans des boîtes à gâteaux ou sous un grand bol renversé. Si le gâteau a une glace en relief ou cuite, insérez la poignée d'une petite cuillère sous le couvercle du récipient, de façon à ce qu'il ne soit pas hermétique et que l'humidité ne s'y accumule pas

Les gâteaux à la crème ou avec une glace contenant de la crème fouettée doivent être réfrigérés. Les gâteaux sans glace peuvent être congelés pendant une période de quatre mois s'ils sont bien enveloppés dans du plastique. Décongelez-les dans leur enveloppe, à température ambiante. Les gâteaux glacés devraient être congelés tels quels, sans protection, jusqu'à ce que la glace durcisse, puis enveloppés de façon hermétique. Pour les décongeler, enlevez l'enveloppe et laissez à température ambiante ou dans le réfrigérateur. Les gâteaux qui contiennent des fruits ou de la crème anglaise ne se congèlent pas bien car ils deviennent détrempés lorsqu'ils décongèlent.

Gâteau mousseline

5 oeufs
1/2 c. à café de crème de tartre
315 g de farine tout usage,
    tamisée
300 g de sucre
1 c. à soupe de levure chimique
1 c. à café de sel
17 cl d'eau
12 cl d'huile végétale
1 c. à café de vanille
1 c. à café d'essence d'amande
Fraises, kiwis, caramboles,
    orange et crème fouettée
    pour garnir

1. Chauffez le four à 160°C.

2. Pour séparer les blancs des jaunes d'oeufs, cassez doucement l'oeuf contre une surface dure, comme le bord d'un bol. En tenant une moitié d'oeuf dans chaque main, faites passer doucement le jaune d'une demie coquille à l'autre. Laissez couler le blanc dans un bol de taille moyenne.

3. Lorsque tout le blanc a coulé dans le bol, placez le jaune dans un autre bol. Versez le blanc dans un troisième bol. Recommencez avec les quatre autres oeufs. (Il ne doit pas y avoir de jaune d'oeuf dans les blancs pour pouvoir obtenir le volume requis lorsque vous les battez en neige).

4. Ajoutez la crème de tartre aux blancs d'oeuf. Fouettez avec un batteur électrique, à haute vitesse, jusqu'à ce qu'à l'obtention de pics fermes. Les pics restent à la surface et le mélange ne glisse pas lorsque vous inclinez le bol. Mettez de côté.

5. Tamisez ensemble les ingrédients secs dans un grand bol. Faites un puits dans le mélange de farine.

6. Ajoutez les jaunes d'oeufs. Mélangez bien. Ajoutez-y l'eau, l'huile et les essences.

7. Incorporez les blancs d'oeufs au mélange de jaunes d'oeufs avec une spatule en caoutchouc, en coupant à travers le bol jusqu'au fond, tout en raclant les côtés du bol, puis incorporez les blancs au mélange. Continuez jusqu'à ce que le mélange soit homogène. Versez dans un moule à cheminée de 25 cm.

8. Faites cuire 55 minutes. Augmentez la température du four à 180°C. Continuez à cuire pendant 10 minutes, ou jusqu'à ce que le gâteau rebondisse lorsque vous le touchez du doigt.

9. Retournez le moule. Placez-le au-dessus d'une bouteille propre. Laissez refroidir le gâteau complètement, dans le moule. Garnissez au goût.
Donne un gâteau de 25 cm de diamètre.

Étape 2. Comment séparer les jaunes des blancs.

Étape 5. Comment tamiser les ingrédients secs ensemble.

Étape 7. Comment incorporer les blancs d'oeufs.

Gâteau aux Carottes

450 g de carottes
200 g sucre granulé
195 g cassonade bien tassée
25 cl huile végétale
100 g fromage ricotta Polly-O®
3 oeufs
280 g de farine tout usage
2 c. à café de levure chimique
2 c. à café de bicarbonate de
    soude
1 c. à café de sel
2 c. à café de cannelle en poudre
1/2 c. à café de muscade en
    poudre
1/4 à 1/2 tasse de raisins secs
75 g d'ananas en morceaux*
80 g de noix coupées
**Glace au fromage à la crème (voir
    page 410)**
**Raisins secs et noix coupées
    supplémentaires pour
    garnir**

* Si vous utilisez des ananas en boîte,
utilisez les ananas sans sucre que vous
avez égouttés.

1. Chauffez le four à 180°C. Graissez un moule à cheminée avec un peu de shortening.

2. Ajoutez-y 2 à 3 c. à café de farine; tapotez doucement les côtés du moule pour en recouvrir le fond, les côtés et le centre uniformément avec la farine. Mettez le moule à l'envers et tapotez le fond pour enlever le surplus de farine.

3. Coupez les extrémités des carottes et épluchez-les. Râpez-les avec votre robot culinaire ou votre râpe manuelle. Mesurez 2 tasses. Mettez de côté.

4. Mélangez les sucres, l'huile et le fromage ricotta dans une grande bol avec un batteur électrique, à vitesse moyenne, jusqu'à ce que le mélange soit homogène.

5. Ajoutez les oeufs, un à la fois, en mélangeant bien après chaque addition.

6. Tamisez ensemble la farine, la levure chimique, le bicarbonate de soude, le sel, la cannelle et la muscade.

7. Enlevez deux cuillères à soupe du mélange de farine ; mélangez-les dans un petit bol avec les raisins secs, pour éviter qu'ils n'aillent au fond du mélange.

8. Ajoutez, petit à petit, le mélange de farine au mélange de sucre. Mélangez bien.

9. Ajoutez les raisins au mélange, de même que les carottes, les ananas et les noix. Mélangez bien.

Suite à la page 410

Étape 1. Comment graisser un moule à cheminée.

Étape 3. Comment râper les carottes.

Étape 9. Comment ajouter les raisins, les carottes, les ananas et les noix à la pâte.

10. Versez la pâte dans le moule, en l'étalant uniformément jusqu'au bord.

11. Cuisez pendant une heure ou jusqu'à ce qu'un cure-dents inséré au centre du gâteau en ressorte propre.

12. Refroidissez le gâteau sur une grille à gâteau pendant 10 minutes. Détachez les bords du gâteau avec un couteau ou une spatule métallique flexible. Utilisez des gants isolants, placez la grille de refroidissement au-dessus du gâteau qui se trouve encore dans le moule. Retournez le gâteau de façon à ce que la grille se trouve en dessous. Secouez le gâteau délicatement pour qu'il sorte du moule. Enlevez le moule. Refroidissez complètement.

13. Préparez la glace au fromage à la crème. Étalez-la sur gâteau au moment de servir. Garnissez au goût.

Donne un gâteau de 25 cm de diamètre.

Glace au fromage à la crème

2 c. à soupe de beurre, ramolli
100 g de fromage à la crème, ramolli
50 g de fromage Ricotta Polly-O®
1 c. à café de vanille
125 g de sucre glace

1. Battez ensemble le beurre, le fromage à la crème, le fromage ricotta et la vanille dans un grand bol à l'aide d'un batteur électrique, à vitesse moyenne, jusqu'à ce que le mélange soit homogène.

2. Ajoutez le sucre glace; battez jusqu'à ce que le mélange soit onctueux et crémeux. Ajoutez plus de sucre glace, si nécessaire, pour obtenir la consistance voulue.

Étape 10. Comment verser la pâte dans le moule.

Étape 11. Comment vérifier si le gâteau est cuit, avec un cure-dents en bois.

Glace au fromage à la crème. Étape 1. Comment battre ensemble le beurre, le fromage à la crème, le fromage ricotta et la vanille.

Gâteau Boston

115 g de shortening
100 g de sucre granulé
1 oeuf
1 c. à café de vanille
175 g de farine tout usage
1 1/2 c. à café de levure chimique
1/2 c. à café de sel
17 cl de lait
Garniture de crème anglaise (page 412)
Glace au chocolat (page 412)

1. Chauffez le four à 180°C. Graissez et farinez un moule à gâteau de 23 cm de diamètre. (Technique à la page 422).

2. Dans un grand bol, battez ensemble le shortening et le sucre avec un batteur électrique, à vitesse moyenne, jusqu'à ce que le mélange soit homogène. Incorporez l'oeuf et la vanille. Ajoutez tous les ingrédients secs ensemble, en alternant avec le lait, et en mélangeant bien après chaque addition. Versez dans le moule.

3. Faites cuire pendant 35 minutes ou jusqu'à ce que le cure-dents inséré dans le gâteau ressorte propre. Refroidissez dans le moule pendant 10 minutes. Détachez les bords du gâteau du moule avec un couteau ou une spatule métallique flexible. Avec des gants isolants, placez la grille de refroidissement au-dessus du gâteau non démoulé.

Retournez le gâteau de façon à ce que la grille se trouve en dessous. Secouez le gâteau délicatement pour qu'il sorte du moule. Enlevez le moule. Refroidissez complètement.

4. Utilisez une règle pour mesurer la hauteur du gâteau. Insérez des cure-dentss en bois tous les 5 cm à mi-hauteur du gâteau.

5. Pour couper le gâteau en deux, placez une longueur de fil de 38 à 45 cm contre le côté le plus éloigné du gâteau. Tirez les extrémités du fil ensemble, à travers le gâteau, en suivant la ligne formée par les cure-dentss en bois.

6. Préparez la garniture de crème anglaise. Mettez de côté. Préparez la glace au chocolat. Mettez de côté.

7. Pour assembler, placez la moitié inférieure du gâteau, côté coupé vers le haut, sur un plat. Enlevez les miettes, avec la main ou un pinceau de pâtisserie. (Technique à la page 422). Étalez la crème anglaise sur la moitié du gâteau.

Suite à la page 412

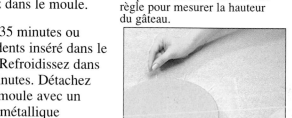

Étape 4. Comment utiliser une règle pour mesurer la hauteur du gâteau.

Étape 5. Comment couper le gâteau en deux.

Étape 7. Comment étaler la crème anglaise sur la moitié du gâteau.

Gâteau Boston, suite

8- Recouvrez avec la moitié supérieure du gâteau. Étalez la glace au chocolat. Mettez au réfrigérateur jusqu'à ce que la glace ait pris. Réfrigérez.

Donne un gâteau de 23 cm de diamètre.

Garniture de crème anglaise

65 g de sucre granulé
2 c. à café de fécule de maïs
1/4 c. à café de sel
37 cl de lait
2 jaunes d'oeuf, légèrement battus
2 c. à café de vanille

1. Mélangez le sucre granulé, la fécule de maïs et le sel dans une casserole d'un demi-litre. Ajoutez graduellement le lait.

2. Faites chauffer à feu moyen, en mélangeant constamment, jusqu'à ce que le mélange s'épaississe et commence à bouillir. Faites bouillir pendant 1 minute, en tournant.

3. Petit à petit, ajoutez un peu du mélange chaud aux jaunes d'oeuf. Mélangez bien.

4. Remettez le mélange de jaunes d'oeufs sur le feu, dans la casserole où se trouve le reste du mélange. Faites bouillir pendant 1 minute, en tournant constamment (ne pas trop cuire).

5. Enlevez la casserole du feu. Incorporez la vanille. Faites refroidir à température ambiante. Réfrigérez.

Glace au chocolat

2 carrés (25 g chacun) de chocolat amer
3 c. à soupe de beurre
140 g de sucre glace
3/4 c. à café de vanille
1 à 2 c. à soupe d'eau chaude.

1. Mélangez le chocolat et le beurre dans une casserole de taille moyenne. Faites chauffer sur feu doux, jusqu'à ce que le chocolat et le beurre aient fondu. Enlevez du feu.

2. Ajoutez le sucre glace et la vanille. Ajoutez l'eau, 1 c. à café à la fois, jusqu'à ce que la glace ait la bonne consistance. Refroidissez légèrement.

Crème anglaise. Étape 3. Comment faites cuire jusqu'à ce que le mélange s'épaississe.

Crème anglaise. Étape 3. Comment ajouter un peu du mélange chaud aux jaunes d'oeufs.

Glace au chocolat. Étape 1. Comment faire fondre le chocolat et le beurre.

Elégante bûche au chocolat

420 g de sucre glace tamisé séparément
5 c. à soupe de farine tout usage tamisée
1/2 c. à café de sel
5 c. à soupe de cacao amer
6 oeufs
1/4 c. à café de crème de tartre
1 1/4 c. à café de vanille
1 c. à soupe d'eau
1 carré (25 g) de chocolat amer
12 gros guimauves ou 100 g de guimauves miniatures
240 g de crème sure à fouetter
2 c. à soupe de sucre granulé
3 à 4 c. à soupe de crème légère
45 g de noix de pacane en morceaux

1. Chauffez le four à 190°C. Graissez un moule carré de 38 x 25 x 2,5 cm avec un peu de shortening. Recouvrez le fond de papier ciré.

2. Tamisez ensemble 250 g de sucre glace, la farine, le sel et le cacao, trois fois. Mettez de côté.

3. Pour séparer les blancs des jaunes d'oeufs, cassez doucement l'oeuf contre une surface dure, comme le bord d'un bol. En tenant une moitié d'oeuf dans chaque main, faites passer doucement le jaune d'une demie coquille à l'autre. Laissez couler le blanc dans un bol.

4. Lorsque tout le blanc a coulé dans le bol, placez le jaune dans un autre bol. Versez le blanc dans un troisième bol. Recommencez avec les cinq autres oeufs. (Il ne doit pas y avoir de jaune d'oeuf dans les blancs, pour pouvoir obtenir le volume requis lorsque vous battez les blancs).

5. Battez les oeufs en neige dans un grand bol avec un batteur électrique, à grande vitesse, jusqu'à ce que le mélange soit mousseux. Ajoutez la crème de tartre. Battez jusqu'à ce que des pics fermes se forment. (Technique à la page 420). Mettez de côté.

6. Battez les jaunes d'oeuf dans une autre terrine, avec un batteur électrique, à haute vitesse, jusqu'à ce que le mélange soit épais et jaune citron.

7. Mélangez la vanille et l'eau. Ajoutez les ingrédients secs. Battez à grande vitesse jusqu'à ce que le mélange soit homogène. Incorporez les blancs d'oeufs avec une spatule en caoutchouc en coupant à travers le bol, en touchant le fond du bol, en ayant soin de racler les côtés, puis en incorporant les blancs au mélange. Continuez jusqu'à ce que le mélange soit homogène.

8. Versez la pâte dans le moule.

Suite page 416

Étape 1. Comment mettre du papier ciré au fond du moule.

Étape 3. Comment séparer les jaunes des blancs d'oeufs.

Étape 6. Comment battre les jaunes d'oeufs jusqu'à ce que le mélange soit épais et jaune citron.

Elégante bûche au chocolat, suite

9. Faites cuire pendant 15 à 20 minutes ou jusqu'à ce qu'un cure-dents inséré dans le gâteau ressorte propre. Entre temps, saupoudrez légèrement un linge à vaisselle propre de sucre glace.

10. Détachez le gâteau chaud du moule avec une spatule. Renversez-le sur le linge à vaisselle. Enlevez le moule et ôtez le papier avec soin.

11. Enroulez doucement le gâteau, par le côté le plus petit, en le repliant sur le linge à vaisselle.

12. Continuez de rouler le gâteau, en vous aidant du linge à vaisselle.

13. Laissez refroidir le gâteau complètement, dans le linge à vaisselle, sur une grille à gâteau.

14. Entre temps, déballez le chocolat; placez le dans une très petite casserole à feu très doux, en mélangeant sans arrêt, jusqu'à ce que le chocolat ait fondu. (Ou placez le chocolat déballé dans un plat à micro-ondes. Mettez dans le four à micro-ondes au maximum pendant 1 à 2 minutes ou jusqu'à ce que le chocolat ait presque fondu, en tournant chaque minute. Tournez jusqu'à ce que le chocolat fondu soit onctueux). Mettez de côté pour refroidir.

15. Si vous utilisez des gros guimauves, coupez-les en plus petits morceaux avec des ciseaux ou un couteau (pour empêcher qu'ils ne collent, trempez vos ciseaux ou votre couteau de temps en temps dans un peu de fécule de maïs avant de couper).

16. Battez la crème dans un autre bol avec un batteur électrique, à haute vitesse, jusqu'à ce qu'elle s'épaississe. Ajoutez petit à petit le sucre granulé, et battez jusqu'à ce que des pics fermes se forment. Incorporez les guimauves avec une spatule en caoutchouc en coupant à travers le bol, jusqu'au fond du bol, tout en raclant les côtés. Continuez jusqu'à ce que les guimauves soient incorporés de façon homogène.

17- Déroulez le gâteau et enlevez le linge à vaisselle.

18- Recouvrez le gâteau avec le mélange de crème fouettée. Enroulez à nouveau le gâteau.

19- Mélangez le chocolat refroidi et 170 g de sucre glace, dans un petit bol. Ajoutez la crème légère, 1 c. à soupe à la fois, jusqu'à ce que la glace puisse être étalée sur le gâteau. Étalez sur le gâteau enroulé. Parsemez des noix de pacane sur le gâteau. Réfrigérez.
Donne 1 gâteau roulé

Étape 11. Comment enrouler le gâteau.

Étape 18. Comment enrouler à nouveau le gâteau après l'avoir recouvert du mélange de crème fouettée.

Étape 19. Comment napper le gâteau enroulé du mélange de chocolat.

Gateau Forêt Noire

250 g plus 2 cuillères à soupe de farine à tout usage
400 g de sucre semoule
105 g de cacao amer
1 1/2 cuillère à café de levure alsacienne
3/4 cuillère à café de bicarbonate de soude
3/4 cuillère à café de sel
3 oeufs
25 cl de lait
12 cl d'huile végétale
1 cuillère à café de vanille
Nappage aux cerises (page 418)
Glace à la crème fouettée (page 418)

1. Chauffez le four à 180°C. Graissez et farinez deux moules à gâteau de 23 cm de diamètre, avec un peu de matière grasse. (Technique page 422). Garnissez le fond des moules avec du papier sulfurisé.

2. Mélangez la farine, le sucre semoule, le cacao, la levure alsacienne, le bicarbonate de soude et le sel dans une grande terrine. Ajoutez les oeufs, le lait, l'huile et la vanille. Battez avec un batteur électrique, à vitesse moyenne, jusqu'à ce que tout soit bien mélangi. Versez dans les moules.

3. Faites cuire pendant 35 minutes ou jusqu'à ce qu'un cure-dents inséré dans le gâteau ressorte propre. Refroidissez sur des grilles à gâteau pendant 10 minutes. Détachez les côtés du gâteau avec une spatule métallique flexible. Utilisez des gants isolants, placez la grille de refroidissement au-dessus du gâteau, qui se trouve encore dans le moule. Retournez le gâteau de façon à ce que la grille se trouve en dessous. Secouez le gâteau doucement pour qu'il sorte du moule. Enlevez le moule. Refroidissez complètement.

4. Pendant que le gâteau cuit, préparez le nappage aux cerises. Mettez de côté pour refroidir.

5. Utilisez une règle pour mesurer la hauteur du gâteau. Insérez des cure-dentss en bois tous les 5 cm à mi-hauteur du gâteau.

6. Avec un long couteau à pain, coupez le gâteau en deux, horizontalement, le long de la rangée de cure-dentss en bois.

7. Emiettez l'une des moitiés et mettez de côté.

8. Préparez la glace à la crème fouettée. Réservez 340 g pour décorer le gâteau. Mettez de côté.

Étape 1. Comment déposer du papier ciré dans le fond des moules.

Étape 5. Comment mesurer la hauteur du gâteau.

Étape 6. Comment couper le gâteau en deux, horizontalement.

suite à la page 418

Gâteau de la Forêt-Noire, suite

9. Enlevez délicatement les miettes du dessus des moitiés de gâteau, avec la main ou avec un pinceau â pâtisserie (technique à la page 422).

10. Pour assembler, placez une moitié de gâteau sur un plat à gâteau. Recouvrez d'une tasse de glace à la crème fouettée. Recouvrez de 180 g de nappage aux cerises. Placez la deuxième moitié du gâteau au-dessus. Recommencez les couches de glace et de nappage. Recouvrez avec la troisième moitié de gâteau.

11. Recouvrez les côtés du gâteau avec la glace qui reste. Appliquez doucement la moitié émiettée sur le côté du gâteau.

12- Remplissez une poche à pâtisserie avec une douille en forme d'étoile avec la glace que vous aviez mise de côté pour décorer. Décorez la bordure du haut et du bas du gâteau, placez le reste du mélange au-dessus du gâteau. Réfrigérez.

Donne un gâteau à trois étages.

Nappage aux cerises

2 boîtes (500 g chacune) de cerises dénoyautées, avec leur jus.
200 g de sucre granulé
35 g de fécule de maïs
1 c. à thé de vanille

Égouttez les cerises, en réservant 12 cl de jus. Mélangez ce jus, les cerises, le sucre granulé et la fécule de maïs dans une casserole d'un demi litre. Faites cuire sur feu doux jusqu'à ce que le mélange s'épaississe, en tournant constamment. Ajoutez 1 c. à thé de vanille. Refroidissez et mettez de côté.

Glace à la crème fouettée

720 g de crème fouettée
45 g de sucre glace

Refroidissez un grand bol et les fouets. Mélangez la crème fouetté froide et le sucre glace dans le bol refroidi. Fouettez avec un batteur électrique à haute vitesse, jusqu'à ce que des pics fermes se forment. Pour vérifier, retirez les fouets de la crème fouettée. Les pics, s'ils sont fermes, devraient rester à la surface.

Étape 11. Comment recouvrir de miettes les côtés du gâteau.

Étape 12. Comment décorer les bordures du gâteau avec une poche à pâtisserie.

Gâteau des anges au chocolat

300 g de sucre granulé, mesuré séparément
100 g de farine à pâtisserie tamisée
35 g de poudre de cacao amer
1/4 c. à thé de sel
12 blancs d'oeufs
1 1/2 c. à thé de crème de tartre
1 1/2 c. à thé de vanille
Sucre glace et marguerites «glacées»* pour garnir

* Pour faire les marguerites, ajoutez petit à petit 1 ou 2 c. à thé de lait à une petite quantité de sucre glace, en mélangeant bien (la glace devrait avoir une consistance légèrement ferme). Ajoutez du colorant alimentaire, si vous le souhaitez. Mettez dans une poche à pâtisserie avec une douille en forme d'étoile, et décorez le gâteau.

1. Chauffez le four à 190°C.

2. Tamisez ensemble 160 g de sucre granulé avec la farine, le cacao et le sel, 2 fois. Mettez de côté.

3. Fouettez les blancs d'oeufs dans un grand bol avec un batteur électrique, à vitesse moyenne, jusqu'à ce que le mélange soit mousseux.

4. Ajoutez la crème de tartre; battez à haute vitesse jusqu'à la formation de pics mous.

5. Ajoutez petit à petit le reste du sucre granulé, 2 c. à soupe à la fois, en battant jusqu'à la formation de pics fermes. A ce stade, les pics fermes devraient rester à la surface, et le mélange ne devrait pas glisser lorsque vous inclinez le bol. Incorporez la vanille.

6. Tamisez environ 35 g du mélange de cacao sur le mélange de blancs d'oeufs.

7. Incorporez délicatement le mélange de cacao à la pâte. (Technique à la page 406). Recommencez avec le reste du mélange de cacao. Versez dans un moule à cheminée de 25 cm de diamètre.

8. Faites cuire pendant 35 à 40 minutes, ou jusqu'à ce que le gâteau rebondisse lorsque vous le touchez doucement du doigt.

9. Renversez le moule. Placez-le au-dessus d'une bouteille propre, résistante à la chaleur. Laissez refroidir le gâteau complètement avant de démouler.

10. Tournez le gâteau, pour qu'il soit dans le bon sens, sur un plat à gâteau. Saupoudrez de sucre glace, si vous le voulez.

11. Décorez avec les marguerites «glacées» au goût.

Donne un gâteau de 25 cm de diamètre.

Étape 5. Comment vérifier si les blancs d'oeufs forment des pics.

Étape 9. Comment renverser le moule pour permettre au gâteau de refroidir.

* Comment garnir de marguerites «glacées»

Gâteau «Tin Roof» du dimanche

225 g (2 bâtonnets) de beurre ramolli
400 g de sucre granulé
4 oeufs
420 g de farine tout usage
2 c. à thé de levure chimique
25 cl de lait
1 c. à thé de vanille
1 c. à thé d'essence de beurre
3 c. à soupe de poudre de cacao amer
Nappage aux arachides (page 424)
Glace à la crème au chocolat (page 424)
1 tablette (50 g) de chocolat blanc pour décorer

1. Chauffez le four à 180°C. Graissez trois moules à gâteau ronds de 20 à 23 cm avec un peu de shortening.

2. Ajoutez 2 à 3 c. à thé de farine dans chaque moule. Tapotez doucement les côtés des moules pour recouvrir de farine le fond et les côtés des moules. Renversez le moule et tapotez doucement le fond pour enlever le surplus de farine.

3. Fouettez ensemble le beurre et le sucre granulé dans un grand bol, avec un batteur électrique, àhaute vitesse, jusqu'à ce que le mélange soit léger et mousseux.

4. Ajoutez les oeufs, 1 à la fois, en mélangeant bien après chaque addition.

5. Mélangez la farine et la levure chimique dans un bol de taille moyenne. Ajoutez au mélange de beurre, en alternant avec le lait. Mélangez bien après chaque addition. Incorporez la vanille et l'essence de beurre.

6. Versez 1/3 de la pâte dans l'un des trois moules, puis dans un second moule.

7. Mélangez le cacao au reste de la pâte. Versez dans le dernier moule.

8. Faites cuire pendant 30 minutes, ou jusqu'à ce que le cure-dents en bois inséré au milieu du gâteau ressorte propre.

9. Refroidissez les gâteaux sur une grille, pendant 10 minutes. Détachez les côtés du gâteau avec une spatule métallique flexible ou un couteau. Avec des gants isolants, placez la grille de refroidissement au-dessus du gâteau qui se trouve encore dans le moule. Retournez le gâteau de façon à ce que la grille se trouve en dessous. Secouez le gâteau doucement pour qu'il sorte du moule. Enlevez le moule. Faites la même chose avec les autres gâteaux. Refroidissez complètement.

10. Enlevez doucement les miettes du dessus des gâteaux, avec la main ou avec un pinceau à pâtisserie.

suite à p. 424

Étape 2. Comment enfariner le moule.

Étape 6. Comment verser la pâte dans deux des moules.

Étape 10. Comment enlever les miettes des gâteaux.

Gâteau «Tin Roof» du dimanche - suite

11. Préparez la garniture aux arachides et la glace à la crème au chocolat. Pour assembler, placez un gâteau nature (jaune) sur un plat à gâteau et recouvrez-le de la moitié de la garniture aux arachides.

12. Recouvrez du gâteau au chocolat et du reste de la garniture.

13. Recouvrez du dernier gâteau nature (jaune). Nappez la glace à la crème au chocolat sur le dernier gâteau.

14. Déballez le chocolat blanc. Placez-le dans une petite casserole lourde. Chauffez sur feu très doux, en mélangeant constamment, jusqu'à ce que le chocolat soit fondu (pas plus). (Ou placez le chocolat déballé dans un plat à micro-ondes. Mettez dans le four à micro-ondes au maximum pendant 1 à 2 minutes ou jusqu'à ce que le chocolat ait presque fondu, en mélangeant après chaque minute. Mélangez jusqu'à ce que le chocolat fondu soit onctueux.) Refroidissez légèrement.

15. Mettez le chocolat blanc dans une poche à pâtisserie avec une douille pour écrire. Décorez le gâteau.

Donne 1 gâteau à trois étages.

Garniture aux arachides

115 g de beurre, ramolli
120 g de fromage à la crème, ramolli
280 g de sucre glace
180 g de beurre d'arachide croquant
1 c. à thé de vanille
1 c. à thé d'essence de beurre
60 g d'arachides coupées en petits morceaux
1 à 2 c. à soupe de lait (en option)

1. Fouettez le beurre et le fromage à la crème dans un bol de taille moyenne avec un batteur électrique, à vitesse moyenne, jusqu'à ce que le mélange soit crémeux.

2. Ajoutez petit à petit le sucre glace, en mélangeant bien.

3. Ajoutez le beurre d'arachide, la vanille et l'essence de beurre. Mélangez les arachides. Ajoutez du lait, si nécessaire, pour obtenir la consistance voulue.

Glace de crème au chocolat

2 carrés (25 g chacun) de chocolat amer
100 g de fromage à la crème, ramolli
60 g de beurre, ramolli
3 c. à soupe de crème à fouetter
1 c. à thé de jus de citron
1 c. à thé de vanille
280 g de sucre glace

1. Faites fondre le chocolat (voir étape 14 pour la procédure). Mettez de côté pour refroidir.

2. Mélangez le fromage à la crème et le beurre, dans un bol de taille moyenne, avec un batteur électrique à vitesse moyenne, jusqu'à ce que le mélange soit crémeux. Ajoutez la crème à fouetter. Ajoutez le chocolat, le jus de citron et la vanille.

3. Incorporez graduellement le sucre glace, jusqu'à ce que le mélange soit léger.

Étape 12. Comment étaler le reste de la garniture aux arachides.

Étape 15. Comment décorer le gâteau avec le chocolat blanc.

Glace de crème au chocolat. Étape 3. Comment mélanger le sucre glace.

Gâteau à la crème sure au chocolat

12 cl d'eau bouillante
70 g de poudre de cacao amer
150 g de beurre ou margarine, ramolli
140 g de sucre granulé
2 oeufs
1 c. à thé de vanille
330 g de farine à pâtisserie tamisée
1 1/2 c. à thé de bicarbonate de soude
1/2 c. à thé de sel
240 g de crème sure
Garniture cacao-noix (page 426)
Glace au cacao crémeux (page 426)
1 carré (25 g) de chocolat amer, pour décorer
Fraises trempées dans du chocolat (page 426) et feuilles de menthe fraîche pour décorer

1. Chauffez le four à 180°C. Graissez deux moules à gâteau ronds de 23 cm avec un peu de shortening.

2. Ajoutez 2 à 3 c. à thé de farine à chaque moule. Tapotez doucement les côtés des moules pour recouvrir le fond et les côtés des moules de farine. Renversez le moule et tapotez doucement le fond pour enlever le surplus de farine.

3. Ajoutez petit à petit l'eau bouillante au cacao, dans un petit bol, en mélangeant bien. Refroidissez légèrement.

4. Entre temps, mélangez le beurre et le sucre granulé dans un grand bol avec un batteur électrique, à haute vitesse, jusqu'à ce que tout soit bien mélangé.

5. Ajoutez les oeufs, 1 à la fois, en mélangeant bien après chaque addition. Incorporez la vanille.

6. Mélangez la farine, le bicarbonate de soude et le sel dans un bol de taille moyenne. Ajoutez au mélange de beurre, en alternant avec la crème sure et en mélangeant bien après chaque addition.

7. Ajoutez le mélange de cacao à la pâte. Mélangez de façon à ce que la pâte soit uniforme.

8. Versez la pâte dans les moules.

9. Faites cuire pendant 35 minutes ou jusqu'à ce que le cure-dents en bois inséré aux centres des gâteaux ressorte propre. Refroidissez les gâteaux sur une grille, pendant 10 minutes. Décollez les côtés du gâteau à l'aide d'une spatule métallique flexible ou un couteau. Utilisez des gants isolants, placez la grille de refroidissement au-dessus du gâteau non démoulé. Retournez le gâteau de façon àce que la grille se trouve en dessous. Secouez le gâteau doucement pour qu'il sorte du moule. Enlevez le moule. Faites la même chose avec l'autre gâteau. Refroidissez complètement.

Étape 2. Comment fariner le moule.

Étape 5. Comment ajouter les oeufs.

Étape 7. Comment ajouter le mélange de cacao à la pâte.

suite à la page 426

Gâteau à la crème sure au chocolat, suite

10. Enlevez doucement les miettes du dessus et des côtés des gâteaux, avec la main ou avec un pinceau à pâtisserie (technique page 422).

11. Préparez la garniture au cacao-noix et la glace au cacao crémeux. Pour assembler, placez un gâteau sur un plat à gâteau et recouvrez-le de la garniture au cacao-noix.

12. Recouvrez du deuxième gâteau, et de la glace au chocolat crémeux.

13. Râpez le chocolat, et saupoudrez sur le gâteau.

14. Préparez les fraises trempées au chocolat. Placez sur le gâteau. Entourez de feuilles de menthe fraîches, au goût.

Donne 1 gâteau à deux étages

Garniture au cacao et aux noix

100 g de glace au cacao crémeux (voir ci-dessous)
45 g de flocons de noix de coco (option)
45 g de noix coupées et rôties.

Mettez les ingrédients dans un petit bol, et mélangez bien.

Glace crémeuse au cacao

630 g de sucre glace
70 g de poudre de cacao amer
115 g de beurre ou de margarine, ramolli
5 c. à soupe de mélange mi-crème, mi-lait ou de lait
1 c. à thé de vanille

1. Mélangez le sucre glace et le cacao dans un bol de taille moyenne. Mettez de côté.

2. Battez le beurre dans un grand bol avec un batteur électrique, à vitesse moyenne, jusqu'à ce qu'il devienne crémeux.

3. Ajoutez la moitié du mélange de cacao; battez jusqu'à ce que le mélange soit crémeux. Mélangez le lait et la vanille.

4. Ajoutez petit à petit le reste du mélange de cacao, en mélangeant jusqu'à ce que la glace ait une consistance appropriée pour l'étaler sur le gâteau.

Fraises trempées au chocolat

90 g de pépites de chocolat mi-sucré
1 c. à thé de shortening
10 à 12 fraises lavées

1. Placez les pépites de chocolat et le shortening dans un petit bol pour four à micro-ondes. Mettez au four à micro-ondes à la puissance maximum pendant 1 1/2 à 3 minutes ou jusqu'à ce que le mélange soit onctueux, en mélangeant après chaque minute. (Ou faites fondre au bain-marie. Chauffez au-dessus de l'eau chaude, non bouillante, jusqu'à ce que le chocolat soit onctueux lorsqu'on le brasse).

2. Trempez les fraises dans le chocolat. Placez-les sur un moule garni de papier ciré et laissez refroidir jusqu'à ce que le chocolat ait durci.

Étape 11. Comment étaler la garniture au cacao et aux noix sur le gâteau.

Étape 13. Comment râper le chocolat.

Fraises trempées au chocolat. Étape 2. Comment tremper les fraises dans le chocolat.

Streusel aux pommes

60 g plus 3 c. à soupe de beurre, mesuré séparément.
100 g de cassonade tassée
1 c. à thé de cannelle en poudre
1/4 c. à thé de muscade en poudre
3 pommes
2 c. à thé de jus de citron
180 g de farine à pâtisserie tamisée
140 g de sucre granulé
1 3/4 c. à thé de levure chimique
1/4 c. à thé de sel
12 cl de lait
1 c. à thé de vanille
1 oeuf, séparé (technique à la page 406)
90 g de noix de pacane en morceaux

1. Chauffez le four à 190°C.

2. Faites fondre 60 g de beurre dans un moule carré de 20 cm. Ajoutez la cassonade et les épices. Bien mélanger.

3. Épluchez les pommes. Enlevez les trognons et jetez-les.

4. Coupez les pommes en rondelles. Déposez sur le mélange de cassonade, au fond du moule. Recouvrez du jus de citron. Mettez de côté.

5. Mélangez la farine à pâtisserie, le sucre granulé, la levure chimique et le sel dans un grand bol. Incorporez les 3 c. à soupe de beurre qui restent avec un coupe pâte, jusqu'à ce que le mélange ressemble à des grosses miettes.

6. Ajoutez le lait et la vanille. Battez avec un batteur électrique à basse vitesse, jusqu'à ce que les ingrédients secs s'humidifient. Continuez de battre pendant 2 minutes à vitesse moyenne. Ajoutez les jaunes d'oeufs et les noix de pacane.

7. Nettoyez le batteur électrique. Battez les blancs d'oeufs dans un petit bol avec le batteur électrique, à haute vitesse, jusqu'à la formation de pics fermes. (Technique page 420). Incorporez doucement les blancs d'oeufs à la pâte. Versez sur les pommes, dans le moule.

8. Faites cuire pendant 35 minutes, ou jusqu'à ce que le cure-dents en bois inséré au centre du gâteau ressorte propre. Laissez refroidir dans le moule, sur une grille, pendant 5 minutes. Décollez les côtés et renversez sur un plat. Laissez pendant 1 minute avant de démouler. Servez chaud.

Donne 1 gâteau carré de 20 cm.

Étape 3. Comment enlever les trognons des pommes.

Étape 5. Comment incorporer le beurre.

Gâteau aux poires

**600 g de poires épluchées et
coupées
400 g de sucre granulé
160 g de noix en morceaux
420 g de farine tout usage
2 c. à thé de bicarbonate de soude
1/2 c. à thé de sel
1/2 c. à thé de cannelle en poudre
1/2 c. à thé de muscade en poudre
2 oeufs
25 cl d'huile végétale
1 c. à thé de vanille
Sucre glace pour décorer**

1. Mélangez les poires, le sucre granulé et les noix dans un bol de taille moyenne. Mélangez grossièrement. Laissez de côté pendant 1 heure, en mélangeant souvent.

2. Chauffez le four à 190°C. Graissez un moule à Savarin de 25 cm avec un peu de shortening.

3. Ajoutez 2 à 3 c. à thé de farine au moule. Tapotez doucement les côtés du moule pour recouvrir le fond et les côtés du moule de farine. Renversez le moule et tapotez doucement le fond pour enlever le surplus de farine.

4. Mélangez la farine, le bicarbonate de soude, le sel, la cannelle et la muscade dans un autre bol de taille moyenne. Mettez de côté.

5. Battez les oeufs dans un grand bol avec un batteur électrique. Ajoutez l'huile et la vanille. Incorporez le mélange de farine. Mélangez bien. Ajoutez le mélange de poires. Mélangez bien. Versez dans le moule.

6. Faites cuire pendant 1 heures et 15 minutes ou jusqu'à ce que le cure-dents en bois inséré au milieu du gâteau ressorte propre. Laissez refroidir dans le moule, sur une grille, pendant 10 minutes. Décollez les côtés du gâteau avec une spatule métallique flexible ou un couteau. Avec des gants isolants, placez la grille de refroidissement au-dessus du gâteau, qui se trouve encore dans le moule. Retournez le gâteau de façon à ce que la grille se trouve en dessous. Secouez le gâteau doucement pour qu'il sorte du moule. Enlevez le moule. Refroidissez complètement.

7. Placez le gâteau sur un plat. Insérez des morceaux de papier ciré sous le gâteau pour que le plat reste propre.

8. Saupoudrez légèrement de sucre glace. Enlevez le papier ciré.

Pour un gâteau de 25 cm

Étape 2. Comment graisser le moule à cheminée.

Étape 6. Comment détacher les côtés du gâteau.

Étape 7. Comment insérer des morceaux de papier ciré sous le gâteau.

Gâteau au citron et graines de tournesol

2 citrons
300 g de sucre
25 cl d'huile de tournesol
6 oeufs
230 g plus 1 c. à soupe de farine
    tout usage, mesurée
    séparément
2 c. à thé de levure chimique
1/4 c. à thé de sel
90 g de graines de tournesol
Garniture au citron*
Crème fouetté, zeste de citron et
    feuilles de menthe fraîche
    pour décorer.

* Garniture au citron: Coupez le citron en tranches, environ 6 mm d'épaisseur chacune. Faites une insertion dans chaque tranche, du centre vers l'extérieur. Tordez le citron pour lui donner une forme.

1. Chauffez le four à 150°C. Graissez deux moules à pain de 23 x 13 cm avec un peu de shortening.

2. Ajoutez 2 à 3 c. à thé de farine à chaque moule. Tapotez doucement les côtés des moules pour recouvrir le fond et les côtés des moules de farine. Renversez le moule et tapotez doucement le fond pour enlever le surplus de farine.

3. Râpez finement les portions colorées du zeste de citron, en utilisant une râpe. Mesurez 5 c. à thé.

4. Mélangez ensemble le sucre, le zeste de citron et l'huile dans un grand bol, avec un batteur électrique, à vitesse moyenne. Ajoutez les oeufs, 1 à la fois, en mélangeant bien après chaque addition.

5. Ajoutez 230 g de farine, la levure chimique et le sel. Mélangez bien.

6. Mélangez le reste de la farine (1 c. à soupe) et les graines de tournesol, dans un petit bol. Mélangez grossièrement. Ajoutez à la pâte.

7. Versez la pâte dans les moules.

8. Faites cuire pendant 1 heure ou jusqu'à ce que le cure-dents inséré au centre du gâteau ressorte propre. Laissez refroidir dans le moule, sur une grille, pendant 10 minutes. Détachez les côtés du gâteau avec une spatule métallique flexible ou un couteau. Avec des gants isolants, placez la grille de refroidissement au-dessus du gâteau, qui se trouve encore dans le moule. Retournez le gâteau de façon à ce que la grille se trouve en dessous. Secouez le gâteau doucement pour qu'il sorte du moule. Enlevez le moule. Refroidissez complètement. Décorez au goût.

Donne 2 gâteaux de 23 x 13 cm.

Étape 2. Comment fariner le moule.

Étape 6. Comment mélanger les graines de tournesol et la farine.

* Garniture au citron: Comment tordre les tranches de citron.

Gâteau espagnol aux amandes et à l'orange

1 orange de taille moyenne
75 g de shortening
200 g plus 2 c. à soupe de sucre,
    mesuré séparément
1 oeuf
175 g de farine tout usage
1 1/2 c. à thé de levure chimique
1/2 c. à thé de sel
18 cl de lait
90 g d'amandes effilées
6 cl de liqueur à l'orange
Orange supplémentaire pour
    garnir

1. Chauffez le four à 180°C. Graissez et farinez un moule à gâteau carré de 20 cm ou un moule rond de 23 cm. (Technique à la page 422).

2. Râpez finement la portion colorée du zeste d'orange à l'aide d'une râpe. Mesurez 4 c. à thé de zeste d'orange. Mettez de côté.

3. Battez ensemble le shortening et 200 g de sucre dans un grand bol, avec un batteur électrique, àvitesse moyenne, jusqu'à ce que le mélange soit léger et onctueux. Ajoutez l'oeuf. Mélangez bien.

4. Mélangez la farine, la levure chimique et le sel dans un bol de taille moyenne. Ajoutez au mélange de sucre, en alternant avec le lait, et en mélangeant après chaque addition. Incorporez le zeste d'orange. Versez dans le moule. Saupoudrez d'amandes.

5. Faites cuire pendant 40 à 45 minutes ou jusqu'à ce que le cure-dents inséré au centre en ressorte propre.

6. Saupoudrez avec les 2 dernières c. à soupe de sucre. Arrosez de liqueur.

7. Laissez refroidir dans le moule, sur une grille, pendant 10 minutes. Décollez les côtés du gâteau avec une spatule métallique flexible ou un couteau. Avec des gants isolants, placez la grille de refroidissement au-dessus du gâteau, qui se trouve encore dans le moule. Retournez le gâteau de façon à ce que la grille se trouve en dessous. Secouez le gâteau doucement pour qu'il sorte du moule. Enlevez le moule. Refroidir, côté les amandes sur le dessus.

8. Si vous le souhaitez, enlevez le zeste (sans la peau blanche) d'une autre orange, et saupoudrez-en le gâteau.
    Donne 1 gâteau de 20 ou 23 cm.

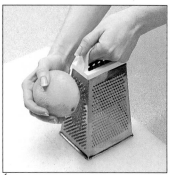

Étape 2. Comment râper le zeste de l'orange.

Étape 4. Comment saupoudrer la pâte d'amandes.

Étape 6. Comment arroser le gâteau de liqueur.

Gâteau velouté à la noix de coco et aux épices

Sucre granulé
350 g de farine tout usage
1 1/2 c. à thé de levure chimique
3/4 c. à thé de bicarbonate de soude
1/2 c. à thé de sel
1 1/2 c. à thé de cannelle en poudre
1/4 c. à thé de clous de girofle en poudre
1/4 c. à thé de muscade en poudre
1/4 c. à thé de poivre de la Jamaïque
1/4 c. à thé de cardamome
115 g de beurre ou de margarine, ramollie
100 g de cassonade bien tassée
4 oeufs
1 c. à thé de vanille
37 cl de crème légère
6 cl de mélasse
230 g de flocons de noix de coco
250 g de marmelade d'oranges
Glace crémeuse à l'orange (page 438)
Rose à l'orange confite(page 438)
Noix de coco grillée* pour garnir

* Pour griller la noix de coco, étalez sur un plat allant au four. Faites cuire dans un four chaud à 180°C pendant 8 à 10 minutes, ou jusqu'à ce que la noix de coco soit dorée.

1. Chauffez le four à 180°C. Graissez trois moules à gâteau ronds de 20 cm. Saupoudrez assez de sucre granulé pour recouvrir le fond et les côtés des moules.

2. Mélangez la farine, la levure chimique, le bicarbonate de soude, le sel et les épices dans un bol de taille moyenne. Mettez de côté.

3. Battez le beurre dans un grand bol, avec un batteur électrique, à vitesse moyenne, jusqu'à ce qu'il soit crémeux.

4. Ajoutez 100 g de sucre granulé et la cassonade. Mélangez jusqu'à ce que le mélange soit léger et onctueux.

5. Ajoutez les oeufs, 1 à la fois, en mélangeant bien après chaque addition. Incorporez la vanille.

6. Mélangez la crème légère et la mélasse dans un petit bol. Ajoutez le mélange de farine au mélange d'oeufs en alternant avec le mélange de mélasse, et en mélangeant bien après chaque addition.

7. Incorporez les flocons de noix de coco. Versez dans les moules.

8. Faites cuire pendant 20 minutes ou jusqu'à ce qu'un cure-dents inséré au centre ressorte propre. Laissez refroidir dans le moule, sur une grille, pendant 10 minutes. Détachez les côtés du gâteau avec une spatule métallique flexible ou un couteau. Avec des gants isolants, placez la grille de refroidissement au-dessus du gâteau, qui se trouve encore dans le moule. Retournez le gâteau de façon à ce que la grille se trouve en dessous. Secouez le gâteau doucement pour qu'il sorte du moule. Enlevez le moule. Recommencez pour chaque moule. Refroidissez complètement.

suite à la page 438

Étape 4. Comment battre les sucres jusqu'à ce que le mélange soit léger et onctueux.

Étape 6. Comment ajouter le mélange de mélasse.

Étape 7. Comment incorporez les flocons de noix de coco.

 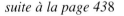

Gâteau velouté à la noix de coco et aux épices, suite

9. Enlevez doucement les miettes du dessus et des côtés des gâteaux, avec un pinceau à pâtisserie ou avec les mains. (Technique page 422).

10. Pour assembler, recouvrez deux des gâteaux de marmelade. Empilez-les sur une assiette. Ajoutez le troisième gâteau au-dessus.

11. Préparez la glace crémeuse à l'orange. Glacez le dessus et les côtés du gâteau. Réfrigérez et décorez au goût.

Donne 1 gâteau à 3 étages.

Glace crémeuse à l'orange

1 paquet (75 g) de fromage à la crème, ramolli
265 g de sucre glace tamisé
Quelques gouttes d'essence d'orange
Lait (facultatif)

1. Battez le fromage à la crème dans un grand bol, jusqu'à ce qu'il soit crémeux. Ajoutez petit àpetit le sucre glace, en battant jusqu'à ce que le mélange soit onctueux. Ajoutez l'essence d'orange.

2. Si nécessaire, ajoutez le lait, 1 c. à thé à la fois, pour obtenir une consistance moins épaisse.

Rose à l'orange confite

200 g de sucre granulé
25 cl d'eau
1 orange

1. Mélangez le sucre et l'eau dans une casserole de taille moyenne. Faites bouillir, à feu moyen, en mélangeant de temps en temps.

2. Entre temps, épluchez l'orange avec un couteau aiguisé, en laissant le plus de chair possible sur l'orange.

3. Enroulez soigneusement l'écorce, en commençant par le côté le plus petit. Fixez avec un cure-dents.

4. Placez sur une cuillère à égoutter. Ajoutez au sirop de sucre chaud.

5. Mettre sur feu doux. Faites frémir pendant 5 à 10 minutes, ou jusqu'à ce que l'écorce d'orange deviennent translucide. Enlevez du sirop. Placez sur un plat garni de papier ciré pour refroidir. Enlever le cure-dents.

suite à la page 440

Étape 10. Comment recouvrir les gâteaux de marmelade.

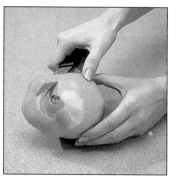
Rose à l'orange confite. Étape 2. Comment éplucher l'orange.

Rose à l'orange confite. Étape 4. Comment ajoutez la rose au sirop de sucre chaud.

Gâteaux aux noix de pacane, caramel et beurre

225 g de shortening
400 g de sucre granulé
4 oeufs
400 g de farine à pâtisserie
 tamisée
2 1/2 c. à thé de levure chimique
1/2 c. à thé de sel
25 cl de lait
1 c. à thé de vanille
1 c. à thé d'essence d'amandes
Garniture au caramel (page 440)
Glace au beurre (page 440)
45 g de noix de pacane en
 morceaux

1. Chauffez le four à 180°C. Graissez et farinez trois moules à gâteau ronds de 23 cm. (Technique à la page 422).

2. Battez les matières grasses et le sucre granulé dans un grand bol, avec un batteur électrique, àhaute vitesse, jusqu'à ce que le mélange soit léger et onctueux.

3. Ajoutez les oeufs, 1 à la fois, en mélangeant bien après chaque addition.

4. Tamisez les ingrédients secs ensemble. Ajoutez le mélange de sucre, en alternant avec le lait, et en mélangeant bien après chaque addition. Incorporez la vanille et l'essence d'amandes. Versez dans les moules.

5. Faites cuire pendant 20 à 25 minutes ou jusqu'à ce qu'un cure-dents inséré au centre en ressorte propre. Laissez refroidir dans le moule, sur une grille, pendant 10 minutes. Détachez les côtés du gâteau avec une spatule métallique flexible ou un couteau. Avec des gants isolants, placez la grille de refroidissement au-dessus du gâteau, qui se trouve encore dans le moule. Retournez le gâteau de façon à ce que la grille se trouve en dessous. Secouez le gâteau doucement pour qu'il sorte du moule. Enlevez le moule. Recommencez pour chaque moule. Refroidissez complètement.

6. Enlevez doucement les miettes du dessus et des côtés du gâteau, avec un pinceau à pâtisserie ou avec les mains. (Technique à la page 422). Préparez la garniture au caramel. Pour assembler, étalez la garniture sur le dessus des gâteaux. Empilez sur une assiette.

7. Préparez la glace au beurre. Pour obtenir l'«effet panier», sur le côté du gâteau, versez 1/4 à 1/3 du glace dans une poche à pâtisserie muni d'une douille de décoration. Produisez des bandes verticales tous les 5 cm tout autour du gâteau.

suite à page 440

Étape 5. Comment enlevez le gâteau du moule et le mettre sur une grille pour le refroidir.

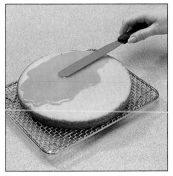

Étape 6. Comment étaler le dessus des gâteaux avec la garniture au caramel.

Étape 7. Comment faire des bandes verticales tout autour du gâteau.

Gâteaux aux noix de pacane, caramel et beurre, suite

8. Faites une bande horizontale autour du gâteau, juste en-dessous du bord supérieur. Recommencez à mi-hauteur du gâteau.

9. Recommencez l'étape 7, en faisant une nouvelle bande entre les bandes précédentes, de l'étape 7. (Remplissez à nouveau la poche à pâtisserie, si nécessaire).

10. Faites des petites bandes horizontales, chacune à mi-chemin entre les bandes de l'étape 8, et aussi au bas du gâteau. Chaque bande commence au bord d'une bande verticale, passe au-dessus de la bande verticale suivante et s'arrête au bord de la prochaine bande verticale.

11. Remplacez la douille de décoration par une douille en forme d'étoile. Décorez le dessus du gâteau avec le reste du glace et les noix de pacane.

Donne 1 gâteau à trois étages.

Garniture au caramel

600 g de sucre granulé, mesuré
séparément
18 cl de lait
1 oeuf, battu
pincée de sel
115 g de beurre, ramolli

1. Placez 100 g de sucre granulé dans une grande casserole lourde. Faites cuire à feu moyen, en tournant constamment, jusqu'à ce que le sucre soit légèrement doré.

2. Mélangez le reste du sucre granulé, le lait, l'oeuf et le sel, dans un bol de taille moyenne. Ajoutez le beurre. Versez le tout sur le sucre caramélisé.

3. Faites cuire à feu moyen, en tournant de temps en temps, jusqu'à ce que le thermomètre à sucre indique 120°C (15 à 20 minutes). Laissez refroidir 5 minutes. Mélangez bien avec une cuillère en bois.

Glace au beurre

75 g de beurre, ramolli
400 g de sucre glace tamisé
2 c. à soupe de mélange mi-crème,
mi-lait.
1/2 c. à thé de vanille

1. Fouettez le beurre dans un grand bol, avec un batteur électrique, à vitesse moyenne, jusqu'à ce qu'il devienne crémeux.

2. Ajoutez un peu à la fois le sucre glace, en alternant avec le mélange mi-crème,mi-lait, jusqu'à ce que le mélange soit léger et onctueux. Ajoutez une c. à soupe supplémentaire de mélange mi-crème,mi-lait si nécessaire, pour obtenir la bonne consistance. Incorporez la vanille.

Étape 8. Comment faire des bandes horizontales autour du gâteau.

Étape 9. Comment faire des bandes verticales supplémentaires.

Étape 10. Comment faire des bandes courtes horizontales.

Gâteau à la farine de maïs, aux noix de pacane et au cognac

225 g de margarine, ramollie
260 g de sucre granulé
150 g de cassonade tassée
5 oeufs
240 g de crème sure
12 cl de cognac
315 g de farine tout usage
70 g de farine de maïs enrichie Quaker®
2 c. à thé de levure chimique
1 c. à thé de sel (facultatif)
1 c. à thé de cannelle en poudre
1/2 c. à thé de muscade en poudre
230 g de noix de pacane coupées
Glace au cognac (voir ci-dessous)
Moitiés de noix de pacane pour décorer

1. Chauffez le four à 160°C. Graissez et farinez généreusement un moule à cheminée de 25 cm avec une petite quantité de shortening.

2. Fouettez ensemble la margarine et les sucres, dans un grand bol, avec un batteur électrique à vitesse moyenne, jusqu'à ce que le mélange soit léger et onctueux. Ajoutez les oeufs, 1 à la fois, en mélangeant bien après chaque addition. Incorporez la crème sure et le cognac.

3. Tamisez ensemble les ingrédients secs. Ajoutez au mélange de margarine, en mélangeant bien. Incorporez les noix de pacane. Versez dans le moule, en vous assurant que la pâte le recouvre uniformément.

4. Faites cuire pendant 65 à 70 minutes, ou jusqu'à ce qu'un cure-dents en bois inséré dans le gâteau en ressorte propre. Détachez les côtés, enlevez du moule et mettez sur une grille pour refroidir complètement. (Technique page 430).

6. Préparez la glace au cognac. Arrosez-en le gâteau. Décorez au goût.

Donne 1 gâteau de 25 cm

Étape 4. Comment vérifier avec un cure-dents en bois.

Étape 6. Comment napper le gâteau de glace au cognac.

Glace au cognac

2 c. à soupe de margarine
130 g de sucre glace tamisé
1 à 2 c. à thé de cognac
4 à 5 c. à thé de lait

1. Chauffez la margarine dans une petite casserole, à feu moyen, jusqu'à ce qu'elle ait fondu et qu'elle soit dorée. Refroidissez légèrement.

2. Ajoutez le sucre glace, le cognac et le lait. Mélangez jusqu'à ce que le mélange soit onctueux.

Gâteau Champion à la Citrouille

180 g de shortening
300 g de sucre granulé
3 oeufs
225 g de citrouille bien tassée
25 cl de babeurre
385 g de farine tout usage
1 c. à soupe de levure chimique
1 1/2 c. à thé de bicarbonate de
**   soude**
1/2 c. à thé de sel
1 c. à thé de cannelle en poudre
1/4 c. à thé de piment de la
**   Jamaïque**
1/4 c. à thé de muscade en poudre
1/8 de c. à thé de gingembre en
**   poudre**
1/8 de c. à thé d'épice de citrouille
Glace de neige (voir ci-dessous)

1. Chauffez le four à 180°C. Graissez et farinez deux moules à gâteau ronds de 23 cm. (Technique page 422).

2. Fouettez le shortening et le sucre granulé dans un grand bol avec un batteur électrique à vitesse moyenne, jusqu'à ce que le mélange soit léger et onctueux. Ajoutez les oeufs, 1 à la fois, en mélangeant bien après chaque addition. Ajoutez la citrouille et le babeurre. Mélangez bien.

3. Tamisez ensemble le reste des ingrédients secs. Ajoutez au mélange de shortening. Mélangez bien. Versez dans les moules.

4. Faites cuire pendant 40 à 45 minutes ou jusqu'à ce qu'un cure-dents inséré au centre ressorte propre. Laissez refroidir dans le moule, sur une grille, pendant 10 minutes. Détachez les côtés du gâteau et démoulez, mettez les gâteaux sur une grille pour les refroidir complètement. (Technique à la page 439).

5. Enlevez doucement les miettes sur le dessus et les côtés des gâteaux, avec un pinceau à pâtisserie ou avec les mains. (Technique page 422). Garnissez et glacez avec la glace de neige.

Glace de neige

115 g de shortening
115 g de beurre, ramolli
2 blancs d'oeuf *
1 c. à thé de vanille
530 g de sucre glace tamisé

1. Battez les matières grasses et le beurre ensemble dans un grand bol avec un batteur électrique, àvitesse moyenne, jusqu'à ce que le mélange soit léger et onctueux.

2. Ajoutez les blancs d'oeuf et la vanille. Mélangez bien. Ajoutez un peu à la fois le sucre glace, en mélangeant bien.

* Utilisez des oeufs propres, qui ne sont pas fendus.

Étape 1. Comment fariner le moule.

Étape 2. Comment ajoutez les oeufs.

Étape 3. Comment versez la pâte dans les moules.

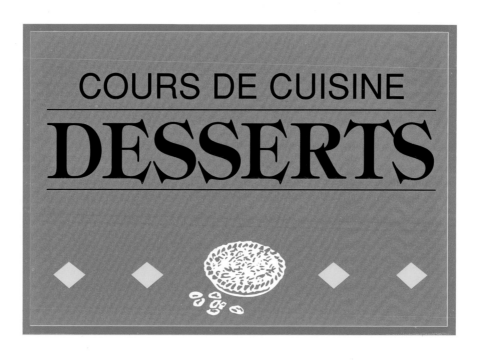

COURS DE CUISINE
DESSERTS

Fleurons au fromage et aux framboises *(page 482)*

NOTES DE COURS

Un dessert fabuleux ajoutera une touche spéciale à n'importe quel repas - cette collection vous enchantera. Vous serez impressionné par la variété de desserts, gâteaux, tartes, soufflés et mousses et la pléiade de parfums, comme la vanille, le caramel, les cerises, le beurre d'arachide, les pommes, les fraises, le sirop et bien sûr le chocolat!

La réussite culinaire dépend bien souvent de la planification et de la préparation. Avant de commencer une recette, lisez soigneusement les instructions et ayez les ingrédients et les ustensiles nécessaires sous la main. Ne substituez pas un ingrédient pour un autre, à moins que la recette ne l'ait déjà prévu. Les substitutions peuvent changer l'équilibre des ingrédients et le résultat pourrait être désastreux. Maîtrisez les techniques qui suivent pour faire les desserts et votre réussite sera assurée à tous coups.

CONSEILS DE CUISSON
- Mesurez soigneusement tous les ingrédients avec précision. Pour mesurer la farine, mettez-la dans une tasse à mesurer sèche, à l'aide d'une cuillère et nivelez le dessus avec une spatule en métal au rebord droit (ne pas la secouer ou frapper le bol sur le comptoir).
- Utilisez des moules de la dimension prévue dans chaque recette et préparez le moule, comme indiqué. Un dessert dont les bords ont brûlé ou encore qui s'est enfoncé au milieu peut provenir d'un moule de mauvaise dimension.

- Les températures du four pouvant varier selon le modèle du four et le fabricant, nous vous conseillons de toujours avoir l'oeil sur votre dessert et vérifiez s'il est bien cuit, en effectuant le test indiqué dans la recette.

CONSEILS SUR LA PÂTE A TARTE
- Incorporez la graisse végétale, la margarine ou le beurre à la farine et au sel en utilisant un coupe pâte ou deux couteaux, jusqu'à ce que le mélange forme des morceaux de la

taille d'un pois. Ajoutez le liquide, 1 cuillère à soupe à la fois, en remuant doucement avec une fourchette, jusqu'à ce que la pâte soit assez humide pour tenir en place lorsque vous la pressez.
- Si la pâte est collante et difficile à manier, mettez-la au réfrigérateur pour qu'elle s'affermisse. La meilleure méthode pour abaisser la pâte sans qu'elle ne colle est d'utiliser un rouleau à pâtisserie

recouvert et un canevas à pâtisserie. Farinez légèrement le rouleau à pâtisserie couvert et le canevas avant de l'utiliser et maniez la pâte rapidement et légèrement. Une croûte dure est souvent due à l'ajout de trop de farine ou d'un pétrissage trop long.
- Abaissez la pâte pour former un cercle de 3 mm d'épaisseur, qui soit au moins 25 mm plus grand que l'assiette à tarte mise à l'envers.

- Pour transférer la pâte dans l'assiette, placez le rouleau à pâtisserie sur un côté de la pâte et enroulez la pâte au dessus. Soulevez doucement le rouleau à pâtisserie au-dessus de l'assiette. Déroulez la pâte dans l'assiette à tarte, avec les doigts, et mettez-la correctement en place. Faites attention de ne pas étirer la pâte, car elle rétrécirait lors de la cuisson.

- Souvent, une pâte à tarte est cuite "à blanc", ce qui signifie qu'elle est cuite avant d'y déposer la garniture. Afin d'éviter que la pâte se déforme, recouvrez la pâte de papier d'aluminium et remplissez de haricots secs, de riz cru ou des poids en céramique ou en métal pour la pâtisserie. Faites cuire le fond de tarte jusqu'à ce qu'il devienne ferme. Enlevez le papier d'aluminium et les poids et continuez de faire cuire ou laissez refroidir complètement avant d'ajouter la garniture.

COMMENT BATTRE LES BLANCS EN NEIGE

- Les oeufs se séparent plus facilement lorsqu'ils sont froids, mais les blancs d'oeufs montent plus haut si vous les laissez à la température ambiante pendant 30 minutes avant de les battre.

- Lorsque vous battez les blancs en neige, vérifiez toujours que le bol et les fouets sont bien propres et secs. Un soupçon de jaune, d'eau ou de graisse diminuera le volume. Pour obtenir les meilleurs résultats possibles, utilisez un bol en cuivre, en acier inoxydable ou en verre (les bols en plastique risquent d'avoir une pellicule de graisse, même s'ils ont été bien lavés).

- Battez les oeufs lentement jusqu'à ce qu'ils moussent, puis augmentez la vitesse. A ce stade-ci, ajoutez une pincée de sel et de crème de tartre pour aider à les stabiliser. Ne pas trop battre car les oeufs risquent de s'assécher et de coller ensemble.

- Fouettez les blancs d'oeuf jusqu'à la consistance voulue. Pour obtenir des pics mous, quand vous soulevez les fouets des blancs, ceux-ci devraient être bien formés mais encore tombants. Pour obtenir des pics fermes, quand vous soulevez les fouets des blancs, ceux-ci devraient rester debout et le mélange ne devrait pas glisser lorsque vous inclinez le bol.

- Incorporez immédiatement les blancs en neige dans un autre mélange pour qu'ils ne perdent pas de leur volume. Ne jamais les battre ou les brasser.

COMMENT DISSOUDRE LA GÉLATINE

- Pour dissoudre de la gélatine non parfumée avec succès, saupoudrez un sachet de gélatine sur 6 cl de liquide

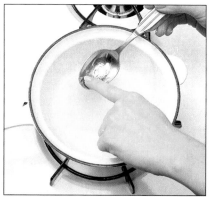

chaud, dans une petite casserole. Laissez reposer pendant 3 minutes, pour que la gélatine s'amollisse. Mélangez sur feu doux pendant 5 minutes ou jusqu'à ce que la gélatine soit totalement dissoute.

- Passez un doigt sur la cuillère recouverte de gélatine pour vérifier si celle-ci est bien dissoute: si la cuillère est lisse, la gélatine est totalement dissoute, sinon, continuez à faire chauffer pour faire dissoudre le reste des grains.

CRÈME A FOUETTER

- Pour obtenir les meilleurs résultats possibles lorsque vous fouettez de la crème à fouetter ou de la crème épaisse, réfrigérez tout d'abord la crème, le bol et les fouets car le froid assure que la graisse de la

crème reste solide, et permet ainsi d'en augmenter le volume.

- Pour obtenir le meilleur volume possible, battez la crème dans un grand bol profond et étroit. En général, 25 cl de crème produira 50 cl de crème fouettée, alors assurez-vous d'utiliser un bol de la taille qui convient. Fouettez la crème jusqu'à la formation de pics mous. Pour vérifier, soulevez les fouets de la crème fouettée. Le mélange devrait former des pics mous mais bien définis. Ne pas trop battre la crème pour qu'elle ne se transforme pas en beurre.

Tarte aux Petits Fruits

Pâte à Tarte Double Classique (à la page 461)
300 g de mûres en boîte ou congelées, décongelées et bien égouttées
225 g de bleuets en boîte ou congelés, décongelés et bien égouttés
225 g de groseille à maquereau en boîte ou congelées, décongelées et bien égouttées
225 g de sucre
3 c. à soupe d'amidon de maïs
1/8 c. à café d'essence d'amande

1. Préparez la pâte en suivant les étapes 1 et 2 de la recette de Pâte à Tarte Double Classique. Abaissez la pâte au rouleau et placezla dans un moule à tarte, en suivant les étapes 3 à 6 de la recette à la page 461. Couvrez d'un film alimentaire et réfrigérez pendant 30 minutes, pour laisser reposer la pâte.

2. Chauffez le four à 220°C.

3. Mélangez les mûres, les bleuets et les groseilles à maquereau dans un grand bol. Ajoutez le sucre, l'amidon de maïs et l'essence d'amande. Mélangez bien.

4. Disposez le mélange sur la croûte à l'aide d'une cuillère. Abaissez la croûte du dessus en suivant les étapes 3 et 4 de la recette à la page 461. Placez la seconde croûte par dessus la garniture, en suivant l'étape 7 de la page 461.

5. Découpez les bords en laissant dépasser 12 mm. Repliez la pâte qui dépasse en-dessous pour qu'elle soit au même niveau que le bord du moule. Appuyez entre le pouce et l'index pour que le bord soit vertical. Faites des incisions autour de la tarte, à intervalles de 12 mm pour former de petits rabats.

6. Repliez les rabats, l'un vers le centre de la tarte et le suivant vers l'extérieur de la tarte. Continuez, en alternant, tout autour de la tarte.

7. Faites un trou au centre de la croûte, avec une fourchette, pour que la vapeur puisse s'échapper.

8. Faites cuire pendant 40 minutes ou jusqu'à ce que la croûte soit dorée. Laissez refroidir complètement, sur une grille métallique.

Donne 6 à 8 portions

Étape 4. Comment dérouler la seconde croûte sur la garniture.

Étape 5. Comment faire des incisions dans la pâte.

Étape 6. Comment replier les petits rabats vers le centre de la tarte.

La Tarte aux Pommes de mon Verger

Pâte à Tarte Double Classique (à la page 461)
2 c. à soupe de farine tout usage
900 g de pommes
100 g de sucre
1 c. à café de cannelle
1 c. à café de muscade en poudre
3 c. à soupe de marmelade d'oranges à faible teneur en sucre
2 c. à soupe de beurre ou de margarine
Du lait

1. Préparer la croûte de tarte en suivant les étapes 1 et 2 de la recette de Pâte à Tarte Double Classique (à la page 461). Abaissez et tapissez le fond d'un moule à tarte en suivant les étapes 3 et 6 de la page 461. Enveloppez la pâte dans un film alimentaire et réfrigérez pendant 30 minutes pour permettre à la pâte de se reposer. Saupoudrez la croûte de farine.

2. Chauffez le four à 230°C.

3. Pelez les pommes. Enlevez les coeurs; jetez-les. Tranchez les pommes en fines lamelles.

4. Mélangez le sucre, la cannelle et la muscade dans un petit bol. Disposez les tranches de pommes en alternant avec le mélange de sucre dans la croûte de la tarte.

5. Parsemez de la marmelade sur le dessus des pommes à l'aide de la c. à café.

6. Coupez le beurre en 10 morceaux. Déposez-les sur le dessus des pommes dans la croûte.

7. Abaissez la croûte du dessus en suivant les étapes 3 et 4 de la page 461. Mettez la seconde croûte sur le dessus de la garniture en suivant l'étape 7 de la page 461.

8. Découpez les bords en laissant dépasser 12 mm. Repliez la pâte qui dépasse en-dessous de façon àce qu'elle soit au même niveau que le bord du moule.

9. Pour canneler, placez l'index à l'intérieur du bord, vers l'extérieur de la tarte. Pincez la croûte en «V« entre l'index et le pouce de l'autre main. Continuez tout autour de la tarte.

10. Taillez des dessins sur la croûte du dessus à l'aide d'un couteau d'office. Abaissez à nouveau les restes de pâte et coupez-les en forme de feuilles et de tiges. Badigeonnez la croûte du dessus avec du lait. Disposez les formes sur la tarte.

11. Faites cuire pendant 15 minutes. Baissez la température du four à 190°C. Continuez de cuire de 30 à 35 minutes ou jusqu'à ce qu'elle soit bien dorée. Refroidir complètement sur une grille métallique.

Donne 6 à 8 portions

Étape 5. Comment parsemer le dessus des pommes avec de la marmelade.

Étape 9. Comment canneler le rebord de la croûte de tarte.

Étape 10. Comment tailler la pâte en forme de feuilles et de tiges.

Tarte à la Crème au Beurre d'Arachide de Norma Gene

Pâte à Tarte Simple Classique (à la page 460)
3 oeufs
150 g de sucre granulé, mesuré séparément
3 c. à soupe d'amidon de maïs
1 c. à soupe de farine tout usage
1/8 c. à café de sel
75 cl de lait
2 c. à café de beurre ou de margarine
1 c. à café de vanille
105 g de sucre glace
115 g de beurre d'arachide croquant
1/4 c. à café de crème de tartre

1. Préparez la croûte de tarte en suivant les étapes 1 et 2 de la recette de Pâte à Tarte Simple Classique. Abaissez-la et placez-la dans un moule à tarte, en suivant les étapes 3 à 7 de la page 460.

2. Découpez les bords en laissant dépasser 7 mm. Repliez la pâte qui dépasse en-dessous et aplatissezla. Faites des incisions tout autour de la croûte de tarte, à intervalles d'environ 25 mm, en coupant vers le centre, sur une distance d'environ 12 mm.

3. Repliez les rabats sur le dessous, en diagonale, pour former une pointe. Couvrez la croûte de tarte d'un film alimentaire transparent et réfrigérez pendant 30 minutes pour faire reposer la pâte.

4. Chauffez le four à 220°C.

5. Percez la croûte de tarte une quarantaine de fois, à l'aide d'une fourchette, pour que la vapeur puisse s'échapper.

6. Coupez un carré de papier d'aluminium, environ 10 cm plus grand que le moule à tarte. Couvrez la tarte de papier d'aluminium et recouvrez de haricots secs, de riz cru ou de poids en céramique pour la pâtisserie.

7. Faites cuire pendant 10 minutes ou jusqu'à ce que la pâte durcisse. Sortez-la du four. Enlevez le papier d'aluminium et les haricots. Remettez la croûte de tarte au four et faites cuire pendant 5 minutes ou jusqu'à ce qu'elle soit légèrement dorée. Refroidissez complètement sur une grille de métal. Réduire la température du four à 190°C.

8. Pour séparer les jaunes des blancs d'oeufs, cognez légèrement le centre de l'oeuf contre une surface dure, comme le bord d'un bol. En tenant une demie coquille dans chaque main, transférez doucement le jaune d'une demie coquille à l'autre en laissant couler le blanc dans un bol. (Technique page 474).

suite à la page 456

Étape 2. Comment faire des incisions dans la pâte.

Étape 3. Comment replier les rabats de pâte en dessous.

Étape 6. Comment recouvrir la tarte de papier d'aluminium et la remplir de haricots secs.

Tarte à la Crème au Beurre d'Arachide de Norma Gene, suite

9. Lorsque tout le blanc a coulé dans un bol, placez le jaune dans une autre bol. Transférez le blanc dans une troisième bol. Recommencez avec les deux autres oeufs. (Les blancs d'oeufs ne doivent pas contenir de jaune pour vous permettre d'obtenir le volume voulu lorsque vous les battez en neige).

10. Pour faire la garniture, mélangez ensemble 100 g de sucre granulé, l'amidon de maïs, la farine et le sel. Ajoutez les jaunes d'oeuf et le lait. Fouettez avec un fouet métallique jusqu'à ce que tout soit bien mélangé. Faites bouillir à feu moyen, en brassant constamment. Continuez à faire cuire en remuant pendant 2 minutes ou jusqu'à ce que le mélange s'épaississe. Enlevez du feu. Incorporez le beurre et la vanille.

11. Placez le sucre glace dans un bol de taille moyenne. Incorporez le beurre d'arachide avec un coupe pâte ou avec 2 couteaux, jusqu'à ce que le mélange forme des petites boulettes de la taille d'un pois.

12. Saupoudrez 1/3 du mélange de beurre d'arachide au fond de la croûte de tarte. Déposez la moitié de la garniture sur le dessus, à l'aide d'une cuillère. Saupoudrez un autre 1/3 du mélange de beurre d'arachide et terminez en ajoutant le reste de la garniture.

13. Pour faire la meringue, mélangez les blancs d'oeufs et la crème de tartre dans un grand bol propre. Fouettez avec un batteur électrique, à grande vitesse, jusqu'à ce que le mélange soit mousseux. Petit à petit, ajoutez 50 g de sucre granulé jusqu'à l'obtention de pics fermes. Lorsque vous retirez les fouets de la meringue, les pics fermes devraient rester à la surface et le mélange ne devrait pas glisser lorsque vous inclinez la bol. (Technique à la page 420).

14. Étalez la meringue sur la garniture de tarte, à l'aide d'une spatule en caoutchouc, en vous assurant qu'elle recouvre complètement la garniture et qu'elle touche les bords de la croûte de tarte.

15. Faites des pics et des tourbillons en tournant et en soulevant la spatule alors que vous étalez la meringue. Saupoudrez le reste des miettes de beurre d'arachide sur les bords.

16. Faites cuire pendant 8 à 10 minutes ou jusqu'à ce que la meringue soit dorée. Faites refroidir complètement sur une grille de métal.

Donne 6 à 8 portions

Étape 11. Comment incorporer le beurre d'arachide au sucre glace.

Étape 14. Comment étaler la meringue sur la garniture.

Étape 15. Comment faire des pics et tourbillons décoratifs avec la spatule.

Tarte Chocolat-Noisettes

Croûte Chocolat-Noisettes (à la page 458)
1 sachet de gélatine non parfumée
6 cl d'eau froide
50 cl de crème à fouetter
240 g de pépites de chocolat semisucré
2 oeufs*
3 c. à soupe de liqueur aux noisettes
1 c. à café de vanille
24 caramels
Fleurs en Caramel pour la décoration (à la page 458)

* Utilisez des oeufs propres et sans fissures.

1. Préparez la Croûte Chocolat-Noisettes. Mettez de côté.

2. Saupoudrez la gélatine audessus de l'eau dans une petite casserole. Laissez reposer pendant 3 minutes sans brasser, jusqu'à ce que la gélatine ramollisse. Chauffez sur feu doux, en tournant constamment, jusqu'à ce que la gélatine soit complètement dissoute. Si elle semble granuleuse, continuez de chauffez jusqu'à ce que le mélange soit onctueux.

3. Ajoutez 25 cl de crème à fouetter au mélange de gélatine. Chauffez jusqu'à ce que le mélange atteigne le point d'ébullition. Enlevez du feu. Ajoutez les pépites de chocolat. Mélangez jusqu'à ce que le chocolat ait fondu.

4. Ajoutez 12 cl de crème à fouetter, les oeufs, la liqueur et la vanille. Mélangez bien. Versez dans un grand bol. Réfrigérez pendant environ 15 minutes ou jusqu'à ce que le mélange se soit épaissi.

5. Mélangez les caramels et 12 cl de crème à fouetter dans une petite casserole. Mijotez à feu doux, en tournant de temps en temps, jusqu'à ce que les caramels aient complètement fondu et que le mélange soit onctueux.

6. Versez le mélange des caramels dans la tarte. Laissez reposer environ 10 minutes.

7. Fouettez le mélange de gélatine épaissie avec un batteur électrique, à vitesse moyenne, jusqu'à ce que le mélange soit onctueux. Versez sur la couche de caramel. Réfrigérez pendant trois heures ou jusqu'à ce que le mélange soit ferme. Décorez au goût.

Donne 6 à 8 portions

suite à la page 458

Étape 2. Comment vérifier si la gélatine est bien dissoute.

Étape 3. Comment mélanger jusqu'à ce que le chocolat ait fondu.

Étape 5. Comment mélanger jusqu'à ce que les caramels aient fondu et que le mélange soit onctueux.

Tarte Chocolat-Noisettes, suite

Croûte Chocolat-Noisettes

115 g de noisettes
30 gaufrettes au chocolat
12 cl de beurre fondu ou de
**   margarine.**

1. Chauffez le four à 180°C.

2. Pour griller les noisettes, mettezles, en une seule couche, sur une plaque à four. Faites cuire pendant 10 à12 minutes ou jusqu'à ce qu'elles soient grillées et que les peaux commencent à se détacher. Laissez légèrement refroidir. Enveloppez les noisettes dans un papier essuie-tout épais. Roulez le papier essuie-tout, dans un mouvement avant-arrière, pour enlever le plus grand nombre de peaux.

3. Mélangez les gaufrettes et les noisettes dans un robot culinaire ou le récipient d'un mélangeur. Broyez finement en utilisant le bouton de commande intermittente.

4. Mélangez les miettes de gaufrettes et le beurre dans un bol de taille moyenne. Bien couvrir le fond et les côtés d'un moule à tarte de 22 cm, en formant un bord surélevé.

5. Faites cuire pendant 10 minutes. Laissez refroidir complètement sur une grille métallique.

Fleurs au Caramel

6 à 8 caramels

1. Placez un caramel mou et frais entre 2 feuilles de papier ciré.

2. Avec un rouleau à pâtisserie, aplatissez le caramel en lui donnant une forme ovale de 5 cm (en appuyant fortement sur le rouleau à pâtisserie).

3. En commençant par un coin, enroulez le caramel en cône pour qu'il ressemble à une fleur. Recommencez avec les autres caramels. Avant de servir, placez une fleur en caramel sur chaque morceau de tarte.

Croûte Chocolat-Noisettes:
Étape 2. Comment enlever les peaux des noisettes.

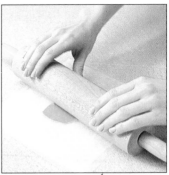

Fleurs au caramel : Étape 2. Comment aplatir le caramel en lui donnant une forme ovale de 5 cm.

Fleurs au caramel : Étape 3. Comment enrouler le caramel en cône.

Pâte à Tarte Simple Classique

185 g de farine tout usage
1/2 c. à café de sel
115 g de graisse végétale Crisco®
3 c. à soupe d'eau froide

1. Mélangez la farine et le sel dans un grand bol. Défaire la graisse végétale en utilisant un coupe pâte ou 2 couteaux, jusqu'à ce jusqu'à ce que le mélange forme des morceaux de la taille d'un pois.

2. Aspergez d'eau, 1 c. à soupe à la fois. Mélangez avec une fourchette jusqu'à ce que le mélange soit compact. Roulez pour former une boule.

3. Aplatissez la pâte entre les mains pour former une rondelle de 12 à 15 cm.

4. Farinez légèrement la surface de travail et le rouleau à pâtisserie. Abaissez la pâte à petits coups, en commençant au centre de la rondelle et en montant jusqu'au bord de la pâte. Tournez la rondelle, un quart de tour à la fois. Saupoudrez de farine le dessous de la pâte et le rouleau à pâtisserie, au besoin, pour éviter qu'ils ne collent. Continuez d'abaisser la pâte et de la tourner, 2 ou 3 fois.

5. Abaissez la pâte en un cercle d'une épaisseur de 3 mm, pour qu'il soit environ 2,5 cm plus grand que l'assiette à tarte mise à l'envers.

6. Placez le rouleau à pâtisserie d'un côté de la pâte et roulezla sur le rouleau.

7. Soulevez avec soin le rouleau à pâtisserie et la pâte. Déroulez la pâte sur l'assiette à tarte. Assurez-vous qu'elle soit bien en place sur l'assiette, à l'aide de vos doigts. N'étirez pas la pâte.

8. Découpez les bords, en laissant dépasser 1,2 cm. Repliez ce qui dépasse en-dessous et cannelez au goût. Recouvrez la croûte de tarte d'un film alimentaire et réfrigérez pendant 30 minutes pour la laisser reposer.

Étape 1. Comment incorporer la graisse végétale.

Étape 3. Comment aplatir la pâte pour former une rondelle.

Étape 5. Comment abaisser la pâte au rouleau.

Pâte à Tarte Double Classique

280 g de farine tout usage
1 c. à café de sel
175 g de graisse végétale Crisco®
5 c. à soupe d'eau froide

1. Mélangez la farine et le sel dans un grand bol. Ajoutez la graisse végétale en utilisant un coupe pâte ou deux couteaux, jusqu'à ce que le mélange forme des morceaux de la taille d'un pois.

2. Aspergez d'eau, 1 c. à soupe à la fois. Mélangez avec une fourchette jusqu'à ce que le mélange soit compact. Pressez le tout pour former une boule.

3. Séparez la pâte en deux. Aplatissez chaque moitié entre les mains pour former un disque de 12 à 15 cm.

4. Abaissez chaque moitié tel que décrit aux étapes 4 et 5 de la recette de la Pâte à Tarte Simple Classique.

5. Placez le rouleau à pâtisserie d'un côté de la pâte et enroulez délicatement la pâte sur le rouleau.

6. Soulevez avec soin le rouleau à pâtisserie et la pâte. Déroulez sur l'assiette à tarte et mettez la pâte en place sur l'assiette, du bout des doigts. N'étirez pas la pâte. Découpez les bords et égalisez jusqu'au rebord de la croûte. Recouvrez la pâte d'un film alimentaire et réfrigérez pour la laisser reposer.

7. Ajoutez la garniture de votre choix à la pâte non cuite. Humectez les bords de la pâte avec de l'eau. Soulevez la seconde croûte en suivant l'étape 5 et déroulez sur le dessus de la garniture. Percez avec une fourchette pour permettre à la vapeur de s'échapper.

8. Découpez les bords, en laissant 1,2 cm de plus. Repliez le surplus de pâte sous la croûte du fond et cannelez la bordure.

Étape 5. Comment soulever la pâte enroulée autour du rouleau à pâtisserie.

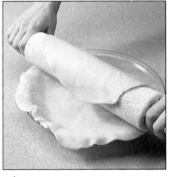

Étape 6. Comment dérouler la pâte sur l'assiette à tarte.

Étape 7. Comment placer la seconde croûte au-dessus de la tarte.

Quatre-quarts aux Pommes

300 g de sucre granulé
1 paquet (200 g) de fromage à la crème, ramolli
(technique à la page 478)
115 g de margarine, ramollie.
6 oeufs
280 g de farine tout usage
140 g de farine de maïs enrichie Quaker®
2 c. à café de levure chimique
1 c. à café de cannelle en poudre
1/4 c. à café de sel (facultatif)
150 g de pâte de pommes épicée
1 c. à soupe de bourbon (facultatif)
1 c. à café de vanille
160 g de pacanes en morceaux
Glace Crémeuse (voir la recette plus bas).

1. Chauffez le four à 180°C. Graissez un moule en couronne et cannelé de 3 l ou un moule à cheminée de 25 cm.

2. Mélangez le sucre, le fromage à la crème et la margarine dans un grand bol avec le batteur électrique, àvitesse moyenne, en raclant une fois les parois du bol, jusqu'à ce que le mélange soit léger et mousseau en versant la glace du bout d'une cuillère.

3. Ajoutez les oeufs, 1 à la fois, en mélangeant bien après chaque addition.

4. Mélangez la farine, la farine de maïs, la levure alsacienne, la cannelle et le sel dans une petite terrine.

5. Mélangez le beurre aux pommes, le whisky et la vanille, dans une autre petite terrine.

6. Ajoutez en alternant le mélange de farine et le mélange de beurre aux pommes au mélange de fromage frais. Mélangez à vitesse basse jusqu'à ce que le mélange soit homogène, en raclant les bords de la terrine immédiatement. Ajoutez les noix de pacanes avec une cuillère en bois.

7. Mettez, à la cuillère, dans le moule que vous avez préparé. Assurez-vous que la pâte recouvre le moule entier, y compris les bords.

8. Faites cuire pendant 60 à 70 minutes, ou jusqu'à ce que vous puissiez insérer un bâtonnet de bois et le ressortir propre. Laissez refroidir dans le moule pendant 10 minutes. Enlevez du moule et placez sur une grille. Laissez refroidir complètement.

9. Préparez le glaçage crémeux. Aspergez-en le gâteau en utilisant l'extrémité d'une cuillère.

Glace crémeuse

140 g de sucre glace
1 1/2 c. à café de sirop de maïs léger
1/4 c. à café de vanille ou de bourbon
4 à 5 c. à café de lait.

Mélangez le sucre glace, le sirop de maïs et la vanille dans un bol de taille moyenne. Mélangez bien. Ajoutez le lait, 1 c. à café à la fois, jusqu'à l'obtention de la consistance appropriée pour faire des coulis.

Étape 1. Comment graisser le moule.

Étape 9. Comment faire couler la glace crémeuse sur le gâteau.

Gâteau aux Pépites de Chocolat

280 g de farine tout usage
195 g de cassonade foncée, bien tassée
1 c. à soupe de levure chimique
1 c. à café de sel
1/2 c. à café de bicarbonate de soude
100 g de sucre granulé
115 g de graisse végétale
3 oeufs
31 cl de lait
1 1/2 c. à café de vanille
80 g de pépites de chocolat semisucré, finement hachées
Garniture au Caramel (voir recette cidessous)
80 g de noix finement hachées
80 g de pépites de chocolat semi-sucré
2 c. à soupe de beurre
1 c. à soupe de sirop de maïs léger
Framboises fraîches et feuilles de menthe pour la décoration

1. Chauffez le four à 180°C. Graissez et farinez deux moules ronds de 22 cm. (Technique à la page 424).

2. Mélangez la farine, la cassonade, la levure chimique, le sel et le bicarbonate de soude. Mettez de côté.

3. Mélangez le sucre granulé et la graisse végétale dans un grand bol, avec un batteur électrique, à vitesse moyenne, jusqu'à ce que le mélange soit léger et mousseux. Ajoutez les oeufs, 1 à la fois, en mélangeant bien après chaque addition.

4. Ajoutez le lait et la vanille, puis le mélange de farine et les pépites de chocolat hachées. Mélangez bien. Versez dans les moules que vous avez préparés.

5. Faites cuire entre 40 et 45 minutes ou jusqu'à ce qu'un cure-dents inséré dans le centre du gâteau en ressorte propre. Démoulez et placez sur des grilles métalliques. Laissez refroidir.

6. Préparez la garniture au caramel. Étalez la garniture au caramel sur l'un des deux gâteaux, et recouvrez de 40 g de noix. Recouvrez avec le deuxième gâteau.

7. Mélangez les pépites de chocolat, le beurre et le sirop dans une petite casserole. Mélangez, sur feu doux, jusqu'à ce que le chocolat fonde.

8. Versez sur le gâteau, en laissant couler sur les bords. Saupoudrez avec 40 g de noix qui reste. Décorez au goût.

Donne 8 à 10 portions

Garniture au Caramel

100 g de cassonade claire, bien tassée
2 c. à soupe d'amidon de maïs
1/4 c. à café de sel
12 cl d'eau
1 c. à soupe de beurre

Mélangez le sucre, l'amidon de maïs et le sel dans une casserole. Ajoutez l'eau. Portez à ébullition en agitant constamment. Faites bouillir pendant 1 minute, en mélangeant sans arrêt. Ajoutez le beurre et laissez refroidir.

Étape 4. Comment verser la pâte dans les moules préparés.

Étape 6. Comment ajouter les noix sur la garniture au caramel.

Étape 8. Comment verser le mélange au chocolat sur le gâteau.

Fudge aux Noix de Noyer Noir

800 g de sucre
115 g de margarine
1 boîte (37 cl) de lait concentré
3 c. à soupe de sirop de maïs léger
450 g de pépites au lait vanillé*
1 pot (360 g) de crème de guimauves
160 g de noix noires, coupées en morceaux
1 c. à soupe de vanille

* Ne pas utiliser de composé de chocolat ou de glace

1. Tapissez un moule de 32 x 22 cm de papier d'aluminium, en laissant dépasser 2,5 cm sur les côtés, en guise de poignées lorsque vous sortirez le fudge du moule. Graissez légèrement le papier d'aluminium avec du beurre.

2. Mélangez le sucre, la margarine, le lait concentré et le sirop de maïs dans une grande casserole. Mélangez bien. Portez à ébullition à feu moyen, en tournant jusqu'à ce que le sucre se dissolve.

3. Attachez un thermomètre à confiserie au bord de la casserole, en vous assurant que le réservoir soit totalement submergé dans le mélange de sucre mais qu'il ne touche pas le fond de la casserole.

4. Continuez de chauffer, sans tourner, jusqu'à ce que le mélange atteigne le stade de la boule molle (112°C) sur le thermomètre à confiserie.

5. Retirez du feu et ajoutez les pépites de lait à la vanille. Mélangez avec une cuillère en bois jusqu'à ce qu'elles fondent. Ajoutez la crème de guimauves, les noix et la vanille, en mélangeant bien après chaque addition.

6. Versez dans le moule que vous avez préparé. Coupez le fudge en carrés, sans toutefois vous rendre jusqu'au fond du moule, à l'aide d'un couteau pointu, pendant que le fudge est encore chaud.

7. Enlevez du moule en soulevant le fudge et le papier d'aluminium, en vous aidant des poignées de papier d'aluminium. Placez sur une planche à découper. Laissez refroidir complètement. Coupez le long des incisions, en carrés. Retirez le papier d'aluminium.

Donne environ 1,4 kg

Étape 1. Comment recouvrir un moule de papier d'aluminium.

Étape 3. Comment attacher un thermomètre à confiserie sur le bord de la casserole.

Étape 6. Comment couper le fudge.

Pouding au Riz au Chocolat

50 cl d'eau
220 g de riz étuvé Uncle Ben's®
non cuit
2 c. à soupe de beurre
60 g de sucre
2 c. à café d'amidon de maïs
50 cl de lait
1/2 c. à café de vanille
2 jaunes d'oeuf
80 g de pépites de chocolat
semisucré
Crème fouettée
Poudre de cacao amer et biscuits
pour la décoration.

1. Portez l'eau à ébullition dans une grande casserole. Ajoutez le riz et le beurre. Baissez le feu, couvrez et cuisez à feu doux pendant 20 minutes. Retirez du feu. Laissez reposer, à couvert, jusqu'à ce que tout le liquide soit absorbé, pendant environ 5 minutes.

2. Mélangez le sucre et l'amidon de maïs dans un petit bol. Ajoutez au riz chaud dans la casserole. Ajoutez le lait.

3. Portez le mélange à ébullition, en brassant de temps en temps. Faites bouillir pendant 1 minute, en mélangeant constamment. Retirez du feu et ajoutez la vanille.

4. Battez les jaunes d'oeuf dans un petit bol. Incorporez environ 25 cl du mélange de riz chaud aux jaunes d'oeuf battus.

5. Ajoutez le mélange de jaunes d'oeuf au reste du mélange de riz, dans la casserole.

6. Cuisez le mélange de riz sur feu moyen, en tournant fréquemment, jusqu'à ce que le mélange commence àproduire des bulles. Retirez du feu; ajoutez les pépites de chocolat et mélangez jusqu'à ce qu'elles fondent.

7. Mettez dans des bols individuels, à l'aide d'une cuillère, et réfrigérez.

8. Remplissez de crème fouettée une poche à pâtisserie munie d'une douille en forme d'étoile. Décorez chaque portion.

9. Tamisez la poudre de cacao amer dans une fine passoire ou directement sur chaque portion. Décorez au goût.

Donne 6 portions

Étape 4. Comment ajouter 1 tasse du mélange de riz chaud aux jaunes d'oeuf.

Étape 5. Comment ajouter le mélange de jaunes d'oeuf au reste du riz.

Étape 8. Comment décorer chaque bol de crème fouettée.

Carrés Chocolat-orange-café

2 oranges
175 g de beurre
2 carrés (25 g chacun) de chocolat
    semisucré, grossièrement
    hachés
2 carrés (25 g chacun) de chocolat
    amer, grossièrement hachés
360 g de sucre
1 c. à soupe de café express
    soluble ou de café
    lyophilisé
3 oeufs
6 cl de liqueur à l'orange
140 g de farine tout usage
1 paquet (360 g) de pépites de
    chocolat semisucré
2 c. à soupe de graisse végétale

1. Chauffez le four à 180°C. Graissez un moule de 32 x 22 cm.

2. Râpez finement la peau d'une orange, avec une râpe manuelle. Mesurez 2 c. à café de zeste d'orange et mettez de côté.

3. Faites fondre le beurre, les morceaux de chocolat semisucré et amer dans une grande casserole en fonte, à feu doux, en tournant constamment. Ajoutez le sucre et le café express soluble. Retirez du feu. Laissez refroidir légèrement.

4. Battez les oeufs, 1 à la fois, avec un fouet métallique. Ajoutez la liqueur et le zeste d'orange.

5. Ajoutez la farine au mélange de chocolat, jusqu'à ce qu'il soit homogène. Étalez le mélange obtenu dans le moule, de façon à ce qu'il soit uniforme.

6. Faites cuire pendant 25 à 30 minutes, ou jusqu'à ce que le centre commence à prendre. Mettez le moule sur une grille métallique.

7. Entre temps, faites fondre les pépites de chocolat et la graisse végétale, dans une petite casserole en fonte, à feu doux, en mélangeant constamment.

8. Dès que vous avez retiré les carrés du four, étalez le mélange de chocolat chaud sur le dessus. Laissez refroidir complètement, dans le moule, sur une grille métallique. Coupez en petits carrés de 5 cm.

9. Pour faire la garniture au zeste d'orange, enlevez des fines lamelles dans l'écorce de l'orange qui reste à l'aide d'un canneleur.

10. Faites des noeuds avec les lamelles ou tordez-les en spirales. Décorez au goût.

Donne environ 2 douzaines de gâteaux.

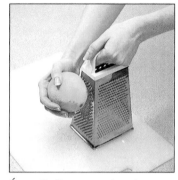

Étape 2. Comment râper le zeste d'orange.

Étape 8. Comment étaler le mélange au chocolat sur les carrés chauds.

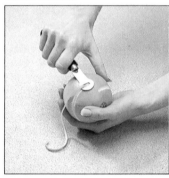

Étape 9. Comment enlever des fines bandes d'écorce d'orange pour la décoration.

Tarte à la Mousse au Chocolat et aux Framboises

40 gaufrettes au chocolat
6 cl de beurre fondu
6 carrés (25 g chacun) de chocolat
    semisucré
31 cl de crème à fouetter
12 cl d'eau
7 c. à soupe de sucre
5 jaunes d'oeuf
3 c. à soupe de liqueur à la
    framboise
 Crème fouettée, framboises
    fraîches et feuilles de
    menthe pour la décoration

1. Placez les gaufrettes dans un robot culinaire ou le récipient d'un mélangeur; travaillez le tout en utilisant le bouton de commande intermittente jusqu'à ce qu'elles soient finement broyées.

2. Mélangez les miettes de gaufrettes et le beurre dans un bol de taille moyenne. Mélangez bien. Pressez fermement au fond et sur les côtés , environ 2,5 cm d'un moule à charnière de 22 cm.

3. Faites fondre le chocolat au bain-marie au-dessus de l'eau chaude, non bouillante. Laissez refroidir.

4. Refroidissez un grand bol et les fouets. Versez la crème à fouetter refroidie dans le bol refroidi et battez avec un batteur électrique, à haute vitesse, jusqu'à l'obtention de pics mous. Pour vérifier, soulevez les fouets de la crème fouettée. Le mélange devrait produire des pics mous mais bien définis. Réfrigérez.

5. Mélangez l'eau et le sucre dans une petite casserole. Portez à ébullition à feu moyen-vif. Faites bouillir pendant 1 minute. Placez le sirop dans une tasse à mesurer en verre.

6. Placez les jaunes d'oeuf dans un grand bol profond, résistant à la chaleur. Ajoutez le sirop, à l'aide d'un fouet métallique. Placez la bol dans une grande casserole d'eau chaude mais non bouillante. Continuez de fouetter jusqu'à l'obtention de pics mous. Pour vérifier, soulevez le fouet. Le mélange devrait produire des pics mous mais bien définis. Retirez du feu.

7. Fouettez le mélange jusqu'à ce qu'il soit refroidi. Ajoutez le chocolat fondu et la liqueur. Ajoutez 12 cl de crème fouettée au mélange de chocolat.

8. Incorporez le reste de la crème avec une spatule en caoutchouc, en coupant doucement à travers le bol, tout en raclant les bords et en pliant dans le mélange. Recommencez jusqu'à ce que le mélange de chocolat soit bien incorporé.

9. Versez dans le moule que vous avez préparé. Réfrigérez jusqu'à ce que le mélange ait bien pris, environ 3 heures, ou jusqu'au lendemain. Pour servir, démoulez et garnissez au goût.

Donne 10 portions

Étape 2. Comment presser les miettes de gaufrettes dans le moule.

Étape 4. Comment vérifier si la crème fait des pics mous.

Étape 6. Comment incorporer le sirop chaud dans les jaunes d'oeuf à l'aide d'un fouet.

Bombe aux Deux Chocolats

5 oeufs, séparés*

37 cl de crème à fouetter, mesurée
    séparément

1 sachet de gélatine non parfumée

1 paquet (360 g) de pépites de
    chocolat semisucré

1/4 c. à café de sel

65 g de sucre

 Gâteau au Chocolat (à la page
    477)

3 tablettes de chocolat blanc pour
    la cuisson, (50 g chacune),
    mesurées séparément.

* Utilisez des oeufs propres, non
fissurés.

1. Recouvrez un bol d'1 litre de film
alimentaire et huilez légèrement.

2. Pour séparer les blancs des jaunes
d'oeufs, cognez légèrement l'oeuf contre
une surface dure, comme le bord d'un bol.
En tenant une demie coquille dans chaque
main, transférez doucement le jaune d'une
demie coquille à l'autre en laissant couler
le blanc dans un bol.

3. Lorsque tout le blanc a coulé dans le
bol, placez le jaune dans une autre bol.
Transférez le blanc dans un autre bol.
Recommencez avec les 4 autres oeufs (les
blancs d'oeufs ne doivent pas contenir de
jaune pour pouvoir obtenir le volume
maximum lorsque vous les battez en
neige).

4. Placez les jaunes d'oeufs et 1/2 tasse de
crème à fouetter dans un petit bol ;
fouettez doucement avec une fourchette.
Saupoudrez la gélatine sur le mélange de
jaunes d'oeufs. Laissez reposer sans
mélanger pendant 5 minutes, pour
permettre à la gélatine de s'amollir.

5. Faites fondre les pépites de chocolat au
bain-marie au-dessus de l'eau chaude non
bouillante.

6. Ajoutez environ 12 cl de chocolat fondu
au mélange de jaunes d'oeufs.

7. Versez le mélange de jaunes d'oeufs
dans le reste du chocolat, dans le bain-
marie. Faites chauffer jusqu'à ce que la
gélatine soit complètement dissoute.
(Technique à la page 457).

Suite à la page 476

Étape 1. Comment huiler un bol.

Étape 2. Comment séparer les
blancs des jaunes d'oeufs.

Étape 5. Comment faire fondre les
pépites de chocolat au bain-marie.

Bombe aux Deux Chocolats, suite

8. Pour faire la meringue, mélangez les blancs en neige et le sel dans un grand bol propre. Battez avec un batteur électrique, à grande vitesse, jusqu'à ce que le mélange soit mousseux. Ajoutez graduellement le sucre jusqu'à la formation de pics fermes. Lorsque vous retirez les fouets de la meringue, les pics fermes devraient rester à la surface, et le mélange ne devrait pas glisser lorsque vous inclinez le bol.

9. Incorporez le mélange au chocolat avec une spatule en caoutchouc en coupant doucement à travers le bol, tout en raclant les bords et en pliant dans le mélange. Recommencez jusqu'à ce que le mélange de chocolat soit bien incorporé à la meringue.

10. Fouettez la crème jusqu'à la formation de pics mous (Technique à la page 472).

11. Incorporez au mélange de chocolat, tel que décrit à l'étape 9.

12. Versez dans le bol que vous avez préparé. Recouvrez et réfrigérez pendant 4 heures.

13. Préparez le Gâteau au Chocolat.

14. Faites fondre 2 tablettes de chocolat blanc dans un petit bol, au bain-marie, en mélangeant de temps en temps. Ceci prendra environ 10 minutes.

15. Versez sur une feuille de papier ciré. Réfrigérez jusqu'à ce que le mélange ait durci, environ 15 minutes.

16. Coupez en forme de grands triangles, avec un couteau pointu.

17. Soulevez immédiatement et avec soin les triangles du papier ciré, à l'aide d'une spatule ou d'un couteau. Réfrigérez jusqu'à ce qu'ils soient prêts à utiliser.

18. Placez le gâteau sur une assiette de service. Démoulez la mousse sur le gâteau. Enlevez le film alimentaire. Découpez les bords du gâteaux autour de la mousse, si vous voulez.

19. Placez le reste de la tablette de chocolat blanc pour la cuisson dans un petit sac de congélation réutilisable. Mettez dans le four à microondes, pendant 2 minutes, à puissance MOYENNE. Retournez le sac et faites cuire au microondes pendant 2 à 3 minutes, toujours à puissance MOYENNE, ou jusqu'à ce que le chocolat ait fondu. Travaillez le sac jusqu'à ce que le chocolat soit onctueux.

20. Coupez un petit coin du sac et faites couler le chocolat sur la mousse. Réfrigérez jusqu'à ce que le chocolat blanc ait pris, environ 30 minutes. Décorez au goût.

Donne environ 8 portions.

Étape 8. Comment vérifier la formation de pics fermes.

Étape 16. Comment couper le chocolat blanc en triangles.

Étape 20. Comment faire couler le chocolat blanc fondu sur la mousse.

Gâteau au Chocolat

200 g de sucre
75 g de graisse végétale
2 oeufs
7 cl d'eau
1/2 c. à café de vanille
140 g de farine tout usage
45 g de poudre de cacao amer
**1 c. à café de bicarbonate de
     soude**
1/4 c. à café de levure chimique
1/4 c. à café de sel

1. Chauffez le four à 190°C. Graissez le fond et les côtés d'un moule rond de 22 cm. Ajoutez 2 à 3 c. à café de farine au moule. Tapotez doucement le moule pour recouvrir uniformément de farine le fond et les côtés du moule.

2. Mélangez le sucre et la graisse végétale dans un grand bol. Fouettez avec un batteur électrique, à vitesse moyenne, jusqu'à ce que le mélange soit léger et mousseux, en raclant une fois les bords du bol. Ajoutez les oeufs, l'eau et la vanille. Mélangez bien.

3. Mélangez la farine, le cacao, le bicarbonate de soude, la levure chimique et le sel dans un petit bol. Ajoutez au mélange de graisse végétale. Battez avec un batteur électrique à vitesse moyenne, jusqu'à ce que le mélange soit onctueux. Versez dans le moule que vous avez préparé.

4. Faites cuire pendant 20 à 25 minutes ou jusqu'à ce qu'un cure-dents inséré au centre du gâteau ressorte propre. Laissez refroidir dans le moule pendant 10 minutes.

5. Détachez les bords et démoulez sur une grille. Laissez refroidir complètement.

Gâteau au chocolat. Étape 1.
Comment fariner le moule.

Gâteau au chocolat. Étape 3.
Comment battre jusqu'à ce
que le mélange soit onctueux.

Tarte au Fromage Ananas-Noix Macadamia

Croûte aux Noix Macadamia
    (recette cidessous)
300 g de fromage à la crème
1 boîte (225 g) d'ananas écrasés
    dans leur jus.
1 oeuf
17 cl de yogourt nature
100 g de sucre
1 c. à café de vanille

1. Chauffez le four à 180°C. Préparez la Croûte aux Noix Macadamia.

2. Placez le fromage sur une planche à découper. A l'aide d'un couteau tout usage, coupez le fromage dans le sens de la longueur, en tranches de 1,2 cm. Ensuite, coupez dans le sens de la largeur, en morceaux de 1,2 cm. Laissez à température ambiante jusqu'à ce qu'il s'amollisse. (Le fromage à la crème sera alors facile à écraser).

3. Égouttez les ananas, en enlevant le surplus de jus avec le dos d'une cuillère. Gardez 2 c. à soupe d'ananas. Étalez les ananas sur la croûte.

4. Mélangez le fromage frais, l'oeuf, le yogourt, le sucre et la vanille dans un bol de taille moyenne. Versez le mélange de fromage sur l'ananas.

5. Faites cuire pendant 20 minutes ou jusqu'à ce que le mélange ait pris. Laissez refroidir complètement sur une grille métallique. Réfrigérez pendant au moins deux heures.

6. Avant de servir, décorez avec les 2 c. à soupe d'ananas et le reste des noix.

Donne 6 portions

Étape 2. Comment ramollir le fromage à la crème.

Étape 4. Comment verser le mélange de fromage à la crème sur l'ananas.

Croûte aux Noix

12 biscuits Graham
160 g de noix macadamia
6 c. à soupe de beurre fondu
2 c. à soupe de sucre

1. Cassez les biscuits graham en gros morceaux. Placez dans un robot culinaire ou un mélangeur. Incorporez les noix. Mettez le robot en marche jusqu'à ce que le mélange soit finement broyé. Mesurez 42 cl.

2. Mélangez les miettes, le beurre et le sucre dans un petit bol.

3. Tapissez fermement le fond et les côtés d'un moule de 20 ou 22 cm. Réfrigérez jusqu'à ce que le mélange soit ferme.

Croûte aux noix. Étape 1 : Comment broyer finement les biscuits graham et les noix au robot culinaire.

Tarte au Gingembre et aux Poires

30 biscuits au gingembre
80 g de pacanes en morceaux
75 g de beurre fondu
25 cl de crème sûre
17 cl de mélange mi-lait, mi-crème
1 sachet (pour 4 portions) de crème-dessert instantané à la vanille
2 c. à soupe de cognac à l'abricot
4 poires mûres*
65 g de cassonade tassée
1/2 c. à café de gingembre en poudre

* Ou vous pouvez substituer les poires fraîches pour une boîte (450 g) de moitiés de poires, égouttées et coupées en fines tranches.

1. Chauffez le four à 180°C.

2. Mélangez les biscuits et les pacanes au robot culinaire ou au mélangeur, avec le bouton de commande intermittente, jusqu'à ce que le mélange soit finement broyé.

3. Mélangez les miettes de biscuits et le beurre dans un bol de taille moyenne. Pressez fermement au fond et sur les côtés d'un moule à quiche de 25 cm ou un moule à tarte de 22 cm. Faites cuire pendant 7 minutes. Laissez refroidir complètement sur une grille métallique.

4. Mélangez la crème sûre et le mélange mi-crème, mi-lait dans un grand bol. Battez jusqu'à ce que le mélange soit onctueux. Incorporez en fouettant la crème-dessert. Ajoutez le cognac aux abricots et fouettez jusqu'à ce que le mélange soit onctueux.

5. Versez dans le moule. Recouvrez et réfrigérez plusieurs heures, ou jusqu'au lendemain.

6. Au moment de servir, chauffez le gril. Épluchez les poires et coupezles en deux dans le sens de la longueur. Enlevez les coeurs et les pépins. Coupez en fines tranches.

7. Disposez les tranches de poires en cercles, sur la crème-dessert, en les faisant chevaucher.

8 Mélangez la cassonade et le gingembre dans un petit bol. Saupoudrez les poires de façon uniforme. Faites griller pendant 4 à 6 minutes, ou jusqu'à ce que le sucre ait fondu et produise des petites bulles. Assurezvous que le sucre ne brûle pas. Servez immédiatement.

Donne 6 à 8 portions

Étape 3. Comment presser les miettes au fond d'un moule à quiche.

Étape 6. Comment couper les poires en tranches fines.

Étape 7. Comment disposer les tranches sur le mélange.

Fleurons au Fromage et aux Framboises

3 paquets (250 g chacun) de framboises congelées, décongelées
8 feuilles de pâte feuilletée*
6 cl de beurre fondu
1 paquet (225 g) de fromage à la crème, ramolli (technique à la page 478)
12 cl de fromage cottage
1 oeuf
100 g plus 3 c. à soupe de sucre, mesuré séparément
4 c. à café de jus de citron, mesuré séparément
1/2 c. à café de vanille
 Framboises fraîches et kiwi en tranches, pour la décoration

* Recouvrez d'un film alimentaire transparent, puis d'un linge à vaisselle humide, pour empêcher que la pâte ne s'assèche.

1. Égouttez les framboises décongelées dans une passoire à mailles fines, au-dessus d'une tasse à mesurer. Mettez le liquide de côté.

2. Chauffez le four à 180°C Graissez 12 petits moules de 7,5 cm.

3. Badigeonnez de beurre fondu une feuille de pâte feuilletée. Recouvrez de la deuxième feuille de pâte feuilletée. Badigeonnez de beurre fondu. Recommencez avec les autres feuilles de pâte feuilletée.

4. Coupez la pile de feuilles en deux, dans le sens de la longueur, puis en tiers, dans le sens de la largeur, pour obtenir 12 carrés. Disposez chaque carré dans un moule.

5. Mélangez le fromage à la crème, le fromage cottage, l'oeuf, 3 c. à soupe de sucre, une c. à café de jus de citron et la vanille dans un robot culinaire ou un mélangeur jusqu'à ce que mélange soit onctueux. Partagez le mélange uniformément entre les moules à muffins.

6. Faites cuire pendant 10 à 15 minutes, ou jusqu'à ce que les gâteaux soient un peu dorés. Enlevez délicatement des moules à muffins et laissez refroidir sur une grille métallique.

7. Faites bouillir le jus de framboises, dans une petite casserole, à feu moyen-vif. Faites cuire jusqu'à ce que vous obteniez 17 cl, en mélangeant de temps en temps.

8. Placez les framboises décongelées dans votre robot culinaire ou mélangeur et travaillez le tout jusqu'à ce que le mélange soit onctueux. Filtrez dans une passoire à mailles fines, à l'aide du dos d'une cuillère, pour enlever les grains.

9. Mélangez le coulis de framboises, le sirop réduit, et 100 g de sucre ainsi que 3 c. à café de jus de citron dans un petit bol. Mélangez bien.

10. Pour servir, versez le coulis de framboises à l'aide d'une cuillère sur 12 assiettes à dessert. Placez un fleuron au fromage sur chaque assiette. Décorez au goût.

Donne 12 portions

Étape 1. Comment égoutter les framboises.

Étape 3. Comment badigeonner de beurre la pâte feuilletée.

Étape 4. Comment disposer la pâte feuilletée dans les moules.

Gâteau au Fromage et à la Noix de Coco

1 boîte (105 g) de flocons de noix de coco, mesurés séparément
20 gaufrettes au chocolat
160 g de pacanes, finement hachées
2 c. à soupe de sucre
60 g de margarine ou de beurre fondus
3 paquets (200 g chacun) de fromage, ramolli (technique à la page 478)
3 oeufs
2 c. à soupe de farine tout usage
1 boîte (450 g) de crème de noix de coco
Crème fouettée pour la décoration

1. Chauffez le four à 150°C.

2. Pour griller les flocons de noix de coco, étalez-les sur une plaque à pâtisserie. Faites cuire au four pendant 4 à 6 minutes ou jusqu'à ce que la noix de coco soit légèrement dorée, en mélangeant fréquemment. Enlevez la noix de coco de la plaque et laissez refroidir. Mettez de côté.

3. Mélangez les gaufrettes au robot culinaire en utilisant le bouton de commande intermittente jusqu'à l'obtention de fines miettes.

4. Mélangez les gaufrettes émiettées, les pacanes et le sucre dans un petit bol. Ajoutez la margarine. Disposez dans un moule à charnière de 22 cm, en pressant bien le fond.

5. Fouettez le fromage à la crème à l'aide d'un batteur électrique, à haute vitesse, jusqu'à ce qu'il soit mousseux. Ajoutez les oeufs et la farine. Battez à haute vitesse jusqu'à ce que le mélange soit onctueux, en raclant une fois les bords du bol. Ajoutez graduellement la crème de noix de coco. Incorporez 17 cl de noix de coco grillée, avec une cuillère en bois.

6. Versez dans le moule. Faites cuire au four pendant 1 heure et 10 minutes ou jusqu'à ce que le gâteau au fromage rebondisse au toucher (le centre sera mou). Détachez soigneusement le gâteau au fromage du moule avec une spatule. Laissez refroidir sur une grille métallique et réfrigérez jusqu'à ce qu'il soit ferme. Retirez les parois du moule.

7. A l'aide d'une cuillère, remplissez une poche à pâtisserie de crème fouettée, avec une douille en forme d'étoile. Décorez le pourtour du gâteau. Saupoudrez l'intérieur de la bordure de crème avec le reste des flocons de noix de coco grillés.

Donne 10 à 12 portions

Étape 3. Comment émietter les gaufrettes.

Étape 5. Comment ajouter les oeufs.

Étape 6. Comment démouler le gâteau au fromage

Tiramisu

Zabaglione (à la page 488)
15 cl de crème à fouetter
4 c. à soupe de sucre, mesuré
séparément
450 g de fromage mascarpone*
7 cl de café express ou de café
fort fraîchement préparé
6 cl de cognac ou de brandy
1 c. à soupe de vanille
3 paquets (90 g chacun) de
biscuits à la cuiller
90 g de chocolat amer ou
semisucré, râpé
1 c. à soupe de poudre de cacao
Fleurs comestibles, comme les
pensées, pour la décoration
**

* Le mascarpone est disponible dans les marchés italiens et certains magasins spécialisés. Si vous ne pouvez pas vous en procurer, mélangez 2 paquets (200 g chacun) de fromage à la crème ramolli avec 12 cl de crème à fouetter et 5 c. à soupe de crème sûre.

** Assurezvous de ne pas utiliser de fleurs toxiques

1. Préparez le Zabaglione. Recouvrez et réfrigérez jusqu'à ce qu'il soit bien froid.

2. Mélangez la crème et 2 c. à soupe de sucre dans un grand bol, jusqu'à la formation de pics mous. Incorporez le fromage mascarpone à l'aide d'une spatule en caoutchouc, en coupant doucement à travers le bol, en raclant les bords du bol et en repliant sur le mélange. Continuez jusqu'à ce que le fromage soit bien homogène, puis incorporez le zabaglione. (Si le zabaglione s'est séparé, mélangez bien avant de l'incorporer dans le mascarpone). Réfrigérez pendant 3 heures ou jusqu'à ce que le mélange soit bien froid.

3. Mélangez le café express, le cognac, les deux dernières c. à soupe de sucre et l'essence de vanille.

4. Disposez une couche de biscuits à la cuiller, en forme de pétales de fleur, dans un bol de deux litres àbords droits ou dans un moule de bagatelle.

5. Badigeonnez généreusement les biscuits du mélange de café express. A l'aide d'une cuillère, nappez 1/4 du mélange de fromage sur les biscuits à la cuiller, en laissant 2,5 cm de libre sur les côtés du bol. Saupoudrez d'un quart du chocolat râpé.

6. Répétez trois fois ces couches, en utilisant le reste des biscuits, du mélange de café express et du chocolat râpé. (Pour décorer, saupoudrez un quart de chocolat râpé sur le dessert, au goût).

suite à la page 488

Étape 2. Comment incorporer le zabaglione au mélange de crème fouettée.

Étape 4. Comment disposer les biscuits à la cuiller.

Étape 5. Comment badigeonner les biscuits à la cuiller du mélange de café express.

Tiramisu, suite

7. Tamisez la poudre de cacao au-dessus, à l'aide d'une passoire à mailles fines ou d'un tamis. Couvrez et réfrigérez pendant au moins 30 minutes ou jusqu'à ce que ce soit bien frais. Décorez au goût.

Donne 8 à 10 portions

Zabaglione

5 jaunes d'oeufs
60 g de sucre
12 cl de marsala, mesuré séparément
6 cl de vin blanc sec

1. Placez les jaunes d'oeufs dans un bain-marie. Ajoutez le sucre. Fouettez avec un batteur électrique, àvitesse moyenne, jusqu'à ce que le mélange devienne jaune pâle et crémeux.

2. Placez de l'eau en bas du bain-marie. Faites bouillir à feu vif. Réduire à feu doux. Mettez le récipient supérieur du bain-marie en place, sur l'eau qui mijote.

3. Pour la crème pâtissière, ajoutez graduellement 6 cl de marsala au mélange de jaunes d'oeufs, avec le batteur électrique. Fouettez pendant une minute. Ajoutez graduellement, en continuant à fouetter, 6 cl de marsala et le vin blanc.

4. Continuez à cuire la crème pâtissière audessus de l'eau qui mijote lentement pendant 6 à 10 minutes, ou jusqu'à ce que le mélange soit assez mousseux et épais pour former des petits monticules lorsqu'il tombe des fouets. Battez constamment et raclez le fond et les côtés de la casserole. (Faites très attention de ne pas trop cuire, pour ne pas faire tourner la crème pâtissière. Enlevez immédiatement le dessus du bain marie de l'eau. Fouettez brièvement la crème pâtissière. ***

Donne 4 portions

*** Le zabaglione peut être servi seul. Versez dans 4 bols individuels. Servez immédiatement avec des baies fraîches et/ou des biscuits.

Étape 7. Comment tamiser la poudre de cacao sur le Tiramisu.

Zabaglione. Étape 3. Comment ajouter le marsala au mélange de jaunes d'oeufs.

Zabaglione. Étape 5. Comment battre la crème pâtissière jusqu'à ce qu'elle forme des petits monticules.

Mousse au Chocolat et Café Express avec des Brisures de Noisettes

105 g de noisettes
2 sachets de gélatine non parfumée Knox®
150 g de sucre, mesuré séparément
4 c. à café de poudre de café express instantané
67 cl de lait
12 carrés (25 g chacun) de chocolat semisucré
37 cl de crème à fouetter
45 gaufrettes au chocolat
Brisures de Noisettes (page 490) pour la décoration

1. Chauffez le four à 180°C.

2. Pour griller les noisettes, étalezles sur une plaque à pâtisserie. Faites cuire au four pendant 10 à 12 minutes ou jusqu'à ce que les peaux commencent à tomber. Enveloppez les noisettes dans un papier essuie-tout épais et frottez contre une surface dure pour enlever le plus de peaux possibles. Mettez de côté.

3. Mélangez la gélatine avec 100 g de sucre et la poudre de café dans une casserole de taille moyenne. Ajoutez le lait. Laissez reposer sans tourner pendant 3 minutes, pour que la gélatine s'amollisse. Chauffez àfeu doux, en mélangeant constamment, jusqu'à ce que la gélatine soit complètement dissoute, pendant environ 5 minutes. Pour tester la gélatine, passez un doigt sur une cuillère recouverte du mélange. Si la cuillère est bien lisse, la gélatine est dissoute, sinon, continuez de chauffer jusqu'à ce qu'elle le soit.

4. Incorporez le chocolat et continuez à chauffer à feu doux, en mélangeant constamment jusqu'à ce que le chocolat ait fondu. A l'aide d'un fouet métallique, battez jusqu'à ce que le chocolat soit bien mélangé. Versez dans un grand bol et réfrigérez, en mélangeant de temps en temps. Laissez au réfrigérateur jusqu'à ce que le mélange forme des petits monticules lorsque vous le laissez tomber d'une cuillère. Retirez du réfrigérateur.

5. Mettez un grand bol et les fouets au frais. Versez la crème à fouetter froide et 50 g de sucre dans le bol froid et battez avec un batteur électrique, à haute vitesse, jusqu'à la formation de pics mous. Pour vérifier, soulevez les fouets de la crème à fouetter. Le mélange devrait produire des pics mous mais bien définis. Gardez 12 cl pour la décoration.

Étape 2. Comment enlever les peaux des noisettes.

Étape 4. Comment vérifier le mélange de gélatine.

Étape 5. Comment vérifier les pics mous.

suite à la page 490

Mousse au Chocolat et Café Express
avec des Brisures de Noisettes (suite)

6. Incorporez le reste de la crème fouettée dans le mélange de gélatine, avec une spatule, en coupant àtravers le bol, en raclant les côtés et en pliant dans le mélange. Continuez jusqu'à ce que la crème fouettée soit bien incorporée dans le mélange de gélatine.

7. Mélangez les gaufrettes et les noisettes au robot culinaire ou au mélangeur et travaillez le tout, avec le bouton à commande intermittente, jusqu'à l'obtention de fines miettes.

8. Déposez, en alternant, une couche de mélange de gélatine et une couche de mélange de gaufrettes dans des bols à dessert. Réfrigérez au moins 30 minutes. Décorez de crème fouettée et de brisures de noisettes.

Donne environ 10 portions

Brisures de Noisettes

160 g de noisettes
150 g de sucre

1. Graissez une plaque à pâtisserie.

2. Grillez et pelez les noisettes, tel que décrit à l'étape 1 de la recette principale. Hachez grossièrement les noisettes.

3. Placez 150 g de sucre dans un grand poêlon lourd, à feu moyen. Lorsque le sucre commence à fondre, inclinez doucement le poêlon jusqu'à ce que le sucre ait complètement fondu et soit devenu doré.

4. Incorporez les noisettes en mélangeant. Versez rapidement le mélange sur la plaque à pâtisserie que vous avez préparée. Ne pas l'étendre.

5. Laissez reposer jusqu'à ce que ce soit froid et dur. Cassez en morceaux.

Étape 7. Comment émietter les gaufrettes et les noisettes au robot culinaire.

Brisures de Noisettes. Étape 3. Comment faire fondre le sucre.

Brisures de Noisettes. Étape 4. Comment verser le mélange sur la plaque à pâtisserie.

COURS DE CUISINE
RECETTES DE FÊTES

Dinde Rôtie avec Sauce au Jus de Viande *(page 510)*

NOTES DE COURS

Que vous vouliez impressionner famille et amis, ou que vous apportiez simplement un délicieux dessert ou de savoureux légumes chez d'autres gens, les recettes que vous trouverez dans cette partie du livre donneront «un petit je ne sais quoi» de plus aux plats que vous servirez.

COMMENT DÉCOUPER LA VIANDE

Découper la viande peut sembler une tâche bien compliquée. Cependant, à l'aide des instructions et des illustrations cidessous, vous apprendrez à découper le met principal comme un professionnel.

Conseils généraux

• Laissez assez de temps avant de servir, non seulement pour cuire la viande, mais également pour la laisser reposer et la découper.

• Il est recommandé de laisser reposer la viande entre 10 et 20 minutes, pour les grosses pièces de viande comme les rôtis, les dindes, et les poulets entiers. Le temps de repos permet à la viande de terminer sa cuisson. La viande est plus facile à découper après un temps de repos. Si vous la découpez dès qu'elle sort du four, elle perdra davantage de jus.

• Les températures indiquées pour sortir la viande et les volailles du four sont de 2,7 à 5,5°C plus basses que les températures finales courantes. La raison est que la température continue d'augmenter pendant le temps de repos.

• Pendant le temps de repos, approtez la touche finale à votre salade et à vos plats d'accompagnement. C'est aussi le bon moment pour préparer la sauce au jus de viande.

• A moins que vous prévoyez découper la viande à table, placez la viande sur une grande planche à découper, qui a un creux sur le côté pour recueillir le jus. (Ou placez la planche à découper dans un plat à four, pour y recueillir le jus). Utilisez un grand couteau aiguisé pour dépecer la viande et une fourchette à découper pour maintenir la viande en place.

• Pendant que vous découpez la viande, chauffez le pain au four.

Rôtis désossés

Les rôtis de boeuf, porc et agneau désossés sont faciles à découper. Maintenez le rôti fermement en place avec la fourchette à découper. En tenant le couteau perpendiculaire à la planche à découper, coupez dans le sens contraire des filaments, en tranches uniformes et fines. Coupez des tranches d'une épaisseur de 6 à 12 mm.

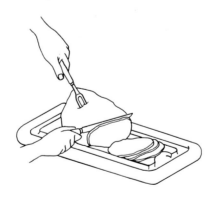

Rôti de Côte de Boeuf

Pour plus de stabilité lors vous découpez un rôti de côte de boeuf, coupez un morceau de la base du rôti, de façon à ce que la viande puisse bien s'asseoir à plat sur la planche.

Insérez une fourchette à découper en dessous de la côte supérieure. Coupez les tranches en commençant par le dessus du rôti, et en allant vers l'os. Ce genre de rôti peut être coupé en tranches de 12 à 16 mm d'épaisseur.

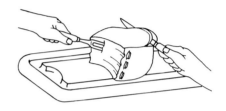

Avec la pointe du couteau, coupez le long de l'os pour dégager les tranches de viande.

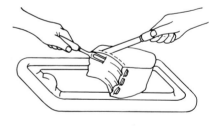

Pour enlever les tranches de viande, glissez la lame du couteau sous la tranche de viande. En maintenant le morceau en place avec la fourchette, soulevez la tranche et placez la sur un plateau.

Gigot d'Agneau Non-désossé

Pour plus de stabilité, placez le gigot d'agneau sur le côté, sur la planche à découper, avec la partie du jarret éloignée de vous. Coupez deux ou trois tranches dans le sens de la longueur, sur la portion qui vous fait face. Ceci vous permettra d'asseoir la viande à plat sur la planche à découper.

Tournez le rôti dans l'autre sens pour qu'il repose sur la section que vous venez de couper. Maintenez le rôti en place en insérant une fourchette à dépecer dans la viande, du côté opposé au jarret. En maintenant le couteau perpendiculaire à la planche à découper et en commençant par l'os, coupez dans le sens contraire des filaments, en tranches fines et uniformes. Coupez des tranches d'entre 6 et 12 mm.

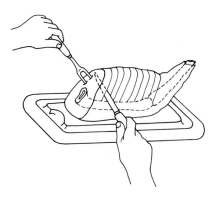

Lorsque vous atteignez l'os de la culotte, dégagez les tranches en coupant dessous, le long de l'os de la patte.

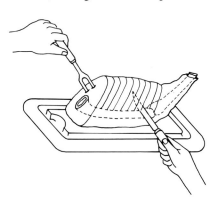

Dinde Rôtie

Pour commencer à découper une dinde rôtie, enlevez la patte. Maintenez le pilon et coupez la peau, avec un couteau aiguisé, entre la cuisse et le corps de la dinde jusqu'à l'articulation. Tirez la patte du corps de la dinde et coupez à travers l'articulation.

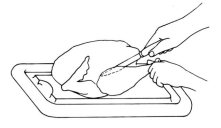

Pour séparer le pilon de la cuisse, placez la patte sur une planche à découper, la peau vers le haut. Coupez àtravers l'articulation.

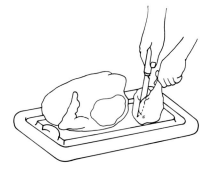

A ce stade, le pilon peut être servi tel quel ou en tranches. Pour couper le pilon en tranches, maintenezle à un angle, le côté osseux vers le haut, et coupez des tranches de 6 mm. Tournez le pilon pendant que vous coupez. Enlevez et jetez les grands tendons.

Pour couper la cuisse en tranches, tournezla pour que la peau soit vers le bas. Coupez le long de l'os, puis retournez la cuisse pour que la peau soit vers le haut, et coupez la viande dans le sens contraire des filaments.

Pour enlever les ailes, insérez une fourchette à dépecer dans la dinde pour la maintenir en place. Coupez entre l'aile et le corps de la dinde, avec un couteau à dépecer. Tirez l'aile et coupez à travers l'articulation.

Pour enlever le blanc des poitrines, insérez une fourchette à dépecer dans la dinde pour la maintenir en place. Faites une incision horizontale en bas de la poitrine de la dinde, jusqu'à l'os. Coupez des tranches perpendiculaires à cette incision. Les tranches tomberont toutes seules.

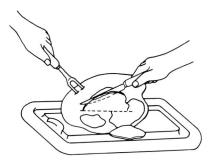

Ratatouille à Trois Champignons

1 paquet (105 g) de champignons shiitake frais
1 petite tomate
Du persil frais
1 c. à soupe d'huile d'olive
1 gros oignon, coupé (technique à la page 543)
4 gousses d'ail, émincées (technique à la page 543)
1 paquet de champignons de Paris (225 g), émincés
1 paquet de champignons crimini (180 g), émincés
25 cl de bouillon de poulet
2 c. à soupe de Parmesan râpé
3 pains pita (15 cm chacun)
Persil italien frais pour décorer

* Ou substituer par 30 g de champignons chinois noirs séchés. Mettez les champignons séchés dans un petit bol. Couvrez d'eau chaude. Laissez tremper pendant 20 minutes pour les ramollir. Égouttez et ôtez le surplus d'eau. Préparer tel qu'indiqué à l'étape 1.

1. Enlevez les pieds des champignons shiitake. Jetez les pieds. Coupez le reste avec un couteau tout usage.

2. Coupez la tomate en deux. Enlevez la queue. Grattez les pépins avec une cuillère. Coupez la tomate en petits morceaux avec un couteau de chef.

3. Pour couper le persil frais, placezle dans 1 tasse à mesurer. Coupez assez de persil avec des ciseaux pour obtenir 2 c. à soupe. Mettez de côté.

4. Faites chauffer le gril. Chauffez l'huile dans un grand poêlon, à feu moyen, jusqu'à ce qu'elle soit chaude. Ajoutez l'oignon et l'ail. Faites cuire pendant 5 minutes, en mélangeant de temps en temps. Ajoutez les 3 types de champignons. Faites cuire encore pendant 5 minutes, en mélangeant souvent.

5. Ajoutez le bouillon de poulet. Faites bouillir. Faites cuire pendant environ 10 minutes ou jusqu'à ce que le liquide soit totalement absorbé. Retirez du feu. Ajoutez la tomate, le persil coupé et le fromage. Versez à la cuillère dans un bol.

6. Entre temps, coupez chaque pain pita dans le sens de la longueur. Superposez les moitiés. Coupez le tout en 6. Déposez les petits triangles obtenus, en une seule couche, sur une plaque à pâtisserie. Faites griller à 10 cm de la source de chaleur, pendant 1 à 3 minutes, ou jusqu'à ce que les morceaux de pain soient grillés.

7. Disposez les triangles de pain grillés dans un panier et le mélange à trempette chaud dans un petit récipient au centre. Décorez au goût.

Donne environ 55 cl.

Étape 1. Comment couper les champignons.

Étape 3. Comment couper le persil avec des ciseaux, pour obtenir deux c. à soupe.

Bouchées de Pain Pita à la Française (Pissaladière)

2 c. à soupe d'huile d'olive
1 oignon moyen, finement émincé
1 poivron rouge sucré, coupé en
    lamelles de 6,5 cm).
2 gousses d'ail, émincées
(technique à la page 543)
50 g d'olives noires dénoyautées,
    chacune coupée en fines
    lamelles
1 boîte (285 g) de pâte à pizza
    réfrigérée
90 g de gruyère finement râpé

1. Placez la grille du four au plus bas. Chauffez le four à 220°C. Graissez une large plaque à pâtisserie. Mettez de côté.

2. Chauffez l'huile dans un poêlon de taille moyenne, à feu moyen. Ajoutez les oignons, le poivron, et l'ail. Faites cuire pendant 5 minutes, en tournant, jusqu'à ce que les légumes soient croquants. Ajoutez les olives. Retirez du feu. Mettez de côté.

3. Enlevez la pâte de la boîte et étalez en forme de rectangle de 40 x 32 cm sur la plaque àpâtisserie que vous avez préparée.

4. Placez les légumes sur le rectangle de pâte. Ajoutez le fromage. Faites cuire pendant 10 minutes. A l'aide d'une longue spatule, détachez la pâte de la plaque à pâtisserie. Glissez la pâte sur la grille du four. Faites cuire encore 3 à 5 minutes de plus, jusqu'à ce que la pizza soit bien dorée.

5. Faites glisser la plaque à pâtisserie sous la pâte pour la retirer du four. Transférer sur une planche à découper. Coupez la pâte en travers en 8 lanières de 4,5 cm de largeur, puis en diagonale, en 10 lanières de 5 cm de long, pour obtenir des losanges. Servez immédiatement.

Donne 24 portions (2 losanges par portion).

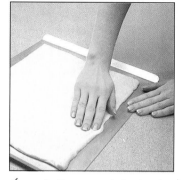

Étape 3. Comment étaler la pâte sur une plaque à pâtisserie, en un rectangle de 40 x 32 cm.

Étape 4. Comment glisser la pâte sur la grille du four.

Étape 5. Comment couper la pâte en losanges.

Bouchées au Poisson et à la Noix de Coco

160 g de flocons de noix de coco
80 g d'arachides non salées
1 oeuf
1 c. à soupe de sauce soja
1/4 c. à café de sel
45 g d'amidon de maïs
450 g de poisson blanc ferme
(hoplostète orange, aiglefin,
morue) coupé en morceaux
de 2,5 cm
Sauce pour Trempette (voir
recette cidessous)
1 litre d'huile végétale pour
friture
Morceaux de citron et feuilles de
céleri frais pour la
décoration

1. Placez la noix de coco et les arachides dans un robot culinaire. Travaillez le tout avec le bouton à commande intermittente jusqu'à ce que les arachides soit moulues.

2. Mélangez l'oeuf, la sauce soja et le sel dans un plat de 22 cm. Placez l'amidon de maïs sur du papier ciré. Placez le mélange de noix de coco sur un autre morceau de papier ciré.

3. Enrobez les cubes de poisson d'amidon de maïs, jusqu'à ce qu'ils en soient uniformément recouverts. Ajoutez au mélange d'oeuf. Trempez jusqu'à ce qu'ils en soient uniformément recouverts. Enrobez légèrement de mélange de noix de coco. Réfrigérez jusqu'au moment de la cuisson.

4. Préparez la Sauce pour Trempette. Mettez de côté.

5. Faites chauffer l'huile dans une casserole à fond épais de 3 litres, à feu moyen, jusqu'à ce que le thermomètre à friture affiche 185°C. Faites frire le poisson, quelques morceaux à la fois, pendant 4 à 5 minutes, ou jusqu'à ce qu'ils soient dorés et qu'ils s'émiettent facilement lorsque vous les vérifiez avec une fourchette. Réglez pour maintenir à la même température. (La température de l'huile doit retourner à 185°C entre chaque lot cuit). Égouttez bien. Servez avec la sauce à trempette. Décorez au goût.
Donne environ 24 amuse-gueules.

Étape 1. Comment moudre la noix de coco et les arachides.

Étape 5. Comment faire frire le poisson.

Sauce à trempette

1 boîte (225 g) de pêches en tranche, non
égouttées
2 c. à soupe de cassonade bien tassée
2 c. à soupe de ketchup
1 c. à soupe de vinaigre
1 c. à soupe de sauce soja
2 c. à café d'amidon de maïs

1. Mélangez les ingrédients dans un robot culinaire. Travaillez le tout jusqu'à ce que les pêches soit coupées en morceaux.

2. Faites bouillir le mélange de sauce, dans une casserole d'un litre, à feu moyen. Faites bouillir pendant 1 minute, jusqu'à ce que le mélange s'épaississe, en brassant constamment. Versez dans un bol de service. Mettez de côté. (La sauce peut être servie chaude ou froide).
Donne environ 30 cl

Ballots au Fromage et aux Saucisses

Salsa (recette cidessous)
110 g de saucisses de porc italiennes épicées
120 g) de fromage râpé Monterey Jack
1 boîte de piments verts en morceaux, égoutté sur un essuie-tout
2 c. à soupe d'oignons verts finement émincés (équivalent d'1 gros oignon)
40 feuilles de wontons
1 litre d'huile végétale pour friture

Étape 3. Comment rouler la feuille de wonton comme un rouleau à la gelée.

Étape 4. Comment repliez les extrémités pour former un petit ballot.

1. Préparez la salsa. Mettez de côté. Gardez au chaud. Faites dorer les saucisses dans un poêlon, à feu moyen-vif, pendant 6 à 8 minutes. Mélangez pour séparer la viande. Égouttez.

2. Mélangez les saucisses, le fromages, les piments et l'oignon dans un bol de taille moyenne. Disposez le mélange sur un coin de la feuille de wontons à l'aide d'une cuillère. Badigeonnez d'eau le coin opposé.

3. Repliez le coin et enroulez.

4. Humectez les extrémités du rouleau avec de l'eau. Rejoignez les extrémités, en les chevauchant légèrement, pour former un petit ballot. Appuyez fermement pour maintenir en place. Recommencez avec le reste du mélange et des feuilles de wontons.

5. Chauffez l'huile dans une casserole de trois litres, à feu moyen, jusqu'à ce que le thermomètre de friture affiche 185°C. Faites frire les petits ballots, quelques-uns à la fois, pendant environ 30 secondes, jusqu'à ce qu'ils soient dorés. Assurezvous de maintenir la température. (La température de l'huile devrait retourner à 185°C entre chaque friture). Égouttez sur du papier essuie-tout. Servez chaud avec la salsa.
Donne 40 amuse-gueules.

Salsa

1 boîte (450 g) de tomates entières, avec leur jus
2 c. à soupe d'huile d'olive
2 c. à soupe d'oignons verts, finement hachés
2 gousses d'ail émincées (technique page 543)
3 c. à soupe de cilantro ou de persil coupé (technique à la page 496)

Mélangez les tomates avec leur jus et l'huile dans un robot culinaire. Travaillez le tout jusqu'à ce que les tomates soient coupées. Versez dans une casserole d'un litre. Ajoutez les oignons verts et l'ail. Faites bouillir à feu moyen. Faites cuire, à découvert, pendant 5 minutes. Retirez du feu. Ajoutez le persil.
Donne42 cl

Bûches Fromage-Pesto

60 g de noix
225 g de fromage à la crème,
    ramolli
11 cl de sauce pesto réfrigérée
60 g de fromage féta, émietté
2 c. à café de poivre noir écrasé
2 c. à soupe de carottes finement
    râpées
2 c. à soupe de persil frais émincé
    (technique à la page 496)
Variété de craquelins
 Juliennes de carottes, persil et
    thym frais pour la
    décoration.

1. Chauffez le four à 180°C. Pour griller les noix, étalezles en une seule couche sur une plaque àpâtisserie. Faites-les cuire au four pendant 8 à 10 minutes ou jusqu'à ce qu'elles soient dorées, en mélangeant fréquemment. Retirez les noix et laissezles refroidir.

2. Placez les noix dans un robot culinaire et travaillez le tout avec le bouton de commande intermittente, en vous assurant qu'elles n'aient pas une consistance pâteuse. Retirez du robot culinaire et mettez de côté.

3. Placez le fromage à la crème, la sauce pesto et le fromage féta dans le robot culinaire. Mélangez jusqu'à ce que le mélange soit onctueux.

4. Etalez 17 cl du mélange de fromage sur une feuille de papier ciré et formez une bûche de 10 cm de long. Enveloppez le papier ciré autour du mélange de fromage. Continuez avec le reste du mélange.

5. Réfrigérez les bûches, pendant au moins 4 heures, jusqu'à ce qu'elles soient bien froides. Roulez chaque bûche d'avant en arrière pour former des bûches de 12,5 cm de long.

6. Mélangez les noix et le poivre noir sur une autre feuille de papier ciré. Déroulez une bûche et roulezla dans le mélange de noix pour l'enrober.

7. Mélangez les carottes et le persil sur une autre feuille de papier ciré. Déroulez l'autre bûche et roulez dans le mélange de noix pour l'enrober.

8. Servez immédiatement ou emballez et réfrigérez jusqu'au lendemain, avant de servir. Pour servir, coupez la bûche en tranches fines et servez avec des craquelins. Décorez au goût.

Donne 2 bûches

Note : Si vous préférez, vous pouvez enrober chaque bûche de 40 g de persil coupé au lieu des noix, poivre et carottes.

Étape 2. Comment broyer les noix.

Étape 5. Comment rouler les bûches refroidies d'avant en arrière pour former une bûche de 12,5 cm.

Étape 6. Comment enduire la bûche du mélange noix-poivre.

Café viennois

240 g de crème épaisse, mesurée
    séparément
1 c. à café de sucre glace
1 tablette (90 g) de chocolat amer
    ou semisucré
75 cl de café frais fort et encore
    chaud
6 cl de crème de cacao ou d'Irish
    cream (facultatif)
  Brisures de chocolat pour
    décorer

1. Refroidissez un bol, vos fouets et la crème avant de la fouetter. Placez 160 g de crème et le sucre dans le bol refroidi. Battez avec un batteur électrique, à grande vitesse, jusqu'à la formation de pics mous. Pour vérifier, soulevez les fouets du mélange. Des pics mous mais bien définis devraient se former. Ne pas trop fouetter.

2. Recouvrez et réfrigérez pendant 8 heures. Si le mélange s'est légèrement séparé après avoir été réfrigéré, fouettez légèrement avec un fouet métallique avant de l'utiliser.

3. Pour faire les brisures de chocolat, placez une feuille de papier ciré sous le chocolat. En tenant le chocolat d'une main, râpezle à petits coups avec un éplucheur. Mettez de côté. Cassez le reste du chocolat en morceaux.

4. Placez le reste de la crème (80 g) dans une grande casserole à fond épais. Faites mijoter à feu moyen-doux. Ajoutez les morceaux de chocolat. Recouvrez et retirez du feu. Laissez reposer pendant 5 minutes ou jusqu'à ce que le chocolat ait fondu. Mélangez jusqu'à ce que le mélange soit onctueux.

5. Ajoutez du café chaud au mélange de chocolat. Chauffez sur feu doux jusqu'à ce que des bulles se forment autour de la casserole et que le café soit bien chaud, en mélangeant fréquemment. Retirez du feu. Ajoutez la crème de cacao.

6. Versez dans 4 tasses chaudes. Garnissez avec la crème fouettée et les brisures de chocolat.

Donne environ 87 cl, 4 portions.

Étape 1. Comment vérifier la formation de pics mous de la crème fouettée.

Étape 3. Comment obtenir les brisures de chocolat.

Étape 5. Comment chauffer le mélange de café.

Cidre Chaud Épicé

1 orange
1 citron
12 clous de girofle entiers
1,5 l de cidre de pommes
65 g de sucre
3 bâtonnets de cannelle
12 grains de poivres de la
    Jamaïque entiers
 Bâtons de cannelle
    supplémentaire et zeste de
    fruits agrumes pour la
    décoration.

1. Percez 6 trous, à intervalles réguliers, dans l'orange et le citron, avec une brochette en bois.

2. Insérez les clous de girofle entiers dans les trous.

3. Coupez une tranche d'orange qui contient tous les clous de girofle. Coupez le reste de l'orange en tranches fines, avec un couteau tout usage. Recommencez la même procédure pour le citron.

4. Mélangez les tranches d'orange, les tranches de citron, le cidre, le sucre, les 3 bâtons de cannelle et le poivre de la Jamaïque dans une casserole de taille moyenne. Faites mijoter à feu moyen. Ne pas bouillir. Réduire la cuisson à feu doux. Faites cuire pendant 5 minutes.

5. Versez le cidre dans une passoire de mailles fines, audessus des tasses. Jetez les fruits et l'assaisonnement. Décorez au goût.

Donne 1,5 l, 6 portions

Étape 1. Comment percer l'orange avec une brochette en bois.

Étape 2. Comment insérer les clous de girofle dans l'orange.

Étape 5. Comment verser le cidre dans une passoire, audessus des tasses.

Dinde Rôtie avec Sauce au Jus

1 dinde fraîche ou congelée, dégelée (5,4 à 6,3 kg),* gardez les abats et le cou (jetez le foie ou gardez-le pour une autre utilisation)
Farce à la Saucisse et au Pain de Maïs (à la page 540) ou votre farce préférée (facultatif)
2 gousses d'ail, hachées (technique à la page 543), (facultatif)
110 g de beurre fondu
 Bouillon de Dinde avec Abats (à la page 512)
25 cl de vin blanc sec ou de vermouth
3 c. à soupe de farine tout usage
 Sel et Poivre noir fraîchement moulu

* Une dinde de 5,4 à 6,3 kg) prend 2 à 3 jours à dégeler dans le réfrigérateur. Ne faites pas dégeler à la température ambiante.

1. Préchauffez le four à 230°C. Rincez la dinde; essuyez-la avec du papier essuie-tout.

2. Préparez la farce, au goût.

3. Insérez la farce, sans tasser, dans les cavités du corps et du cou, si désiré.

4. Repliez la peau sur les ouvertures et fermez avec des bâtonnets en bois. Attachez les pattes ensemble avec du fil de coton ou rentrez-les à travers le rabat de peau, s'il y en a un. Repliez les ailes sous la dinde.

5. Mettez la dinde sur la grille d'une plaque à rôtir peu profonde. Si vous le désirez, ajoutez de l'ail au beurre. Insérez un thermomètre à viande dans la partie la plus épaisse de la cuisse sans toucher l'os. Badigeonnez régulièrement la dinde avec 1/3 du mélange de beurre à l'aide d'un pinceau.

6. Mettez la dinde au four et baissez immédiatement la température à 160°C. Faites rôtir pendant 18 à 20 minutes par livre (450 g) pour une dinde non farcie ou 22 à 24 minutes par livre (450 g) pour une dinde farcie, en badigeonnant de mélange de beurre après 1 heure de cuisson, puis 1 heure et demie. Arrosez toutes les heures avec le jus de cuisson. (Le temps de cuisson total devrait être de 4 à 5 heures). Si la dinde a tendance à trop rôtir, couvrez-la avec du papier d'aluminium. La dinde est cuite lorsque la température interne atteint 80°C et que les pattes bougent facilement dans leur cavité articulaire.

7. Pendant que la dinde cuit, préparez le Bouillon aux Abats.

suite à la page 512

Étape 4. Comment replier les ailes sous la dinde.

Étape 5. Comment insérer le thermomètre à viande.

Étape 6. Comment arroser la dinde avec le jus de cuisson.

Dinde Rôtie avec Sauce au Jus (suite)

8. Transférez la dinde sur une planche à découper; recouvrez avec le papier d'aluminium. Laissez-la reposer pendant 15 minutes pendant que vous préparez la sauce au jus.

9. Enlevez et gardez le jus de cuisson de la plaque à rôtir. Pour le déglaçage, versez le vin dans la plaque. Mettez cette dernière sur un brûleur et faites cuire à feu moyen-vif tout en raclant les «gratins», en remuant constamment pendant 2 à 3 minutes ou jusqu'à ce que le mélange ait diminué de moitié.

10. Retirez de la plaque, à l'aide d'une cuillère, environ 75 g de la graisse de cuisson;** jetez le reste de la graisse. Mettez 75 g de graisse dans une grande casserole.

11. Ajoutez la farine; faites cuire à feu moyen pendant 1 minute, en remuant constamment. Incorporez lentement les 3 tasses de Bouillon de Dinde, le jus dégraissé de dinde de la plaque à rôtir et le mélange de vin déglacé de la plaque à rôtir.

12. Faites cuire à feu moyen pendant 10 minutes, en remuant de temps en temps. Incorporez les abats mis de côté; faites chauffer. Assaisonnez de sel et de poivre, au goût.

13. Dépecez la dinde avec un couteau à découper. (techniques à la page 495)

Donne 12 portions et 83 cl de sauce

** Ou bien remplacez le gras de dinde par 60 g de beurre ou de margarine.

Sauce Crémeuse au Jus de Viande de Dinde: Incorporez 240 g de crème épaisse avec les abats; procédez selon la recette.
Donne environ 1,1 l de sauce

Bouillon de Dinde avec les Abats

Abats et cou de la dinde mis de côté (jetez le foie ou gardez-le pour une autre utilisation)
1 l d'eau
1 boîte (environ 43 cl) de bouillon de poulet
1 oignon moyen, coupé en quartiers
2 carottes moyennes, grossièrement hachées ou coupées
4 grands brins de persil
1 feuille de laurier
1 c. à café de thym séché, broyé
10 grains de poivre noir entiers

1. Pour faire le bouillon, mélangez les abats et le cou, l'eau et le bouillon de poulet dans une casserole de 3 litres. Amenez à ébullition à feu vif; enlevez l'écume, s'il y a lieu.

2. Incorporez l'oignon, les carottes, le persil, la feuille de laurier, le thym et les grains de poivre. Baissez le feu à doux. Faites mijoter, à découvert, pendant 1 1/2 heures à 2 heures, en remuant de temps en temps. (Si le liquide s'évapore trop vite, ajoutez une autre 12 cl d'eau). Faites refroidir à la température ambiante.

3. Passez le bouillon; mettez-le de côté. S'il y a moins de 75 cl de bouillon, complétez avec de l'eau pour avoir 3 tasses de liquide. S'il y a plus de 3 tasses, amenez à ébullition et faites cuire jusqu'à ce qu'il n'y ait plus que 3 tasses de liquide.

4. Enlevez la viande du cou et coupez finement les abats; mettez de côté.

5. Vous pouvez préparer le bouillon 1 jour à l'avance. Couvrez les abats et le bouillon séparément et réfrigérez.
Donne 75 cl

Étape 9. Comment déglacer la plaque à rôtir.

Étape 10. Comment enlever 75 g de graisse à l'aide d'une cuillère.

Bouillon de Dinde avec les Abats: Étape 3. Comment passer le bouillon.

Côte de Boeuf avec Pudding Yorkshire et Sauce Crémeuse au Raifort

3 gousses d'ail, hachées (technique à la page 543)

1 c. à café de poivre noir, fraîchement moulu

Rôti de 3 côtes de boeuf, préparée* (environ 2,7 à 3,15 kg)

Pudding Yorkshire (galette épaisse salée) (à la page 514)

Sauce Crémeuse au Raifort (à la page 514)

* Demandez au boucher d'enlever l'os pour faciliter le découpage. Le gras doit être réduit à 6 mm d'épaisseur.

1. Faites préchauffer le four à 230°C. Mélangez l'ail et le poivre, frottez-en les surfaces du rôti.

2. Mettez le rôti, l'os vers le bas (les os remplacent la grille) dans une plaque à rôtir peu profonde. Insérez un thermomètre à viande dans la partie la plus épaisse de la viande, sans toucher l'os ou le gras. Faites rôtir pendant 15 minutes.

3. Baissez la température du four à 160°C. Faites rôtir pendant 20 minutes par livre (450 g) ou jusqu'à ce que la température intérieure atteigne 49°C à 54°C pour une viande saignante ou 57°C à 62°C pour une viande moyennement cuite.

4. Entre-temps, préparez le Pudding Yorkshire et la Sauce Crémeuse au Raifort.

5. Lorsque le rôti a atteint la température désirée, transférez-le sur une planche à découper; couvrez-le avec du papier d'aluminium. Laissez-le dans un endroit chaud pendant 20 à 30 minutes pour faciliter son découpage. La température du rôti va continuer à monter d'environ 5°C pendant qu'il repose.

6. Mettez de côté 6 cl de graisse de la plaque de cuisson. Immédiatement après avoir enlevé le rôti du four, augmentez la température du four à 230°C.

7. Pendant la cuisson du Pudding Yorkshire, découpez la viande. (techniques à la page 494). Servez avec le Pudding Yorkshire et la Sauce Crémeuse au Raifort.

Donne 6 à 8 portions

suite à la page 514

Étape 2. Comment insérer le thermomètre à viande.

Étape 5. Comment recouvrir le rôti avec du papier d'aluminium pendant qu'il repose.

Étape 6. Comment mettre de côté 1/4 tasse de graisse de cuisson.

Pudding Yorkshire

25 cl de lait
2 oeufs
1/2 c. à café de sel
140 g de farine tout usage
6 cl de graisse de rôti mise de côté ou du beurre non salé

1. Mélange le lait, les oeufs et le sel au robot culinaire ou au mélangeur pendant 15 secondes. Ajoutez la farine; mélangez pendant 2 minutes. Laissez la pâte reposer à la température ambiante pendant 30 minutes à 1 heure. (Ceci permet à la farine de bien absorber le liquide et donne un pudding plus tendre).

2. Mettez la graisse de rôti dans un plat de cuisson carré de 23 cm. Mettez-le au four à 230°C pendant 5 minutes. (Utilisez des gants isolants pour retirer le plat du four car il sera très chaud).

3. Travaillez la pâte 10 secondes de plus; versez-la dans la graisse de rôti chaude. Ne brassez pas.

4. Remettez le plat immédiatement au four. Faites cuire pendant 20 minutes. Baissez la température du four à 180°C; faites cuire pendant 10 minutes jusqu'à ce que le pudding soit bien doré et gonflé. Coupez en carrés.

Donne 6 à 8 portion

Sauce Crémeuse au Raifort

240 g de crème épaisse
75 g de raifort préparé, non égoutté
2 c. à café de vinaigre balsamique ou de vinaigre de vin rouge
1 c. à café de moutarde sèche
1/4 c. à café de sucre
1/8 de c. à café de sel

1. Refroidissez un grand bol, les fouets et la crème avant de fouetter. Versez la crème dans le bol refroidi et fouettez-la avec un batteur électrique à grande vitesse jusqu'à l'obtention de pics mous. Pour vérifier, enlevez les fouets de la crème; les pics devraient être mous mais bien définis. Ne fouettez pas trop la crème.

2. Mélangez le raifort, le vinaigre, la moutarde, le sucre et le sel dans un bol moyen.

3. Pliez la crème fouettée dans le mélange de raifort en allant doucement jusqu'au fond du bol, en raclant les parois et en ramenant le tout sur le dessus du mélange. Répétez jusqu'à ce que la crème fouettée soit incorporée uniformément dans le mélange au raifort. Couvrez et réfrigérez pendant au moins 1 heure. Vous pouvez préparer la sauce jusqu'à 8 heures à l'avance.

Donne environ 37 cl

Pudding Yorkshire: Étape 3. Comment verser la pâte dans la graisse chaude.

Sauce Crémeuse au Raifort: Étape 1. Comment vérifier les pics mous de la crème fouettée.

Poulet Wellington

6 grandes moitiés de poitrines de poulet désossées et sans peau (environ 180 g chacune)

3/4 c. à café de sel, mesuré séparément

1/4 c. à café de poivre noir fraîchement moulu, mesuré séparément

60 g de beurre ou de margarine, mesuré(e) séparément

360 g de champignons (de Paris ou crimini), finement émincés

70 g d'échalotes ou d'oignons finement coupés

2 c. à soupe de porto ou de cognac

1 c. à soupe de thym frais ou 1 c. à café de thym séché, broyé

1 paquet (500 g) de pâte feuilletée congelée, dégelée

1 oeuf, séparé

1 c. à soupe de moutarde française à la paysanne

1 c. à café de lait

1. Saupoudrez le poulet d'1/4 de c. à café de sel et d'1/8 de c. à café de poivre. Faites fondre 2 c. à soupe de beurre dans un grand poêlon à feu moyen jusqu'à ce qu'il soit mousseux. Faites cuire 3 moitiés de poitrines de poulet pendant 6 minutes, jusqu'à ce qu'elles soient bien dorées des deux côtés. (Le centre sera élastique). Transférez dans une assiette. Faites cuire le reste du poulet; laissez légèrement refroidir.

2. Faites fondre les 2 c. à soupe de beurre restantes dans le poêlon à feu moyen jusqu'à ce qu'il soit mousseux. Ajoutez les champignons et les échalotes. Faites cuire en remuant pendant 5 minutes ou jusqu'à ce que les champignons suintent. Ajoutez le vin, le thym, la 1/2 c. à café de sel et 1/8 c. à café de poivre; faites mijoter pendant 10 à 12 minutes ou jusqu'à ce que le liquide s'évapore, en remuant fréquemment. Laissez refroidir.

3. Roulez chaque feuille de pâte en un rectangle de 39 cm sur 30 cm sur une surface légèrement farinée. Coupez chaque rectangle en trois rectangles de 30 cm sur 13 cm. Coupez un petit morceau de pâte de chaque coin pour la décoration, si désiré.

4. Battez le blanc d'oeuf dans une tasse; badigeonnez-en les rectangles de pâte. Mettez une poitrine de poulet refroidie d'un côté de chaque rectangle de pâte. Étalez 1/2 c. à café de moutarde sur chaque poitrine de poulet, puis étalez 1/4 tasse de mélange de champignons refroidis.

5. Pliez la moitié opposée du rectangle de pâte sur le poulet. Pliez le bord de la pâte de dessous sur le dessus, en pinçant les bords ensemble pour fermer. Mettez le tout sur une plaque à cuisson non graissée.

6. Battez le jaune d'oeuf et le lait dans une tasse; badigeonnez la surface de la pâte. Décorez avec les petits morceaux de pâte restante, si désiré, puis badigeonnez à nouveau avec le mélange de jaune. Couvrez, sans serrer, avec un film alimentaire transparent. Conservez au réfrigérateur jusqu'à ce que le tout soit froid, 1 à 4 heures avant la cuisson.

7. Préchauffez le four à 200°C. Enlevez le film alimentaire transparent; faites cuire le poulet pendant 25 à 30 minutes ou jusqu'à ce qu'il soit brun doré et que la température du poulet atteigne 71°C. Garnissez au goût.

Donne 6 portions

Étape 4. Comment paner le poulet avec le mélange de champignons.

Étape 5. Comment pincer ensemble les bords de la pâte pour fermer.

Étape 6. Comment décorer avec les petits morceaux de pâte.

Poitrine de Boeuf

1 poitrine de boeuf entière, bien maigre (environ 2,2 kg)

4 gousses d'ail, hachées (technique à la page 543)

1/2 c. à café de poivre noir fraîchement moulu

2 gros oignons, épluchés et coupés en rondelles de 6 mm.

1 bouteille (37 cl) de sauce chili

8 cl de bouillon de boeuf, de bière ou d'eau

2 c. à soupe de sauce Worcestershire

1 c. à soupe de cassonade claire, bien tassée

1. Préchauffez le four à 180°C. Mettez la poitrine, côté gras vers le haut, dans une plaque à rôtir peu profonde. Étalez l'ail uniformément sur la poitrine; saupoudrez de poivre.

2. Séparez les oignons en anneaux; disposez-les sur la poitrine. Mélangez la sauce chili, le bouillon, la sauce Worcestershire et le sucre; versez sur la poitrine et les oignons.

3. Couvrez avec du papier d'aluminium épais ou le couvercle du plat.

4. Faites rôtir pendant 2 heures. Retournez la poitrine; mélangez les oignons dans la sauce et arrosez-en la poitrine. Couvrez; faites rôtir 1 ou 2 heures de plus ou jusqu'à ce que la viande soit tendre. (La durée de cuisson dépend de l'épaisseur de la poitrine et de la qualité de la viande).

5. Transférez la poitrine sur une planche à découper. Recouvrez-la d'un papier d'aluminium; laissez-la reposer pendant 10 minutes.

6. A ce stade-ci, vous pouvez couvrir et mettre la poitrine au réfrigérateur pendant 1 jour avant de la servir. Pour réchauffer la poitrine, coupez-la en fines tranches, en diagonale, avec un couteau àdécouper. Mettez les tranches de poitrine et le jus dans un grand poêlon. Couvrez et faites chauffer àfeu moyen-doux jusqu'à ce que le tout soit chaud.

7. Remuez le jus dans la plaque à rôtir. Enlevez le gras avec une cuillère et jetez-le. (Le jus peut être délayé à la consistance désirée avec de l'eau ou épaissi en faisant évaporer l'eau, à découvert, dans une casserole.

8. Découpez la poitrine en diagonale, dans le sens contraire des fibres, en fines tranches, avec un couteau à découper. Arrosez la poitrine avec le jus.

Donne 10 à 12 portions

Variation: Si vous le désirez, incorporez des pommes de terre rouges à bouillir, des carottes coupées, des navets ou des panais dans le jus durant la dernière heure de cuisson.

Étape 1. Comment étaler l'ail sur la poitrine.

Étape 2. Comment verser le mélange de sauce chili sur la poitrine et les oignons.

Étape 3. Comment couvrir le plat avec du papier d'aluminium épais.

Filet de Porc Glacé

2 filets de porc entiers maigres (environ 675g)
100 g de gelée de groseille ou de gelée de canneberges en boîte
1 c. à soupe de raifort rapé en bouteille, égoutté
12 cl de bouillon de poulet
12 cl de vin du Rhin ou d'autre vin doux
 Sel et poivre au goût (facultatif)

1. Préchauffez le four à 160°C.

2. Mettez les filets sur une grille à viande dans une plaque à rôtir peu profonde.

3. Mélangez la gelée et le raifort dans un plat à four micro-ondes ou une petite casserole. Faites chauffer à puissance MAXIMALE pendant 1 minute ou à feu doux sur une cuisinière, jusqu'à ce que la gelée soit fondue; mélangez bien. Badigeonnez la moitié du mélange sur les filets.

4. Faites rôtir pendant 30 minutes; retournez les filets. Badigeonnez-les avec le reste du mélange de gelée. Continuez à faire rôtir pendant 30 à 40 minutes selon l'épaisseur des filets ou jusqu'à ce que le thermomètre indique 71°C.* Enlevez le thermomètre et vérifiez la température de l'autre filet.

5. Transférez les filets sur une planche à découper; couvrez-les de papier d'aluminium. Laissez-les reposer pendant 10 minutes.

6. Enlevez la grille à viande de la plaque à rôtir. Pour déglacer la plaque, versez le bouillon et le vin dans la plaque. Mettez cette dernière sur des brûleurs et faites cuire à feu moyen-vif tout en raclant les «gratins», en remuant fréquemment pendant 4 à 5 minutes ou jusqu'à ce que le mélange fasse 12 cl.

7. Faites passer la sauce à travers une passoire fine; assaisonnez à votre goût avec du sel et du poivre.

8. Découpez les filets en fines tranches avec une couteau à découper. (Technique à la page 494). Servez avec la sauce.

Donne 6 portions

* Etant donné que les filets de porc sont très fins, la façon la plus précise de mesurer la température interne est d'utiliser un thermomètre à lecture immédiate, qui a une pointe plus étroite que celle d'un thermomètre à viande standard. Insérez le thermomètre dans la partie la plus épaisse du filet. Ne laissez pas le thermomètre dans le filet durant la cuisson car il ne résiste pas à la chaleur du four.

Étape 6. Comment déglacer la plaque.

Étape 7. Comment passer la sauce au tamis.

Gigot d'Agneau Rôti

3 c. à soupe de moutarde à l'ancienne
2 gousses d'ail, hachées*
   (technique à la page 543)
1 1/2 c. à café de romarin, broyé
1/2 c. à café de poivre noir fraîchement moulu
1 gigot d'agneau, maigre, désossé, roulé et ficelé (environ 1,8 kg)
 De la gelée de menthe (facultatif)

* Pour que la viande soit encore plus parfumée d'ail, coupez l'ail en lamelles et insérez-le dans de petites fentes faites au hasard dans le rôti avec la pointe d'un couteau bien aiguisé.

1. Préchauffez le four à 200°C. Mélangez la moutarde, l'ail, le romarin et le poivre. Badigeonnez-en la surface de l'agneau. Vous pouvez à ce moment-là, couvrir et mettre le gigot au réfrigérateur pendant 24 heures avant de le faire rôtir.

2. Mettez le rôti sur la grille d'une plaque à rôtir peu profonde, tapissée de papier d'aluminium. Insérez un thermomètre à viande dans la partie la plus épaisse du rôti.

3. Faites rôtir pendant 15 minutes. *Baissez la température du four à 160°C*; faites rôtir pendant 20 minutes par livre (450 g) ou jusqu'à ce que le rôti atteigne 65°C pour une cuisson à point.

4. Transférez le rôti sur une planche à découper; couvrez-le avec du papier d'aluminium. Laissez-le reposer pendant 10 minutes avant de le découper. La température du rôti va continuer à monter de 2,5° à 5°C durant ce temps de repos.

5. Coupez les ficelles avec des ciseaux; jetez-les. Découpez le rôti en fines tranches avec une couteau à découper. (technique à la page 494). Servez avec de la gelée de menthe, au goût.
Donne 6 à 8 portions

Gigot d'Agneau avec os: Préparez de la même façon que la recette ci-dessus, mais faites rôtir un gigot d'agneau de 2,2 à 2,7 kg pendant 25 minutes par livre (450 g). Après le temps de repos, découpez le rôti en fines tranches avec un couteau à découper (technique à la page 495).

* Comment insérer les lamelles d'ail dans l'agneau.

Étape 1. Comment enduire l'agneau de mélange de moutarde.

Étape 2. Comment insérer le thermomètre à viande.

Carottes Glacées
à la Confiture d'Oranges

Du gingembre frais (facultatif)
450 g de carottes nouvelles
    fraîches ou congelées,
    dégelées
75 g de confiture d'oranges
2 c. à soupe de beurre
2 c. à soupe de moutarde
    française

1. Épluchez un petit morceau de gingembre frais avec un éplucheur ou un couteau bien aiguisé. Râpez assez de gingembre avec une râpe à gingembre ou le côté le plus fin d'une râpe à usages multiples pour en obtenir 1/2 c. à café. Mette de côté.

2. Pour faire cuire les carottes, faites chauffer 2,5 cm d'eau légèrement salée dans une casserole de 2 litres à feu vif jusqu'à ébullition. Ajoutez immédiatement les carottes. Ramenez à ébullition. Baissez le feu à doux. Couvrez et faites cuire pendant 10 à 12 minutes pour des carottes fraîches (8 à 10 minutes pour des carottes congelées) ou jusqu'à ce qu'elles soient tendres-croquantes.

3. Égouttez-les bien; remettez-les dans la casserole.

4. Incorporez la confiture, le beurre, la moutarde et le gingembre. Faites mijoter, à découvert, à feu moyen pendant 3 minutes jusqu'à ce que les carottes soient glacées, en remuant de temps en temps.

5. A ce stade-ci, les carottes peuvent être transférées dans un plat couvert allant au four à micro-ondes. Couvrez et mettez au réfrigérateur pendant 8 heures au maximum avant de servir. Pour réchauffer, mettez au four à micro-ondes à la puissance MAXIMALE pendant 4 à 5 minutes ou jusqu'à ce que les carottes soient chaudes.

Donne 6 portions

Remarque: Vous pouvez doubler la recette pour obtenir 10 à 12 portions.

Étape 1. Comment râper le gingembre frais avec une râpe à gingembre.

Étape 2. Comment vérifier si les carottes sont cuites.

Étape 4. Comment incorporer le reste des ingrédients.

Choux de Bruxelles à la Sauce Moutarde

675 g de choux de Bruxelles frais

1 c. à soupe de beurre ou de margarine

50 g d'échalotes ou d'oignons coupé(e)s

75 g de mélange mi-crème, mi-lait

1 1/2 c. à soupe de moutarde française à l'estragon ou de moutarde à l'allemande**

1/4 c. à café de sel

1/8 c. à café de poivre noir fraîchement moulu ou de noix de muscade moulue

1 1/2 c. à soupe de parmesan râpé (facultatif)

* Ou, remplacez les choux de Bruxelles frais par 2 paquets (570 g) de choux de Bruxelles congelés. Omettez les étapes 1,2 et 3. Faites cuire selon le mode d'emploi sur le paquet; égouttez et rincez tel qu'indiqué à l'étape 4.

** Ou, remplacez la moutarde française à l'estragon par 1 1/2 c. à soupe de moutarde française + 1/8 c. à café d'estragon séché.

1. Coupez la queue de chaque chou de Bruxelles et enlevez les feuilles extérieures ou abîmées.

2. Pour permettre une cuisson rapide et uniforme, taillez un 'X' en profondeur dans le côté queue de chaque chou avec un petit couteau d'office. Si certains choux de Bruxelles sont plus gros que d'autres, coupez-les en deux dans le sens de la longueur.

3. Utilisez une casserole assez grande pour contenir les choux sur une seule couche. Amenez àébullition 2 litres d'eau salée dans une casserole. Ajoutez les choux. Ramenez à ébullition. Faites bouillir pendant 7 à 10 minutes ou jusqu'à ce que les choux deviennent presque tendres lorsqu'on les pique avec une fourchette.

4. Égouttez les choux dans une passoire. Rincez-les à l'eau froide pour arrêter la cuisson: égouttez-les bien.

5. Faites fondre le beurre dans la même casserole à feu moyen jusqu'à ce qu'il soit mousseux. Ajoutez les échalotes; faites cuire pendant 3 minutes, en remuant de temps en temps. Ajoutez le mélange mi-crème, mi-lait, la moutarde, le sel et le poivre. Faites mijoter pendant 1 minute jusqu'à ce que la sauce épaississe.

6. Ajoutez les choux de Bruxelles égouttés: faites réchauffer pendant environ 1 minute, en tournant doucement la sauce.

7. A ce stade-ci, vous pouvez couvrir les choux de Bruxelles et les mettre au réfrigérateur pendant 8 heures au maximum avant de les servir. Faites réchauffer dans une casserole à feu doux. Ou bien, mettez-les dans un plat à four à micro-ondes et réchauffez-les dans un four à micro-ondes à puissance MAXIMALE pendant 3 minutes

8. Juste avant de les servir, saupoudrez-les de fromage, au goût.

Donne 6 à 8 portions

Étape 1. Comment enlever les feuilles extérieures abîmées.

Étape 2. Comment tailler un 'X' dans le côté queue des choux de Bruxelles.

Brocoli avec Poivron Rouge et Échalotes

2 bouquets de brocoli frais (environ 1 kg)
1 gros poivron rouge
3 grosses échalotes (90 g) ou un petit oignon
2 c. à café de margarine ou de beurre
1.2 c. à café de sel
1/4 c. à café de poivre noir fraîchement moulu
1/4 tasse d'amandes émincées, grillées* (facultatif)

* Pour griller les amandes, voir comment griller les noix, à la page 504, étape 1.

1. Coupez les feuilles des tiges de brocoli. Coupez les extrémités des tiges. Coupez le brocoli en bouquets en enlevant chaque tête en laissant un petit morceau de tige. Épluchez les tiges, puis coupez-les en morceaux de 2,5 cm.

2. Pour faire cuire les brocoli, faites chauffer 2 litres d'eau légèrement salée dans une casserole de 3 litres à feu vif jusqu'à ébullition. Ajoutez immédiatement les brocoli. Ramenez à ébullition. Faites bouillir, à découvert, pendant 3 à 5 minutes jusqu'à ce qu'ils soient vert vif et tendres. Égouttez les brocoli dans une passoire. Rincez à l'eau froide; égouttez-les bien.

3. Rincez le poivron à l'eau froide courante. Pour égrener le poivron, mettez-le debout sur une planche à découper. Coupez les côtés en 3 ou 4 tranches dans le sens de la longueur avec un couteau tout usage. (Coupez près de la tige mais non à travers). Jetez la tige et les graines. Enlevez le reste des graines graines. Rincez l'intérieur du poivron à l'eau froide courante, puis coupez-le en fines lamelles.

4. Enlevez la pelure parcheminée des échalotes. Coupez l'extrémité de la racine. Coupez les échalotes en fines lamelles.

5. Vous pouvez, à ce stade-ci, envelopper les légumes séparément et les réfrigérer pendant 6 heures au maximum avant de les faire cuire.

6. Faites fondre la margarine dans un poêlon antiadhésif à feu moyen. Ajoutez le poivron et les échalotes. Faites cuire pendant 3 minutes, en remuant de temps en temps. Ajoutez le brocoli dans le poêlon. Faites cuire pendant 4 à 6 minutes, en remuant de temps en temps. Saupoudrez de sel et de poivre noir; mélangez bien. Garnissez avec des amandes, au goût.

Donne 6 à 8 portions

Étape 1. Comment couper les tiges en morceaux de 2,5 cm.

Étape 3. Comment couper les côtés du poivron.

Étape 4. Comment couper la racine de l'échalote.

Gratins de Patates Douces

1,350 kg de patates douces
   (environ 5 grosses)
115 g de margarine ou de beurre,
   mesuré(e) séparément
50 g plus 2 c. à soupe de
   cassonade claire, mesurée
   séparément
2 oeufs
16 cl de jus d'orange
2 c. à café de cannelle moulue,
   mesurée séparément
1/2 c. à café de sel
1/4 c. à café de noix de muscade
   moulue
45 g de farine tout usage
50 g de flocons d'avoine
   traditionnels, non cuits.
55 g de noix ou de pacanes
   coupées

1. Faites cuire au four les patates douces jusqu'à ce qu'elles soient tendres dans un four préchauffé à 180°C pendant 1 heure. Ou bien, percez les patates douces plusieurs fois avec une fourchette et mettez-les sur une assiette allant au four à micro-ondes. Cuisez au four micro-ondes pendant 16 à18 minutes à puissance MAXIMALE, en déplaçant et en retournant les patates douces après 9 minutes. Laissez-les reposer pendant 5 minutes.

2. Pendant que les patates douces sont encore chaudes, coupez-les en deux dans le sens de la longueur. Enlevez la pulpe des peaux et mettez-la dans un grand bol.

3. Battez 60 g de beurre et 2 c. à soupe de sucre dans les patates douces avec un batteur électrique à vitesse moyenne jusqu'à ce que le beurre soit fondu. Incorporez les oeufs, le jus d'orange, 1 1/2 c. à café de cannelle, le sel et la noix de muscade, en raclant une fois les bords du bol. Mélangez jusqu'à ce que le tout soit homogène. Versez le mélange dans un plat à four d'1,5 litre ou un plat à gratin; égalisez le dessus.

4. Pour le gratin, mélangez la farine, les flocons d'avoine, les 60 g de sucre restants et la 1/2 c. à café de cannelle restante dans un bol moyen. Incorporez 50 g de beurre avec un coupe pâte ou deux couteaux jusqu'à ce que le mélange forme de gros grumeaux. Incorporez les pacanes.

5. Saupoudrez le mélange à gratin uniformément sur les patates douces.

6. Vous pouvez, à ce stade, couvrir le Gratin de Patates Douces et le réfrigérer pendant 1 jour au maximum. Laissez-le reposer 1 heure à la température ambiante avant de le faire cuire.

7. Faites préchauffer le four à 180°C.

8. Faites cuire au four pendant 25 à 30 minutes ou jusqu'à ces que les patates douces soient bien chaudes. Pour un gratin plus croustillant, passez au gril à 12 cm de la source de chaleur pendant 2 à 3 minutes ou jusqu'à ce que le plat soit bien doré.

Donne 6 à 8 portions

Étape 2. Comment gratter la pulpe des patates douces.

Étape 3. Comment brasser le mélange de patates douces jusqu'à ce qu'il soit bien homogène.

Étape 4. Comment incorporer le beurre dans le mélange de gratin.

Pommes de Terre Latkes

2 grosses pommes de terre à cuire
    au four ou 3 moyennes
    (environ 800 g)
1 gros oignon (225 g)
2 oeufs
35 g de farine de pain azyme
3/4 c. à café de sel
1/4 c. à café de poivre noir
    fraîchement moulu
2 c. à soupe d'huile végétale,
    mesurée séparément
  Purée de pommes (facultatif)
  De la crème sûre (facultatif)

1. Pour préparer les pommes de terre, épluchez-les avec un éplucheur.

2. Déchiquetez les pommes de terre et l'oignon au robot culinaire muni d'un disque pour déchiqueter ou à l'aide d'une râpe manuelle.

3. Mettez le mélange de pommes de terre dans un grand bol. Ajoutez les oeufs, la farine de pain azyme, le sel et le poivre; mélangez bien.

4. Faites chauffer 1 c. à soupe d'huile dans un grand poêlon antiadhésif à feu moyen-doux jusqu'à ce qu'elle soit chaude. Versez le mélange de pommes de terre par 50 g dans le poêlon.

5. Utilisez le dos d'une spatule pour aplatir le mélange de pommes de terre en une galette de 9 cm de diamètre et de 1,5 cm d'épaisseur environ.

6. Faites cuire pendant environ 4 minutes de chaque côté ou jusqu'à ce que la galette soit bien dorée. Transférez sur un plat allant au four recouvert de papier essuie-tout.

7. Gardez au chaud au four à 95°C, tandis que vous préparez les autres latkes. Ajoutez la c. àsoupe d'huile restante au besoin. Servez chaud avec de la purée de pommes ou de la crème sûre. Garnissez au goût.

Donne environ 18 galettes.

Étape 2. Comment déchiqueter les pommes des terre au robot culinaire.

Étape 4. Comment déposer le mélange de pommes de terre par 1/4 de tasse dans l'huile chaude.

Étape 5. Comment aplatir le mélange de pommes de terre en une galette avec la dos d'une spatule.

Purée de Pommes de Terre à Faible Teneur en Calories

900 g de pommes de terre à bouillir rouges moyennes
4 grosses gousses d'ail, épluchées
18 cl de babeurre (1 1/2% de m. g.)
1/2 c. à café de sel
1/4 c. à café de poivre noir fraîchement moulu
2 c. à soupe de ciboulette hachée pour la décoration

1. Pour préparer les pommes de terre, épluchez-les avec un éplucheur. Coupez-les en morceaux.

2. Mettez les pommes de terre et l'ail dans une grande casserole. Ajoutez assez d'eau pour les recouvrir; amenez à ébullition à feu vif; baissez le feu à moyen. Faites mijoter, à découvert, pendant 20 à 30 minutes ou jusqu'à ce que les pommes de terre soient tendres à la fourchette; égouttez-les.

3. Mettez les pommes de terre et l'ail dans un bol moyen. Écrasez-les avec un pilon ou mélangez au batteur électrique à vitesse moyenne jusqu'à ce qu'elles soient lisses.* Ajoutez le babeurre, le sel et le poivre. Mélangez légèrement avec une fourchette. Garnissez au goût.
Donne 4 tasses, 8 portions

*Pour une texture plus lisse, passez les pommes de terre dans un presse-purée ou un moulin, dans un bol moyen. Finissez selon les instructions à l'étape 3.

Purée de Pommes de Terre au Beurre:
Suivez les instructions données ci-dessus. A l'étape 3, ajoutez 1 c. à soupe de beurre ou de margarine dans les pommes de terre, en plus du babeurre; salez et poivrez.

Étape 1. Comment couper les pommes des terre en morceaux.

Étape 2. Comment mettre les pommes de terre dans la casserole.

*Comment passer les pommes de terre dans un presse-purée.

Salade de Légumes Feuilles Composée avec Vinaigrette à la Framboise

80 g de noix en morceaux
1 échalote
8 cl d'huile végétale
2 1/2 c. à soupe de vinaigre de framboises
1/2 c. à café de sel
1/2 c. à café de sucre
  Des feuilles de laitue romaine
  Des feuilles d'épinards
  Des feuilles de laitue rouge
150 g de raisins rouges sans pépins, coupés en deux

1. Préchauffez le four à 180°C. Pour faire griller les noix, étalez-les sur une seule couche sur une plaque à pâtisserie. Faites les cuire pendant 6 à 8 minutes ou jusqu'à ce qu'elles soient légèrement dorées, en les remuant fréquemment. Enlevez les noix de la plaque à pâtisserie et laissez-les refroidir. Hachez-les grossièrement avec un couteau de chef; mettez-les de côté.

2. Enlevez la pelure parcheminée des échalotes. Coupez l'extrémité de la racine. Coupez finement assez d'échalotes pour remplir 1 c. à soupe.

3. Mettez l'huile, le vinaigre, l'échalote, le sel et le sucre dans un petit bol ou pot avec un couvercle. Mélangez en battant ou couvrez et secouez le pot. Conservez au réfrigérateur, à couvert, pendant 1 semaine au maximum.

4. Lavez les légumes feuilles séparément en changeant plusieurs fois l'eau froide. Égouttez-les bien et si nécessaire, essuyez-les avec du papier essuie-tout pour enlever le surplus d'eau. Vous pouvez aussi utiliser une essoreuse à salade.

5. Jetez les feuilles fanées ou abîmées. Coupez ou arrachez les tiges si elles sont ligneuses.

6. Préparez assez de laitue romaine en petits morceaux pour obtenir 2 tasses bien pleines. Préparez assez d'épinards en petits morceaux pour obtenir 2 tasses bien pleines. Préparez assez de laitue rouge en petits morceaux pour obtenir 2 tasses bien pleines.

7. Mélangez les légumes feuilles, les raisins et les noix refroidies dans un grand bol. Juste avant de servir, ajoutez la vinaigrette; mélangez bien.

Donne 6 à 8 portions

Étape 2. Comment couper un pied de l'échalote.

Étape 4. Comment égoutter les légumes feuilles dans une essoreuse à salade.

Étape 6. Comment tasser la laitue romaine dans une tasse à mesurer.

Chutney de Canneberges et de Pommes

1 paquet (12 oz ou 360 g) de canneberges fraîches ou congelées (environ 3 1/2 tasses)

2 pommes moyennes Granny Smith

1 oignon moyen

260 g de sucre granulé

12 cl d'eau

75 g de raisins blancs secs

100 g de cassonade claire, bien tassée

6 cl de vinaigre de cidre

1 c. à café de cannelle moulue

1 c. à café de gingembre moulu

1/8 c. à café de clous de girofle moulus

1/8 c. à café de piments de la Jamaïque

80 g de noix ou de pacanes, grillées* et hachées (facultatif)

* Pour griller les noix, voir les instructions à la page 504, étape 1.

1. Lavez les canneberges et jetez les tiges ou les canneberges abîmées.

2. Épluchez les pommes avec une éplucheur. Coupez-les en quartiers; enlevez les queues et les coeurs avec un couteau aiguisé. Coupez les pommes en morceaux de 6 mm. Coupez-en assez pour en faire 50 cl.

3. Pour hacher l'oignon, enlevez la peau. Coupez-le en deux à travers la racine avec un couteau tout usage. Placez-le sur une planche à découper, le côté coupé vers le bas. En tenant le couteau horizontalement, coupez parallèlement à la planche, presque à la racine. Puis, coupez de façon verticale en tenant l'oignon avec les doigts pour qu'il garde sa forme. Tournez l'oignon et coupez dans l'autre sens jusqu'à la racine. (Plus la coupe est serrée, plus l'oignon sera coupé fin). Répétez avec l'autre moitié.

4. Mélangez le sucre granulé et l'eau dans une casserole lourde de 2 litres. Faites cuire à feu vif jusqu'à ébullition. Faites bouillir doucement pendant 3 minutes.

5. Ajoutez les canneberges, les pommes, l'oignon, les raisins, la cassonade, le vinaigre, la cannelle, le gingembre, les clous de girofle et le piment de la Jamaïque. Amenez à ébullition à feu vif. Baissez le feu à moyen. Faites mijoter à découvert, pendant 20 à 25 minutes ou jusqu'à ce que le mélange soit très épais, en remuant de temps en temps. Faites refroidir; incorporez les noix, au goût.

6. Couvrez et conservez au réfrigérateur pendant 2 semaines au maximum avant de servir.
Donne environ1 kg sans les noix ou 1,3 kg avec les noix

Remarque: Ce chutney constitue aussi un amuse-gueule délicieux, servi sur une biscotte garnie de fromage à la crème.

Étape 2. Comment couper les pommes en morceaux de 6 mm.

Étape 3. Comment couper l'oignon.

Farce à la Saucisse et au Pain de Maïs

1 recette de Pain de Maïs* d'un jour (à la page 542)
225 g de chair à saucisse de porc(normale ou épicée)
115 g de beurre ou de margarine
2 oignons moyens, coupés (technique à la page 543)
2 gousses d'ail, hachées (technique à la page 543)
2 c. à café de sauge séchée
1 c. à café d'assaisonnement pour volaille
18 cl à 30 cl de bouillon de poulet
Des feuilles de sauge pour la décoration

*Ou bien, remplacez le pain de maïs fait à la maison par un paquet (16 oz ou 450 g) de miettes de pain de maïs préparé. Sautez l'étape 1.

1. Préchauffez le four à 180°C. Émiettez le pain de maïs grossièrement. Émiettez-en suffisamment pour en obtenir 6 tasses. Étalez les miettes uniformément dans un moule pour gâteau roulé de 37,5 cm sur 25 cm. Faites cuire au four pendant 20 à 25 minutes ou jusqu'à ce qu'elles soient sèches.

2. Faites griller la chair à saucisse dans un grand poêlon à feu moyen-vif jusqu'à ce qu'elle ne soit plus rose, en remuant pour séparer la viande. Égouttez la chair à saucisse sur du papier essuie-tout; mettez-la de côté. Essuyez le poêlon avec du papier essuie-tout pour enlever la graisse.

3. Faites fondre le beurre dans le même poêlon à feu moyen jusqu'à ce qu'il frémisse. Faites cuire les oignons et l'ail dans le beurre pendant 10 minutes jusqu'à ce que les oignons soient tendres. Incorporez la sauge et l'assaisonnement pour volaille; faites cuire pendant encore 1 minute.

4. Mélangez les miettes de pain de maïs et le mélange d'oignon et de saucisse dans un grand bol.

5. Si vous cuisez la farce à l'intérieur de la dinde, versez 18 cl de bouillon sur la farce; remuez doucement pour humidifier la farce uniformément. Introduisez la farce dans les cavités du corps et du cou. Vous pouvez préparer la farce jusqu'à 1 jour à l'avance. Ne remplissez la dinde de farce qu'au dernier moment. Faites-la rôtir selon les instructions données à la page 510 ou selon les instructions fournies avec la dinde.

suite à la page 542

Étape 1. Comment étaler les miettes de pain de maïs dans le plat.

Étape 2. Comment incorporer la chair à saucisse aux miettes.

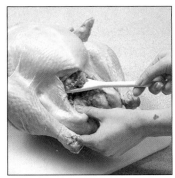

Étape 5. Comment farcir la dinde.

Farce à la Saucisse et au Pain de Maïs, suite

6. Si vous cuisez la farce séparément, versez 30 cl de bouillon sur la farce; remuez doucement pour humidifier la farce uniformément. Transférez dans une casserole de 3 litres.

7. Vous pouvez, à ce stade, couvrir la Farce à la Saucisse et au Pain de Maïs et la mettre au réfrigérateur pendant 1 jour au maximum avant de la faire cuire

8. Préchauffez le four à 180°C.

9. Faites cuire au four pendant 45 minutes (55 à 60 minutes si le plat était au réfrigérateur) ou jusqu'à ce que le tout soit bien chaud. Pour obtenir une face plus sèche, découvrez-la durant les 15 dernières minutes de cuisson. Garnissez au goût.

Donne 2,8 kg de farce.

Pain au Maïs

175 g de farine de maïs jaune
105 g de farine tout usage
2 c. à soupe de sucre
1 c. à soupe de levure chimique
3/4 c. à café de sel
1 oeuf
1 tasse de lait
3 c. à soupe de beurre ou de margarine, fondu(e) et refroidi(e)

1. Préchauffez le four à 220°C. Graissez un plat de cuisson carré de 2,5 cm; mettez-le de côté.

2. Mélangez la farine de maïs, la farine, le sucre, la levure chimique et le sel dans un bol moyen. Mélangez les oeufs, le lait et le beurre dans une tasse à mesurer de 4 tasses; ajoutez au mélange de farine de maïs. Remuez juste assez pour humidifier les ingrédients. Versez dans le moule préparé.

3. Faites cuire pendant 20 à 25 minutes ou jusqu'à ce que le pain soit doré et qu'un cure-dents inséré au centre ressorte propre. Faites refroidir entièrement sur une grille.

4. Vous pouvez préparer le pain de maïs jusqu'à 2 jours avant de l'utiliser dans la farce. Couvrez-le et conservez-le à température ambiante.

Donne 450 g de miettes de pain de maïs

Pain de Maïs: Étape 2. Comment ajouter le mélange de lait aux ingrédients secs.

Pain de Maïs: Étape 3. Comment vérifier si le pain est cuit avec un cure-dents.

Farce aux Champignons et au Riz Sauvage

120 g de riz sauvage non cuit
180 g de champignons frais*
1 gros oignon
1 gousse d'ail
   Une baguette d'un jour (environ 120 g)
80 g de beurre ou de margarine
1/2 c. à café de sauge râpée
1/2 c. à café de thym séché, broyé
1/2 c. à café de sel
1/4 c. à café de poivre noir fraîchement moulu
25 cl de bouillon de poulet
80 g de pacanes grossièrement hachées
   Des brins de thym pour la décoration

* Ou bien remplacez 90 g de champignons frais par 150 g de champignons shiitake frais émincés

1. Rincez et faites cuire le riz selon le mode d'emploi indiqué sur le paquet; mettez-le de côté.

2. Nettoyez les têtes de champignons en les essuyant avec un papier essuie-tout ou un linge àvaisselle humide. Coupez une petite tranche du chaque pied de champignons. Jetez. A l'aide d'un couteau d'office, coupez les champignons en lamelles pour en obtenir 75 cl.

3. Pour hacher l'oignon, enlevez la peau. Coupez-le en deux à travers la racine avec un couteau tout usage. Placez-le sur une planche à découper avec le côté coupé vers le bas. En tenant le couteau horizontalement, coupez parallèlement à la planche, presque à la racine. Puis, coupez de façon verticale en tenant l'oignon avec les doigts pour qu'il garde sa forme. Tournez l'oignon et coupez dans l'autre sens jusqu'à la racine. (Plus la coupe est serrée, plus l'oignon sera coupé fin). Répétez avec l'autre moitié.

4. Pour hacher l'ail, coupez les extrémités des gousses d'ail. Écrasez légèrement l'ail avec le plat de la lame d'un couteau de chef; enlevez la peau. Hachez l'ail avec un couteau de chef jusqu'à ce qu'il soit en petits morceaux uniformes. Mettez-le de côté.

suite à la page 544

Étape 2. Comment nettoyer les champignons avec un papier essuie-tout humide.

Étape 3. Comment couper l'oignon.

Étape 4. Comment écraser l'ail pour enlever la peau.

Farce aux Champignons et au Riz Sauvage, suite

5. Coupez la baguette avec un couteau à pain en tranches de 1,5 cm. Empilez quelques tranches. Coupez-les dans le sens de la longueur en bandes de 1,5 cm de large et puis en travers pour obtenir des cubes de 1,5 cm de côté. Coupez assez de pain pour obtenir 800 g.

6. Étalez les cubes de pain sur une seule couche sur une plaque à pâtisserie. Faites griller à 12,5 à 15 cm de la source de chaleur pendant 4 minutes ou jusqu'à ce qu'ils soient légèrement grillés, en les remuant après 2 minutes; mettez-les de côté.

7. Faites chauffer le beurre dans un grand poêlon à feu moyen jusqu'à ce qu'il soit frémissant. Ajoutez l'oignon et l'ail. Faites cuire en remuant pendant 3 minutes. Ajoutez les champignons. Faites cuire en remuant de temps en temps pendant 3 minutes. Ajoutez la sauge, 1/2 c. à café de thym, le sel et le poivre. Ajoutez le riz cuit; faites cuire pendant 2 minutes en remuant de temps en temps. Incorporez le bouillon. Ajoutez les pacanes et les cubes de pain grillés; remuez légèrement.

8. Transférez dans une casserole de 1 1/2 litres.

9. Vous pouvez, à ce stade, couvrir la Farce aux Champignons et au Riz Sauvage et la mettre au réfrigérateur pendant 8 heures au maximum avant de la faire cuire.

10. Faites préchauffer le four à 160°C.

11. Couvrez avec un couvercle ou du papier d'aluminium. Faites cuire au four pendant 40 minutes (50 minutes si le plat sort du réfrigérateur) ou jusqu'à ce qu'il soit bien chaud. Garnissez au goût.

Donne 6 à 8 portions

Étape 5. Comment couper la baguette en cubes.

Étape 6. Comment étaler les cubes de pain sur la plaque à pâtisserie.

Étape 7. Comment mélanger les cubes de pain dans le mélange de bouillon.

Tarte Pralinée à la Citrouille

175 g de farine tout usage
1 c. à soupe de sucre granulé
3/4 c. à café de sel, mesuré
    séparément
60 g de graisse végétale
60 g de beurre ou de margarine
2 à 4 c. à soupe d'eau froide
450 g de citrouille
40 cl de lait évaporé
2 oeufs
130 g de cassonade, bien tassée
1 c. à café de cannelle moulu
1/2 c. à café de gingembre moulu
1/4 c. à café de clous de girofle
    moulus
  Nappage aux Pralines (à la page
    548)
  Crème Fouettée Sucrée (à la
    page 550)
  De la cannelle supplémentaire et
    des moitiés de pacanes
    pour la décoration

1. Pour la croûte, mélangez la farine, le sucre granulé et 1/4 de c. à café de sel dans un grand bol. Incorporez la graisse végétale et le beurre à l'aide d'un coupe pâte ou de 2 couteaux jusqu'à ce que le mélange forme des morceaux de la taille de petits pois.

2. Aspergez le mélange de farine d'eau, 1 c. à soupe à la fois. Mélangez avec une fourchette jusqu'à ce que le mélange se lie. Faites-en une boule. Enveloppez-la dans un film alimentaire transparent. Mettez au réfrigérateur pendant 1 heure ou jusqu'à ce qu'elle soit froide.

3. Enlevez le film alimentaire transparent. Aplatissez la pâte en une rondelle de 12,5 à 15 cm. Farinez légèrement la surface de travail et le rouleau à pâtisserie. Abaissez la pâte en petits coups en commençant par le milieu de la rondelle et en roulant vers l'extérieur avec le rouleau. Faites tourner la pâte d'un quart de tour vers la droite. Saupoudrez encore un peu de farine sous la pâte et sur le rouleau au besoin, pour empêcher de coller. Continuer à rouler et à tourner la pâte encore 2 ou 3 fois. Roulez la pâte à une épaisseur de 6 mm.

4. Coupez la pâte de 2,5 cm plus grand qu'un moule à tarte de 25 cm renversé, avec un fond amovible ou 4 cm plus grande qu'un moule à tarte de 24 cm. Mettez le rouleau àpâtisserie sur un côté de la pâte. Roulez doucement la pâte sur le rouleau.

5. Soulevez soigneusement le rouleau et la pâte tout en déroulant la pâte dans le moule à tarte. Utilisez vos doigts pour placer la pâte dans le moule. Ne l'étirez pas. Coupez la pâte à ras du bord du moule. Roulez et cannelez le bord de la pâte dans le moule à tarte).

6. Couvrez la croûte de la pâte avec un film alimentaire transparent et réfrigérez pendant 30 minutes pour faire reposer la pâte.

7. Préchauffez le four à 200°C.

suite à la page 548

Étape 3. Comment aplatir la pâte.

Étape 4. Comment enrouler la pâte sur le rouleau à pâtisserie.

Étape 5. Comment dérouler la pâte dans le moule à tarte.

Tarte Pralinée à la Citrouille, suite

8. Pour cuire la tarte à blanc, faites des petits trous avec les dents d'une fourchette à intervalles de 6 mm, environ 40 fois.

9. Coupez un carré de papier d'aluminium environ 10 cm plus large que le plat à tarte. Recouvrez-en la tarte. Remplissez de haricots secs, de riz non cuit ou de pesées à gâteaux en céramique.

10. Faites cuire pendant 10 minutes ou jusqu'à ce qu'elle soit ferme. Retirez la tarte du four. Enlevez délicatement le papier d'aluminium et les haricots secs. Remettez la tarte au four et faites-la cuire pendant encore 5 minutes ou jusqu'à ce qu'elle soit légèrement brunie. Faites-la refroidir entièrement sur une grille. (Si vous utilisez des haricots secs ou du riz, conservez-les pour la cuisson à blanc; ils ne sont plus utilisables dans les recettes).

11. Pour la garniture, préchauffez le four à 200°C. Battez la citrouille, le lait, les oeufs, la cassonade, 1 c. à café de cannelle, la 1/2 c. à café de sel restante, le gingembre et les clous de girofle dans un grand bol avec un batteur électrique à basse vitesse. Versez sur la croûte de tarte refroidie. Faites cuire pendant 35 minutes.

12. Préparez le Nappage aux Pralines. Saupoudrez le nappage sur le centre de la tarte en laissant une bordure de 4 cm tout autour.

13. Faites cuire encore 15 minutes ou jusqu'à ce qu'un couteau inséré à 2,5 cm du centre ressorte propre.

14. Faites refroidir complètement sur une grille. Préparez la Crème Fouettée Sucrée et mettez-la dans une poche à pâtisserie munie d'une douille cannelée. Décorez le bord de la tarte avec la crème fouettée. Saupoudrez de cannelle supplémentaire. Décorez avec des moitiés de pacanes.

Donne 8 portions

Nappage aux Pralines

65 g de cassonade, bien tassée
50 g de pacanes hachées
50 g de flocons d'avoine à cuisson rapide, non cuits
1 c. à soupe de beurre ou de margarine, ramolli(e)

Mettez le sucre, les pacanes et les flocons d'avoine dans un petit bol. Incorporez le beurre à l'aide d'un coupe pâte ou de 2 couteaux jusqu'à l'obtention de miettes.

Étape 8. Comment percer la croûte avec les dents d'une fourchette.

Étape 9. Comment remplir le papier d'aluminium d'haricots secs.

Étape 13. Comment vérifier si la tarte est cuite.

Gâteau Riche au Chocolat

2 tablettes (225 g chacune) de chocolat mi-sucré (16 carrés)

340 g de beurre ou de margarine

200 g de sucre

100 g de crème légère

6 gros oeufs

2 c. à café de vanille

  Des Copeaux de Chocolat (à la page 550)

  La Glace au Chocolat (à la page 550)

  De la Crème Fouettée Sucrée (à la page 550)

  Des feuilles de menthe pour la décoration

1. Préchauffez le four à 180°C. Tapissez le fond d'un moule à fond amovible de 24 cm avec du papier d'aluminium, en repliant les bords sous le fond. Fixez la paroi à charnière sur le moule. Ramenez le papier d'aluminium autour des parois du moule. Beurrez le fond; mettez de côté.

2. Faites chauffer le chocolat, le beurre, le sucre et la crème dans une casserole lourde de 2 litres àfeu doux jusqu'à ce que le chocolat fonde et que le mélange soit bien lisse, en remuant fréquemment. Enlevez du feu.

3. Battez les oeufs et la vanille dans un grand bol à l'aide d'un fouet jusqu'à ce que le mélange soit mousseux. Incorporez lentement, en fouettant, le mélange de chocolat chaud jusqu'à ce qu'il soit bien mélangé. Ne fouettez pas trop fort. Il ne faut pas que l'air pénètre dans le mélange.

4. Versez le tout dans le moule préparé. Faites cuire au four pendant 45 minutes ou jusqu'à ce qu'un cure-dents en bois enfoncé à environ 2,5 cm du bord ressorte propre et que le centre ait pris. Faites refroidir complètement le gâteau sur une grille.

5. Préparez les Copeaux de Chocolat; mettez-les au réfrigérateur.

6. Lorsque le gâteau est refroidi, enlevez soigneusement les parois du moule. N'enlevez pas le gâteau du fond du moule. Enveloppez-le de papier d'aluminium. Mettez-le au réfrigérateur jusqu'à ce qu'il soit bien froid, pendant au moins 4 heures ou toute la nuit.

7. Préparez la Glace au Chocolat. Découvrez le gâteau. Enlevez-le du fond du moule. Posez le gâteau à l'envers sur une assiette à gâteau. Entourez le gâteau de bandes de papier ciré.

8. Nappez le dessus et les côtés du gâteau de glace encore chaude à l'aide d'une spatule en métal. Enlevez le papier ciré après que la glace ait pris.

Suite à la page 550

Étape 1. Comment tapisser le fond du moule de papier d'aluminium.

Étape 4. Comment vérifier si le gâteau est cuit avec un cure-dents en bois

Étape 7. Comment placer les bandes de papier ciré autour de l'assiette.

Gâteau Riche au Chocolat, suite

9. Préparez la Crème Fouettée Sucrée. Mettez-la dans une poche à pâtisserie avec une douille moyenne en forme d'étoile. Décorez le tour du gâteau avec la crème fouettée.

10. Décorez la crème fouettée avec des Copeaux en Chocolat. Réfrigérez. Au moment de servir, décorez avec des feuilles de menthe.

Donne 16 à 20 portions

Copeaux au Chocolat

30 g de chocolat, grossièrement coupé
1 c. à café de graisse végétale

1. Mettez le chocolat et la graisse végétale dans une tasse à mesurer en verre d'1 tasse. Mettez au four à micro-ondes à puissance MAXIMALE pendant environ 1 1/2 minutes ou jusqu'à ce que le tout soit fondu, en remuant toutes les 30 secondes.

2. Versez le chocolat fondu sur l'envers d'une plaque à pâtisserie, une plaque en marbre ou tout autre surface plate qui résiste à la chaleur. Étalez rapidement le chocolat en une fine couche à l'aide d'une spatule en métal. Réfrigérez pendant environ 10 minutes ou jusqu'à ce que le chocolat soit ferme mais encore élastique.

3. Lorsque le chocolat est pris, utilisez une petite spatule en métal à bord droit ou un couteau d'office. En tenant la spatule à 45°C, poussez la spatule fermement le long de la plaque, sous le chocolat, de façon à ce que le chocolat s'enroule tandis qu'il est poussé. (Si le chocolat est trop ferme pour s'enrouler, attendez quelques minutes à la température ambiante. Réfrigérez s'il devient trop mou).

4. A l'aide d'une petite brochette ou un cure-dents, transférez les copeaux sur du papier ciré. Conservez-les dans un endroit sec et frais jusqu'à leur utilisation.

Glace au Chocolat

160 g de pépites de chocolat mi-sucré
2 c. à soupe de beurre ou de margarine
3 c. à soupe de mélange mi-crème, mi-lait
2 c. à soupe de sirop de maïs léger

Faites chauffer les pépites de chocolat et le beurre dans une casserole lourde d'un litre à feu doux, en remuant fréquemment. Retirez du feu. Incorporez la crème et le sirop jusqu'à ce que le tout soit homogène.

Donne environ 30 cl

Crème Fouettée Sucrée

240 g de crème épaisse
2 c. à soupe de sucre glace
1/2 c. à café de vanille

Refroidissez un grand bol, les fouets et la crème. Versez la crème dans le bol refroidi et fouettez-la avec un batteur électrique à vitesse élevée jusqu'à l'obtention de pics mous. Pour vérifier, enlevez les fouets de la crème; le mélange doit avoir des pics mous mais bien définis. Ne fouettez pas trop la crème. Réfrigérez.

Étape 9. Comment décorer le gâteau avec la crème fouettée.

Crème Fouettée Sucrée. Comment vérifier si la crème forme des pics mous.

Tarte Linzer

75 g d'amandes entières, grillées*
210 g de farine tout usage
1 c. à café de cannelle moulue
1/4 c. à café de sel
160 g de sucre granulé
115 g de beurre ou de margarine
1/2 c. à café de zeste de citron
1 oeuf
180 g de confiture de framboises
    ou d'abricots
 Du sucre glace

*Pour griller les amandes, voir les instructions pour griller les noix, à la page 504, étape 1.

1. Mettez les amandes dans un robot culinaire. Mélangez en utilisant le bouton de commande intermittente jusqu'à ce que les amandes soient broyées, mais non pâteuses.

2. Préchauffez le four à 190°C.

3. Mélangez la farine, les amandes, la cannelle et le sel dans un bol moyen; mettez de côté.

4. Battez le sucre granulé, le beurre et le zeste de citron dans un grand bol à l'aide d'un batteur électrique à vitesse moyenne pendant environ 5 minutes ou jusqu'à ce que le mélange soit léger, en raclant une fois le bord du bol. Incorporez l'oeuf en le battant jusqu'à ce qu'il soit bien mélangé.

5. Incorporez le mélange de farine à petite vitesse jusqu'à ce qu'il soit bien mélangé. Mettez les 2/3 du mélange au fond d'un moule à tarte à fond amovible de 25 cm. Aplatissez la pâte uniformément au fond et sur les côtés du plat. Étalez la confiture sur le fond de la pâte.

6. Roulez le 1/3 restant de pâte sur une surface légèrement farinée à l'aide d'un rouleau légèrement fariné en un carré de 25 cm sur 15 cm. Coupez la pâte en bandes de 25 cm sur 1,5 cm à l'aide d'une roulette à pizza ou d'un couteau bien aiguisé.

7. Disposez 4 à 5 bandes de pâte dans le sens de la longueur sur la confiture. Disposez 4 ou 5 autres bandes de pâte en travers sur le dessus. Pressez les extrémités des bandes de pâte dans le bord de la croûte.

8. Faites cuire pendant 25 à 35 minutes ou jusqu'à ce que la croûte soit bien dorée. Faites refroidir complètement dans le moule sur une grille. Enlevez la tarte du moule. Coupez-la en morceaux. Saupoudrez de sucre glace.

9. Conservez la tarte, bien couverte, à température ambiante, pendant 1 à 2 jours.

Donne 12 portions

Étape 6. Comment couper la pâte en bandes avec une roulette à pizza.

Étape 7. Comment disposer les bandes en treillis sur la tarte.

Soufflés Individuels à l'Orange

Vaporisateur d'huile végétale
3 oranges
1 1/2 c. à soupe d'amidon de maïs
3 c. à soupe de liqueur à l'orange
6 blancs d'oeufs
1/8 c. à café de sel
6 c. à soupe de sucre granulé
1 1/2 c. à soupe d'amandes effilées (facultatif)
1 1/2 c. à soupe de sucre glace (facultatif)

1. Préchauffez le four à 230°C. Vaporisez 6 moules à soufflé individuels (225 à 285 g chacun) avec le vaporisateur d'huile végétale. Mettez les moules dans un plat à gâteau roulé; mettez de côté.

2. Râpez la partie colorée (sans la peau blanche) de la peau de l'orange avec une râpe. Râpez suffisamment de zeste d'orange pour en avoir 1 1/2 c. à café.

3. Coupez la peau et les membranes des oranges; séparez les quartiers d'orange au-dessus d'une casserole d'un litre. Coupez les oranges en dés. Il y aura 37 cl de jus et de pulpe.

4. Incorporez l'amidon de maïs jusqu'à ce que le tout soit lisse. Faites cuire en remuant à feu moyen jusqu'à ce que le mélange arrive à ébullition et épaississe légèrement. Enlevez du feu. Incorporez la liqueur et le zeste d'orange mis de côté.

5. Battez les blancs d'oeufs et le sel avec un batteur électrique à vitesse élevée, dans un grand bol, jusqu'à l'obtention de pics mous. Pour les vérifier, enlevez les fouets des blancs d'oeufs; le mélange devrait former des pics mous mais bien définis.

6. Incorporez graduellement le sucre granulé, 1 c. à soupe à la fois, jusqu'à ce que vous obteniez des pics fermes et que le sucre soit dissout. Après avoir retiré les fouets du mélange de blancs d'oeufs, les pics devraient rester à la surface et le mélange ne devrait pas glisser lorsque le bol est penché.

7. Incorporez 1/4 du mélange de blancs d'oeufs dans le mélange d'orange, à l'aide d'une spatule en caoutchouc ou un fouet. Puis, incorporez tout le mélange d'orange dans le reste du mélange de blancs d'oeufs. Déposez à l'aide d'une cuillère dans les plats préparés. Saupoudrez d'amandes au goût.

8. Faites cuire immédiatement pendant 12 à 15 minutes ou jusqu'à ce que les soufflés soient gonflés et dorés. Saupoudrez de sucre glace, au goût. Servez immédiatement.

Donne 6 portions

Étape 5. Comment vérifier si les blancs d'oeufs forment des pics mous.

Étape 6. Comment vérifier si les blancs d'oeufs forment des pics fermes.

Étape 7. Comment incorporer le mélange de blancs d'oeufs dans le mélange d'oranges.

Rugelach

210 g de farine tout usage
1/4 c. à café de sel
1/4 c. à café de bicarbonate de
  soude
115 g de beurre ou de margarine
90 g de fromage à la crème,
  ramolli
65 g plus 4 c. à soupe de sucre
  granulé, mesuré
  séparément
1 c. à café de zeste de citron,
  mesuré séparément
115 g de noix grillées et moulues
  (technique à la page 504)
  ou 1 tasse d'amandes
  entières
1 c. à café de cannelle moulue
2 c. à soupe de miel
1 c. à soupe de jus de citron
  Du sucre glace

1. Mettez la farine, le sel et le bicarbonate de soude dans un petit bol, mélangez bien. Battez le beurre, le fromage à la crème, 1/3 tasse de sucre granulé et 1/2 c. à café de zeste de citron dans un grand bol avec un batteur électrique à vitesse moyenne pendant environ 5 minutes ou jusqu'à ce que le mélange soit léger, en raclant une fois le bol.

2. Ajoutez graduellement le mélange de farine. Mélangez à petite vitesse jusqu'à ce que le tout soit bien mélangé, en raclant une fois les côtés du bol.

3. Façonnez la pâte en 3 rondelles de 13 cm; enveloppez-les dans un film alimentaire transparent et réfrigérez jusqu'à ce qu'elles soient fermes, pendant environ 2 heures.

4. Préchauffez le four à 190°C. Graissez 2 plaques à biscuits; mettez-les de côté. Mélangez les noix, le quart restant de sucre granulé et la cannelle dans un bol moyen; mettez de côté.

5. En travaillant avec une rondelle de pâte à la fois, enlevez le film alimentaire transparent et mettez la pâte sur une surface légèrement farinée. Abaissez la pâte avec un rouleau à pâtisserie légèrement fariné en un cercle de 25 cm. Conservez le reste de la pâte au réfrigérateur.

6. Badigeonnez avec le 1/3 du mélange de miel. Saupoudrez 1/3 du mélange de noix. Enfoncez légèrement le mélange de noix dans la pâte.

7. Coupez le cercle en 12 triangles avec une roulette à pizza ou un couteau aiguisé. En commençant par le côté large du triangle, roulez serré vers le haut, comme un gâteau roulé. Mettez les biscuits sur les plaques préparées en les espaçant de 2,5 cm.

8. Répétez avec les 2 autres morceaux de pâte et les ingrédients de garniture. Faites cuire pendant 10 à 12 minutes ou jusqu'à ce qu'ils soient légèrement dorés. Laissez reposer les biscuits sur les plaques pendant 1 minute. Retirez-les et posez-les sur une grille; laissez-les refroidir. Saupoudrez de sucre glace. Conservez-les, bien couverts.

Donne 3 douzaines

Étape 5. Comment abaisser la pâte.

Étape 6. Comment saupoudrer le mélange de noix sur la pâte.

Étape 7. Comment rouler les biscuits.

Oursons en Pain d'Épice

490 g de farine tout usage
2 c. à café de cannelle moulue
1 1/2 c. à café de gingembre
moulu
1 c. à café de sel
1 c. à café de bicarbonate de
soude
1 c. à café de piment de la
Jamaïque moulu
225 g de beurre ou de margarine,
ramolli(e)
175 g de cassonade bien tassée
1 c. à café de vanille
75 g de mélasse
2 oeufs
  Sucre coloré et décorations
    diverses pour biscuits
    (facultatif)
  Glace en tube, crémeuse ou en
    gel (facultatif)
  Bonbons assortis et chocolat
    rapé (facultatif)

1. Mettez la farine, la cannelle, le gingembre, le sel, le bicarbonate de soude et le piment de la Jamaïque dans un bol moyen; remuez pour mélanger. Mettez de côté.

2. Battez le beurre, le sucre et la vanille dans un grand bol avec un batteur électrique à vitesse moyenne pendant environ 5 minutes ou jusqu'à ce que le tout soit léger, en raclant une fois le bord du bol. (Le mélange ne sera pas entièrement lisse). Incorporez la mélasse et les oeufs jusqu'à ce que le tout soit bien mélangé, en raclant une fois le bord du bol.

3. Incorporez le mélange de farine à petite vitesse jusqu'à ce que le tout soit bien mélangé. Divisez la pâte en trois morceaux égaux. Aplatissez chaque morceau de pâte en rondelle; enveloppez-les de film alimentaire transparent; réfrigérez pendant au moins 2 heures ou 24 heures au maximum.

4. Préchauffez le four à 180°C. Graissez de grandes plaques à biscuits; mettez-les de côté.

5. En travaillant avec une rondelle de pâte à la fois, mettez la pâte sur une surface légèrement farinée. Abaissez la pâte avec un rouleau à pâtisserie légèrement fariné à une épaisseur de 6 mm. Conservez le reste de la pâte au réfrigérateur.

6. Découpez la pâte avec des emporte-pièces de 8 cm en formes d'oursons. Mettez les biscuits sur les plaques préparées en les espaçant de 2,5 cm. Roulez les petits morceaux de pâtes restants en billes et en ficelles pour faire les yeux, les nez et décorer les oursons. Décorez les oursons avec les autres décorations, au goût.

7. Faites cuire pendant 10 minutes ou jusqu'à ce que les biscuits soient dorés. Laissez-les reposer sur la plaque à biscuits pendant 1 minute. Retirez-les avec une spatule et posez-les sur une grille; laissez-les refroidir.

8. Décorez les biscuits refroidis avec la glace. Conservez-les bien couverts à température ambiante.

Donne environ 42 biscuits

Étape 5. Comment abaisser la pâte.

Étape 6. Comment découper la pâte avec un emporte-pièces.

Étape 8. Comment décorer les oursons.

COURS DE CUISINE
LES GARNITURES

Dans le sens des aiguilles d'une montre, en commençaint en haut à gauche: Noix de Beurre Moulées *(à la page 594)*, Coupes de Tortillas *(à la page 595)* et Pâte Découpée *(à la page 593)*

NOTES DE COURS

La plupart des cuisiniers s'efforcent d'apprêter la nourriture pour qu'elle soit aussi appétissante que succulente. Et pourtant, nombre d'entre eux hésitent à mettre la touche finale qui pourrait transformer leurs plats. Si vous vous reconnaissez, cette section est pour vous. Elle comporte plus de 30 idées créatives de décoration qui donneront sans conteste un aspect plus professionnel à tous vos plats.

Parcourez les pages cette section, remplies de décorations aux couleurs vives et découvrez comme il est simple de transformer des ingrédients bien connus, tels que les carottes, les pommes, les gélifiés et le chocolat en de véritables petits chefs-d'oeuvre. Par exemple, les triangles de poivrons ne peuvent qu'enjoliver la présentation des grillades. Ou bien, émerveillez vos invités en offrant à chacun une délicate rose en caramel. Un petit coup de pouce pour encourager les enfants à manger leur salade-si-bonne-pour-la-santé? Les papillons de courgettes s'envoleront des assiettes en moins de deux. Quoi de plus irrésistible qu'un décadent gâteau au fromage, couronné de succulentes feuilles en chocolat.

Les instructions étape par étape et faciles à suivre, de même que les illustration «comment faire» pour chaque décoration, rendent cette section aussi facile à feuilleter qu'à exécuter. Que vous soyez un cuisinier débutant ou expérimenté, vous étonnerez tout le monde, vous-même y compris, avec les résultats professionnels que vous obtiendrez. Pour vous aider davantage, notre lexique pratique liste les ustensiles et accessoires culinaires dont vous avez besoin pour recréer chacune de ces décorations attrayantes. Et pour vous faciliter la tâche, nous avons également inclus quelques conseils pratiques qui vous permettront de gagner du temps et de garantir la réussite de vos plats.

De plus, chaque décoration vous propose différents choix possibles pour une occasion donnée - qu'il s'agisse d'une réception formelle, de l'anniversaire d'un enfant ou d'un barbecue à la bonne franquette.

Si vous aimez cuisiner et présenter des plats attrayants, cette section vous promet des heures de plaisir. Avec un peu d'entraînement, il vous sera facile de reproduire les fabuleuses décorations que l'on voit dans les grands restaurants et les boulangeries. Relevez vos manches et donnez-vous en àcoeur joie.

CHOISISSEZ LA DÉCORATION APPROPRIÉE

Lorsque vous choisissez une décoration, sélectionnez celle qui met en valeur et complète la couleur et la texture du plat. Utilisez une décoration vive pour relever un plat peu coloré. Accentuez un plat peu texturisé avec une décoration croustillante.

Tenez aussi compte de la taille de la décoration. Une garniture imposante s'harmonisera avec les mets servis sur un grand plateau ou un grand plat de service. Si le met comprend plusieurs ingrédients, faites une décoration simple.

Souvenez-vous que les décorations doivent rehausser l'aspect de la nourriture et non pas cacher sa beauté et son goût.

AVANT DE COMMENCER

Prenez des fruits et des légumes qui ont une forme régulière, qui ne sont pas tachés et qui sont au bon stade de mûrissement. En général, plus le fruit ou le légume est ferme, plus il est facile à travailler et plus la décoration restera fraîche et attrayante.

Assurez-vous que les couteaux que vous utilisez sont bien aiguisés. Un couteau bien aiguisé vous permet de couper avec précision, car il n'a pas besoin d'être poussé ou enfoncé. Aiguisez vous-même vos couteaux ou faites-les aiguiser chez un coutelier.

FAITES LES DÉCORATIONS A L'AVANCE

Si possible, faites les décorations avant de vous mettre à effectuer les derniers préparatifs d'un repas. Lorsque vous recevez, vous n'avez pas beaucoup de temps pour créer des décorations à la dernière minute. (Assurez-vous de bien conserver la décoration lorsqu'elle est terminée et de l'ajouter au plat au moment de servir).

• La plupart des décorations de légumes peuvent être faites à l'avance, puis réfrigérées dans des récipients hermétiques ou enveloppées dans un film alimentaire transparent jusqu'au lendemain.

• Pour garder les décorations de fruits fraîches, enveloppez-les dans un film alimentaire transparent et réfrigérez. Dans le cas des pommes ou d'autres fruits qui brunissent lorsqu'ils sont coupés, badigeonnez généreusement les surfaces de jus de citron avant de les emballer et de les mettre au réfrigérateur.

• Mettez les décorations qui ont besoin de sécher ou de se raffermir dans un endroit sec et frais pendant plusieurs heures ou toute la nuit.

• Pour qu'elles soient plus croustillantes, laissez les décorations glacées dans l'eau glacée une heure ou deux de plus. Ou bien, égouttez bien les décorations, puis enveloppez-les dans un film alimentaire transparent et réfrigérez toute la nuit.

LES OUTILS DE DÉCORATION

Alors que vous comptez sur votre batterie de cuisine pour vous aider à préparer un bon repas, vous avez également besoin de quelques accessoires pour créer des décorations spectaculaires. Voici quelques-uns des accessoires les plus courants:

Coupe-pomme/vide-pomme: Ce petit instrument en forme de roue est idéal pour couper les légumes tels que les carottes et les pommes.

Plat à rôtir: Pour obtenir les meilleurs résultats possibles lorsque vous faites rôtir des aliments très gras, comme le bacon, assurez-vous que la casserole que vous utilisez a une plaque avec des rainures ou des trous qui permettent au gras de s'écouler dans le fond.

Pinceaux: Les pinceaux à pâtisserie standards conviennent à la plupart des décorations, mais pour les travaux plus délicats ou plus précis, il vaut mieux utiliser un petit pinceau d'enfant.

Coquilleur à beurre et spatules à beurre: Ces deux ustensiles vous permettront de mouler le beurre. Utiliser le coquilleur pour former de délicates coquilles de beurre et les palettes pour faire des boules de beurre.

Zesteur: Utilisez cet ustensile pour couper une fine bande d'écorce d'agrumes ou d'autres produits frais.

Planche à découper: Quel que soit le type de planche à découper que vous utilisez, assurez-vous qu'elle soit propre. Nettoyez-la avec de l'eau et du savon, puis désinfectez-la avec une solution légère d'eau de javel et d'eau chaude après chaque utilisation.

Poche de décoration ou cône en papier: Utilisez ces articles pour appliquer des décorations à la douille sur des gâteaux.

Douilles de décoration: Les douilles que vous utiliserez seront surtout des douilles pour écrire ou en forme d'étoiles, de roses et de feuilles. Commencez par en acheter une de chaque type. Puis ajoutez à votre collection chaque fois que vous avez besoin d'une douille supplémentaire pour une nouvelle décoration.

Thermomètre à friture: Assurez-vous d'utiliser le type de thermomètre qui est prévu pour mesurer les températures élevées de l'huile de cuisson utilisée pour la friture.

Napperons en papier et pochoirs: Ils sont utilisés pour transférer des motifs sur le dessus des gâteaux et d'autres desserts.

Couteau à pamplemousse: Les bords dentelés de ce couteau sont pratiques pour de nombreux travaux de décoration.

Râpe à main: Une râpe pratique ayant au moins un côté pour râper fin et un autre pour râper gros.

Emporte-pièces à hors-d'oeuvre ou petits emporte-pièces à biscuits: Ils sont en vente dans la plupart des magasins d'articles de cuisine. Choisissez les formes que vous utiliserez le plus souvent.

Couteaux: Il est indispensable d'avoir des couteaux bien aiguisés. Les couteaux que vous utiliserez le plus souvent sont le couteau de chef pour couper les gros articles tels que la pastèque, un couteau tout usage pour les aliments de taille moyenne tels que les ananas ou les cantaloups et enfin un couteau d'office pour l'utilisation générale.

Cuillère à melon: Cet ustensile pratique est disponible en plusieurs tailles. La plus versatile est celle qui mesure 2,5 cm de diamètre.

Ciseaux: Une petite paire de ciseaux est idéale pour couper les petits articles tels que les têtes d'oignons verts. Les ciseaux de cuisine ou les découpe-volailles conviennent mieux aux plus gros travaux.

Brochettes et cure-dents: Pour la décoration, ayez toujours à portée de main des cure-dents en bois ainsi que des brochettes en bois de 15 et 20 cm de long. Vous aurez parfois besoin d'une brochette en métal. Choisissez celle qui mesure environ 20 cm de long.

Sac solide en plastique réutilisable pour conserver les aliments: Pour utiliser comme douille, choisissez un sac de plastique réutilisable avec fermeture automatique qui est habituellement utilisé pour la congélation. La solidité de ce type de sac facilite le travail.

Éplucheur: Le type qui pivote est le plus pratique - assurez-vous qu'il soit bien aiguisé.

Passoire à mèches ou tamis: Cet ustensile en forme de bol et fait de mèches métalliques, convient particulièrement pour tamiser ou saupoudrer le sucre glace ou le cacao sur les aliments ainsi que pour égoutter les aliments.

Les Fruits Confits

En période de festivité, ravivez vos tartes, gâteaux ou puddings cuits à la vapeur d'une avalanche de raisins ou de canneberges confits.

Pour un cocktail, disposez des tranches de fromages et des saucisses fumées sur un plat de service. Décorez les plats d'un assortiment de fruits confits.

Raisins (en petites grappes), canneberges, cerises et/ou bleuets
Blanc d'oeuf
Sucre
Petites feuilles non toxiques (facultatif)

ACCESSOIRES:
Papier essuie-tout
Petit bol
Fourchette
Petit pinceau propre à peinture ou à pâtisserie
Papier ciré
Cuillère à café

1. Lavez les fruits. Essuyez-les délicatement avec du papier essuie-tout ou laissez-les sécher à l'air sur le papier essuie-tout.

2. Battez le blanc d'oeuf dans un petit bol avec une fourchette jusqu'à ce qu'il soit mousseux.

3. Badigeonnez chaque morceau de fruit de blanc d'oeuf avec un pinceau à peinture ou à pâtisserie, en enduisant bien tous les côtés du fruit, en une couche mince et uniforme.

4. Déposez les fruits sur du papier ciré qui a été recouvert de sucre. Saupoudrez une couche légère et uniforme de sucre sur le fruit à l'aide d'une petite cuillère. S'il y a des endroits qui ne sont pas bien enrobés, répétez les couches de blanc d'oeuf et de sucre.

5. Laissez sécher le fruit enrobé de sucre à la température ambiante jusqu'à ce qu'il soit sec. Décorez avec des feuilles non toxiques, au goût.

Étape 2. Comment battre le blanc d'oeuf.

Étape 3. Comment badigeonner le fruit de blanc d'oeuf.

Étape 4. Comment saupoudrer le fruit de sucre.

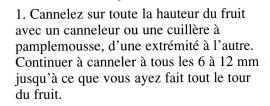

Oranges et citrons cannelés

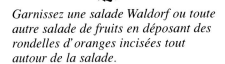

Quelques rondelles de citron ou d'oranges cannelées accompagnées d'un brin de persil frais constitue une attrayante décoration pour votre poisson préféré.

Garnissez une salade Waldorf ou toute autre salade de fruits en déposant des rondelles d'oranges incisées tout autour de la salade.

Pour rendre un bol de punch véritablement festif, laissez flotter des rondelles d'oranges ou de citron cannelées dans un punch ou une sangria à base d'agrumes.

Posez une moitié de rondelle d'orange cannelée dans une tasse et remplissez-la avec du cidre chaud épicé - rien de tel pour les journées froides d'hiver!

Citron, lime, orange ou pamplemousse

ACCESSOIRES:
Canneleur ou cuillère à pamplemousse
Planche à découper
Couteau d'office

1. Cannelez sur toute la hauteur du fruit avec un canneleur ou une cuillère à pamplemousse, d'une extrémité à l'autre. Continuer à canneler à tous les 6 à 12 mm jusqu'à ce que vous ayez fait tout le tour du fruit.

2. Mettez le fruit sur une planche à découper; coupez-le finement en travers avec un couteau d'office.

Étape 1. Comment canneler l'écorce.

Étape 2. Comment découper le fruit en rondelles.

Fleurs de Cerise

Décorez une salade aux cerises moulée dans une gelée dessert en déposant une cuillère de yogourt àla vanille sur chaque portion et couronnez d'une fleur de cerise au marasquin sur le dessus.

Ajoutez une touche colorée sur chaque portion de riz au lait en décorant chacune avec une fleur de cerise rouge et un petit brin de menthe.

A l'occasion de l'échange de cadeaux de Noël, saupoudrez vos pains préférés, gâteaux au café ou biscuits maison, de sucre glace. Puis décorez-les de fleurs de cerises confites rouges et vertes.

Cerises au marasquin ou cerises confites
Petit morceau d'écorce ou de fruit confit (facultatif)

ACCESSOIRES:
Planche à découper
Couteau d'office

1. Mettez la cerise sur la planche à découper. Coupez-la en 6 quartiers avec un couteau d'office, en faisant attention à ne pas couper le tiers inférieur de la cerise.

2. Utiliser la pointe du couteau pour déployer doucement les segments de cerise vers l'extérieur pour qu'ils ressemblent à des pétales.

3. Vous pouvez aussi mettre un petit morceau d'écorce ou de fruit confit au centre de la fleur.

Étape 1. Comment couper la cerise partiellement pour faire des quartiers.

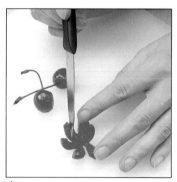

Étape 2. Comment écarter les quartiers pour que la cerise ressemble à une fleur.

Papillons de Citron ou de Lime

Vous organisez une fiesta mexicaine? Décorez chaque assiette avec un papillon de citron ou de lime et vos invités s'écrieront "Olé"!.

Ajoutez une certaine élégance à la morue ou au flétan cuit au four en servant chaque portion avec un délicat papillon de citron.

Encouragez les enfants à manger leurs légumes en déposant un papillon de citron ou de lime sur chaque portion.

Citron

ACCESSOIRES:
Éplucheur ou canneleur
Planche à découper
Couteau d'office

1. En commençant à une extrémité du citron, coupez une fine bande d'écorce autour du citron avec un éplucheur ou un canneleur.

2. Répétez à l'autre extrémité.

3. Mettez les deux bandes sur une planche à découper. A l'aide d'un couteau d'office, coupez la peau en de très fines lamelles, d'environ 2,5 cm de long.

4. Mettez le citron sur la planche à découper. Coupez les extrémités, là où la peau a été enlevée; jetez les extrémités. Coupez finement le reste du citron en biais.

5. Coupez chaque tranche en trois.

6. Pour faire chaque papillon, disposez deux quartiers de citron sur l'assiette ou le plat de votre choix, avec les pointes des quartiers se touchant au centre.

7. Pour faire les antennes, placez soigneusement 2 bandes d'écorce dans la courbure des tranches.

Variation avec de la Lime: Remplacez le citron par de la lime; suivez les instructions.

Étape 1. Comment couper une fine bande d'écorce.

Étape 3. Comment couper la peau en fines lamelles.

Étape 5. Comment couper la tranche en trois.

Étape 7. Comment ajouter les antennes.

Éventails de Fraise

Le gâteau sablé aux fraises, l'un des desserts préférés aux États-Unis, se transforme en un dessert on ne peut plus unique lorsqu'il est décoré d'un «nuage» de crème fouettée surmonté d'un éventail de fraise.

Rendez les choux à la crème, les éclairs et les napolitains encore plus irrésistibles en disposant un éventail de fraise ou deux à la base de chaque pâtisserie avant de servir.

Il n'y a rien de tel qu'un lait fouetté aux fraises fraîches et garni d'un éventail de fraise pour combattre une vague de chaleur en été.

Fraises non équeutées

ACCESSOIRES:
Planche à découper
Couteau d'office

1. Mettez une fraise sur une planche à découper avec la pointe dirigée vers vous.

2. A l'aide d'un couteau d'office, faites 4 ou 5 entailles dans le sens de la longueur à partir du côté pointu de la fraise sans toutefois aller jusqu'au bout de la fraise.

3. Déployez légèrement les lamelles, en faisant attention à ce que celles-ci ne se détachent pas. Mettez-les sur une assiette ou un gâteau pour les garder en position.

Étape 2. Comment couper partiellement la fraise.

Étape 3. Comment faire un éventail avec la fraise.

Boules de Melons avec Feuilles

Créez une bordure décorative en boules de melons et feuilles autour d'une meule de fromage ou d'une salade de fruits moulée dans une gelée dessert.

En guise de dessert léger, disposez des boules de melons avec feuilles sur des assiettes à dessert individuelles. Versez un coulis de fraises ou de framboises. Servez avec des macarons ou des biscuits au beurre.

Pour un buffet d'été, garnissez les plats de jambon froid et de dinde froide avec des grappes de boules de melons avec feuilles.

Déposez quelques boules de melon avec feuilles sur une tarte à la crème glacée ou une mousse glacée.

Melon miel Honewdew et/ou cantaloup

ACCESSOIRES:
Planche à découper
Couteau de chef
Grosse cuillère
Couteau d'office
Cure-dents
Cuillère à melon
Papier ciré

1. Mettez le melon sur une planche à découper; coupez-le en deux dans le sens de la longueur avec un couteau de chef. Enlevez les graines avec une cuillère; jetez les graines.

2. Pour faire les feuilles, coupez plusieurs tranches fines dans une moitié de melon. Épluchez les tranches avec un couteau d'office; jetez la peau.

3. Coupez les tranches en forme de feuilles avec un couteau d'office. Les petites feuilles devraient mesurer environ 15 mm de long et 19 mm de large. Les grosses feuilles devraient mesurer environ 3,75 cm de long et 15 mm de large)

4. Incisez des nervures dans les feuilles avec la pointe d'un cure-dents.

5. Pour faire les boules de melons, mettez la coupe de la cuillère à melon contre la chair de l'autre moitié de melon. Appuyez fermement sur la cuillère à melon de façon à rentrer dans la chair. Faites-la tourner jusqu'à ce que la coupe soit vers le haut. Enlevez-la; déposez la boule sur du papier ciré en renversant la cuillère. Répétez pour les autres boules.

6. Mettez la feuille sur l'assiette ou le plat désiré. Déposez les boules de melon contre l'extrémité de la feuille.

Étape 2. Comment éplucher les tranches de melon.

Étape 3. Comment découper en forme de feuilles.

Étape 4. Comment inciser les nervures dans les feuilles.

Étape 5. Comment faire les boules de melon.

Coupes de Pommes

Pour une présentation originale, présentez votre salade de carottes et de raisins dans des coupes de pommes; servez sur un lit de feuilles de citron ou de feuilles de laitue.

En entrée pour le déjeuner ou pour le brunch, servez une salade de fruits frais dans des coupes de pommes.

Lorsque le menu du déjeuner propose un panier de bagels, servez en accompagnement du fromage à la crème, fouetté, dans une coupe de pomme.

Pomme
Jus de citron ou d'orange

ACCESSOIRES:
Planche à découper
Couteau d'office
Cuillère à pamplemousse ou
    cuillère à café en métal
Pinceau à pâtisserie

1. Si la pomme n'est pas à niveau, mettez-la sur la planche à découper, sur le côté et coupez une fine tranche à la base de la pomme avec un couteau d'office.

2. Pour faire des dents de loup, tenez le couteau à un angle de 45° et percez le milieu de la pomme avec la pointe du couteau; insérez le couteau à moitié dans le côté de la pomme. Faites un "V" à l'envers en faisant une deuxième entaille, en insérant le couteau jusqu'au bout de la première entaille. Continuez à couper des "V" jusqu'à ce que vous ayez fait le tour de la pomme. Séparez soigneusement les deux moitiés de pomme.

3. A l'aide d'une cuillère à pamplemousse ou d'une cuillère à café, enlevez le centre des moitiés de pomme, pour obtenir des coquilles de 1,5 cm d'épaisseur.

4. A l'aide d'un pinceau à pâtisserie, badigeonnez généreusement l'intérieur des coupes de pommes avec du jus de citron ou d'orange pour les empêcher de brunir.

Étape 1. Comment couper une fine tranche à la base de la pomme.

Étape 2. Comment faire des dents de loup.

Étape 3. Comment évider le centre de la pomme.

Suprêmes de Citron ou de Lime

Faites flotter des quartiers de citron ou de lime dans un bol à punch aux agrumes.

❧

Pour un dessert facile mais élégant, disposez des boules de sorbet à la lime dans de jolis verres; décorez-les avec un quartier de citron ou de lime et un brin de menthe.

❧

Disposez deux ou trois quartiers de citron ou de lime au centre d'une tarte au citron ou de tout autre gâteau à base d'agrumes.

❧

Donnez un peu de vie à un riz beurré ou un riz pilaf en le décorant avec des quartiers de citron.

Citron

ACCESSOIRES:
Planche à découper
Couteau d'office

1. Mettez le citron sur la planche à découper. Coupez-le en deux dans le sens de la longueur avec un couteau d'office.

2. Mettez la moitié de fruit, le côté coupé vers le bas, sur la planche à découper. En travaillant vers le centre du fruit, enlevez un quartier, mince et peu profond, en faisant attention à ne pas couper trop loin dans le fruit; mettez-le de côté.

3. Continuez à couper doucement, à la manière d'une scie, des quartiers de plus en plus grands (chacune de 6 mm de plus que la précédente) jusqu'à ce que vous en ayez 4 ou 5. Enlevez chaque quartier au fur et à mesure que vous le coupez.

4. Répétez avec l'autre moitié de fruit.

Variation de Suprêmes de Citron:
Remplacez le citron par de la lime. Suivez les instructions.

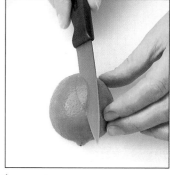

Étape 2. Comment couper un quartier peu profond dans le fruit.

Étape 3. Comment couper des quartiers de plus en plus grands.

Fleurs de Courgettes/Courges

Présentez un plat de spaghettis et de boulettes de viande à la table, décoré d'une ou deux fleurs de courgette.

Décorez le centre d'une quiche aux brocolis ou aux épinards avec une fleur de courgette ou de courge.

Pour un élégant canapé oriental, disposez un ou deux pâtés impériaux sur un plat avec deux petits bols de sauce à la moutarde et de sauce aigre-douce, servis côte-à-côte. Complétez le tout avec une fleur de courge ou de courgette.

Courgette

ACCESSOIRES:
Planche à découper
Couteau d'office
Éplucheur
Cure-dents en bois

1. Mettez la courgette sur le côté sur la planche à découper. Coupez les deux extrémités avec un couteau d'office; jetez-les.

2. Coupez de fines lamelles dans le sens de la longueur avec un éplucheur, en ayant soin de laisser de la peau verte des deux côtés de chaque lamelle. Continuez à couper des lamelles jusqu'à ce que vous atteigniez les graines.

3. Tournez la courgette, en laissant environ 1,5 cm de peau verte. Coupez à nouveau des lamelles. Tournez et coupez encore une fois.

4. Coupez les extrémités des lamelles avec un couteau d'office pour égaliser.

5. Faites des entailles de 1,5 mm le long du côté le plus long de chaque lamelle, en coupant presque jusqu'au bord opposé.

6. Enroulez chaque lamelle à partir du bout le plus court.

7. Insérez un petit morceau de cure-dents à travers chaque base pour fixer les rouleaux.

8. Mettez les fleurs droites. Déployez légèrement pour les ouvrir.

Variation avec de la Courge: Remplacez la courgette par une courge; suivez les instructions.

Étape 2. Comment couper la courgette.

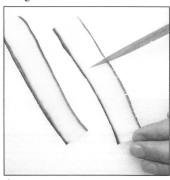

Étape 5. Comment couper le long de la lamelle de courgette.

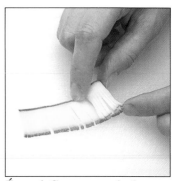

Étape 6. Comment rouler la lamelle.

Étape 7. Comment fixer la fleur avec un cure-dents.

Triangles de Poivron

Faites flotter un ou deux triangles de poivron sur votre crème de légumes préférée.

Rendez vos steaks et côtelettes particulièrement attrayants en les décorant de triangles de poivrons vert, rouge et jaune. Disposez un triangle de chaque couleur sur chaque assiette de viande.

Pour vos trempettes, servez des triangles de poivron au lieu des croustilles.

Pour rehausser la présentation de vos salades servies en plat principal, disposez quatre ou cinq triangles de poivron sur des assiettes individuelles; recouvrez d'une portion de salade au thon ou au poulet.

Poivron vert, rouge et/ou jaune
Bol d'eau glacée (facultatif)

ACCESSOIRES:
Planche à découper
Couteau d'office

1. Posez le poivron debout, la tige vers le haut, sur une planche à découper. Coupez une tranche d'environ 6 mm d'épaisseur de chaque côté du poivron avec un couteau d'office. Enlevez la membrane et les graines; jetez-les.

2. Coupez chaque tranche de poivron en un rectangle de 3 cm de long et 2 cm de large.

3. En commençant au 1/3 d'un long côté de chaque rectangle, coupez le reste de la longueur du rectangle, en terminant à 6 mm de l'autre côté. Tournez le rectangle; répétez de l'autre côté.

4. Pour faire chaque triangle, prenez les 2 coins extérieurs d'un rectangle et amenez-les vers le centre.

5. Faites chevaucher les extrémités pour les fixer. Vous pouvez également mettre les triangles dans de l'eau glacée pour les raffermir. Retirez-les de l'eau; égouttez-les bien.

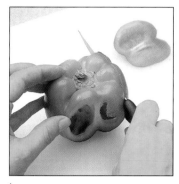

Étape 1. Comment couper les côtés du poivron.

Étape 3. Comment faire des rectangles.

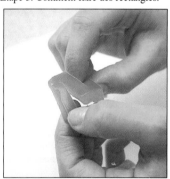

Étape 4. Comment tordre le rectangle coupé pour en faire un triangle.

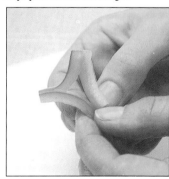

Étape 5. Comment faire chevaucher les extrémités pour fixer le triangle.

Étoiles
de Carotte

Persuadez vos enfants de manger leurs carottes en les coupant en étoiles plutôt qu'en bâtonnets ou en rondelles.

Créez des canapés colorés en étalant votre fromage préféré sur des craquelins ou des biscottes de seigle. Recouvrez d'une étoile de carotte.

Glacez le dessus d'une salade de légumes en gelée avec une fine couche de fromage à la crème, fouetté. Décorez avec des étoiles de carotte.

Grosses carottes

ACCESSOIRES:
Éplucheur
Planche à découper
Couteau d'office
Canneleur (facultatif)

1. Épluchez la carotte avec l'éplucheur. Mettez-la sur la planche à découper. Coupez la carotte avec un couteau d'office là où son diamètre commence à être inférieur à 1,5 cm; jetez le petit morceau. Coupez l'autre bout de la carotte; jetez-le. En mettant la carotte debout sur son extrémité la plus large, coupez une fine tranche dans le sens de la longueur d'un côté du morceau de carotte.

2. Répétez 4 fois, en tournant légèrement la carotte après chaque coupe, en forme de pentagone aux 5 côtés égaux.

3. Coupez une rainure au centre de chaque morceau plat à l'aide d'un canneleur ou de la pointe d'un éplucheur.

4. Coupez la carotte en biais en fines rondelles avec un couteau d'office pour former les étoiles.

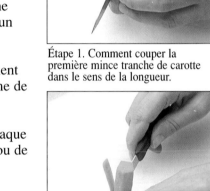

Étape 1. Comment couper la première mince tranche de carotte dans le sens de la longueur.

Étape 2. Comment couper la carotte en forme de pentagone.

Étape 3. Comment couper une rainure dans chaque côté plat.

Triangles de Poivron

Faites flotter un ou deux triangles de poivron sur votre crème de légumes préférée.

Rendez vos steaks et côtelettes particulièrement attrayants en les décorant de triangles de poivrons vert, rouge et jaune. Disposez un triangle de chaque couleur sur chaque assiette de viande.

Pour vos trempettes, servez des triangles de poivron au lieu des croustilles.

Pour rehausser la présentation de vos salades servies en plat principal, disposez quatre ou cinq triangles de poivron sur des assiettes individuelles; recouvrez d'une portion de salade au thon ou au poulet.

Poivron vert, rouge et/ou jaune
Bol d'eau glacée (facultatif)

ACCESSOIRES:
Planche à découper
Couteau d'office

1. Posez le poivron debout, la tige vers le haut, sur une planche à découper. Coupez une tranche d'environ 6 mm d'épaisseur de chaque côté du poivron avec un couteau d'office. Enlevez la membrane et les graines; jetez-les.

2. Coupez chaque tranche de poivron en un rectangle de 3 cm de long et 2 cm de large.

3. En commençant au 1/3 d'un long côté de chaque rectangle, coupez le reste de la longueur du rectangle, en terminant à 6 mm de l'autre côté. Tournez le rectangle; répétez de l'autre côté.

4. Pour faire chaque triangle, prenez les 2 coins extérieurs d'un rectangle et amenez-les vers le centre.

5. Faites chevaucher les extrémités pour les fixer. Vous pouvez également mettre les triangles dans de l'eau glacée pour les raffermir. Retirez-les de l'eau; égouttez-les bien.

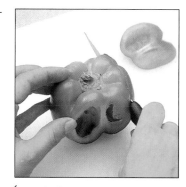

Étape 1. Comment couper les côtés du poivron.

Étape 3. Comment faire des rectangles.

Étape 4. Comment tordre le rectangle coupé pour en faire un triangle.

Étape 5. Comment faire chevaucher les extrémités pour fixer le triangle.

Étoiles de Carotte

Persuadez vos enfants de manger leurs carottes en les coupant en étoiles plutôt qu'en bâtonnets ou en rondelles.

Créez des canapés colorés en étalant votre fromage préféré sur des craquelins ou des biscottes de seigle. Recouvrez d'une étoile de carotte.

Glacez le dessus d'une salade de légumes en gelée avec une fine couche de fromage à la crème, fouetté. Décorez avec des étoiles de carotte.

Grosses carottes

ACCESSOIRES:
Éplucheur
Planche à découper
Couteau d'office
Canneleur (facultatif)

1. Épluchez la carotte avec l'éplucheur. Mettez-la sur la planche à découper. Coupez la carotte avec un couteau d'office là où son diamètre commence à être inférieur à 1,5 cm; jetez le petit morceau. Coupez l'autre bout de la carotte; jetez-le. En mettant la carotte debout sur son extrémité la plus large, coupez une fine tranche dans le sens de la longueur d'un côté du morceau de carotte.

2. Répétez 4 fois, en tournant légèrement la carotte après chaque coupe, en forme de pentagone aux 5 côtés égaux.

3. Coupez une rainure au centre de chaque morceau plat à l'aide d'un canneleur ou de la pointe d'un éplucheur.

4. Coupez la carotte en biais en fines rondelles avec un couteau d'office pour former les étoiles.

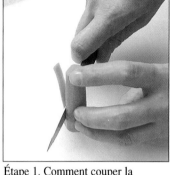

Étape 1. Comment couper la première mince tranche de carotte dans le sens de la longueur.

Étape 2. Comment couper la carotte en forme de pentagone.

Étape 3. Comment couper une rainure dans chaque côté plat.

Oignon vert ou céleri frou-frou

Pour apporter une certaine élégance à un plat de pâtes froides, servez-le dans vos plus jolies assiettes à salade avec un oignon vert ou un céleri frou-frou sur le côté.

Mettez un oignon vert frou-frou dans un bol de sauce barbecue et vos invités pourront s'en servir pour mettre de la sauce sur leurs côtes de boeuf ou leurs sandwichs au boeuf barbecue.

Aucun repas oriental n'est complet sans un bol de riz comble. Décorez le bol avec un petit céleri ou oignon vert frou-frou.

Oignon vert ou côte de céleri
Bol d'eau froide
Bol d'eau glacée

ACCESSOIRES:
Planche à découper
Couteau d'office

1. Pour l'oignon vert frou-frou: mettez l'oignon vert sur la planche à découper. Coupez les racines avec un couteau d'office; jetez-les. Coupez l'oignon en travers en 1 morceau de 8 cm, en laissant environ 4 cm des parties blanche et verte.

2. Faites des entailles depuis l'extrémité blanche de l'oignon presque jusqu'au centre du morceau; répétez pour obtenir de fines lamelles.

3. Mettez l'oignon dans de l'eau froide (pas de l'eau glacée). Laissez-le dans l'eau froide pendant 30 secondes ou jusqu'à ce que les extrémités s'enroulent légèrement. Retirez du bol d'eau. Laissez-le bien égoutter.

4. Pour le céleri frou-frou: coupez les extrémités de la côte de céleri; coupez en trois. Coupez chaque morceau en deux dans le sens de la longueur. Coupez en lamelles comme indiqué à l'étape 2 ci-dessus. Mettez dans de l'eau glacée et réfrigérez jusqu'à ce que les extrémités s'enroulent.

Étape 1. Comment couper un morceau de 3 po (7,5 cm) dans l'oignon.

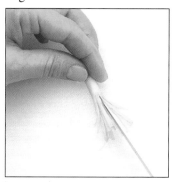

Étape 2. Comment couper l'extrémité de l'oignon en lamelles.

Étape 4. Comment couper l'extrémité du céleri en lamelles.

Éventails de Radis

Ajoutez des éventails de radis dans votre prochaine salade verte.

Ajoutez un éventail de radis à quelques feuilles fraîches de basilic - utilisez-les pour décorer une assiette de poulet 'cacciatore'.

Pour une fête: décorez une assiette de nachos avec un éventail de radis et une tige de persil.

Gros radis
Bol d'eau glacée

ACCESSOIRES:
Planche à découper
Couteau d'office

1. Mettez le radis sur une planche à découper. Coupez le haut et le bas du radis avec un couteau d'office; jetez-les.

2. Coupez les 3/4 du radis en lamelles de 6 mm d'épaisseur, en biais, en vous assurant de ne pas couper tout le radis.

3. Mettez le radis dans de l'eau glacée. Réfrigérez pendant plusieurs heures ou jusqu'à ce que le radis se déploie. Retirez-le de l'eau; égouttez-le bien.
ert ou jaune

Étape 1. Comment couper les extrémités du radis.

Étape 2. Comment couper partiellement le radis en fines lamelles.

Coupe de Poivron

Remplacez un bol par une coupe de poivron lorsque vous servez des trempettes crémeuses ou du guacamole. Ou encore, utilisez-le comme récipient pour les bâtonnets de céleris et de carottes, qui servira 'egalement de centre de table «comestible».

Pour une présentation originale, remplissez des coupes de poivron de portions de salade de thon, d'oeufs ou de jambon. Servez sur un lit de salade romaine rouge.

Moulez des portions individuelles d'aspic de tomates dans des coupes de poivron. Servez-les en entrée, recouvertes de mayonnaise ou de crème sûre.

Gros poivron rouge, vert ou jaune

ACCESSOIRES:
Planche à découper
Couteau d'office

1. Mettez le poivron sur une planche à découper. Coupez environ 1,5 cm autour de la queue avec un couteau d'office; jetez la queue.

2. Enlevez et jetez la membrane et les graines.

3. Lavez le poivron à l'eau froide courante. Retournez-le pour bien le vider.

4. Si nécessaire, coupez une fine lamelle à la base du poivron pour obtenir une surface plate. Mettez le poivron debout. Remplissez-le au goût.

Étape 1. Comment enlever la queue du poivron.

Étape 2. Comment enlever la membrane et les graines.

Étape 4. Comment couper la base du poivron pour qu'il tienne debout.

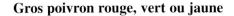

Roses de Tomate

Une délicate rose de tomate suffit à égayer un simple bol de fromage cottage.

Si les Fettucine Alfredo représentent pour vous un exploit culinaire sans pareil, rendez-les encore plus divins en ajoutant une rose de tomate.

Lorsque vous servez un poisson entier, ajoutez-lui un peu de couleur avec des roses de tomates.

Tomate mûre et ferme
Minuscules feuilles de menthe fraîche (facultatif)

ACCESSOIRES:
Planche à découper
Couteau d'office

1. Mettez la tomate sur la planche à découper. Enlevez le coeur de la tomate avec un couteau d'office.

2. Coupez une tranche très fine à la base de la tomate; jetez la tranche.

3. En commençant en haut de la tomate, épluchez-la à l'aide d'un couteau en coupant une bande continue et droite de peau en spirale, horizontalement, tout autour de la tomate, en effectuant un léger mouvement de scie.

4. Mettez la bande, côté chair ou côté peau vers le haut, sur la planche à découper. En commençant par l'extrémité de la bande que vous avez commencé à couper, enroulez la bande sur elle-même pour former un rouleau.

5. Repliez l'extrémité de la bande sous le rouleau pour la fixer. Disposez 2 ou 3 feuilles de menthe à la base de la rose de tomate, au goût.

Étape 1. Comment enlever le coeur de la tomate.

Étape 3. Comment éplucher la tomate.

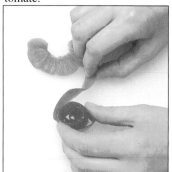

Étape 4. Comment rouler la peau en rouleau.

Étape 5. Comment replier l'extrémité de la bande sous le rouleau pour la fixer.

Champignons Cannelés

Ajoutez un ou deux champignons cannelés à un brin de cresson pour décorer les assiettes lorsque vous servez une grillade ou tout autre plat de viande.

Terminez vos brochettes de poulet avec des champignons cannelés.

Garnissez votre pâté préféré de plusieurs champignons cannelés.

**Gros champignon blanc frais
Petit bol de jus de citron**

**ACCESSOIRES:
Linge à vaisselle propre, humide
Papier essuie-tout
Planche à découper
Couteau d'office**

1. Essuyez doucement le champignon avec un linge à vaisselle humide ou rincez-le légèrement à l'eau. Séchez-le doucement avec du papier essuie-tout. Mettez le champignon sur une planche à découper. Enlevez ou coupez la queue avec un couteau d'office; jetez-la.

2. Avec un couteau d'office tenu à 45°, commencez en haut, au centre du chapeau du champignon et coupez une fine rainure jusqu'au bord du chapeau. Tournez le champignon. Continuez à couper des rainures, pour obtenir 6 à 8 fines rainures régulièrement espacées.

3. Une fois qu'elles ont toutes été coupées, enlevez soigneusement chaque morceau de forme triangulaire avec la pointe d'un couteau; jetez-les.

4. Pour empêcher les champignons cannelés de brunir, trempez-les dans le jus de citron.

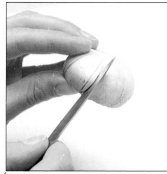

Étape 2. Comment couper des rainures dans le chapeau du champignon.

Étape 3. Comment enlever les quartiers de rainures.

Papillons de Courgette ou de Courge

Une salade de rondelles de tomates peut devenir une oeuvre d'art lorsqu'elle est décorée d'un papillon de courgette.

Superposez des papillons de courgettes et des rondelles d'oranges - la touche finale idéale pour un canard rôti.

Glissez doucement quelques papillons de courgette sur le dessus d'une bisque de fruits de mer.

Courgette, petite ou moyenne
Bol d'eau glacée (facultatif)
De la luzerne ou des germes de soja

ACCESSOIRES:
Planche à découper
Couteau d'office
Fourchette

1. Mettez la courgette sur une planche à découper. Coupez les deux extrémités avec un couteau d'office; jetez-les.

2. Pour canneler la courgette, enfoncez les dents d'une fourchette le long de celle-ci. Répétez tout autour de la courgette.

3. A environ 6 mm d'une extrémité de la courgette, faites une entaille en biais d'environ 2/3 de l'épaisseur de la courgette. A environ 6 mm de cette entaille, faites-en une autre qui traverse complètement la courgette.

4. Mettez les rondelles, côté coupé vers le bas, sur la planche à découper. Coupez le côté non coupé de la rondelle à environ 6 mm du bord pour faire une base plate.

5. Pour ouvrir les ailes, mettez la rondelle sur sa base plate; écartez doucement les côtés arrondis. (Si vous le désirez, mettez les rondelles dans de l'eau glacée pour les ramollir et pouvoir écarter d'avantage les ailes. Retirez-les de l'eau et égouttez-les bien). Répétez pour faire d'autres papillons.

6. Placez chaque papillon sur la nourriture ou l'assiette désirée. Pour faire les antennes, glissez 2 germes de haricots mungo ou de luzerne à l'extrémité de chaque papillon.

Variation avec Courge: Remplacez la courgette par une courge; suivez les instructions.

Étape 2. Comment canneler la courgette.

Étape 3. Comment couper la courgette.

Étape 4. Comment couper les rondelles pour former les bases.

Étape 5. Comment ouvrir les ailes.

Fleurs de Chili

Relevez une assiette de nachos ou une trempette mexicaine avec une paire de fleurs de chili.

Servez des bols combles de gombos ou de votre soupe ou ragoût préféré et posez une fleur de chili sur le côté.

Une fleur de chili est la décoration parfaite de tous les plats orientaux. Pourquoi ne pas essayer avec le porc aigre-doux?

Petits chilis rouge, jaune ou vert ou chili jalapeño
Bol d'eau glacée

ACCESSOIRES:
Planche à découper
Couteau d'office
Gants en caoutchouc ou en plastique

1. Mettez le chili sur une planche à découper. Coupez le bout étroit avec un couteau d'office; jetez-le. (Comme les huiles de chilis peuvent brûler votre peau, portez des gants en plastique ou en caoutchouc lorsque vous les manipulez).

2. Pour chaque fleur, commencez à une extrémité d'un chili et faites des entailles fines dans le sens de la longueur vers la tige, en faisant attention de ne pas couper jusqu'au bout. Répétez tout autour du chili.

3. Rincez le chili à l'eau froide pour enlever les graines.

4. Mettez le chili dans l'eau glacée. Réfrigérez plusieurs heures ou jusqu'à ce que le chili s'ouvre. Retirez-le de l'eau; égouttez-le bien.

Étape 1. Comment couper l'extrémité du chili.

Étape 2. Comment faire des entailles dans le sens de la longueur dans le chili.

Étape 3. Comment rincer le chili pour enlever les graines.

Formes en Chocolat

Pour un dessert tout à fait sensationnel, disposez en éventail plusieurs tranches de pommes, pêches ou poires pochées dans un grand bol de crème anglaise. Recouvrez de formes en chocolat.

Vous croyez que rien n'est meilleur qu'une tarte aux fraises fraîches? Que penser alors de la tarte aux fraises fraîches décorée avec des formes en chocolat?

Pour le «couronnement» rapide des éclairs à la crème, surmontez chaque pâtisserie d'une forme en chocolat.

Chocolat non sucré, semi-sucré ou au lait (en carrés ou en tablettes)

ACCESSOIRES:
Planche à découper
Couteau d'office
Tasse à mesurer en verre
Petite casserole
Spatule en caoutchouc
Petit sac de conservation alimentaire en plastique, réutilisable
Ciseaux de cuisine
Papier ciré

1. Mettez le chocolat sur la planche à découper; coupez-le en petits copeaux avec un couteau d'office.

2. Mettez les copeaux dans une tasse à mesurer en verre. Remplissez 1/4 de la casserole (environ 2,5 cm de profondeur) avec de l'eau tiède (pas chaude). Mettez la tasse à mesurer dans l'eau pour faire fondre le chocolat, en remuant fréquemment avec la spatule jusqu'à ce qu'il soit lisse. (Faites bien attention à ne pas mettre d'eau dans le chocolat). Retirez la tasse à mesurer de la casserole. Laissez le chocolat refroidir légèrement.

3. Remplissez la moitié du sac en plastique de chocolat fondu.

4. Fermez bien le sac. Coupez un petit coin en bas du sac avec des ciseaux.

5. Placez l'extrémité fermée du sac dans la main que vous allez utiliser pour écrire. Placez vos doigts près de l'ouverture du sac; mettez l'autre main sous le sac pour le guider.

6. Tout en pressant doucement le sac, placez l'ouverture juste au-dessus du papier ciré pour faire couler le chocolat en un flux régulier pour faire toutes sortes de petites formes. Arrêtez de presser puis relevez le sac à la fin de chaque forme. Faites des fleurs, des coeurs, des arbres de Noël, des treillis ou de la dentelle.

7. Laissez les formes refroidir dans un endroit frais et sec jusqu'à ce que le chocolat soit ferme. (Ne mettez pas au réfrigérateur). Décollez doucement les formes du papier ciré. Conservez-les dans un endroit frais et sec jusqu'à leur utilisation.

Étape 1. Comment faire des copeaux de chocolat.

Étape 3. Comment remplir un sac de chocolat fondu.

Étape 4. Comment couper un petit coin au bas du sac.

Étape 6. Comment faire les formes.

Décorations de Sucre ou de Cacao Tamisé

Un petit nuage de sucre glace met sans conteste les gâteaux aux épices, les pains d'épice ou votre gâteau au fromage préféré en valeur.

Une tarte aux noisettes sans glace n'attend plus qu'un simple dessin de sucre glace ou de cacao tamisé.

Gâteau au fromage, tarte ou gâteau

Poudre de cacao non sucré ou sucre glace

ACCESSOIRES:
Ciseaux de cuisine
Papier ciré
Napperon en papier à gros dessin
Grosse cuillère
Tamis à mailles fines
Brochettes ou cure-dents

1. Coupez à l'aide de ciseaux le papier ciré en bandes de 5 à 7,5 cm de large et de 12,5 à 15 cm de long. Glissez les bandes sous le dessert sur le plat de service pour garder l'assiette propre tandis que vous saupoudrez la poudre de cacao ou le sucre glace.

2. Déposez le napperon sur le dessus du gâteau au fromage, de la tarte ou du gâteau.

3. Mettez une cuillère de poudre de cacao ou de sucre glace dans le tamis. (La poudre de cacao convient bien aux desserts peu colorés tandis que le sucre glace est plus adapté aux desserts foncés).

4. En tenant le tamis au-dessus du dessert, tapotez le tamis avec votre main pour tamiser la poudre de cacao ou le sucre glace en une couche uniforme sur toute la surface.

5. Retirez soigneusement les bandes de papier ciré qui sont autour de la base du dessert. Retirez le napperon du dessert avec une brochette ou un cure-dent.

6. Ou bien, n'utilisez pas le napperon. Coupez des feuilles propres de papier en 8 à 10 bandes de 12 à 18 mm d'épaisseur et assez longues pour couvrir la surface que vous désirez décorer. Disposez les bandes de papier en croisillons sur le dessus du gâteau, de la tarte ou du gâteau au fromage. Continuez tel qu'indiqué aux étapes 3 à 5.

Étape 2. Comment placer le napperon sur le dessert.

Étape 4. Comment tamiser le cacao sur le napperon.

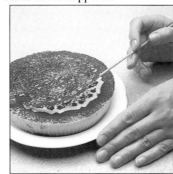

Étape 5. Comment enlever le napperon.

Étape 6. Comment disposer les bandes de papier sur le dessus du dessert.

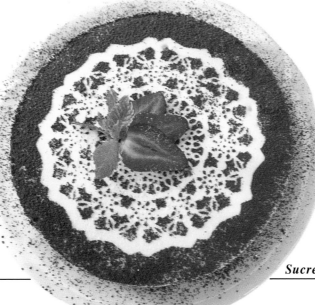

Étoiles de glace

Pour que vos carrés au chocolat ou vos biscuits soient élégants, glacez-les tout d'abord avec une glace d'une seule couleur, puis faites un contraste avec une autre couleur.

Célébrez avec des glaces reflétant les couleurs saisonnières - du rouge et du vert pour Noël, du rouge et du blanc pour la St-Valentin ou du rose et du jaune pour Pâques. Le choix est illimité!

Pour rendre votre dessert plus intéressant, utilisez deux couleurs différentes de glace. Par exemple, des glaces rouges ou bleues sur un gâteau recouvert d'une glace blanche conviennent parfaitement aux célébrations nationales.

Glace au goût
Gâteau, carrés au chocolat ou biscuits

ACCESSOIRES:
Spatule en métal étroite ou petit couteau
Cône en papier ou poche à pâtisserie (pour la glace)
Ciseaux de cuisine (facultatif)
Douille à pâtisserie pour écrire (no 2, 3 ou 4)
Cuillère à soupe

1. Nappez le gâteau, les carrés au chocolat ou les biscuits avec la glace désirée à l'aide d'une spatule en métal ou d'un couteau.

2. Si vous utilisez un cône en papier, coupez environ 1,5 cm de la pointe inférieure du cône avec des ciseaux. Placez la douille pour écrire dans l'ouverture de la poche à pâtisserie ou du cône en papier. (Si nécessaire, coupez une ouverture plus grande dans le papier pour pouvoir y placer la douille).

3. Remplissez la poche ou le cône à moitié avec de la glace d'une autre couleur à l'aide d'une cuillère. Pressez la glace vers le bas. Placez l'extrémité ouverte de la poche ou du cône dans la paume de la main que vous allez utiliser pour écrire. Placez vos doigts près de l'ouverture de la poche ou de la pointe du cône; mettez l'autre main sous la poche ou le cône pour le guider.

4. Tenez la poche ou le cône à 45˚C directement au-dessus du dessert. Tout en pressant doucement la poche, guidez la pointe pour dessiner une ligne à travers la glace du gâteau ou du biscuit. Lorsque vous arrivez à la fin de la ligne, arrêtez de presser la poche et relevez-la. Répétez pour dessiner des lignes parallèles.

5. En tenant le couteau ou la spatule à angle droit avec les lignes parallèles, faites passer le couteau àtravers les lignes à intervalles réguliers, en tirant toujours l'ustensile dans le même sens.

6. Ou bien, pour faire différent, tirez le couteau dans l'autre sens, en traversant une ligne sur deux.

Étape 1. Comment napper le gâteau.

Étape 4. Comment tirer des lignes parallèles sur le dessus du gâteau.

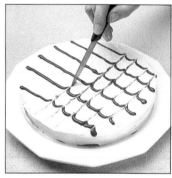

Étape 5. Comment faire passer le couteau dans le même sens.

Étape 6. Comment faire passer le couteau dans l'autre sens.

Formes Découpées en Chocolat

Pour le prochain anniversaire de votre enfant, mettez une forme découpée en chocolat à côté de chaque part de gâteau. Demandez à l'enfant de choisir les formes qu'il préfère.

Fabriquez en un tour de main des friandises d'Halloween en recouvrant des petits gâteaux glacés àl'orange de toutes petites formes en chocolat au moment de servir.

Chocolat semi-sucré (en carrés ou en tablettes)
Graisse végétale

ACCESSOIRES:
Planche à découper
Couteau d'office
Tasse à mesurer
Petite casserole
Spatule en caoutchouc
Plaque à pâtisserie ou plat de cuisson, plaque de marbre ou autre surface plate résistante à la chaleur
Papier ciré
Spatule en métal
Emporte-pièces pour petits biscuits ou hors-d'oeuvre

1. Préparez le chocolat fondu tel qu'indiqué pour les Feuilles en Chocolat (à la page 587, étapes 1 à 3). Laissez le chocolat refroidir légèrement.

2. Recouvrez la plaque à pâtisserie avec du papier ciré. Versez le chocolat fondu sur la plaque préparée; étalez rapidement le chocolat fondu en une fine couche (de 3 à 6 mm d'épaisseur) avec la spatule en métal.

3. Laissez refroidir dans un endroit frais et sec jusqu'à ce que le chocolat soit ferme. Ne mettez pas au réfrigérateur). Coupez des formes dans le chocolat avec les emporte-pièces. Placez-les aussi proches que possible.

4. Retirez soigneusement les formes avec la spatule en métal. Conservez-les dans un endroit sec et frais jusqu'à leur utilisation.

Remarque: Pour faciliter la découpe du chocolat, réchauffez légèrement les emporte-pièces avec vos mains avant de couper.

Étape 2. Comment étaler le chocolat sur la plaque à pâtisserie.

Étape 3. Comment découper les formes.

Étape 4. Comment retirer les formes.

Boucle en Gélifiés

Des boucles festives en gélifiés verts et rouges ajoutent un peu d'atmosphère de Noël aux pains nappés de glace. Essayez-les sur les pains aux bananes, aux dates, à l'orange ou à la citrouille.

Embellissez une salade en gélatine moulée avec une boucle en gélifiés aux couleurs assorties ou contrastantes.

Décorez le dessus d'un gâteau Boston avec une jolie boucle en gélifié orange.

Sucre
8 à 10 petits gélifiés

ACCESSOIRES:
Planche à découper
Rouleau à pâtisserie
Couteau d'office

1. Saupoudrez de sucre la planche à découper. Pour faire une bande de gélifiés, aplatissez 8 à 10 gélifiés avec votre doigt. Mettez-les sur la planche à découper avec les extrémités se superposant légèrement, en 2 rangées de 4 à 5 gélifiés chacune. Saupoudrez-les de sucre supplémentaire.

2. Roulez les gélifiés aplatis en une bande de 15 cm x 7,5 cm) avec le rouleau à pâtisserie, en tournant la bande fréquemment pour bien l'enrober de sucre.

3. Coupez les bords du morceau de gélifiés avec un couteau d'office; jetez les bords. Coupez le morceau restant en bandes de 1,25 cm.

4. Coupez deux longueurs de 7,5 cm, quatre longueurs de 6,25 cm et une longueur de 3,75 cm dans les bandes.

5. Pour assembler la boucle, pliez les deux longueurs de 7,5 cm en deux pour former 2 boucles; mettez-les bout à bout pour former la base de la boucle. Appuyez les extrémités ensemble pour les fixer.

6. Pliez 2 des longueurs de 6,25 cm; mettez-les bout à bout sur le dessus des premières boucles, en appuyant doucement pour les fixer.

7. Enveloppez une longueur de 3,75 cm en travers autour du centre du noeud pour cacher les extrémités des boucles. Appuyez doucement pour fixer.

8. Coupez les extrémités des deux longueurs restantes de 6,25 cm de biais, avec un couteau. Mettez ces longueurs sous le centre du noeud en un "V" à l'envers pour former les extrémités du noeud. Appuyez doucement pour fixer le noeud.

Étape 1. Comment disposer les gélifiés aplatis en rangées superposées.

Étape 2. Comment rouler les gélifiés pour les aplatir complètement.

Étape 5. Comment disposer 2 boucles ensemble pour former la base du noeud.

Étape 7. Comment faire le centre du noeud.

Feuilles en Chocolat

Pour mettre en valeur votre gâteau au chocolat préféré, posez-le sur une assiette à gâteau avec un socle. Glissez des feuilles en chocolat autour de la base du gâteau pour créer une bordure attrayante.

Pour la présentation spectaculaire de votre gâteau au fromage préféré, disposez trois feuilles en chocolat au centre du gâteau. Posez la rose de votre choix sur les feuilles - une vraie rose ou une rose en caramel, de glace ou de gélifiés.

Terminez un repas festif en beauté avec un dessert léger mais élégant. Posez une boule de sorbet àl'orange ou au citron dans une jolie assiette à dessert. Puis, ajoutez une ou deux feuilles en chocolat àchaque portion.

Chocolat semi-sucré (en carrés ou en tablettes)
Graisse végétale
Feuilles non toxiques, telles que celles des rosiers, citronniers ou camélias

ACCESSOIRES:
Planche à découper
Couteau d'office
Tasse à mesurer
Petite casserole
Spatule en caoutchouc
Papier essuie-tout
Petit pinceau propre à pâtisserie ou peinture
Papier ciré

1. Mettez le chocolat sur la planche à découper; coupez-le en petits copeaux avec un couteau d'office (voir Formes en Chocolat, à la page 582, étape 1).

2. Mettez les copeaux dans un tasse à mesurer. Ajoutez la graisse végétale. (Utilisez 1 c. à thé de graisse végétale pour 60 g de chocolat).

3. Remplissez 1/4 de la casserole (environ 2,5 cm de profondeur) avec de l'eau tiède (pas chaude). Mettez le tasse à mesurer dans l'eau pour faire fondre le chocolat, en remuant fréquemment avec la spatule en caoutchouc jusqu'à ce qu'il soit lisse. (Faites bien attention à ne pas mettre d'eau dans le chocolat).

4. Lavez les feuilles; séchez-les bien avec du papier essuie-tout. Badigeonnez l'envers de chaque feuille avec du chocolat fondu à l'aide du pinceau, en enrobant la feuille d'une épaisse couche uniforme. Répétez avec une deuxième couche si désiré pour que la feuille soit plus solide.

5. Essuyez soigneusement le chocolat qui aurait pu couler sur le devant de la feuille.

6. Disposez les feuilles, le chocolat sur le dessus, sur du papier ciré. Laissez-les refroidir dans un endroit frais et sec jusqu'à ce que le chocolat soit ferme. (Ne mettez pas au réfrigérateur).

7. Lorsque le chocolat est ferme, décollez doucement les feuilles du chocolat. Conservez-les au frais jusqu'à leur utilisation.

Étape 3. Comment faire fondre le chocolat.

Étape 4. Comment badigeonner les feuilles de chocolat fondu.

Étape 5. Comment essuyer l'excès de chocolat sur le devant des feuilles.

'Étape 7. Comment séparer les feuilles.

Roses en Caramel

Couronnez votre gâteau à étages glacé préféré avec des roses en caramel.

Pour un dessert unique, déposez des roses en caramel sur des petits fours. Servez sur une grande assiette à dessert.

Décorez un flan au caramel délicieux d'une rose en caramel.

Sucre
Caramels achetés

ACCESSOIRES:
Planche à découper
Cuillère à thé
Rouleau à pâtisserie
Couteau d'office

1. Saupoudrez du sucre sur la planche à découper avec une cuillère à thé. Enlevez le papier de 3 caramels; mettez-les sur la planche couverte de sucre. Saupoudrez-les de sucre.

2. Roulez chaque caramel en ovale (environ 1,5 mm d'épaisseur) avec un rouleau à pâtisserie, en tournant l'ovale fréquemment pour bien l'enrober de sucre. Coupez chaque ovale en deux en biais avec un couteau d'office.

3. Pour faire le centre de la rose, commencez d'un côté d'une moitié d'ovale et roulez pour faire une forme de bouton.

4. Pour faire les pétales, formez une autre moitié de d'ovale, avec le côté droit vers le bas, autour du bouton. Appuyez la pétale sur le bouton pour la fixer; évasez légèrement le bord supérieur pour qu'il ressemble à un pétale.

5. Répétez avec le reste des moitiés d'ovale pour former d'autres pétales, en faisant se chevaucher légèrement le pétales.

6. Mettez la rose sur le côté; coupez la base pour qu'elle puisse se tenir debout.

Étape 2. Comment couper les ovales en deux.

Étape 3. Comment rouler une moitié d'ovale pour en faire un bouton de rose.

Étape 4. Comment placer la première pétale autour du bouton.

Étape 5. Comment former d'autres pétales.

Copeaux de Chocolat

Disposez des copeaux de chocolat en cercle, sur le dessus de votre gâteau glacé ou gâteau au fromage préféré.

Pour vous gâter après le souper, garnissez les tasses de café avec un nuage de crème fouettée parsemé de copeaux de chocolat.

Saupoudrez des copeaux de chocolat de sucre glace. Puis, utilisez-les pour ajouter une touche festive à un tarte ou un pudding au chocolat.

Rendez vos carrés au chocolat très spéciaux en les glaçant avec de la crème au beurre à la vanille. Puis, recouvrez chaque petit gâteau de copeaux de chocolat.

Chocolat semi-sucré (en carrés ou en tablettes)
Graisse végétale

ACCESSOIRES:
Planche à découper
Couteau d'office
Tasse à mesurer
Petite casserole
Spatule en caoutchouc
Plaque à pâtisserie ou plat pour cuisson, plaque en marbre ou autre surface plate résistante à la chaleur
Spatule en métal
Petite spatule à crêpes ou un coupe-fromage en métal
Petite brochette ou cure-dents
Papier ciré

1. Mettez le chocolat sur la planche à découper; raclez-le en petits copeaux avec un couteau d'office.

2. Mettez les copeaux dans un tasse à mesurer. Ajoutez la graisse végétale. (Utilisez 1 c. à thé de graisse végétale pour 60 g de chocolat).

3. Remplissez le 1/4 de la casserole (environ 2,5 cm de profondeur) avec de l'eau tiède (pas chaude). Mettez la tasse à mesurer dans l'eau pour faire fondre le chocolat, en remuant fréquemment avec la spatule en caoutchouc jusqu'à ce qu'il soit lisse. (Faites bien attention à ne pas mettre d'eau dans le chocolat). Enlevez la tasse à mesurer de la casserole. Laissez le chocolat refroidir légèrement.

4. Versez le chocolat fondu sur le revers de la plaque à pâtisserie. Étalez rapidement le chocolat en une fine couche (environ 6 mm d'épaisseur) avec une spatule en métal.

5. Laissez refroidir dans un endroit frais et sec jusqu'à ce que le chocolat soit ferme. (Ne mettez pas au réfrigérateur). Lorsque le chocolat est ferme, utilisez une petite spatule à crêpes en métal ou un couteau d'office pour former des copeaux. Tenez la spatule ou le couteau à 45°C et raclez le chocolat pour en faire des copeaux.

6. A l'aide d'une petite brochette ou d'un cure-dents, transférez les copeaux sur du papier ciré. Conservez-les dans un endroit sec et frais jusqu'à leur utilisation.

Étape 1. Comment faire des copeaux de chocolat.

Étape 4. Comment étaler le chocolat fondu.

Étape 5. Comment racler le chocolat pour en faire des copeaux.

Étape 6. Comment transférer les copeaux.

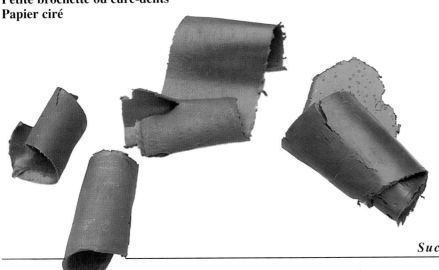

Boudins de Bacon

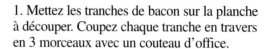

Décorez des quartiers de quiche avec des boudins de bacon.

Utilisez quelques boudins de bacon pour décorer le dessus d'une salade ou d'un ragoût.

Pour un amuse-gueule ou un snack rapide, étalez votre fromage préféré sur des craquelin ronds ou du pain de seigle. Recouvrez-les de boudins de bacon.

Tranches de bacon

ACCESSOIRES:
Planche à découper
Couteau d'office
Brochettes en métal de 12,5 à 17,5 cm.
Plat à rôtir
Fourchette
Papier essuie-tout

* Chaque tranche de bacon fait 3 boudins.

1. Mettez les tranches de bacon sur la planche à découper. Coupez chaque tranche en travers en 3 morceaux avec un couteau d'office.

2. Roulez sans serrer les morceaux de bacon; enfilez-les sur des brochettes en métal en les espaçant de 1,5 cm.

3. Mettez les brochettes, espacées de 4 à 5 cm, sur la grille froide du plat à rôtir. Mettez sous le gril préchauffé de façon à ce que la grille soit à environ 12,5 cm de la source de chaleur. Faites griller pendant 4 à 6 minutes jusqu'à ce que le bacon soit croustillant, en tournant toutes les 2 minutes. Faites refroidir. Enlevez soigneusement les boudins des brochettes. Faites égoutter sur du papier essuie-tout; laissez refroidir complètement.

Étape 1. Comment couper le bacon.

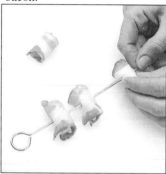

Étape 2. Comment enfiler le bacon sur les brochettes.

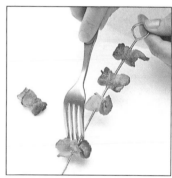

Étape 3. Comment enlever les boudins des brochettes.

Fromage à la crème appliqué à la douille

Faites des dessins avec le fromage à la crème sur de fines tranches de saumon fumé, sur des craquelins ou des bagels.

Décorez vos rôtis avec des dessins de fromage à la crème en forme de diamants sur le dessus d'une pièce de viande.

Faites des dessins de fromage à la crème sur votre salade en gélatine préférée.

Mettez un nuage de fromage à la crème sur des steaks cuits ou des tranches de rôti de boeuf chaudes.

Fromage à la crème, fouetté
Aneth frais (facultatif)

ACCESSOIRES:
Gros sac de conservation alimentaire en plastique, réutilisable Grosse cuillère
Ciseaux de cuisine

1. Remplissez le sac en plastique à moitié avec le fromage à la crème à l'aide d'une cuillère. Fermez bien le sac. Coupez un petit coin en bas du sac en plastique avec des ciseaux.

2. Placez l'extrémité fermée du sac dans la main que vous allez utiliser pour écrire. Placez vos doigts près de l'ouverture du sac; mettez l'autre main sous le sac pour le guider.

3. Pour faire des «tortillages» et des lignes, tenez le sac à 45°C à environ 6 mm du met à décorer. Tout en écrasant doucement le sac, guidez le sac pour créer le dessin désiré. A la fin de chaque dessin ou ligne, arrêtez de presser et relevez le sac. Décorez avec de l'aneth frais si vous le désirez.

4. Pour faire de plus gros dessins et des ronds, tenez le sac en plastique à 90°C. Placez l'ouverture directement au-dessus du met à décorer et appuyez doucement, en soulevant le sac légèrement tout en pressant. Lorsque vous avez atteint la taille désirée, arrêtez de presser et relevez le sac. Décorez avec de l'aneth frais au goût.

Étape 1. Comment couper un petit coin au bas du sac.

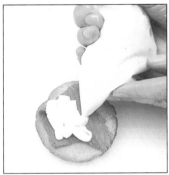

Étape 3. Comment faire de petits dessins.

Étape 4. Comment faire de gros dessins.

Oeuf à la «coq»

Décorez un plat de jambon cuit avec une famille d'oeufs à la «coq».

Levez vos enfants au chant du coq en leur servant des oeufs à la «coq».

Vous servez une salade du chef pour le dîner? Pourquoi ne pas la décorer d'un oeuf à la «coq»?

Poivron rouge, vert ou jaune
Tranche d'olive noire
Oeuf dur, sans coquille

ACCESSOIRES:
Planche à découper
Couteau d'office

1. Mettez le poivron sur la planche à découper. Coupez-le dans le sens de la longueur en deux avec un couteau d'office. Enlevez la queue, la membrane et les graines; jetez-les. Coupez un rectangle de 5 cm sur 4 cm dans chaque moitié de poivron.

2. Pour la queue, coupez de biais les deux côtés longs d'un rectangle de poivron. Faites des entailles en zigzag le long de l'extrémité large du même rectangle.

3. Coupez l'autre rectangle de poivron en deux dans le sens de la longueur. Pour la crête du poulet, coupez un bord en zigzag le long d'un long côté d'une moitié de rectangle. Si désiré, coupez la crête pour qu'elle soit proportionnelle à l'oeuf.

4. Coupez un petit triangle dans le reste de la moitié de rectangle pour le bec; mettez-le de côté.

5. Pour les yeux, coupez 2 petits morceaux dans la tranche d'olive; mettez-les de côté.

6. Pour assembler le poulet en oeuf, coupez une tranche d'oeuf longue et fine dans le sens de la longueur avec un couteau d'office, jetez-la. Mettez l'oeuf, côté coupé vers le bas, sur la planche à découper.

7. Coupez une fente verticale dans la partie large de l'oeuf. Insérez la queue, côté peau vers le haut, dans la fente. Coupez une fente dans le sens de la longueur en haut de l'extrémité étroite de l'oeuf; insérez la crête du poulet dans la fente.

8. Coupez un trou devant l'extrémité étroite de l'oeuf; insérez le bec. Mettez un morceau d'olive de part et d'autre du bec pour faire les yeux.

Étape 2. Comment faire des entailles en zigzag sur la queue.

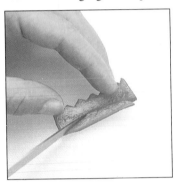

Étape 3. Comment couper la crête.

Étape 6. Comment couper une tranche du bas de l'oeuf.

Étape 7. Comment insérer la queue et la crête dans l'oeuf.

Pâte Découpée

Pour rendre sensationnel un simple pâté de viande hachée, disposez en cercle des étoiles en pâte sur le dessus de la croûte avant de le faire cuire.

Pour une alternative rapide au gâteau recouvert d'un treillis, coupez la pâte en forme de diamant au lieu de bandes de pâte. Disposez-les diamants de façon décorative sur le gâteau avant de faire cuire.

Vous avez besoin d'occuper les enfants? Faites-leur découper des formes amusantes en pâte. Saupoudrez les formes de cannelle et de sucre et faites les cuire sur des plaques à biscuits. Les enfants se régaleront avec leurs créations.

Farine tout usage
Pâte pour tarte
Lait
Sucre
Eau

ACCESSOIRES
Canevas à pâtisserie
Rouleau à pâtisserie
Couvre-rouleau (facultatif)
Emporte-pièces pour hors-d'oeuvre
     ou biscuits ou couteau
     d'office
Plaque à pâtisserie
Spatule en métal
Petit pinceau à pâtisserie
Grille en métal
Spatule à crêpe

1. Saupoudrez légèrement de farine le canevas à pâtisserie. Mettez la pâte sur le canevas fariné; roulez à une épaisseur d'environ 3 mm avec un rouleau à pâtisserie. (Pour éviter que la pâte ne colle au rouleau, utilisez un rouleau avec un couvre-rouleau).

2. Coupez les formes désirées à l'aide des emporte-pièces ou d'un couteau d'office.

3. Pour décorer une tarte à croûte simple, transférez les formes en pâte sur une plaque à four àl'aide d'une spatule en métal. Utilisez la pointe d'un couteau d'office pour décorer les formes au goût. Badigeonnez les formes avec du lait à l'aide d'un pinceau à pâtisserie; saupoudrez de sucre.

4. Faites cuire les formes à 230°C (ou à la température indiquée dans la recette) jusqu'à ce qu'elles soient dorées. Transférez-les sur une grille avec la spatule à crêpe; laissez-les refroidir. Disposez les formes cuites sur la tarte.

5. Pour décorer une tarte à 2 croûte non cuite, enlevez les formes du tissu à pâtisserie avec une spatule en métal. Utilisez un pinceau à pâtisserie pour badigeonner l'envers des formes avec de l'eau. Disposez les formes, côté humide vers le bas, sur le dessus de la croûte.

6. Coupez des fentes dans la croûte supérieure avec un couteau d'office de façon décorative.

7. Ou encore, coupez des fentes sur le bord des formes. Badigeonnez de lait la croûte et les formes; saupoudrez de sucre. Faites cuire tel qu'indiqué dans la recette de la tarte.

Étape 3. Comment décorer les formes avec le dessin désiré.

Étape 4. Comment disposer les formes sur la tarte.

Étape 6. Comment couper des fentes dans la croûte.

Étape 7. Comment couper des fentes autour des formes.

Noisettes de Beurre Moulé

Déposez deux ou trois noisettes de beurre moulé sur une pile de crêpes chaudes.

Lors de votre prochain buffet, au lieu de simples plaquettes de beurre, disposez des boules de beurre dans un joli bol en verre rempli de glace. Servez, accompagné d'un panier de biscuits ou de muffins chauds.

Pour un repas d'hiver chaleureux, déposez d'élégantes rondelles de beurre assaisonné sur des bols fumants de ragoût d'huître.

Bol d'eau chaude
Bâtonnets de beurre ou de margarine, refroidis
Bol d'eau glacée
Herbes fraîches hachées, herbes séchées écrasées ou ail frais haché

ACCESSOIRES:
Coquilleur à beurre (pour les coquilles de beurre)
Spatules à beurre (pour les boules de beurre)
Planche à découper
Couteau d'office
Petit bol
Cuillère à thé en métal
Papier ciré

1. Pour les coquilles de beurre, mettez le coquilleur à beurre dans l'eau chaude. En commençant par le côté le plus éloigné d'un bâtonnet de beurre, tirez fermement le coquilleur sur le haut du beurre. Mettez la fine coquille dans l'eau glacée. Répétez autant de fois que désiré en trempant le coquilleur dans l'eau chaude avant de commencer chaque coquille.

2. Pour les boules de beurre, mettez les spatules à beurre dans l'eau glacée jusqu'à ce qu'elles soient froides. Mettez 1 bâtonnet de beurre sur la planche à découper; coupez en morceaux de 1,5 cm avec un couteau d'office.

3. Avec vos doigts, faites des boules avec les morceaux de beurre. Faites-les refroidir jusqu'à ce qu'elles soient fermes au goût.

4. Roulez chaque boule entre les côtés rainurés des spatules, en déplaçant les spatules en petits cercles dans la direction opposée. Mettez les boules de beurre terminées dans de l'eau glacée.

5. Pour le beurre assaisonné, laissez 1 bâtonnet de beurre à température ambiante jusqu'à ce qu'il soit mou. Mettez le beurre dans un petit bol. Ajoutez les herbes fines ou l'ail; remuez avec une cuillère jusqu'à ce que le tout soit bien mélangé. (Utilisez environ 1 c. à thé d'herbes fraîches ou 1/4 à 1/2 c. à thé d'herbes séchées ou de l'ail haché pour chaque bâtonnet [12 cl] de beurre. Mettez le mélange de beurre sur du papier ciré, faites-en un rouleau. Enveloppez-le dans le papier ciré; faites-le refroidir jusqu'à ce qu'il soit ferme.

6. Pour servir, coupez le rouleau de beurre en rondelles avec un couteau d'office. Ou bien, utilisez un rouleau de beurre assaisonné pour faire des coquilles ou des boules de beurre.

Étape 1. Comment passer le coquilleur de beurre sur le bâtonnet de beurre.

Étape 3. Comment rouler le beurre en boules.

Étape 4. Comment rouler les boules entre les spatules.

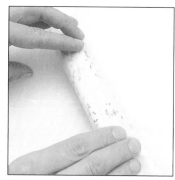

Étape 5. Comment envelopper le beurre aux herbes dans du papier ciré pour le faire refroidir.

Coupes de Tortillas

Les coupes en tortillas sont idéales pour contenir du guacamole, de la salsa ou votre trempette préférée.

Remplissez les coupes de tortillas de salade de choux ou de votre salade de pâtes préférée pour rehausser vos grillades d'été.

Pour une salade rafraîchissante, remplissez les coupes de tortillas de morceaux de fruits frais et assaisonnez avec des graines de pavot.

Pendant les fêtes, faites de petites coupes de tortillas pour y mettre de la sauce de canneberges. Mettez les coupes remplies autour d'une dinde sur la plat de service.

Huile de cuisson
Tortillas de 15 à 17,5 cm de diamètre

ACCESSOIRES:
Grosse casserole lourde
Thermomètre à friture
Gants isolants (facultatif)
Louche
Longue pince en métal
Papier essuie-tout

1. Versez 7,5 cm d'huile de cuisson dans une grosse casserole lourde. Fixez le thermomètre àfriture, avec le réservoir dans l'huile, sur les parois de la casserole. (Assurez-vous que l'extrémité du thermomètre (le réservoir) ne touche pas le fond de la casserole). Faites chauffer l'huile jusqu'à ce que le thermomètre indique 180°C.

2. Mettez soigneusement les tortillas, une à la fois, dans l'huile chaude. Avec la louche, appuyez sur la tortilla au centre pour former une coupe. Faites cuire la tortilla jusqu'à ce qu'elle soit dorée et croustillante.

3. Videz l'huile de la louche; enlevez la louche de la casserole. Retirez la coupe de tortilla de l'huile chaude avec la pince.

4. Retournez la coupe de tortilla; mettez-la à égoutter à l'envers sur du papier essuie-tout. Répétez autant de fois que désiré.

Étape 2. Comment faire frire une tortilla.

Étape 3. Comment retirer la coupe de tortilla de l'huile chaude.

INDEX

Technique

Technique

TABLE DE CONVERSION MÉTRIQUE

MESURES DE CAPACITÉ
(ingrédients secs)

1/8 c. à thé = 0,5 ml
1/4 c. à thé = 1 ml
1/2 c. à thé = 2 ml
3/4 c. à thé = 4 ml
1 c. à thé = 5 ml
1 c. à soupe = 15 ml
2 c. à soupe = 30 ml
1/4 tasse = 60 ml
1/3 tasse = 75 ml
1/2 tasse = 125 ml
2/3 tasse = 150 ml
3/4 tasse = 175 ml
1 tasse = 250 ml
2 tasses = 1 pinte = 500 ml
3 tasses = 750 ml
4 tasses = 1 l

MESURES DE CAPACITÉ (liquides)

1 oz (2 c. à soupe) = 30 ml
4 oz (1/2 tasse) = 125 ml
8 oz (1 tasse) = 250 ml
12 oz (1 1/2 tasses) = 375 ml
16 oz (2 tasses) = 500 ml

POIDS (masse)

1/2 oz = 15 gr
1 oz = 30 gr
3 oz = 90 gr
4 oz = 120 gr
8 oz = 225 gr
10 oz = 285 gr
12 oz = 360 gr
16 oz = 1 lb = 450 gr

DIMENSIONS

1/16 po = 2 mm
1/8 po = 3 mm
1/4 po = 6 mm
1/2 po = 1,5 cm
3/4 po = 2 cm
1 po = 2,5 cm

TEMPÉRATURES DU FOUR

250°F = 120°C
275°F = 140°C
300°F = 150°C
325°F = 160°C
350°F = 170°C
375°F = 180°C
400°F = 190°C
425°F = 220°C
450°F = 230°C

DIMENSIONS DES PLATS DE CUISSON

Ustensile	Dimension en pouces/pintes	Volume métrique	Dimension en centimètres
Moule pour la cuisson ou à gâteau (carré ou rectangulaire)	8x8x2	2L	20X20X5
	9X9X2	2.5L	22X22X5
	12X8X2	3L	30X20X5
	13X9X2	3.5L	33X23X5
Moule à pain	8X4X3	1.5L	20X10X7
	9X5X3	2L	23X13X7
Moule à gâteau à étages	8X11/2	1.2L	20X4
	9X11/2	1.5L	23X4
Moule à tarte	8X11/4	750mL	20X3
	9X11/4	1L	23X3
Plat pour la cuisson ou casserole	1 quart	1L	-
	11/2 quart	1.5L	-
	2 quart	2L	-